Nikolaus Werz,
Susanne Gratius

Spanien

ANALYSE
POLITISCHER SYSTEME

WOCHEN
SCHAU
VERLAG

Bibliografische Information der Deutschen Nationalbibliothek

Die Deutsche Nationalbibliothek verzeichnet diese Publikation in der Deutschen Nationalbibliografie; detaillierte bibliografische Daten sind im Internet über http://dnb.d-nb.de abrufbar.

Die Reihe ANALYSE POLITISCHER SYSTEME
wird herausgegeben von Sabine Achour, Hans-Jürgen Bieling, Peter Massing, Stefan Schieren und Johannes Varwick

Band 6

www.wochenschau-verlag.de

Titelbild: Madrid, Puerta del Sol,
© mauritius images / John Kellerman / Alamy
Gesamtherstellung: Wochenschau Verlag
Gedruckt auf chlorfrei gebleichtem Papier
ISBN 978-3-7344-0468-9 (Print)
ISBN 978-3-7344-0469-6 (E-Book)

Inhalt

Einleitung

Die Jahre zwischen 1975 und 2007 gelten als die Erfolgsgeschichte Spaniens. Der Beginn des 20. Jhs. stand noch unter dem Verlust der letzten Kolonien 1898, die 1873 ausgerufene Erste Republik war von kurzer Dauer, die 1931 proklamierte Zweite Republik endete in einem Bürgerkrieg und die lange Diktatur Francisco Francos isolierte das Land zwischen 1939 bis 1975 von Europa. Auf seinen Tod im Jahre 1975 folgten Demokratisierung und Europäisierung.

Bis zur Finanzkrise ab 2007 galten Spanien und die seit 1978 bestehende parlamentarische Monarchie sowohl in politischer als auch in wirtschaftlicher Hinsicht als Modell. Den meisten Darstellungen zum politischen System liegt diese insgesamt sehr positive Sichtweise zu Grunde. Die folgende Einführung berücksichtigt gerade die krisenhaften Aspekte, die im Zuge der weltweiten Finanzkrise in Spanien auftraten.

Sowohl die Geschichte, die zeitgenössische Entwicklung als auch das politische System Spaniens sind national und international gut erforscht. Eine Reihe von Büchern beschäftigt sich mit der Rolle Spaniens im 20. Jh., als Überblick mit Periodisierung in vier Abschnitte (1898-1923; 1923-1939; 1939-1975; 1975-2000, siehe Bernecker 2010). Bei der in der Antike beginnenden „Geschichte Spaniens“ (Schmidt u. a. 2013) dominiert stärker die Chronologie, sie enthält Karten, jeweils einen Epochenüberblick und weiterführende bibliografische Angaben. Spaniens neuere Geschichte seit 1975 wird zumindest bis zum Beginn der Finanzkrise 2007 als *success story* geschildert. Folgen wir einer solchen Interpretation, dann setzte sich in der zweiten Hälfte des 20. Jhs. schrittweise die zuvor verzögerte und lange erwartete Modernität durch (Romero Salvadó 1999). Zum Ausgang des 20. Jhs. ließe sich die nationale Geschichte mit den Stichwörtern Demokratisierung, Modernisierung und Europäisierung beschreiben (so

Bernecker 2010). Einzelne Autoren sehen allgemein die Gefahr einer Überbewertung der Geschichte Kastiliens und warnen vor der Vorstellung von einer „verspäteten Nation“ (statt anderer Freller 2012: 9).

Immerhin zeichnete sich Spanien durch eine frühe Staatenbildung aus und war im 16. Jh. ein Weltreich. Den Verlust der Kolonien seit Anfang des 19. Jhs. sowie den nach 1898 mit besonderer Hingabe debattierten spanischen Niedergang haben etliche Historiker und Denker im In- und Ausland behandelt. Für die politische Linke in vielen Ländern waren der spanische Bürgerkrieg 1936-39 und seine Konsequenzen ein großes und immer wieder diskutiertes Thema. Internationales Interesse rief die mit dem Tod Francos 1975 einsetzende *transición* (Transition) hervor, d. h. der weitgehend friedliche und paktierte Übergang von der Diktatur zur parlamentarischen Monarchie.

Die Zahl der zur Transition in verschiedenen Sprachen erschienenen Bücher liegt weit über der zu anderen Ländern, die ebenfalls einen Übergang zur Demokratie durchlaufen haben, z. B. Griechenland und Portugal. Mitausschlaggebend dürfte dabei die besondere Geschichte Spaniens im 20. Jh. sein – mit dem Bürgerkrieg und der langen Diktatur Francos – sowie die Empathie gegenüber dem Land von Seiten ausländischer Forscher und Besucher. Wohl das auffallendste Merkmal der Transitionsliteratur war, dass der Übergang zur Demokratie lange Zeit nicht nur als ein gelungener Prozess, sondern auch als weitgehend problemloser Wandel in der Verfassungs- und Institutionenbildung galt.

Ein detaillierterer Bericht zum Forschungsstand und zu der in diesem Buch verwendeten Literatur findet sich auf: http://www.ipv.uni-rostock.de/lehrstuehle-und-personal/vergleichende-regierungslehre/nikolauswerz/publikationen/

Tab. 1: Schlüsseldaten Spaniens[1]

Jahr	Ereignis
1808	Einmarsch Napoleons in Spanien
1808-14	Unabhängigkeitskrieg; 1812 Liberale Verfassung von Cádiz *(Cortes de Cádiz)*
1816-25	Unabhängigkeit der spanischen Kolonien in Amerika (Ausnahme: Kuba, Puerto Rico, Philippinen)
1834	Neue Verfassung *(Estatuto Real)*
1845	Neue Verfassung
1873	Die Abgeordneten der Cortes rufen die kurzlebige **Erste Republik** aus
1875-1923	**Restaurationsära**
1876	Neue Verfassung (konstitutionelle Erbmonarchie, Zweikammersystem, königliches Vetorecht)
1879	Gründung der Sozialistischen Partei (PSOE)
1898	Krieg mit den USA, Verlust der letzten Kolonien Kuba, Puerto Rico und der Philippinen, „Generation von 1898"
1923-30	Diktatur Primo de Riveras
1931-36	**Zweite Republik**
1936-39	**Spanischer Bürgerkrieg**, der mit dem Sieg der Truppen Francos endet
1939-1975	**Franco-Ära**
1966	Neues Pressegesetz erlaubt eine gewisse Liberalisierung
1969	Juan Carlos als *Príncipe de España* zum Nachfolger Francos bestimmt
1973	Regierungschef Luis Carrero Blanco wird von der ETA ermordet
1974	Im Juli gibt Franco aufgrund einer Erkrankung die Regierung vorübergehend an Prinz Juan Carlos ab
1975-2006	**Demokratisierung und Europäisierung**
1975	Am 20.11. gibt Arias Navarro den Tod Francos bekannt; Juan Carlos wird König von Spanien
1976	Adolfo Suárez wird Regierungschef; die linksliberale Tageszeitung „El País" erscheint
1977	Am 15.6. werden demokratische Wahlen durchgeführt, die die *Unión de Centro Democrático* (UCD) für sich entscheiden kann, sog. *Pactos de Moncloa*, d.h. Pakte zwischen Regierung, Arbeitgebern und den Gewerkschaften

➡

1 Bernecker, u.a. 1990, S. 450ff., Bernecker 2010, Schmidt 2013 und eigene Ergänzungen.

Jahr	Ereignis
31.10.1978	**Verabschiedung der Verfassung (Dritte Demokratie/parlamentarische Monarchie)**
6.12.1978	Referendum über die Annahme der Verfassung
1981	Calvo Sotelo (UCD) wird Regierungschef; Leutnant Antonio Tejero scheitert mit einem Putschversuch
1982	Beitritt Spaniens zur NATO; Felipe González (PSOE) gewählt, mit ihm wird ein Repräsentant der im Bürgerkrieg unterlegenen Gruppierung Regierungschef
1986	Vollmitgliedschaft Spaniens in der EG – EU-Beitritt; NATO-Referendum und Verbleib in der NATO; Bestätigung von González bei Parlamentswahlen
1989	Bei vorgezogenen Neuwahlen verliert die PSOE die absolute Mehrheit
1991	Beitritt Spaniens zum Schengener Abkommen
1992	Olympische Spiele in Barcelona; Madrid ist Kulturhauptstadt; EXPO in Sevilla; 500. Jahrestag der Entdeckung/Eroberung Amerikas
1996	*Partido Popular* (PP) gewinnt die Wahlen, José María Aznar wird Ministerpräsident
1997	Erfüllung der Maastrichter Konvergenzkriterien; Beitritt zur militärischen Struktur der NATO
1999	Beschluss über die Abschaffung der allgemeinen Wehrpflicht zugunsten einer Berufsarmee; Ernennung Javier Solanas zum Ersten Repräsentanten für die Europäische Außen- und Sicherheitspolitik (GASP)
2000	Zweiter Wahlsieg von Aznar, die PP erreicht mit 44,5 % die absolute Mehrheit der Parlamentssitze
2002	Übernahme des EU-Vorsitzes durch Spanien
2003	Unterstützung der Irak-Politik der USA; Proteste gegen die Irak-Politik der PP-Regierung; Krisengipfel auf den Azoren zwischen US-Präsident Bush, dem britischen Premier Blair und Ministerpräsident Aznar
2004	Terroristische Anschläge auf Madrider Vorortzüge am 11.3. *(11-M)* mit 191 Toten, sie haben aufgrund der Schuldzuweisung von Ministerpräsident Aznar an die ETA Auswirkungen auf die Wahlen: José Luis Rodríguez Zapatero (PSOE) wird Ministerpräsident
2007 ff.	**Finanzkrise und ihre Folgen**
2007	Gesetz zur historischen Erinnerung
2008	Ende des Baubooms, Beginn der Wirtschafts- und Finanzkrise
2010	Die spanische Nationalmannschaft wird Fußballweltmeister
2009	Beginn der Ermittlungen im Fall „Gürtel", besonders gegen PP ➡

Jahr	Ereignis
2011	Protestbewegung der „Empörten" *(15-M)* für eine Verbesserung der Politik und gegen Korruption
2011	Mariano Rajoy (PP) gewinnt mit absoluter Mehrheit die vorgezogenen Wahlen
2012	Am Nationalfeiertag Kataloniens (11.9.) kommt es zu einer Demonstration von über 1 Mio. Menschen, die die Bildung eines eigenen Staates in Europa fordern
2013	Parteispenden- und Korruptionsaffäre der PP
2014	Bei den Europawahlen am 25.5. müssen PP und PSOE starke Einbußen hinnehmen, *Podemos* taucht als dritte Kraft auf
2014	König Juan Carlos dankt ab, am 19.6. wird Felipe VI zum König ernannt
2014	Im Oktober werden rund 50 (Lokal-)Politiker aufgrund von Korruptionsvorwürfen inhaftiert
2014	Am 9.11. findet in Katalonien eine nicht genehmigte Abstimmung über die Unabhängigkeit statt
2015	27.9. vorgezogene Regionalwahlen in Katalonien
2015	20.12. nationale Wahlen, Ende des bisherigen Zweiparteiensystems, langwierige Koalitonsverhandlungen
2016	3.5. das Parlament wird aufgelöst, da keine Koalition zustande kommt
2016	26.6. Neuwahlen
2016	29.10. nach Enthaltung der meisten PSOE-Abgeordneten wird Rajoy im Kongress nach zehn Monaten geschäftsführender Regierung zum Chef einer Minderheitsregierung gewählt

1. Kleine Geschichte Spaniens bis in die Gegenwart

Die große Vergangenheit spielt im Bewusstsein des Landes nach wie vor eine Rolle. Spanien ist einer der ältesten Staaten Europas, der amtierende Regierungschef spricht sogar von der ältesten Nation, bis in die 1830er Jahre waren die Verhältnisse relativ stabil. Allerdings war es keine „gewachsene Einheitsnation", sondern präsentierte sich vielmehr als ein Konglomerat von Nationalitäten (Schmidt 2013: 11 ff.), was im Mittelalter in verschiedenen Königreichen zum Ausdruck kam. Mit der napoleonischen Invasion 1807 begann das Imperium auseinanderzufallen, das Kolonialreich ging sukzessive verloren. Diese Tendenz zur Fragmentierung zeigt sich erneut im 21. Jh. und in der Aktualität, weshalb auch von den Spanien *(Las Españas)* die Rede ist.

Interessant bleibt die Frage, wo die kulturellen Wurzeln und Traditionslinien liegen. Stark vereinfachend lassen sich zwei Interpretationen ausmachen: Nach einer traditionalistischen bzw. kontinuistischen These bildeten die christlich-römische Spätantike und das Westgotentum die Grundlage Spaniens, woran die fast achthundert Jahre andauernde islamische Besetzung nichts geändert habe. Eine eher kulturhistorische Sichtweise hebt die Koexistenz dreier Religionen – Christentum, Islam und Judentum – hervor. Unter den sogenannten katholischen Königen wurde diese Konstellation 1492 durch die Einnahme des letzten Emirates Granada beendet, was die Vollendung der *Reconquista* (Rückeroberung) bedeutete und zu einem ein Edikt vom 31. März desselben Jahres zugunsten des Christentums führte.

Zeitlich fiel dies mit der Entdeckung Amerikas durch Kolumbus zusammen. Welche Bedeutung dieses Datum einnahm, zeigt sich darin, dass die Entdeckung/Eroberung Amerikas am 12. Oktober 1492 bis 1987 als *día de la hispanidad* (Tag der

Hispanität) bezeichnet wurde und nach wie vor Nationalfeiertag ist. Bezeichnenderweise erschien im gleichen Jahr die *Gramática de la lengua castellana* von Antonio de Nebrija (1441-1522), es war die erste gedruckte Grammatik einer nicht-klassischen romanischen Sprache. Nebrija forderte eine Ausbreitung des Kastilischen über die Grenzen Spanien hinaus.

Vom Goldenen Jahrhundert zu Inquisition und Antimoderne

Das 16. Jahrhundert gilt als Glanzepoche der spanisch-habsburgischen Monarchie, unter Karl V. (1516-56) konsolidierte sich die spanische Hegemonie in Europa. In kultureller Hinsicht folgte das *Siglo de Oro* (Goldene Jahrhundert) von 1550 bis 1680 mit Schriftstellern wie Miguel de Cervantes (1547-1616) und Lope de Vega (1562-1635) sowie Malern wie El Greco (um 1541-1614) und Diego Velázquez (1599-1660), um nur die bekanntesten zu nennen. Hinzu kamen wichtige Bauten wie *El Escorial* in der Nähe von Madrid, den Philipp II. zur Erinnerung an die Schlacht von Sant-Quentin 1557 erbauen ließ, die gegen Frankreich geführt wurde. Um 1600 hatte Spanien schon 32 Universitäten, diese Zahl wurde erst wieder Ende des 20. Jhs. erreicht. Den Zeitgenossen war diese Blütezeit nicht so bewusst, im Don Quijote ist sogar von einer *Edad del Hierro* (einem Eisernen Zeitalter) mit bedrückenden sozialen Verhältnissen die Rede (dazu Karge 2016).

Bis 1700 spricht man von einem imperialen Zeitalter, obwohl die Zeichen eines Niederganges bereits sichtbar waren (Sotelo 2006). „Die Spanier wollten zu viel", soll Friedrich Nietzsche geäußert haben, schon im 16. Jh. stand das Land dreimal vor dem Staatsbankrott (Herzog 1987: 43 f.). Die Hofkultur und der ostentative Luxus waren außerordentlich teuer und nahmen einen erheblichen Teil der Gold- und Silberschätze aus Amerika in Anspruch. In seinem berühmten Handorakel schrieb der Jesuitenpater Baltasar Gracián (1601-58): „Es gibt prunkende Nationen, und die spanische ist es im höchsten Grad" (Gracián 2013: 156). Die hohen Einnahmen aus Amerika führten zu

Verzerrungseffekten in der Wirtschaft und zur Inflation. Mit der formalen Unabhängigkeit der später als Lateinamerika bezeichneten Vizekönigreiche in Süd- und Mittelamerika ging Anfang des 19. Jhs. ein großer Teil der überseeischen Kolonien verloren. In gewisser Hinsicht hatte der von außen kommende Reichtum das Land also arm gemacht.

Dazu trug ebenfalls die Inquisition bei. Der Einfluss der katholischen Kirche war enorm und prägte auch die Kunst und Literatur. 1478 wurde die Inquisition in Kastilien eingeführt, 1483 wurde Tomás de Torquemada (1420-98) Generalinquisitor. Er baute einen Verwaltungsapparat auf und legte damit die Grundlage für die Inquisition (von *inquisitio*=Untersuchung), d. h. die Verfolgung von Häretikern. Auch weil sie quasi in staatlicher Hand lag, geriet Spanien zum Inbegriff von Rückständigkeit und Antimoderne in Europa. Schon 1492 wurde die Ausweisung der Juden beschlossen, mehr als 100 000 verließen daraufhin die Halbinsel. In Sevilla und Aragon ließ er Glaubensgerichte *(Autodafés)* durchführen. Philipp III. ließ 1609 die Morisken ausweisen. Die Einheit von Staat und Kirche dominierte.

Dennoch war die Entwicklung widersprüchlich. Den großen Malern des *Siglo de Oro* gelang es teilweise sich dem Einfluss der Inquisition zu entziehen, vor allem wenn sie den Status eines Hofmalers erlangt hatten. Für die Entwicklung der Geistes- und Naturwissenschaften waren ihre Auswirkungen indessen fatal. Die Wirkungskraft der Universitäten und Bibliotheken sah sich durch die kirchliche Kontrolle begrenzt, dies galt auch für das Geistesleben in den überseeischen Gebieten. In wohlmeinenden Darstellungen wird darauf hingewiesen, dass die Instrumente der Inquisition vor allem im spanischen Amerika nur teilweise zur Anwendung kamen, aber in jedem Fall beeinträchtigten sie das freie Denken in hohem Maße.

Widersprüchlich war auch die politische Entwicklung. So wurde das erste spanische Parlament von König Alfonso von León 1188 einberufen, d. h. vor anderen europäischen Parlamenten, aber es blieb ohne Einfluss. Ähnliches gilt für Kunst und Literatur. Die (höfische) Malerei erlangte internationale Bedeutung und besaß etwa bei Goya sehr moderne Züge, so wie der Don Quijote als Vorläufer des modernen Romans gilt. Dennoch konstituierte sich Spanien in Europa als Zentrum der Gegenaufklärung.

Das 19. Jahrhundert

Bis in die 1870er Jahre war Spanien durch einen Konflikt zwischen zwei dem Liberalismus zugerechneten Strömungen gekennzeichnet, von denen die eine als konservativ, die andere als demokratisch angesehen wurde. Im letzten Drittel des Jahrhunderts kamen Parteien und Bewegungen auf, die die Interessen der Arbeiter- und Bauernschaft vertraten. Hierbei sollte vor allem der Anarchismus eine Rolle spielen. Gleichzeitig entstanden vor allem in Katalonien und dem Baskenland nationalistische und bürgerlich-konservative Parteien.

Als Folge der Herrschaft der Bourbonen im 18. Jh. erfolgte eine gewisse Annäherung an Frankreich. Napoleon entsandte 1808 Truppen nach Spanien und setzte seinen Bruder Joseph als José I. von 1806 bis 1814 auf den Thron, was in Madrid zu Protesten führte; nach wie vor wird der 2. Mai in der Hauptstadt als Tag des Volksaufstandes gegen die Besetzer aus Frankreich gefeiert. Ein berühmtes Bild des Malers Goya über die Exekutionen vom 3. Mai 1808 in Madrid hängt im Prado-Museum. Die während des Aufruhrs gegründeten *Juntas* (Räte) bildeten erste Ansätze einer demokratischen Regierungsform. Erhebliche Bedeutung erlangte 1812 die *Junta Central* in Cádiz, die die erste schriftlich niedergelegte und liberale Verfassung verabschiedete, die im späteren Lateinamerika starkes Interesse hervorrief. Am 19. März verkündet, in Spanien der Feiertag des heiligen Joseph *(Pepe),* wurde die Verfassung auch *La Pepa* genannt.

Fernando VII., der zwischenzeitlich von Napoleon in Frankreich gefangen gehalten wurde, kehrte nach dem Ende des Unabhängigkeitskrieges 1814 als König zurück, setzte die liberale Verfassung außer Kraft und regierte diktatorisch. Nach seinem Tod 1833 wurde seine Tochter Isabella inthronisiert; er selbst, der zunächst jubelnd empfangen wurde *(el deseado)*, gilt mittlerweile als einer der schlechtesten Könige des Landes. In der Folgezeit bildeten sich zwei verfeindete Lager, die konservativen *Carlistas* und die liberalen *Isabelinos*. Zwischen 1833 und 1939 erlebte Spanien insgesamt vier Bürgerkriege.

Die tatsächliche Wahrnehmung des Verlustes der als Vizekönigreiche bezeichneten überseeischen Gebiete in Amerika dauerte bis 1898, als Spanien mit Kuba, Puerto Rico und den Philippinen die letzten Kolonien verlor. Spanien hat sein Reich zu einem Zeitpunkt eingebüßt, als andere Staaten gerade erst begannen, Kolonialgebiete zu erobern. Der Aufbau eines modernen Landes stellt sich insofern als ein langer Prozess dar, der schon im 18. Jh. einsetzte, aber aufgrund der Stärke beharrender Kräfte wie der katholischen Kirche und der Schwäche des Liberalismus zahlreiche Rückschläge erlebte.

Zwischen 1808 und 1840 geriet Spanien in eine Krise. Dazu trugen die französische Besetzung und die Unabhängigkeitsbewegungen im späteren Lateinamerika, interne Konflikte sowie die Karlistenkriege bei. Fernandos Bruder Carlos reklamierte damals den Thron für sich selbst und wollte die Thronfolge von Fernandos Tochter Isabella nicht akzeptieren. Darüber wurden im 19. Jh. die sog. Karlistenkriege geführt, die sich gegen den Aufbau eines modernen und liberalen Staates richteten. Im Ergebnis kam es zu einem Staatszerfall sowie einer wachsenden Bedeutung der Generäle, deren Zahl kontinuierlich zunahm.

In der zweiten Hälfte des 19. Jhs. ging es daher um einen Wiederaufbau des Staates, die Durchsetzung liberaler Reformen und eine politische Stabilisierung (Fusi 2012: 187). Auch wenn das Militär meist nicht selbst regierte, entstand doch eine Tradition der *pronunciamientos* (Staatsstreiche) und ein militärisch besetztes Denken, die im 20. Jh. in den folgenreichen Staatsstreichen der Generäle Primo de Rivera 1923 und Francisco Franco 1936 zum Ausdruck kommen sollte.

In diesem Kontext war die Erste Republik von 1873 nur von kurzer Dauer. Innerhalb eines Jahres regierten vier Präsidenten, ein Staatsstreich beendete die Erste Republik und leitete eine Restauration der Bourbonenmonarchie ein. Daneben wirkte die katholische Kirche als konservative Kraft, die liberale Reformen und eine neue geistige Strömung namens *Krausismo* mit Misstrauen beobachtete.

Die Bezeichnung *Krausismo* geht auf den deutschen Philosophen Karl Christian Friedrich Krause (1781-1832) zurück, der im eigenen Lande nahezu völlig in Vergessenheit geriet und selber nie in Spanien war, auch wenn er dort und in Argentinien eine enorme Wirkung entfaltete. Für einzelne Autoren bleibt die große Wirkung des „mittelmäßigen Philosophen" rätselhaft und obskur (Adomeit 1993: 11; Goytisolo 1982: 150). Er verfasste eine „Wesenslehre", vertrat ein humanistisches Denken und betonte die Bedeutung der Erziehung. Seine Ideen, vor allem der Gedanke einer aufgeklärten Religiosität, wurden von dem Juristen Julián Sanz del Río aufgenommen und popularisiert.

Nach dessen Tod übernahm der Jurist Francisco Giner de los Ríos (1839-1915) die Propagierung dieser idealistischen Vorstellungen. Aus dem *Krausismo* entwickelte sich eine pädagogische Reformbewegung, die im kulturellen Bereich das sog. Silberne Zeitalter, *la Edad de Plata,* in der spanischen Geistesgeschichte einläutete, welches erst mit dem Bürgerkrieg 1939 endete. Allerdings reichte die politische Reformphase zunächst nur bis 1874, für den Zeitraum bis 1923 wird von einem Restaurationsregime gesprochen, gekennzeichnet durch die „Oligarchie und den Kaziquismus" (nach Fusi 2012: 201). Gegen die erneute Restauration gründete Giner in Madrid 1876 die *Institución Libre de Enseñanza*, das einflussreiche Freie Institut für Erziehung, das sich für die Förderung der Bildung und der Lehrer einsetzte. In Madrid gibt es nach wie vor zwei Schulen, die seinen Namen tragen und die u. a. die deutsche Sprache vermitteln. Die 1906 gegründete *Junta para Ampliación de Estudios* (JAE) ist ebenfalls in der Tradition des *Krausismo* zu sehen. Etliche Schriftsteller der einflussreichen „Generation von 98" waren vom *Krausismo* beeinflusst.

Die Bezeichnung Generation von 98, die auf das sog. *año del desastre* (Jahr der Katastrophe) Bezug nimmt, hat sich erst rückwirkend eingebürgert. „Mehr ist in Kuba verloren gegangen", heißt es heute noch bei Unglücksfällen. Nach dem Verlust der letzten Kolonien Kuba, Philippinen und Puerto Rico 1898 setzte eine Debatte über die Gründe für Aufschwung und Niedergang Spaniens ein. Die daran beteiligten Schriftsteller machten die Rückständigkeit des Landes, die vormodernen Verhältnisse und – teilweise – die Rolle der Kirche für die Niederlage verantwortlich. „Europa endet an den Pyrenäen", hieß es fatalistisch bei Miguel de Unamuno (1864-1936), der in einem seiner bekanntesten Bücher ein „tragisches Lebensgefühl" postulierte.

Die Generation von 98 wird als eine Regenerationsbewegung *(regeneracionismo)* gesehen. Solche Erneuerungsbewegungen haben in Spanien eine gewisse Tradition und tauchen in periodischen Abständen wieder auf oder werden zumindest eingefordert. Auch im Wahlkampf 2015 waren Ansätze dazu erkennbar. Von den Autoren, die einer solchen Strömung angehören und eine Bedeutung für Politik und Ideengeschichte entfalteten, seien hier zwei erwähnt, zumal ihnen in ihrer Analyse eine gewisse Aktualität nicht abzusprechen ist:

Als Jurist und Philosoph wirkte Gumersindo de Azcárate (1840-1917), der sich in seinen Schriften u. a. mit dem Parlamentarismus in Spanien auseinandersetzte. Er konstatierte eine Diskrepanz zwischen Theorie und Praxis, argumentierte gegen Amoralität in der Politik sowie die *empleomanía*, d. h. eine Neigung der Politiker, Familienangehörige und Freunde mit Posten zu versorgen. Die öffentliche Verwaltung leide unter „Zentralisierung, Bürokratie, Vetternwirtschaft, Ausgabenfreude und Kazikentum, die von allen Parteien in der Opposition gegeißelt würden, ohne, einmal an der Macht, ein adäquates Gegenmittel zu finden" (Azcárate 1931: 115). Besonders kritisierte er den „*caciquismo:* diesen neuen Feudalismus, hundert Mal abstoßender als die Krieger des Mittelalters und mit dessen Tarnung sich unter dem Mäntelchen einer repräsentativen Regierung eine Oligarchie verberge … wobei die Kaziken quasi mit den Regierungen die Wahlen organisieren, denn sie sind auf die Abgeordneten des jeweiligen Distriktes angewiesen“ (ebd. 116). Für Azcárate lagen die Schwächen von Parlamentarismus und Demokratie im spanischen Kontext in den Verhaltensweisen, was er mit Beispielen unterlegte. Werfe man einer Person im öffentlichen Raum vor, sie sei ein Spitzbube, müsse mit heftigen Reaktionen gerechnet werden. Setze man aber hinzu „ein politischer Spitzbube“, dann würde sich der so Benannte schnell beruhigen: „ein politischer Spitzbube, dass ist ganz was anderes …“ (ebd. 187).

Ähnliche Gedanken vertrat Joaquín Costa (1846-1911), ebenfalls Jurist, in seinen wirtschafts- und agrarpolitischen Schriften. In einer bei ihrer Präsentation im Ateneo de Madrid 1901 heftig diskutierten Schrift „Oligarchie und Kazikentum als aktuelle Regierungsform in Spanien“ hielt er fest: „Jede Region und Provinz wird von einem Unverantwortlichen, sei er Abgeordneter oder nicht, als Kazike beherrscht, ohne dessen Zutun sich kein Blatt Papier bewegt, keine amtliche Entscheidung fällt, kein Richter ernannt wird …“ (Costa 1982: 47), Spanien werde de facto von einer informellen Oligarchie der Kaziken regiert (Engels 2014: 285). Deshalb reiche der Ruf „Es lebe die Freiheit“ nicht aus, ein „Nieder mit dem Kaziken“ müsse hinzukommen (ebd. 51).

Ein Leitbild für ein künftiges Spanien entstand unter den Regenerationisten von 1898 allerdings nicht. Sie waren eher Kulturkritiker und weniger Praktiker. Indirekt ging es bei ihnen u.a. um die Frage, was Spanien eigentlich darstelle und wo es seinen Platz finden solle. Darüber fand auch eine Diskussion im europäischen Ausland statt. Das Verhältnis zwischen Tradition und Moderne gestaltet sich bis weit ins 20. Jh. schwierig: „Politisierung, Militarisierung ohne kontinuierliche Integration in stabile Organisationen bleiben das Merkmal einer Gesellschaft, die aufgehört hatte, traditionell zu sein ohne deswegen schon modern zu sein“, sagte der spanische Soziologe Juan Linz, der zu einem der Wegbegleiter der Transition werden sollte, bei der Entgegennahme des Ehrendoktors der Universität Granada (Linz 1967: 38).

Die zwei Spanien

„Kleiner Spanier, der du auf die
Welt kommst: dich soll Gott behüten.
Eins der beiden Spanien wird dir
Einst das Herz gefrieren lassen."

Antonio Machado 1917 (zit. nach Kühn 2012: 71)

Auf diese Strophe eines Gedichtes des republikanischen Dichters Machado (1875-1939) wird häufig das Konzept der zwei Spanien zurückgeführt. Demnach stünden sich seit dem 19. Jh. ein städtisch-fortschrittliches, antiklerikal-liberales, republikanisch-demokratisches Spanien und ein ländlich-konservatives, katholisch-traditionalistisches und autoritär-monarchistisches Spanien gegenüber. Den sichtbarsten Ausdruck fand dieser Gegensatz dann im spanischen Bürgerkrieg. Zuweilen war von einem Antagonismus zwischen dem fortschrittlichen Barcelona und dem konservativeren Madrid die Rede.

Vorläufer finden sich in der im 16. Jh. entstanden „schwarzen Legende", einem negativen Spanienbild, das mit Inquisition, Katholizismus und der Gegenaufklärung verbunden war. Diese Vorstellung diente den aufsteigenden europäischen Staaten auch zur Abgrenzung von der katholischen Macht. Reiseliteraten verstärkten diesen Eindruck: Der Begriff *La España negra* wurde durch ein Reisebuch von Emile Verharen (1855-1916) geprägt, der Spanien als ein dunkles Europa beschrieb. Mitte des 20. Jhs. versuchte General Franco daraus eine Tugend zu machen und sein Land als „moralische Reserve Europas" zu präsentieren, mit dem Satz „Spanien ist anders" isolierte er es gegenüber dem vermeintlich unmoralischen und demokratisch-korrupten Westeuropa.

Die Gegenüberstellung von links und rechts für ein fortschrittliches bzw. ein reaktionäres Spanien beinhaltete eine Verkürzung, die sich unter dem Eindruck des Bürgerkrieges verfestigte. Vor dem Aufkommen des Lagerdenkens bestanden zwischen den Beteiligten Berührungspunkte, die wiederum aus Erneuerungsbewegungen *(regeneracionismo)* resultierten. Im Vergleich zur Generation von

98 war die weitaus weniger bekannte sogenannte Generation von 1914, der der germanophile Philosoph José Ortega y Gasset (1883-1955) und der anglophile Historiker Salvador de Madariaga (1886-1978) angehörten, erfolgreicher. Sie postulierten verkürzt zusammengefasst als Ausweg: „Spanien ist das Problem, Europa die Lösung“, so Ortega y Gasset 1914. Diese Position konnte sich allerdings erst nach dem Tod Francos 1975 unter den demokratisch gewählten Regierungen durchsetzen.

Die Figur der zwei Spanien bildet einen „negativen Gründungsmythos“ der jungen Demokratie, von dem man sich absetzen wollte. Mit der *transición* und einer konsolidierten Parteiendemokratie schien der Gegensatz überwunden zu sein. Die mangelnde Aufarbeitung der Verbrechen des Bürgerkrieges und eine Politik des Vergessens waren ein Teil davon. Zum 50. Jahrestag seines Ausbruches sagte der damalige Regierungschef Felipe González 1986: „Der Bürgerkrieg ist kein Ereignis, dessen man gedenken sollte … Aus keinem Grund und aus keinem Anlass soll das Gespenst des Krieges und des Hasses unser Land heimsuchen, unser Bewusstsein verdunkeln und unsere Freiheit zerstören. Deshalb äußert die Regierung ihren Wunsch, dass der 50. Jahrestag des Bürgerkrieges endgültig die Wiederversöhnung der Spanier besiegle“ (zit. nach Kühn 2012: 124 f.). Da eine gemeinsame Aufarbeitung aufgeschoben wurde, stehen sich die „zwei Spanien“ als Positionen nach wie vor latent gegenüber (ebd. 298) und können in der politischen Öffentlichkeit aktiviert und instrumentalisiert werden.

Das 20. Jahrhundert

Spanien nahm weder am Ersten noch am Zweiten Weltkrieg teil. Anfang des 20. Jhs. setzte ein gesellschaftlicher und sozialer Wandel ein, in dessen Folge u. a. die Einwohnerzahl Madrids von einer halben Million im Jahr 1900 auf eine Million 1930 zunahm. Damit trat der Gegensatz zwischen Stadt und Land deutlicher hervor, allerdings lebte in den 1930er Jahren noch 46 Prozent der aktiven Bevölkerung auf dem Lande. Innenpolitisch verschärften sich die Konflikte: Teile der Bevölkerung protestierten gegen die verlustreichen Militäraktionen in Marokko, in Barcelona kam es nach Demonstrationen gegen die Einschiffung von Reservisten für den Krieg in Marokko 1909 zu der *Semana trágica* (tragische Woche), bei der ca. 150 Menschen umkamen.

In dieser krisenhaften Situation fanden der Staatsstreich 1923 und die nachfolgende Diktatur von General Miguel Primo de Rivera (1870-1930) zunächst nicht nur die Billigung der etablierten Kräfte, denn er versprach, das alte Spanien des Kazikentums zu überwinden. In der Folgezeit setzte Primo de Rivera staatliche Programme um, trat aber nach einer Verschlechterung der Lage im Zuge der Weltwirtschaftskrise 1930 zurück. Sein ältester Sohn José Antonio Primo de Rivera (1903-36) gründete 1933 die *Falange Española,* eine antiliberale, totalitäre und in Ansätzen antikapitalistische Bewegung; er wurde 1936 gefangen genommen und von republikanischen Truppen erschossen.

Die gespannte Lage und die Unzufriedenheit der Menschen hielten an. Bei den Kommunalwahlen (!) am 12. April 1931 ergab sich eine klare republikanische Mehrheit, die in 41 von 50 Provinzhauptstädten die Mehrheit errang, während sich auf dem Land die Monarchisten durchsetzen konnten. Am 14. April 1931 wurde die Zweite Spanische Republik ausgerufen, König Alfons XIII (1886-1941) ging ins Exil, die Monarchie war vorerst beendet.

Die Geschichte der Zweiten Spanischen Republik lässt sich in drei Abschnitte unterteilen: *Bienio de reformas*, die Reformjahre unter Ministerpräsident Manuel Azaña (1931-33), *Bienio negro*, die schwarzen Jahre von 1934 bis zum Frühjahr 1936, sowie Volksfrontregierung und Bürgerkrieg (Frühjahr 1936-39) (Gimber 2012: 27). Die Äußerung von Azaña in der Verfassungsdebatte 1931 „Spanien ist kein katholisches Land mehr" und eine insgesamt antiklerikale Ausrichtung sollten sich als voreilig und folgenreich erweisen, zumal sich die traditionellen Kräfte organisierten. Die Kirche, die Unternehmer und Grundbesitzer sowie das Militär fanden ihre politische Stimme in der *Confederación Española de Derechas Autónomas* (CEDA). Immerhin stellte die CEDA 1935 fünf Minister, was aus der Sicht der Linken zu der Bezeichnung *bienio negro* führte.

Das politische System der Zweiten Republik weist einige Besonderheiten und Dysfunktionalitäten auf, die auch deshalb bedeutungsvoll sind, weil die aktuelle Dritte Demokratie oder parlamentarische Monarchie in gewisser Hinsicht eine Reaktion darauf darstellt. Hierzu zählen: die starke Fragmentierung der politischen Landschaft, was zum Misstrauen der Bürger gegenüber der Demokratie führte, und eine Zuspitzung in religiösen Fragen durch die republikanische Regierung, obwohl sie nur eine schmale Mehrheit besaß.

1936 kam es vor den Wahlen zur Bildung einer Volksfront *(Frente Popular)*. Es gewann der linke *Frente Popular* mit sehr knappem Vorsprung vor dem rechten *Frente Nacional* (Nationale Front). Nach den lange Zeit umstrittenen Zahlen erhielt die Linke 4.65 Mio., die Rechte 4.5 Mio. und die Mitte ca. eine halbe Million Stimmen (Schmidt 2013: 415). Dadurch rückte die Kommunistische Partei Spaniens (PCE) vom Außenseitertum in eine wichtige Position im Linksbündnis.

Der Bürgerkrieg 1936-39

Unmittelbar nach den für die Volksfront erfolgreichen Wahlen begannen die Vorbereitungen für einen Militärputsch, denn die konservativ-reaktionären Kräfte wollten einen Erfolg der Republik unbedingt verhindern. Die Gegenrevolution begann in Form eines *pronunciamiento* (Erhebung) um General Franco am 17. Juli 1936 in Marokko. Schnell standen sich das fortschrittlich-urbanisierte republikanische Spanien mit den Städten, dem industrialisierten Norden, der Mittelmeerküste sowie der Hauptstadt und die agrarisch geprägten rückständigen Landesteile gegenüber (Schmidt 2013: 419). Die republikanische Seite verfügte zunächst über größere Gebiete und hatte mehr Soldaten, aber die Truppen um Franco waren kampferfahrener und disziplinierter. Hinzu kam die logistische und militärische Unterstützung durch Italien und Deutschland.

Der spanische Bürgerkrieg gilt als der blutigste Bürgerkrieg in der europäischen Zwischenkriegszeit, weit vor Irland, Finnland, Griechenland und Ungarn. Er besaß darüber hinaus internationale Auswirkungen, da er als Teil der Auseinandersetzung zwischen Faschismus und Demokratie interpretiert wurde und indirekt als ein Auftakt zum Zweiten Weltkrieg galt. Besonders für die politische Linke entfaltete der Bürgerkrieg in Spanien eine enorme Bedeutung, denn in den Internationalen Brigaden kämpften Schriftsteller, Journalisten und spätere Machtinhaber, für die er ein Schlüsselerlebnis blieb. Hier seien nur Ernest Hemingway und sein Roman *For Whom the Bell Tolls* (deutsch: Wem die Stunde schlägt) von 1940 genannt, Willy Brandt mit seinen 1937 verfassten Reportagen für verschiedene norwegische Zeitungen und der spätere Chef der Staatssicherheit der DDR, Erich Mielke, der von 1936 bis 1939 unter dem Decknamen Fritz Leissner bei den Internationalen Brigaden u. a. als „Kaderoffizier" (Politoffizier) in der 27. Division war. Er soll als Offizier der SIM *(Servicio de Investigación Militar)*, der stalinistischen Geheimpolizei in Spanien, tätig gewesen sein. Die internationale Beteiligung und deren Einschätzung sind sowohl aus einer rechten wie einer linken Perspektive umstritten. Nur wenige besaßen eine so vorausschauende und gleichzeitig abgeklärte Sicht wie der Ex-Kommunist Franz Borkenau, der in seinem Augenzeugenbericht nach einer Reise 1936 festhielt: „Im politischen Sinne, fürchte ich, wird es letztendlich auf dem Schauplatz nur Verlierer, aber keinen Gewinner geben" (Borkenau 1986: 8).

Zur bestimmenden Figur der spanischen Rechten wurde Francisco Franco (1892-1975). Nach militärischen Erfolgen in Marokko wurde er mit 33 Jahren zum jüngsten General in Europa, die Zweite Republik ernannte ihn 1935 zum Chef des Heeres. Zeit seines Lebens blieb er vor allem Militär und avancierte zu dem am längsten amtierenden Diktator in Europa. Drei Merkmale lassen sich mit Blick auf seine Person festhalten (Fusi 1985: 21): 1. Die nationalistisch-militaristische Vorstellung, dass das Heer die Inkarnation des Vaterlandes sei; 2. Die Annahme, dass der

Kolonialkrieg in Marokko, wo er mehr als zehn Jahre im Einsatz war, die 1898 verlorene Ehre Spaniens wiederhergestellt habe; 3. Die Überzeugung, dass der weitere Verlauf der Geschichte seine militärische Intervention als Retter des Vaterlandes rechtfertigen würde. Diese Merkmale tauchen auch in seinen Ansprachen auf. In seiner „Rede zur Einheit" am 19. April in Salamanca bezeichnet er den Bürgerkrieg als Kreuzzug und spricht von einer Mission. Die göttliche Vorsehung habe ihn ausgewählt, um die nationale Revolution zur Einheit Spaniens anzuführen. Er appelliert an das ideale Spanien, proklamiert den Kampf gegen Materialismus und Bolschewismus, statt einer liberalen fordert er eine effektive Demokratie. Am Ende ist von der Größe Spaniens, dem Feuer der Waffen und dem Blut der Helden die Rede. Diese und andere Ansprachen endeten mit dem Ausruf: *Arriba España! Viva España!* (Franco 1958: 17). Franco schwebte das „Goldene Zeitalter" des 16. Jhs. vor, er verachtete das 19. Jh. und den Liberalismus.

In seiner Armee-Einheit soll man Franco als den Offizier der „3Fs": ohne Furcht, ohne Frauen und ohne Frömmigkeit bezeichnet haben. Franco sah sich als *Caudillo* (Anführer) von Spanien und zwar von Gottes Gnaden. Insofern diente ihm eine Art politische Theologie zur Herrschaftsbegründung. Sein Weltverständnis war schlicht. „Es beruhte auf Negativ-Prinzipien. Die Rettung Spaniens vor dem ‚Anti-Spanien': den Freimaurern und Liberalen, Kommunisten und Juden" (Wittig 1988: 580 f.).[2] Seine später an den Tag gelegte Frömmigkeit wird eher als eine taktische Haltung interpretiert oder auf den Einfluss seiner Frau zurückgeführt.

„Der Bürgerkrieg war ein spanisches Ereignis", hält der Historiker Fusi fest (2012: 220), allerdings beeinflussten ausländische Mächte seinen Ausgang. Nicht zuletzt die Spannungen und Gegensätze in der Mittelschicht über religiöse und soziale

---

2 Im Museum zum spanischen Bürgerkrieg von Salamanca findet sich ein nachgestellter Raum einer Freimaurerloge. Franco räumte den Freimaurern eine Schlüsselrolle ein, ihre Tätigkeit in Spanien und Lateinamerika wurde während seiner Herrschaft untersucht. Der Raum, der heute Bestandteil der Ausstellung ist, sollte zur Abschreckung dienen.

Fragen führten zum Ausbruch des Krieges. Die Bedeutung der internationalen Beteiligung war und bleibt kontrovers. Aus Deutschland kam 1936 die *Legión Cóndor,* d. h. zunächst einmal hundert Flugzeuge und über die Gesamtzeit des Krieges 5 000 Piloten, Techniker und Berater. Das Übersetzen der Soldaten der spanischen Nordafrika-Armee auf das spanische Festland durch deutsche Flugzeuge 1936 gilt als erste Luftbrücke der Geschichte. Italien entsandte 70 000 Soldaten, die ab Januar 1937 in die Kämpfe eingriffen. Franco erhielt insgesamt 1 200 deutsche bzw. italienische Flugzeuge und 350 Panzer. Als Diktator revanchierte er sich später mit der Blauen Division, eine Infanteriedivision aus spanischen Freiwilligen, die 1941 bis 1943 am Krieg gegen die Sowjetunion teilnahm. Die Republik bekam aus der Sowjetunion 1 300 Flugzeuge, die sie aber nicht alle einsetzen konnte, und 900 Panzer.

Es war eine rückwärtsgewandte Bewegung. „*Viva la muerte – muera la inteligencia* – Es lebe der Tod – nieder mit der Intelligenz“ rief der Franquist und Fremdenlegionär Millán Astray dem berühmten Schriftsteller Miguel de Unamuno bei einer öffentlichen Diskussion 1936 in Salamanca zu. Francos Bewegung war antimodern und antiintellektuell. Der von ihr propagierte konfessionell-autoritäre Staat stellte das Gegenbild zur verachteten Zweiten Republik dar. In dem 1959 mit Zwangsarbeitern fertig gestellten *Memorial Valle de los Caídos* (Tal der Gefallenen) in der Nähe von Madrid kommt das Selbstbild des Regimes mit seinem Nationalkatholizismus und dem Hang zu vergangener Größe zum Ausdruck. Über dem Grabmonument erhebt sich ein Gedenkkreuz von 152 Metern, damit das Höchste auf der Welt. Das Längsschiff übertrifft mit 262 Metern den Petersdom in Rom und führt zu einer Kuppel, unter der sich die Gräber von Franco und des Falange-Gründers José Antonio Primo de Rivera befinden (Collado Seidel 2015: 152 f.). An dem Denkmal versammeln sich besonders am 20. November, dem Todestag der beiden, Anhänger des alten Regimes.

Das „Tal der Gefallenen“ wurde Anfang des 21. Jhs. unter der Regierung Zapatero mit Blick auf eine größere geschichtliche

Objektivität ansatzweise modernisiert, es sollte eigentlich zu einer Gedenkstätte für alle Gefallenen ausgebaut werden, wovon allerdings keine Rede sein kann. Das demokratische Spanien sei dort unsichtbar, schrieb der Journalist und Schriftsteller Paul Ingendaay anlässlich des vierzigsten Todestages des Diktators (FAZ 19.11.2015).

Das Franco-Regime

Francos Regime durchlief mehrere Phasen: 1. Ein falangistisch-„totalitärer" Beginn, auf den eine national-katholische Epoche der Institutionalisierung folgte (1939-57); 2. Die Vorherrschaft der Technokratie und der Entwicklungsplaner (1959-69) mit hohem wirtschaftlichem Wachstum vor allem zwischen 1960-67; 3. 1969-75 die Endphase des Regimes, das sich nach der Ermordung von General Luis Carrero Blanco durch die ETA 1973 empfindlich geschwächt sah, gleichwohl bis zum Tod Francos anhielt (Schmidt 2013: 444f.).

Der *Caudillo* (Anführer) habe auch deshalb so lange herrschen können, da er nach der Anfangsphase zumeist reagiert und seltener agiert habe, wobei er eine Fähigkeit zur geschickten Vorsicht entwickelte *(habil prudencia)* (Dahms 1972: 93). Franco misstraute der Falange, die vorübergehend auf fast eine Million Mitglieder anwuchs, und ging nach der Anfangsphase auf Distanz. Das Regime verzichtete auf eine Verfassung, es begnügte sich damit, im Laufe der Jahre verschiedene sog. Grundgesetze zu erlassen. Eine gewisse Anpassungsfähigkeit zeigte sich auch in seiner späteren Politik wirtschaftlicher Modernisierung, die er in den 1960er Jahren vorantrieb. In den Ministerratssitzungen herrschte allerdings quasi militärische Disziplin, sie zogen sich über Stunden hinweg. Franco bildete das Kabinett während seiner Diktatur neunzehn Mal um und ernannte insgesamt 124 Minister (Collado Seidel 2015: 188f.).

Zeit seines Lebens behauptete Franco, dass er das Land vor dem Ruin gerettet und befriedet habe. Zur Zahl der Toten liegen unterschiedliche Angaben vor: „Eine Million Tote" sei das Resultat des Bürgerkrieges gewesen. In dem vielgelesenen Roman von José María Gironella wurden die Zahlen überhöht, der Autor geht in seinem Vorwort selbst von 500 000 Toten aus (Gironella 1961: 14). Historiker wie Gabriel Jackson sprechen von 580 000 Toten (zit. nach Encarnación 2008: 24). Folgenreich war die franquistische Repression nach dem Ende des Bürgerkrieges. Allein zwischen 1939 und 1945 wurden 50 000 Menschen hingerichtet. Die Nachwirkungen setzen sich bis in die Gegenwart fort.

Die PSOE ging geschwächt aus dem Bürgerkrieg hervor und konzentrierte sich zunächst auf die Arbeit im Exil. Wesentlich stärker waren die Kommunisten mit der PCE im Lande und damit im Widerstand vertreten; die Partei, die bis 1977 illegal war, kam bei Francos Tod auf die erstaunlich hohe Zahl von 35 000 Mitgliedern.

Bis in die Gegenwart bestehen Kontroversen über die Bezeichnung des Franco-Regimes. Das *Diccionario de la lengua española* (DRAE) bezeichnet den Franquismus in seiner 22. Ausgabe von 2012 als „politische und soziale Bewegung mit einem totalitären Charakter, die in Spanien während des Bürgerkrieges 1936-1939 um den General Franco entstand ...". Darüber kam es zu einer heftigen Debatte außer- und wohl dann auch innerhalb der Akademie. Die Version 2014 spricht dann von „einer Diktatur totalitären Charakters, die in Spanien von dem General Franco eingeführt wurde" (EP 3.11.2014).

Welche Gruppen stützten das Regime? Die 1928 gegründete katholische Laienorganisation *Opus Dei* (Gotteswerk) gewann seit der Regierungsumbildung 1957, als 12 von 18 Ministern ausgewechselt wurden, immer mehr Einfluss, ihre Mitglieder übernahmen zahlreiche Ministerämter. Auf diese Entwicklungsplaner und Technokraten werden das „spanische Wirtschaftswunder" und eine „konservativ-autoritäre Modernisierung" zurückgeführt, die u. a. auf eine Öffnung des vorher durch die Pyrenäen abgeschotteten Landes gegenüber dem Tourismus hinauslief. Gemeinsam mit den Erfahrungen spanischer „Gastarbeiter" in europäischen Ländern, die mit neuen Eindrücken und Kenntnissen nach Hause zurückkehrten, eröffnete dies die Möglichkeit für innenpolitische Veränderungen. Das schnelle Wachstum über fast 15 Jahre hinweg sollte Widersprüche innerhalb der regimetreuen „Familien" hervorrufen, denn im *Movimiento* waren Monarchisten, Militärs, der höhere Klerus, Falangisten und Technokraten versammelt. Das Wirtschaftswachstum hatte auch negative Begleiterscheinungen, z. B. wurde die Landwirtschaft zugunsten der neuen Entwicklungspole vernachlässigt.

Mit der internationalen Ölkrise 1974 begann sich die wirtschaftliche Lage zu verschlechtern, gleichzeitig nahm die Bedeutung des baskischen Terrorismus zu. Die Ermordung von Carrero Blanco Ende 1973 durch eine spektakuläres Attentat der Terrororganisation ETA verkürzte die Diskussion um die Franco-Nachfolge erheblich, denn nach dem Tod des Regierungschefs, sozusagen der rechten Hand des erkrankten Diktators, geriet die politische Landschaft in Bewegung. Hinzu kamen der Zusammenbruch des Obristen-Regimes in Griechenland sowie die sog. Nelkenrevolution am 25. April 1974 im Nachbarland Portugal, beides hatte Rückwirkungen auf das Franco-Regime.

Wie sind die ökonomischen Wirkungen des Regimes einzuschätzen? Spanien war ein Nachzügler im europäischen Modernisierungsprozess, der entscheidende Schub setzte erst in den 1960er Jahren ein. Während im 19. Jh. der zuweilen recht fortschrittliche politische Wandel nicht von wirtschaftlichen Veränderungen begleitet wurde, war es im 20. Jh. umgekehrt. „Der Franquismus lässt sich demnach unter der begrifflichen Trias der wirtschaftlichen Entwicklung, des sozialen Wandels und der politischen Stagnation erfassen" (Bernecker 1984: 416).

Die Frage, wie es nach dem Tod des Caudillo weitergehen solle, beschäftigte vor allem die Protagonisten des Regimes: „*Después de Franco – las instituciones* … Nach Franco – die Institutionen". Ansonsten pflegte man den Alleinherrscher selbst zu zitieren, der verkündet hatte: „*Todo está atado y bien atado* – Alles ist gut und sicher festgebunden". Franco glaubte wohl, dass sein konstruiertes System einer „Monarchie ohne König" nach seinem Ableben nun mit einem richtigen Monarchen an der Spitze weiterfunktionieren könne. Schon am 22. Juli 1969 hatte Franco Juan Carlos als seinen Nachfolger als Staatsoberhaupt eingesetzt, einen Tag später wurde er in den *Cortes* als „Prinz von Spanien" vereidigt, die Eidesformel beinhaltete „Treue gegenüber den grundlegenden Prinzipien der Nationalen Bewegung sowie gegenüber den anderen Grundgesetzen des Staates" (Schad 2014: 78 f.).

Die Transition 1975-82

Zwei Tage nach dem Tod Francos trat diese Nachfolgeregelung in Kraft; am 22. November 1975 wurde er als Juan Carlos I. mit 37 Jahren zum König von Spanien und somit zum Staatsoberhaupt *(Presidente del Estado)* proklamiert. Zu diesem Zeitpunkt war der Bourbone mächtiger als jeder andere Monarch in Europa und besaß weitreichende Kompetenzen, die er jedoch sukzessive abgab. Die republikanische Opposition erwartete wenig von dem neuen König, den sie als Hanswurst *(pelele)* und *Juan, el breve* (der Kurze) veralberten, schließlich galt er bis dahin als loyaler Vertrauter des verstorbenen Caudillo. Indessen sollte der Monarch eine erstaunliche Fähigkeit bei dem Ausgleich und der Kooperation zwischen den Eliten an den Tag legen.

Der König förderte geschickt den Umbau des Regimes. Er besaß die Unterstützung des Auslandes und der USA, in den folgenden Jahren gewann er die Herzen der Bürger. Auf sein Betreiben übernahm 1976 der politisch aus dem Franquismus stammende Adolfo Suárez (1932-2014) die Regierung *(Presidente del Gobierno);* er war sowohl für den sog. *Búnker,* d. h. den harten Kern des Franco-Anhänger, akzeptabel als auch für die Mehrheit der Bevölkerung, darüber hinaus verstand er sich glänzend mit dem König.

Suárez war damals 44 Jahre alt, der König selbst 37 – die Transition war auch ein Generationswechsel. Denn eine der größten Herausforderungen für Suárez bestand darin, die Opposition davon zu überzeugen, an der Demokratisierung der franquistischen Legalität mitzuwirken und mit ihnen über Ausmaß und

Tempo des Überganges zu verhandeln (Preston 1987: 107 f.). Noch 1976 wurde das „Gesetz über die politische Reform" verabschiedet, was den Wandel des alten Ständeparlaments zu einem gewählten Zweikammerparlament einleitete.

1978 traten die *Pactos de la Moncloa* in Kraft, eine Art Rahmenabkommen zur Stabilisierung der schwierigen Wirtschaftslage und zum Ausgleich zwischen unterschiedlichen Gruppen. Als ein ideales Instrument in der Transition erwies sich die 1977 gegründete Union des Demokratischen Zentrums *(Unión de Centro Democrático,* UCD) um den amtierenden Regierungschef Suárez, ein Zusammenschluss von zwölf Parteien der (rechten) Mitte.

Bei den Wahlen zur Verfassungsgebenden Versammlung vom 15.6.1977 erreichte sie 34,5 Prozent der Stimmen; sie blieb bis 1982 Regierungspartei. Viele franquistische Kader wurden in die Wahllisten aufgenommen und konnten dadurch teilweise ihre Machtposition sichern. Doch waren die UCD-Mitglieder „nicht durch Ideologie miteinander verbunden, sondern durch die Zufälligkeit des gleichen Reiseziels" (Preston 1987: 125), was später das schnelle Auseinanderfallen der Partei erklären kann.

Die Transition beruhte gerade in der Anfangsphase auf einer Politik der Mäßigung und Selbstaufgabe politischer Positionen der Linken und der Franquisten. Deshalb standen die konsensorientierten Aspekte bei der Verfassung von 1978 im Vordergrund. Konfliktreiche Fragen – wie die der autonomen Regionen – wurden verschoben bzw. vorläufig ausgeklammert, was später zu Problemen führen sollte. Paul Preston hat für diese Phase den treffenden Titel gefunden: „Die Errichtung einer neuen Welt mit den Steinen der alten: der demokratische Pakt 1977-79" (Preston 1987: 134). Anderen galt Suárez hingegen als „trojanisches Pferd in der franquistischen Zitadelle" (Trabert 1985: 306). Colomer sprach – wie damals viele – sogar von einem „spanischen Modell" und nannte zehn Merkmale: ein ausgeglichenes Kräfteverhältnis bei ihrem Beginn 1975, die abschreckende Erinnerung an den Bürgerkrieg, die Schwächung maximalistischer Positionen, eine Spaltung der Eliten, die Zukunftsorientierung, ein politischideologischer Pluralismus, verhandelte Reformen, paktierter Bruch, nationale Versöhnung und eine Demokratie mit zwei starken Parteien. Wichtig war auch, dass die ETA, das Militär und weit rechts stehende Gruppen zunehmend isoliert werden konnten. Allerdings habe der paktierte Übergang mittelfristig Nachteile: „Die Stärken der Transition haben sich in die Laster *(vicios)* der Demokratie verwandelt" (Colomer 1998: 181).

Während in den 1930er Jahren in Spanien die Demokratie durch einen Bürgerkrieg zerstört worden war, gelang nun ein weitgehend friedlicher Wandel. Das Wiederaufleben der beiden Spanien – worauf u. a. ein Spiegel-Titel (41/1975) mit der Suggestivfrage „Bürgerkrieg in Spanien?" anspielte – fand nicht statt. Allerdings gab es zwischen 1975 und 1980 insgesamt 460 Tote, sodass nach Ansicht des Historikers Javier Tusell, die Frage „Reform oder Bruch" ohnehin falsch gestellt sei (Tusell 2007: 713).

In der Endphase der Regierung von Suárez trat eine Ernüchterung bzw. Entzauberung *(desencanto)* in der Bevölkerung ein. Die negative wirtschaftliche Entwicklung dürfte dafür mitverantwortlich gewesen sein und das schwer durchschaubare System unterschiedlichster Pakte und persönlicher Zusagen, die Suárez nicht selten in verrauchten Hinterzimmern herbeiführte. Auf vielen Bildern sieht man ihn, aber auch González mit Zigarette, was ein Zeichen der Anspannung gewesen sein mag.[3]

Das Scheitern des Tejero-Putsches 1981 (s. S. 34), nicht zuletzt durch den eindeutigen Auftritt des Königs mit der Uniform des Oberkommandierenden im Fernsehen zugunsten der Demokratie, führte dann aber zu einer Gegenbewegung mit Demonstrationen von insgesamt drei Mio. Menschen am 27. Februar 1981. Insofern verwies der erfolglose Putsch bereits auf das Ende der Transition, der Wahlsieg von Felipe González von der PSOE 1982 deutete dann auf eine Konsolidierung der Demokratie hin. Der Beitritt zur NATO 1982 war ein weiteres

---

3 Vgl. dazu den bebilderten Bericht über die 1970er und frühen 1980er Jahre von Juan Eslava Galán: La década que nos dejó sin aliento, Barcelona 2011. Eine deutsche Übersetzung könnte lauten: „Die Dekade, die uns atemlos ließ."

Mittel, um das Militär auf die Demokratie einzuschwören und die Zahl der Generäle zu reduzieren.

Den handelnden Politikern und dem jeweiligen Ministerpräsidenten kam in einer politischen Kultur, die stark auf Personen orientiert ist, eine zentrale Rolle zu. Hier seien die Ministerpräsidenten bzw. ihre Amtszeit kurz vorgestellt:

Adolfo Suárez (1932-2014) war der Mann des Übergangs und gilt mit dem König als einer der Helden des Rückzuges, wie sie Hans Magnus Enzensberger genannt hat. König Juan Carlos I drängte im Juli 1976 Carlos Arias Navarro, der seit 1973/74 Ministerpräsident war, zum Rücktritt. Am 3. Juli beauftragte der König Suárez mit der Bildung der Übergangsregierung und der Demontage der franquistischen Strukturen. Dies gelang Suárez mit erstaunlichem Geschick. Wegen seiner jahrelangen Tätigkeit für die Einheitspartei unter Franco, wo er für kurze Zeit sogar zum Generalsekretär der *Falange* aufstieg, und seiner Position von 1969 bis 1973 als Generaldirektor für Rundfunk und Fernsehen, stieß er zunächst bei demokratischen und linken Politikern auf Ablehnung. Dank seiner Erfolge bei dem paktierten Übergang, seines guten Auftretens und der langen Erfahrung mit den Medien erlangte er eine erstaunliche Popularität. Aus den ersten freien allgemeinen Wahlen seit 1936 am 15. Juni 1977 ging er an der Spitze einer Mitte-Rechts-Formation *Unión de Centro Democrático* (UCD) als Sieger hervor. Zügig bildete er eine Regierung aus Fachleuten seiner Partei und aus Parteilosen, die in ihrer Mehrheit vorher unbekannt waren. Die 1978 von einer verfassungsgebenden Versammlung beschlossene Verfassung nahm das Volk in einem Referendum am 6. Dezember 1978 an. Gleichzeitig begann er mit einer Dezentralisierung des spanischen Staates. Suárez führte Gespräche mit Santiago Carillo (1915-2012), dem langjährigen Generalsekretär der kommunistischen Partei PCE im Untergrund. Carillo plädierte frühzeitig für eine nationale Aussöhnung und hatte mit seiner bemerkenswerten Kompromissbereitschaft wesentlichen Anteil an der Transition. Suárez gewann auch die nationalen Parlamentswahlen am

3. März 1979 und blieb bis zum 29. Januar 1981 Regierungschef. An diesem Tag trat er wegen wachsender Spannungen in seiner eigenen Partei und angesichts von großen politischen, sozialen und wirtschaftlichen Problemen zurück. Als Putschisten unter Oberstleutnant Alejandro Tejero bei der Amtseinführung seines Nachfolgers am 23. Februar 1981 ins Parlament einrückten, Schüsse abfeuerten und den Abgeordneten befahlen, sich auf den Boden zu legen, bewies er, noch geschäftsführender Regierungschef, Haltung für die Demokratie. Er blieb an seinem Pult sitzen und versuchte den Vizepräsidenten, der sich den Putschisten in den Weg gestellt hatte, zu beruhigen. 1991 zog er sich aus persönlichen und familiären Gründen aus der Politik zurück. 2005 wurde bekannt, dass der vielfach Ausgezeichnete an Demenz litt. Sein Tod Ende März 2014 wurde mit großer Anteilnahme von der Bevölkerung aufgenommen, gerade weil er in eine Zeit fiel, die durch scharfe Kritik an der politischen Klasse gekennzeichnet war. Das Staatsbegräbnis wurde im Fernsehen übertragen.

Leopoldo Calvo Sotelo (1926-2008), 1981 als Spitzenkandidat der UCD zum Ministerpräsidenten gewählt, regierte nur 22 Monate. Er kann als ein Politiker des Übergangs gelten. Während seiner Wahl zum Regierungschef am 23. Februar 1981 fand der Putschversuch von Tejero, im Lande bekannt unter der Bezeichnung *23-F*, statt. Die wichtigste Entscheidung seiner Amtszeit war der Beitritt Spaniens zur NATO im Mai 1982. Im Dezember 1982 wurde er nach einer hohen Wahlniederlage der UCD von dem PSOE-Gegenkandidaten González abgelöst.

Regierungschefs und Parteien seit 1982

Felipe González Márquez (1942 in Sevilla geb.) dominierte fast drei Jahrzehnte lang die spanische Politik. Er ist ein guter Redner und besitzt eine charismatische Ausstrahlung. Geboren in einem regime-kritischen Umfeld in Andalusien stand er zunächst katholischen Jugendorganisationen nahe und galt eher als Christdemokrat, 1962 wandte er sich der sozialistischen Bewegung zu und trat unter dem Tarnnamen „Isidoro“ in die PSOE ein. Als

Rechtsanwalt vertrat er Arbeiter, wurde mehrfach inhaftiert und bewies innerhalb der damals noch zersplitterten sozialistischen Bewegung organisatorische Kapazitäten. Auf einem Kongress der PSOE im französischen Exil wurde González 1974 zum Generalsekretär gewählt. Seine Fähigkeit zur Konsensfindung und zum Ausgleich legte er später auch bei dem demokratischen Übergang an den Tag. Nachdem er 1979 in der PSOE eine Sozialdemokratisierung eingeleitet hatte, rief er die Spanier in den folgenden Jahren zu einem *cambio* (Wechsel) auf, der ihm bei der Wahl im Oktober 1982 überraschend deutlich mit fast 47 Prozent gelingen sollte. Als gerade einmal Vierzigjähriger wurde er Ministerpräsident. Ein vergleichbar niedriges Durchschnittsalter galt ebenfalls für die Mehrheit seines Kabinetts, von denen viele aus der Mittelschicht und aus der Verwaltung kamen, womit die Generation der 1960er Jahre in Spanien an die Regierung gelangte, lange bevor dies in anderen europäischen Gesellschaften geschah (González Férriz 2012: 15).

Nur sieben Jahre nach dem Tod Francos konnte damit eine Partei, die zu den Verlierern des Bürgerkrieges gehörte, die Geschicke des Landes bestimmen. Einmal an der Regierung vertrat González einen pragmatischen Kurs und eine unideologische Wirtschaftspolitik. Zu den großen Herausforderungen gehörte die Auseinandersetzung mit der baskischen Terrororganisation ETA. Besondere Fähigkeiten entwickelte er mit Blick auf die EU, dank seiner außenpolitischen Kontaktpflege mit europäischen und deutschen Politikern. Seine Regierungsführung basierte nicht zuletzt auf einer Arbeitsteilung mit Alfonso Guerra, der für die unangenehmen Dinge zuständig war (sog. *policía malo*), etwa für die Beziehungen zwischen Regierung und Partei. Ein angekündigtes Referendum über den Verbleib Spaniens in der NATO wurde zunächst verschoben, 1986 stimmte die Mehrheit der Wähler dann dafür. Reformen erfolgten im Bereich des Erziehungssystems und mit Blick auf die Legalisierung der Abtreibung. In der zweiten Amtsperiode kam es zu Konflikten mit den Gewerkschaften, die den zunehmend liberalen und technokratischen Wirtschaftskurs der PSOE-Regierung kritisierten. Korruptionsskandale, die meist schon in die 1980er Jahre zurückreichten, wurden in seiner dritten Amtsperiode bekannt. Sie wurden vor allem mit Vizeministerpräsident Guerra in Verbindung gebracht, der wegen der Verwicklung seines Bruders in diverse Geldgeschäfte schließlich zurücktreten musste.

Zu González' Amtszeit gehörte das Jubeljahr 1992, das mit der Weltausstellung in seiner Heimatstadt Sevilla, den Olympischen Spielen in Barcelona, der Ausrufung Madrids zur Kulturhauptstadt Europas und den Feierlichkeiten zu den 500 Jahren Entdeckung/Eroberung Lateinamerikas, die in Spanien zunächst als *encuentro de dos mundos* (Begegnung zweier Welten) bezeichnet wurden, zusammenfiel. Im gleichen Jahr begann indessen eine konjunkturelle Talfahrt, hinzu traten neue Korruptionsfälle. Dennoch konnte González 1993 einen vierten Wahlsieg erringen, die PSOE verlor allerdings mit ca. 39 Prozent die absolute Mehrheit und war damit auf die Unterstützung durch die Partei der katalanischen Nationalisten angewiesen. González kündigte einen neuen Regierungsstil an *(cambio del cambio)*.

1995 wurden Vorwürfe laut, der Regierungschef selbst habe Aktionen des Geheimdienstes CESID veranlasst, der seit 1984 systematisch Politiker, Journalisten und Unternehmer abgehört hatte. Darüber hinaus sei González über die Aktivitäten der Antiterroristischen Befreiungsgruppen (GAL) informiert gewesen, die ca. 30 ETA-Mitglieder im französischen Baskenland ermordet haben sollen. Der ehemalige Regierungschef wurde vom Obersten Gerichtshof in einem Verfahren von jeder Mitschuld freigesprochen, verurteilt wurden sein Innenminister José Barrionuevo und dessen Ex-Staatssekretär sowie der Polizeichef Luis Roldán. 1996 verlor die PSOE die Wahlen, zuvor hatten ihm die katalanischen Nationalisten um Jordi Pujol das Vertrauen entzogen. Ein Jahr später legte González sein Amt als Generalsekretär der PSOE nieder, bis 2004 nahm er sein Mandat im Parlament war. Seitdem ist er u. a. als Politik- und Unternehmensberater in Lateinamerika tätig, was ihm von politischen und persönlichen Gegnern vorgehalten wird. Er verfügt bis heute über einen erheblichen Einfluss in der PSOE und schreibt regelmäßig in *El País*.

José María Aznar López war von 1996 bis 2004 Ministerpräsident. Der 1953 in Madrid Geborene studierte Jura und arbeitete zunächst als Finanzinspektor. Ende der 1970er Jahre begann sein Aufstieg in der rechtskonservativen *Alianza Popular* (AP), später übernahm er Führungspositionen in der *Partido Popular* und wurde 1993 auf dem PP-Parteitag zum Kandidaten für das Amt des Präsidenten nominiert. 1995 wurde er bei einem Bombenattentat der ETA leicht verletzt, was seine Bekanntheit weiter gefördert haben dürfte und möglicherweise zum Wahlgewinn 1996 beitrug. Bei den Neuwahlen 2000 erreichte die PP die absolute Mehrheit; Aznar leitete in der Folgezeit eine außenpolitische Annäherung an die USA ein. Präsident George W. Bush begann seine erste Europareise in Spanien; innerhalb Europas erhielt Aznar wegen seines Eintretens für die spanischen Interessen den Ruf des „hässlichen Europäers“ und *„Señor no“*. Polen und Spanien wurden 2003 für das vorläufige Scheitern des EU-Verfassungsprozesses verantwortlich gemacht. Der wirtschaftliche Aufschwung trug vorerst zu einer gewissen Popularität bei, diese erlitt jedoch Einbußen angesichts des schlechten Krisenmanagements nach dem Versinken des Öltankers Prestige 2002 vor der galicischen Küste und der damit verbundenen Umweltkatastrophe. Noch größere Popularitätsverluste brachte die Teilnahme an der von den USA angeführten „Koalition der Willigen“ im Irak-Krieg 2003.

Der als PP-Spitzenkandidat nominierte Wunschnachfolger Mariano Rajoy Brey galt lange Zeit als aussichtsreichster Bewerber bei den Wahlen vom 14. März 2014. Drei Tage vor dem Wahlgang erfolgten Terroranschläge im Madrider Bahnhof Atocha mit 191 Toten und 1 500 Verletzten. Nachdem die Regierung in ersten Stellungnahmen die baskische Terrororganisation ETA verantwortlich gemacht hatte, kam es zu einem Stimmungsumschwung, einer mit über 77 Prozent hohen Wahlbeteiligung und einem für viele Beobachter unerwarteten Wahlsieg des PSOE-

Kandidaten Zapatero. Um den Anschlag kursieren nach wie vor viele Gerüchte, u. a. weil sich die mutmaßlichen Rädelsführer aus dem Dunstkreis von Al Qaeda im April 2014 in Madrid unter dubiosen Umständen in die Luft sprengten.

Aznar war und ist wegen seiner Pro-US-Haltung bei vielen Spaniern unbeliebt. Das Bild mit Georg W. Bush und Tony Blair bei einem Gipfel auf den Azoren galt als Symbol für eine atlantische Wende. Umstritten war auch der aufwändige Lebensstil seiner Familie, wie er in der Hochzeit seiner Tochter mit einem Ex-Europaabgeordneten und Bankdirektor im Escorial-Palast zum Ausdruck kam. Seine Ehefrau Ana Botella amtierte zwischen 2011 und 2015 als Bürgermeisterin von Madrid.

Aznar hatte scheinbar nur noch wenig mit der Transition zu tun, er galt aufgrund seiner neoliberalen Ausrichtung eher als Äquivalent zu Ronald Reagan und Margaret Thatcher. 2004 verspielte er die Chance, den Weg für eine Regierungsübernahme seines Parteifreundes Mariano Rajoy zu ebnen. Aznar beschrieb in mehreren Büchern sein Konzept von politischer Führung, im Vergleich zu seinen Vorstellungen und Handlungen erscheint sein Vorgänger González als Pragmatiker. Auch Aznar entfaltet Tätigkeiten in der Politik- und Unternehmensberatung und gründete die *Fundación para el Análisis y los Estudios Sociales* (FAES), einen parteinahen, neoliberalen und konservativen Think-Tank.

José Luis Rodríguez Zapatero (geb. 1960) erlebte einen schnellen Aufstieg in der Politik. Nach einer Wahlniederlage 2000 übernahm er das Amt des PSOE-Generalsekretärs und wurde schon 2002 zum Spitzenkandidaten der Partei ernannt. Sein größtes Kapital war möglicherweise seine geringe Bekanntheit und die Tatsache, dass er noch im Wahlkampf als chancenlos galt. Dies mag einige bemerkenswerte bzw. problematische Versprechungen erklären. Bei einer Wahlkampfveranstaltung am 13. November 2003 erklärte er: „Ich werde die Verfassungsreform unterstützen, die das katalanische Parlament beschließt.“ Nach seiner Wahl zum Ministerpräsidenten 2004 wurde er von politischen Gegnern auch als „*Presidente por accidente*“ (Präsident durch Zufall) bezeichnet; er suchte nach der atlantischen Phase Aznars wieder die Annäherung an die europäischen Länder und setzte innenpolitisch weitreichende gesellschaftliche Reformen durch (Colino/Cotarelo 2012). Dazu gehörten Maßnahmen gegen die häusliche Gewalt (2004), die Legalisierung der gleichgeschlechtlichen Ehe (2005), die Blitz-Scheidung sowie eine weitere Zurückdrängung des kirchlichen Einflusses und die Einbürgerung von Migranten (2005). Die Hälfte der Kabinettsposten besetzte er mit Frauen. Im *Economist* erschien kurz nach seiner Wahl ein Artikel, in dem von einer zweiten Transition in Spanien die Rede war, auch wenn wissenschaftliche Analysen zu dem Ergebnis gelangen, dass davon nicht gesprochen werden könne (Field 2011).

Sein Großvater väterlicherseits, der republikanische Armeeoffizier Juan Rodríguez Lozano, der zu Beginn des Bürgerkrieges von Franco-Truppen erschossen wurde, galt ihm als Vorbild. Im Unterschied zu seinen Vorgängern griff er also das Thema der Vergangenheit auf und initiierte das Gesetz zur Erinnerung *(Ley de la Memoria).* In seiner zweiten Amtszeit leitete Zapatero erst mit Verzögerung ein Krisenmanagement ein, zunächst hatte er die Wirtschaftskrise zwei Jahre lang offenbar nicht wahrnehmen wollen. Die Korrekturen bedeuteten die härtesten Einschnitte in Zeiten der Demokratie. Zeitgleich kamen die Proteste der *Indignados* (Empörten) auf, die erst drei Jahre später, d. h. 2014 in Gestalt der Partei *Podemos* ihre politischen Auswirkungen zeigen sollten. Es gelang Zapatero nicht, das Gesetz für Transparenz umzusetzen, welches in den Wahlprogrammen von 2004 und 2008 enthalten war (Sánchez-Cuenca 2014: 64). Bei den Kommunalwahlen im Mai 2011 musste die PSOE katastrophale Verluste hinnehmen. Zu den Präsidentschaftswahlen trat Zapatero nicht mehr an, später hat er in seinen Erinnerungen darüber nachgedacht, warum er die Krise mit Verzögerung wahrgenommen habe (Zapatero 2013: 20 f.). In der aktuellen spanischen Politik spielt er eine untergeordnete Rolle, er engagiert sich seit 2015 als Vermittler in der Venezuela-Krise.

Mariano Rajoy Brey (geb. 1955) stammt aus einer Juristenfamilie und hat wie alle bisherigen Regierungschefs Jura studiert. Seine politischen Anfänge liegen in Galizien, er wuchs in Pontevedra auf, 1979 wurde er zum jüngsten Grundbuchrichter Spaniens, 1981 Mitglied der AP. Ab 1989 war er Mitglied des Parlaments, im Kabinett Aznar nahm er verschiedene Ministerposten und ab 2000 den des stellvertretenden Ministerpräsidenten ein. Auch wenn er in seiner Funktion als Regierungssprecher keine glückliche Figur bei der Tankerhavarie des Schiffes Prestige machte, so gilt er zweifellos als ein erfahrener Parlamentarier und Verwalter. Schon 2004 wurde er von Aznar als Nachfolger auserkoren, die PP verlor jedoch die Wahlen. „Du und Dein verdammter Krieg", soll er ihm deswegen zugerufen haben, womit er Aznars Teilnahme an der sogenannten Koalition der Willigen im Irak-Krieg meinte, die in Spanien sehr unpopulär war. In Umfragen reichte die Ablehnung bis zu 90 Prozent. Auch vom Lebensstil bildet er einen Gegensatz zu seinem Vorgänger. Rajoy lebt unauffällig, liest gerne die Sport- und Fußballzeitung *Marca* und meidet die Presse, was er in den Wahlkämpfen 2015/16 vorübergehend aufgab.

Bei seiner Wahl zum Regierungschef Ende 2011 wurde er in deutschsprachigen Medien als „ernsthaft, solide, seriös und wenig charismatisch" dargestellt. Diese Attribute stießen in der spanischen Presse nicht in gleichem Maße auf Beifall. Dort wurde ihm vorgehalten, sich zu vielen politischen Fragen kaum zu äußern oder seine Vizepräsidentin Soraya Saénz Santamaría vorzuschicken und Probleme auszusitzen. Hinzu kommt ein ostentativer Optimismus. Sein erster Satz zu Beginn der zentralen Debatte *Estado de la Nación* im Februar 2014 lautete: „Wir haben Kap Horn umschifft." Der damalige PSOE-Oppositionsführer Alfredo Rubalcaba begann seine Rede deshalb mit der rhetorischen Frage: „In welchem Land leben Sie?" Ein Jahr später war Rubalcaba nicht mehr Oppositionsführer, gleichzeitig erhärteten sich die Daten von einem ökonomischen Wirtschaftsaufschwung, der allerdings bei der Bevölkerung noch nicht ankam.

„Wir haben getan, was getan werden musste. Der Verdienst gebührt Spanien und den Spaniern", erklärte Rajoy in der Debatte *Estado de la Nación* im Februar 2015. In seinen Worten: In den vergangenen drei Jahren wurde das Schlimmste der Krise überwunden und eine Wende eingeleitet. In einem solidarischen Land mussten wir den *rescate*, d. h. ein von der Troika geleitetes Anpassungsprogramm, im Unterschied zu anderen Ländern nicht akzeptieren. Wir haben das größte Gesetzespaket gegen die Korruption eingebracht. 2015 werden wir eine halbe Million Arbeitsplätze schaffen. Unsere Hauptaufgaben sind Arbeitsplätze, die Erhöhung des Wohlstandes und eine Steuerreform, um die Lage der Bevölkerung zu verbessern. Allerdings könnte ein jäher Kurswechsel den Zuwachs an Arbeitskräften und das begonnene Wachstum beeinträchtigen. „Den Spaniern muss man die Wahrheit sagen … mit Demagogie erhält man nicht den Sozialstaat." Ziel müssten 3 Mio. neue Arbeitsplätze sein. Den schwersten Abschnitt des Weges haben wir hinter uns, so der Ministerpräsident, umso sinnloser wäre es, diesen Weg zu verlassen. Mit dieser Botschaft gingen Rajoy und die PP auch in den Wahlkampf 2015 und 2016.

Als Parteivorsitzender wird Rajoy in Teilen der Presse und von den Oppositionsparteien für die Korruption in der PP verantwortlich gemacht. Dies gilt für den Fall Gürtel und Bárcenas (vgl. Kap. 5.4). Die Parteiführer von PSOE und die neue Gruppierung *Ciudadanos* erklärten, dass sie politisch nicht mit ihm zusammenarbeiten könnten. Bei den Wahlen 2015/16 haben diese Vorwürfe ihm anscheinend bei den Wählern nicht nachhaltig geschadet: Nach deutlichen Stimmeneinbußen bei der Wahl im Dezember 2015 konnte die PP bei den Juniwahlen 2016 wieder etwas zulegen.

Zwischenfazit

Am Ende dieses kurzen historischen Überblicks fassen wir zusammen: Spanien war eine globale Macht im 16. und 17. Jh., im 19. Jh. kann von Niedergang und Restauration gesprochen werden, wobei es idealistische Entwürfe zu einer Erneuerung gab. Interne Konflikte, bei denen es vereinfacht ausgedrückt um den Gegensatz von Tradition und Moderne ging, wurden teilweise bewaffnet ausgetragen, eine Tendenz, die im 20. Jh. im Spanischen Bürgerkrieg eskalieren sollte. Spanien nahm zwar an den beiden Weltkriegen nicht teil und blieb insofern von Verlusten und Zerstörungen verschont, der Bürgerkrieg sorgte jedoch für lang anhaltende Verwerfungen und wirkt mit einem Denken in Gegensätzen bis in die Gegenwart hinein.

Das 20. Jh. endete nach der etwas verklärten demokratischen Transition ab 1975 gut, dazwischen lagen mit der *Guerra Civil* und der langen Franco-Herrschaft Konflikt und Diktatur. Mit der politischen Rechten wurden vor allem die Vorstellung von einer Nation, einer Sprache und einer Religion verbunden; die politische Linke stand dagegen eher für Autonomie und Reformen.

Im 21. Jh. schien sich zunächst der ökonomische Höhenflug fortzusetzen, mit dem Platzen der Immobilienblase folgte ab 2008 eine große Ernüchterung. Spanien erfährt die Gleichzeitigkeit der ungelösten historischen und regionalen Nationalitäten-Fragen sowie der Herausforderungen einer fortschreitenden Europäisierung und Globalisierung. Hinzu trat eine Kritik an der politischen Klasse in der parlamentarischen Monarchie, die historische Vorläufer seit dem 19. Jh. hat.

Die demokratisch gewählten Regierungschefs übernahmen ihre Ämter in vergleichsweise jungen Jahren. González und Aznar mussten von daher in der Anfangsphase viel lernen. Der erfahrenste und älteste Politiker dürfte in dieser Hinsicht Rajoy sein, der als Kenner der Verwaltung auch eine gute Zeiteinteilung an den Tag legt. Allerdings erscheint González als Kommunikator, Modernisierer und Visionär, während Rajoy als Verwalter, Krisenmanager und Technokrat gilt, der sich obendrein bei den Korruptionsfällen in seiner Partei als handlungsschwach erwies. Der einzige Regierungschef, der sein Amt freiwillig aufgab bzw. nicht mehr kandidierte, war bislang Aznar (Álvarez 2014: 120).

Sowohl der unmittelbare Transitionsprozess (1975-78) als auch die Zeit danach waren von dem Wunsch geprägt, dass sich die Teilung in die zwei Spanien in der ersten Hälfte des 20. Jhs. und die Erfahrung des Bürgerkrieges nicht wiederholen möge.

Gegenüber der Bevölkerung legte die politische Führungsschicht eine leicht paternalistische Haltung an den Tag. Solange das Wirtschaftswachstum anhielt, gab es keine massiven Einwände dagegen. Der wirtschaftliche Aufschwung setzte 1985 ein und hielt bis 1991 an. In die Regierungsperiode unter Ministerpräsident Aznar um die Jahrtausendwende fielen der stärkste Zuwachs und die größte Zunahme von Arbeitsplätzen in der spanischen Geschichte (Fusi 2012: 252) sowie die stärkste Einwanderungswelle, die bis 2007 anhielt.

Bemerkenswert an den ersten 30 Jahren seit dem Tod von Franco 1975 war das Vorherrschen eines Konsenses zwischen den drei bzw. zwei großen Parteien, d. h. UCD, AP/PP und PSOE. Dies wurde u. a. durch eine günstige wirtschaftliche Entwicklung gefördert, in der Spanien zwischen 1986 und 2006 enorm von der EU profitierte. Der rasante Ausbau der Infrastruktur und der Hochgeschwindigkeitszüge geht wohl fast zur Hälfte auf EU-Mittel zurück. Mit dem Beitritt zur EU galt im Übrigen vorschnell auch das nationale Identitätsproblem als geklärt, Europa bzw. die Rückkehr nach Europa schien die Lösung vieler offener Fragen zu sein. Es gelang jedoch nur vorübergehend, das Problem der peripheren Nationalismen zu überdecken.

The party is over, schrieb der *Economist* am 11. November 2008 mit Blick auf den sich abzeichnenden wirtschaftlichen Einbruch. Neben den ökonomischen Aspekten sollte nicht vergessen werden, dass die Transition von Personen und weniger von Parteien gemacht wurde – zumindest in der spanischen Öffentlichkeit herrscht diese Sichtweise vor. Vorausgesetzt wird mehr oder weniger unausgesprochen, dass die vergangenen Jahrzehnte die besten in der spanischen Geschichte gewesen seien. Umstritten ist die Frage, wer für das Ende des Aufschwunges verantwortlich sei. Die PP-Regierung spricht von notwendigen Korrekturen und Anpassungsprozessen, die sie durchführen musste. Die Opposition und die neu aufkommenden Bewegungen rückten in unterschiedlichem Ausmaß die Korruption der PP und liberale Wirtschaftsprogramme der EU bzw. der Regierung in den Vordergrund. Durch das Auftreten der linkspopulistischen Bewegung *Podemos* und danach von *Ciudadanos* entstand seit 2014 zusätzlicher Druck auf die traditionellen Parteien.

Übergang zur Demokratie, EG-Beitritt und wirtschaftlicher Wandel

Die spanische Transition zur Demokratie galt zumindest bis zum Ausbruch der Finanzkrise als Erfolgsmodell und zwar sowohl in politischer als auch in wirtschaftlicher Hinsicht (Nohlen/Hildenbrand 2005; Gunther/Montero 2009). Adolfo Suárez (1932-2014) und der lange Zeit hochangesehene König Juan Carlos (geb. 1938) bleiben für viele Spanier Schlüsselfiguren eines paktierten Überganges *(ruptura pactada)* von der Franco-Diktatur zur Wahldemokratie; Felipe González wurde 1982 erster Regierungschef für die PSOE und besaß sowohl innerhalb als außerhalb des Landes große Sympathien. Mit dem international bekannten und in den USA lehrenden Politikwissenschaftler Juan Linz (1926-2013) hatte die Transition einen wirkungswollen Fürsprecher unter den Sozialwissenschaftlern.

Teil eines Konsenses zwischen den alten Kräften des Franquismus und der parteipolitisch organisierten Linken, wozu damals die kommunistische PCE und die PSOE gehörten, war indessen ein Pakt des Vergessens über die Verbrechen im Bürgerkrieg 1936-39 und während der Diktatur. Außenpolitischer Bestandteil der Transition waren die schnelle Annäherung an Europa und das atlantische Bündnis. Dazu gehörten: 1978 Referendum über die Verfassung und Aufnahme in die EU; 1982 Beitritt Spaniens zur NATO; 1986 Vollmitgliedschaft Spaniens in der EG sowie NATO-Referendum und Verbleib in der NATO, im gleichen Jahr Wiederwahl von González. 1992, als die Entdeckung/Eroberung Amerikas 500 Jahre zurücklag, stand das Land mit den Olympischen Spielen in Barcelona, der Weltausstellung in Sevilla und der Ernennung Madrids zur europäischen Kulturhauptstadt glänzend in der Weltöffentlichkeit da.

Spanien blieb noch für den Zeitraum von 2007 bis 2013

Empfänger von Mitteln aus dem EU-Kohäsionsfonds. Zwischen 1996 und 2007 belief sich das durchschnittliche Wachstum der Wirtschaft auf 3,7 % und erreichte 2000 mit 5 % einen Höhepunkt. Im BIP hatte es sogar Italien überholt; bald könne, so hieß es fast übermütig 2003 in Kreisen der konservativen Aznar-Regierung, das Niveau Frankreichs erreicht werden.

Als Folge der Demokratisierung in den vergangenen vierzig Jahren erlangte Spanien eine neue internationale Rolle. Nach wie vor gilt die Europäische Integration als wichtigste strategische Option der spanischen Außenpolitik. Das Land sieht sich als mittlere Macht mit globaler Präsenz in einer zunehmend multipolaren Welt, was u. a. an der Bedeutung der spanischen Sprache liegt. Entsprechend den Ansätzen zum *nation branding* wirbt es als *Marca España* (Marke Spanien) für sich. Am liebsten möchte Spanien in kultureller Hinsicht die lateinamerikanischen Länder gleich mit repräsentieren, zumindest wurden das 1991 gegründete *Instituto Cervantes* und die Iberoamerikanische Staatengemeinschaft so ausgerichtet, um von dem internationalen Spanischboom zu profitieren. Immerhin gehen neuere Überlegungen zur spanischen Außenpolitik davon aus, dass man von Lateinamerika und nicht mehr von Iberoamerika sprechen solle, außer mit Blick auf die 1991 von Spanien initiierte *Comunidad Iberoamericana* (Iberoamerikanische Gemeinschaft der Nationen) (Informe Elcano 2014). Seit dem Beginn der Wirtschaftskrise sind die außenpolitischen Aktivitäten der spanischen Regierungen zurückgegangen.

Die Auswirkungen der Finanzkrise ab 2008

Wenige europäische Länder wurden so stark von der Finanzkrise getroffen wie Spanien. Vorangegangen war ein rasanter Wirtschaftsaufschwung, der durch den Euro 1999 noch beschleunigt wurde. Die Aussicht auf den Beitritt hatte die Zinsen sinken lassen und damit zu sehr billigen Krediten geführt. Nun setzte ein unglaublicher Bauboom ein: „In den fünf Jahren von 2002 bis 2006 wurden in Spanien mehr Häuser gebaut als in Deutschland, Frankreich und Italien zusammen" (Kreiß 2011:

51). Es war von einer *economía del ladrillo* (Backsteinwirtschaft) die Rede bzw. der Kombination von *ladrillo* (Backstein) und *sombrilla* (Sonnenschirm) für den Tourismus. Während sich in der Bundesrepublik zur gleichen Zeit die Realzinsen verteuerten und Deutschland nach Ansicht von *The Economist* zum „kranken Mann Europas" avancierte, galt der spanische Boom einzelnen Ökonomen sogar als Modell. Dabei entwickelte sich die Baubranche zum Wirtschaftsmotor, die Arbeitslosigkeit sank von 20 % (1994) auf 8 % (2007).

Allerdings handelte es sich nicht um ein tragfähiges Wachstum. Anfang 2008 zeichnete sich eine ökonomische Kehrtwende ab, 2010 musste Ministerpräsident Zapatero (PSOE) den stärksten Sozialabbau seit dem Bestehen der Demokratie ankündigen. Gerade die jüngere Generation sieht sich von der Krise betroffen. „*Nietos en paro, abuelos trabajando* – Die Enkel arbeitslos, die Großeltern beschäftigt", hieß es auf Plakaten. Von daher ist es nicht erstaunlich, dass sich viele Jugendliche den Protestbewegungen vom 15. Mai 2011 anschlossen (*indignados* – Empörte) und/oder ins Ausland abwanderten.

Nach dem vorangegangenen längeren Wirtschaftsaufschwung und den sozialen Reformen unter Zapatero waren Teile der Bevölkerung nicht bereit, hier klein beizugeben. Die Protestbewegung entstand im Mai 2011 mit Demonstrationen in fast 60 Städten, sie wird in Spanien mit *15 M* abgekürzt. An verschiedenen Orten wurden sog. *acampadas*, d. h. improvisierte Zeltstädte aufgeschlagen. Nach wenigen Wochen wurden sie aufgegeben, außer an der *Puerta del Sol* im Zentrum Madrids, wo sie bis zum 12. Juni anhielten. Nun trugen die „Empörten" ihren Protest in verschiedene städtische und kommunale Einrichtungen. Die Aktiven konnten sich vorerst nicht einigen, wie es weitergehen sollte. Am 15. Mai 2012 organisierten sie eine Art dreitägiges Klassentreffen, das aber zunächst ohne sichtbare politische Folgen blieb.

Die Bewegung wurde besonders, aber nicht ausschließlich von Jugendlichen getragen. Spanien hat die höchste Jugendarbeitslosigkeit in Europa nach Griechenland, viele leben nach wie vor oder wieder bei ihren Eltern. Sie wurden auch als Weder-Noch-Generation *(Ni-ni)* bezeichnet, da sie weder eine geregelte Arbeit haben noch studieren oder eine Ausbildung machen. Die Mehrheit der Empörten kam also nicht aus der Arbeiterschicht. Von Seiten der Bevölkerung erhielten sie Zuspruch: 71 % gingen davon aus, dass es sich um eine friedliche Bewegung mit dem Ziel eines Wiederaufbaues der Demokratie handele (Adagio 2013: 148). Charakteristisch war ihre horizontale Struktur; es fiel zunächst schwer, anerkannte Anführer ausfindig zu machen, *asambleas* (Versammlungen) spielten eine zentrale Rolle. Ein Merkmal waren Komitees und Arbeitsgruppen mit fluktuierender Mitgliedschaft. Websites und Blogs dienten zur Information und Mobilisierung potentieller Teilnehmer; Mediagruppen wie *Anonymus, Democracia Ya* (Demokratie jetzt), *NoLesVotes* (Wähl sie nicht) und *Juventud sin Futuro* (Jugend ohne Zukunft) kamen hinzu. Später schlossen sich Demonstranten aus der Anti-Bologna-Bewegung an, die sich gegen Privatisierungstendenzen an den Universitäten und Ausbildungseinrichtungen wandten.

Teile des harten Kerns versammelten sich in der 2014 gegründeten Partei *Podemos*. Diese setzte sich zunächst aus Wissenschaftlern der *Facultad de Ciencias Políticas y Sociología de la Universidad Complutense* in Madrid zusammen. Dort lehrte auch Pablo Iglesias (geb. 1978), der seine Dissertation sozusagen zum Thema verfasste: *Multitud y acción colectiva postnacional. Un estudio comparado de los desobedientes: de Italia a Madrid (2000-2005).*[4] Zur Spitze gehörte seine Kollege Juan Carlos Monedero (geb. 1963) und gehört Íñigo Errejón (geb. 1983), beide haben sich besonders mit den neuen linkspopulistischen Präsidentschaften in Venezuela bzw. Bolivien beschäftigt. Sie waren als politische Berater in Südamerika tätig, was im Wahlkampf 2015/16 für heftige Diskussionen sorgte; 2011 berieten sie aber auch die Vereinigte Linke IU in Spanien. Alle drei hatten sich besonders mit der globalisierungskritischen Bewegung, mit dem Konzept

4 Übersetzt: Menschenmenge und postnationale kollektive Aktion. Eine vergleichende Analyse der Unfolgsamen: von Italien nach Madrid (2000-2005).

der kulturellen Hegemonie von Antonio Gramsci sowie den Ansätzen zu einer Theorie des Populismus von Ernesto Laclau und Chantal Mouffe auseinandergesetzt. Auch aus diesem Grunde entwickelten sie eine besondere Empathie für die Medien. Es gelte, die Jüngeren auf diesem Wege zu erreichen.

Da ihnen der Weg in die traditionellen Medien zunächst versperrt war, gründeten sie selbst einen Kanal bzw. übernahmen 2010 eine Sendung in einem lokalen Sender, *La Tuerka* genannt, der in einem Arbeitervorort von Madrid liegt, Iglesias wirkte als Hauptmoderator. Später setzte er dies in einer neuen Sendung namens *Fort Apache* fort; nach ersten medialen Erfolgen wurde Iglesias zu *La Sexta Noche, Las Mañanas de Cuatro* und dann ins staatliche Fernsehen eingeladen, seine ursprüngliche Sendung in La Tuerka übernahm unterdessen zunächst Monedero. Die drei genannten Personen – Iglesias, Monedero, Errejón – bildeten bis Ende April 2015 den Führungskern von *Podemos.* Diese Partei wurde 2014 gegründet, der Name wird mit Obamas Wahlkampfslogan von 2008 *Yes we can* (Ja, wir können) in Verbindung gebracht. Allerdings hat der *Movimiento al Socialismo* (MAS = Bewegung zum Sozialismus) in Venezuela diese Bezeichnung schon in den 1980er Jahren verwendet; 2002 entstand in dem südamerikanischen Ölland eine gleichnamige Partei als Abspaltung von der MAS mit dem Namen *Podemos* (***Por la Democracia*** *Social)*, um sich im Kongress dann der Regierung von Präsident Hugo Chávez anzuschließen.

Monedero, der dem linken Flügel zugerechnet wird, äußerte sich später kritisch zu dem neuen Kurs der Partei im Wahljahr („Manchmal ähneln wir denen, die wir ablösen möchten“) und trat 2015 von seinen Ämtern zurück. Schon vorher hatte sich Monedero aus der vordersten Linie zurückgezogen. Grund war ein Beratervertrag mit dem venezolanischen Präsidenten Chávez, für den er insgesamt 425 000 Euro erhielt, die er zunächst nicht versteuerte, weswegen er ins Kreuzfeuer öffentlicher Kritik geriet. Vorwürfe gab es darüber hinaus aufgrund eines Stipendiums für den zweiten Spitzenkandidaten Errejón mit dem Arbeitsplatz an der Universität Málaga, während er tatsächlich für die Partei in Madrid tätig war und bisher noch keine wissenschaftlichen Arbeiten abgeliefert haben soll.

Kritik und Krise: Zur Lage des politischen Systems

Im Mittelpunkt der Transition und der im Jahre 1978 verabschiedeten **Verfassung** stand der Konsens. Die hochgelobte Verfassung weist insofern Schwächen auf, als sie gleichsam nach rückwärts geschrieben wurde. Sie möchte, darin dem Grundgesetz der Bundesrepublik ähnlich, die Schwächen und Fehler der Vergangenheit vermeiden. Möglicherweise braucht Spanien im 21. Jh. aber eine neue Erzählung, allerdings dürfte es nicht ausreichen, einen utopischen Gegenentwurf zu der tatsächlich stattgefundenen Transition zu entwickeln, wie es vor allem die Politiker von *Podemos* getan haben. Sie kritisieren den Konsens im Transitionsprozess und sprechen von einem reinen Elitepakt, bei dem sich die Interessen des Franquismus und der USA durchgesetzt hätten. Die Transition als gelungenes Gründungsnarrativ des demokratischen Spanien wird in Frage gestellt und der paktierte Übergang nahezu für alle Missstände in Spanien verantwortlich gemacht. Dabei wird nicht von dem realen historisch-politischen Übergang ausgegangen, vielmehr verbinden sich utopische Elemente und Wunschvorstellungen mit einer neuen oder zweiten Transition (Monedero 2013).

Unabhängig von der Frage, ob die Kritik an der Transition überzogen ausfällt, haben es die demokratischen Politiker nicht vermocht, einige in der Verfassung von 1978 bewusst offen gelassene Fragen in der Folgezeit zu klären bzw. in Gesetzesform zu bringen. Dies gilt besonders für die Problematik der Nationalitäten. Tatsächlich machten die in Madrid regierenden Parteien einzelnen Regionalparteien, mit denen sie Koalitionen eingegangen waren, uneinlösbare Versprechungen, die nun zu Lasten des demokratischen Systems gehen, wie das Beispiel Katalonien zeigt. Im Zuge der Auswirkungen der Finanzkrise und – wie sich später herausstellen sollte – den wirtschaftlichen

Verstrickungen der politischen Klasse und der Familie des sechsmaligen Ministerpräsidenten Jordi Pujol – von 1980 bis 2003 Regierungschef – kam in Katalonien eine starke Unabhängigkeitsbewegung auf. Hierbei spielte das Urteil des spanischen Verfassungsgerichts gegen das katalanische Autonomiestatut 2010 eine Rolle. Nach verschiedenen Großdemonstrationen und einem laut spanischer Verfassung unzulässigen Wahlgang 2014 hat sie mittlerweile separatistische Züge angenommen.

Das **Parteiensystem** schien konsolidiert, zumal schon 1982 ein Regierungswechsel zwischen zwei unterschiedlichen Parteien stattfand, was als ein Beleg für die Konsolidierung der Demokratie gilt. Als weitere Indikatoren wurden die vergleichsweise geringen realen Konflikte zwischen den bei bisherigen Wahlen stabilen Parteien PSOE und PP sowie der nach dem Ende des ETA-Terrorismus eingehegte Konflikt im Baskenland angeführt.

Im Unterschied zu anderen südeuropäischen Ländern gab es bis 2010 keine Hinweise auf einen dramatischen Rückgang der Mitgliedschaft der Parteien. Allerdings entstanden in Spanien Formen eines Parteienstaates, bei denen die Verquickungen zwischen Staat und Regierungsparteien ausgeprägt sind, während die Verbindungen zwischen Staat und Gesellschaft schwach blieben. Der Organisationsgrad der Zivilgesellschaft fällt niedrig aus, vor allem was die Mitarbeit in Vereinen anbelangt. Hingegen besteht eine Tradition von spontanen Demonstrationen und direkten Unmutsäußerungen bis hin zu direkten Aktionen. Das Parteienfinanzierungsgesetz aus dem Jahre 1987 wurde 2007 und 2012 reformiert, um damit die Abhängigkeit der Stiftungen von den Parteien transparenter zu machen und Licht in deren Finanzierung zu bringen. Verantwortlich für die Parteienfinanzierung ist der Rechnungshof, der den Bericht über die Tätigkeit der Parteien für 2008 jedoch erst 2013, d. h. mit fünfjähriger Verspätung, vorgelegt hat. Umstritten bleibt vor allem die Tatsache, dass alle Parteien, darunter auch die Vereinigte Linke (*Izquierda Unida*, IU), Kredite bei Banken aufgenommen haben. Diese Tatsache wird besonders von den neuen Parteien gegen die Altparteien angeführt.

Bereits in den 1980/90er Jahren wurden **Korruptionsskandale** bekannt, die damals eher die PSOE betrafen. Augenscheinlich haben aber erst die weitaus größeren Skandale in der PP das Fass zum Überlaufen gebracht. Bei Demonstrationen in der Hauptstadt ab 2011 wurde u. a. skandiert: „*Detras de los leones están los ladrones* – Hinter den Löwen sitzen die Räuber“ ein Slogan, der auf die imposanten Steinlöwen Bezug nimmt, die vor dem Kongressgebäude in Madrid stehen. Im Zuge der deutlichen finanziellen Einbußen von Millionen von Spaniern wurden solche Verfehlungen nun nicht mehr als Kavaliersdelikt hingenommen. Hinzu kam der Eindruck, dass die Aufklärung zögerlich und auch dann nur unvollständig erfolgte. Zwischenzeitlich verging kaum eine Woche, in der nicht neue Fälle in den Zeitungen oder in den privaten Fernsehkanälen publik gemacht wurden. Eine der meistgesehenen Sendungen findet am Samstagabend ab 21.30 Uhr in dem Programm *La Sexta Noche* statt, wo regelmäßig Spitzenpolitiker auftreten und sich von Journalisten, manchmal aber auch von aufgebrachten Bürgern befragen lassen.

Die politische Korruption in Spanien konzentriert sich nahezu ausschließlich auf Politiker, darunter nicht wenige Bürgermeister, die sich im Zuge des beispiellosen Baubooms in verschiedene Finanzskandale verwickelt sahen. Laut der Dezembernummer der Zeitung *Cambio 16* sollen Weihnachten 2014 dreißig Politiker im Gefängnis gesessen haben, 170 wurden verurteilt, aber später meist auf Kaution freigelassen. Für einzelne der verurteilten Politiker, darunter 30 Bürgermeister, waren schon Straßennamen vergeben und Denkmäler errichtet worden. Für den Ex-Präsidenten von Castellón, der seit Dezember 2014 eine vierjährige Haftstrafe absitzt, steht eine große Skulptur auf dem von ihm in Aufrag gegebenen Flughafen von Castellón, wo praktisch kein Flugzeug startet. Insgesamt handelt es sich um rund 2000 Verdächtige; fast 80 % der betroffenen Politiker gehören der PP, ein wesentlich kleinerer Teil der PSOE an. Eine objektive Berichterstattung über die Korruption in Spanien fehlt, da z. B. die Tageszeitung *El País* bevorzugt über die Verfehlungen der

PP, *El Mundo* zunächst mit Vorliebe über entsprechende Fälle bei der PSOE berichteten.

Noch zur Jahrtausendwende besaßen **König** Juan Carlos I. und sein Haus ein hohes Ansehen. Wie Gorbatschow und Kohl sei er einer von drei Europäern, die eine Transformation durchgeführt hätten, heißt es zuweilen mit einem gewissen Stolz. Durch verschiedene private Eskapaden des Monarchen, die Verstrickung eines Teils seiner Familie in dubiose Geldgeschäfte und eine Safari des Königs auf dem Höhepunkt der Finanzkrise geriet das Königshaus in die Kritik, zumal die bisherige Haltung, über die Verfehlungen des Monarchen nicht zu berichten, von Teilen der Presse aufgegeben wurde.

Der Wechsel von Juan Carlos zu Kronprinz Felipe im Jahr 2014 nach 38 Jahren Regentschaft wurde deshalb mehrheitlich begrüßt und als Versuch einer Rehabilitierung der Krone gewertet. Dazu schrieb der spanische Schriftsteller Antonio Muñoz Molina: „In einer Kultur, in der die Gleichstellung von Frauen und Männern sehr wichtig ist, erwecken donjuaneske Abenteuer eines alternden Monarchen keine Sympathie. Und in einem Land, das von einer Wirtschaftskrise grausam getroffen ist, scheint die Fotografie des Königs unverzeihlich, der mit dem Gewehr stolz neben einem in Afrika erlegten Elefanten posiert." (Muñoz 2014) Der neue König, der mit einer geschiedenen Fernsehjournalistin aus bürgerlicher Familie verheiratet ist, konnte das Ansehen der Monarchie laut Umfragen vorerst wiederherstellen, unklar bleibt, in welchem Ausmaß er auch eine gestalterische Rolle in der Politik einnehmen kann, was die Verfassung nicht vorsieht.

Kritisiert wird seit längerem das **Wahlsystem**. Besonders kleinere landesweite Parteien haben geringe Chancen einen Sitz zu erlangen, während z. B. nur in Katalonien antretende Regionalparteien mit vergleichsweise wenigen Stimmen ziemlich viele Mandate erzielen können. Dieses System fördert eine Konzentration auf die beiden großen Parteien, weshalb von einem *voto útil*, d. h. einer nützlichen Stimme gesprochen wird. Kritiker sehen in dieser ungleichen Verteilung zwischen den Provinzen, die die Grundlage des Wahlsystems bilden, eine Fortsetzung des *turnismo* aus dem 19. Jh., bei dem sich die Liberalen und die Konservativen an der Regierung abwechselten. Das aktuelle Wahlsystem, so zumindest führende Politiker von *Podemos*, sei von den Anhängern des Diktators entworfen worden, der mit geringen Kompetenzen ausgestattete Senat sei ursprünglich „ein Friedhof für franquistische Elefanten" gewesen (Iglesias/Monedero 2011: 64).

Die Europawahlen vom 25. Mai 2014 und die Wirtschaftssituation im Wahljahr 2015/2016

Bei den Europawahlen erreichte die PP 27 % vor der PSOE mit 23, der *Izquierda Plural* mit 10 %, d. h. einem vorübergehenden und wahltaktischen Zusammenschluss verschiedener regionaler Linkspolitiker, und der neuen Gruppierung *Podemos* mit 8 %. Vor allem *Podemos*, die sich erst kurz zuvor als Partei gegründet hatte, erhielt in der Folgezeit und nach dem Einzug von Pablo Iglesias ins EU-Parlament eine enorme Aufmerksamkeit im In- und Ausland. Iglesias bekannte sich zu dem griechischen Präsidenten Alexis Tsipras, der ein Vorwort zu einem seiner Bücher verfasst hat (2014). Untersuchungen belegen, dass *Podemos* Stimmen in der Arbeiterschicht, bei mittleren Fachkräften, den Arbeitslosen und im Prekariat erhält. Hausfrauen, Rentner, Unternehmer, sogenannte liberale Berufe und Selbständige wählen sie eher nicht. Die *Podemos*-Wählerschaft ist vergleichsweise jung, männlich, links, mit vergleichsweise hohen Bildungsabschlüssen und einem teilweise recht guten Durchschnittseinkommen (Criado Olmos/Pinta Sierra 2015: 250).

Das EU-Wahlergebnis wurde vor allem als Beleg für die Popularitätseinbußen der PP gewertet, denn die Partei fiel von 44 % bei den nationalen Wahlen 2011 auf 27 %. Zum ersten Mal in der neueren spanischen Geschichte erreichten die beiden Parteien der Transition nur knapp unter 50 % der abgegebenen Stimmen. In der Presse und den Kommentaren wurde das Auftauchen von *Podemos* als Beleg für eine profunde Parteienkrise gedeutet und als das sich abzeichnende Ende des bisherigen

Zweiparteiensystems. Aufgrund der kritischen Einstellung der Bevölkerung gegenüber den Parteien haben ein Teil der Presse sowie die in Spanien erstaunlich populären Fernsehsendungen und Talkshows zur Politik diesem Phänomen und zunächst Iglesias eine hohe Bedeutung beigemessen. Der charismatisch auftretende Politikwissenschaftler, der wegen seiner in einem Zopf zusammengeführten Haare *El coletas* genannt wird, trat in vielen Diskussionssendungen auf. Später kam der der politischen Mitte zuzuordnende Jungpolitiker Albert Rivera mit seiner Partei *Ciudadanos* hinzu, er konnte in den zunächst gescheiterten Verhandlungen nach den Wahlen im Dezember 2015 an Statur gewinnen. Auch wenn sich dies in den Juniwahlen 2016 nicht in Stimmengewinnen niedergeschlug, trug er in den Monaten danach zu der Regierungsbildung im Oktober/November 2016 bei.

Der bei den Europawahlen 2014 erkennbare Trend hat sich bei der im März 2015 stattgefundenen regionalen Wahl in Andalusien, den Urnengängen in den Autonomen Gemeinschaften und Städten im Mai des gleichen Jahres, der Wahl in Katalonien im September und schließlich den nationalen Wahlen am 20.12.2015 fortgesetzt. Aufgrund der Wirtschaftskrise und der anhaltenden Korruptionsfälle vor allem innerhalb der PP kam es zu einem Linksruck und zu einem Ende des bisherigen Zweiparteiensystems (Pfeiffer/Werz 2015). Das politische System steht vor einer Phase von Veränderungen und Reformversuchen.

Das Verhältnis zu **Europa** fällt dabei ambivalent aus. Nach wie vor beurteilen die Spanier/-innen das Europäische Parlament positiver als das eigene. Von Europa erwartet man sich u. a. Impulse für interne Reformen. In spanischen Zeitungen wird zwar einerseits Kritik an der Austeritätspolitik von Bundeskanzlerin Angela Merkel geübt, andererseits gilt Deutschland als ein Land, in dem Politiker vor Gericht erscheinen und Sportunternehmer sogar ins Gefängnis müssen. Die größte Oppositionspartei PSOE warf der Regierung unter Mariano Rajoy von der PP eine zu große Folgsamkeit gegenüber Merkel vor. Ökonomen (und wohl auch die Bundesregierung in Berlin) halten Rajoy, der im Kongress und bei öffentlichen Auftritten eher wie ein Buchhalter wirkt, zugute, dass er den wirtschaftlichen Anpassungskurs durchgehalten hat. „Er habe eine Elephantenhaut", attestierte ihm Bundeskanzlerin Angela Merkel bei einem Treffen europäischer Staatschefs zur Verabschiedung von US-Präsident Barack Obama in Berlin 2016. Unter rein ökonomischen Gesichtspunkten und laut den veröffentlichten Zahlen war sein Wirtschaftsprogramm erfolgreich – vor allem im Vergleich zu anderen europäischen Ländern. Hierbei hat sicherlich eine Rolle gespielt, dass Spanien in den letzten Jahren aufgrund der unsicheren Lage in Nordafrika und der Türkei Rekordzahlen beim Tourismus erzielen konnte.

Diese Ergebnisse werden konterkariert durch die Praxis der *desahucios*, in etwa mit Zwangsräumungen zu übersetzen, von denen weit über 100 000 Wohnungen betroffen sind. In Zeiten des Booms hatten viele Menschen sich eine oder sogar mehrere Wohnungen gekauft, die sie nun nicht abbezahlen können. Daraus sind teilweise Sozialfälle entstanden, die in den Medien der jeweiligen Regierung angelastet werden, obwohl ein Teil der Bevölkerung damals an der Immobilienblase und an spekulativen Geschäften teilnahm.

2. Verfassung

Zum Verständnis der Verfassung müssen die politische Geschichte und ihr Entstehungsprozess mit berücksichtigt werden. Eine erste fortschrittliche Verfassung wurde 1812 in Cádiz verabschiedet, sie stellte eine Art Modellverfassung für Spanien und Lateinamerika im 19. Jh. dar, bis in die Gegenwart wird auf sie Bezug genommen. Da die meisten Mitglieder des Verfassungskonvents aus den eher progressiven Küstenregionen kamen, fiel der Text für damalige Verhältnisse sehr fortschrittlich aus. Bereits 1814 setzte Ferdinand VII die Verfassung von Cádiz wieder außer Kraft.

Kennzeichnend waren häufige Veränderungen der Verfassungen, wobei die Impulse teilweise von außen kamen: Zwischen 1812 bis 1825 erfolgte die formale Unabhängigkeit der meisten spanischen Kolonien in Lateinamerika, 1820 bis 1823 war die Zeit eines kurzen liberalen Frühlings in Spanien. 1833/34 fanden Beratungen über eine neue Verfassung statt. Bei dem *Estatuto Real* von 1834 handelte es sich indessen um eine oktroyierte Verfassung, die am monarchischen Prinzip festhielt. Eine Reformbewegung bzw. demokratische Revolution blieb 1848 aus. 1873 wurde die Erste Republik proklamiert, schon ab 1874 setzte jedoch wieder eine Phase der Restauration ein. Mit der Diktatur von Primo de Rivera 1923 und den damit verbundenen Einschränkungen der Verfassung war die Monarchie einverstanden. 1931 kam es dann zur Ausrufung der Zweiten Republik und zum vorübergehenden Ende der Monarchie.

General Franco schuf *Leyes Fundamentales de Reino o del Estado*, die sich aus acht unterschiedlichen Gesetzestexten ergaben. Sie wurden – beginnend mit dem *Fuero de Trabajo* bis hin zur *Ley de Reforma Política* – zwischen 1938 und 1976 erlassen.

Die Arbeiten an dem Vorentwurf für eine neue Verfassung begannen im August 1977 in einer aus sieben Personen bestehenden Parlamentarierkommission. Anfang 1978 legte die Kommission den *Cortes* einen Entwurf vor. Zu den schwierigen Fragen zählten die von Republik oder Monarchie, die Regierungsform, das Verhältnis Kirche und Staat sowie die territoriale Verteilung der Macht. Über 1000 Änderungsanträge wurden von einer 36-köpfigen interparlamentarischen Kommission eingearbeitet und die Neufassung im Juli präsentiert. In beiden Häusern des Parlaments wurde die Verfassung am 31. Oktober verabschiedet; Gegenstimmen und Enthaltungen kamen von der äußersten Rechten und Linken sowie von der Baskischen Nationalpartei. Anders als in der Bundesrepublik Deutschland wurde am 6. Dezember 1978 ein Volksentscheid durchgeführt, als *Día de la*

Constitución ist er seitdem ein Feiertag. Bei einer Beteiligung von 68 % stimmten 88 % dafür, womit sich 58 % der Bevölkerung für die Verfassung aussprachen (Die spanische Verfassung: D 109). Damit fällt deren demokratische Legitimation breiter aus als beim deutschen Grundgesetz.

Am 27. Dezember 1978 unterzeichnete König Juan Carlos die neue Verfassung, deren Text am 31. Dezember veröffentlicht und damit rechtskräftig wurde. Bei den Verfassungen des 19. und frühen 20. Jhs. hatte jeweils eine Gruppe über die andere gesiegt. Dagegen resultierte diese aus einer Übereinstimmung zwischen verschiedenen Gruppen und gilt daher als eine Verfassung des Konsenses (Tamames 1980).

Über den Einfluss des Grundgesetzes auf die spanische Verfassung wurde viel geschrieben, ebenso über eine deutsch-spanische Verfassungspartnerschaft (vgl. etwa die Schriften der Deutsch-Spanischen Juristenvereinigung, die mittlwerweile rund 50 Bände umfassen). Beim Begriff des Sozialstaates, der Rolle des Regierungschefs (Kanzlerdemokratie) und beim konstruktiven Misstrauensvotum (Art. 114) werden Einflüsse vermutet. Bislang kam es zweimal – 1980 gegen Suárez und 1987 gegen González – erfolglos zu einem Misstrauensvotum. Dabei nutzte González 1980 sein gescheitertes Misstrauensvotum gegen Suárez, um sich als Führer der PSOE sowie insgesamt der Opposition zu konsolidieren.

Bei der Frage der Regionen dürfte die italienische Verfassung von 1947 herangezogen worden sein, bei den Grundrechten die portugiesische Konstitution. Es gilt indessen das jeweilige Begriffsverständnis zu beachten: So hat der von dem Sozialphilosophen Jürgen Habermas bei einem Vortrag 1991 in Madrid verwendete Begriff Verfassungspatriotismus vor Ort eine Umdeutung erfahren, als er von der politischen Rechten im Sinne von *constitucionalista* als Gegensatz zu *nacionalista* und damit gegen die Bestrebungen zur Unabhängigkeit verwendet wurde (Cruz Villalón 2011: 66).

Im Zuge der Wirtschaftskrise ab 2008 kam eine Diskussion über eine grundsätzliche Reform der Verfassung auf. Denn die bisher 1992 und 2011 erfolgten Änderungen bezogen sich jeweils auf die EU (Art. 135). Ministerpräsident Zapatero von der PSOE kündigte seinerseits 2004 Reformen an, die allerdings am Widerstand der PP scheiterten. Nach den Wahlen 2015 galt eine relativ weitgehende Reform der Verfassung als sicher, da bis auf Teile der PP eigentlich alle Parteien dafür sind.

2.1 Souveränitätskonzept (Volks-, Parlaments- und Verfassungssouveränität)

Bei einer Gesamtrevision der Verfassung oder einer Teilrevision derselben etwa mit Blick auf die nationale Souveränität oder die Monarchie „muss ihre prinzipielle Billigung durch 2/3-Mehrheit jeder der Kammern sowie die sofortige Auflösung der Cortes erfolgen", heißt es in Art. 168. Nach Billigung der Reform durch die *Cortes Generales* muss sie zur Ratifizierung erneut einem Referendum unterworfen werden.

Die wichtigsten Aussagen sind im Vortitel enthalten: Spanien konstituiert sich in Art. 1 als demokratischer und sozialer Rechtsstaat, das Volk ist Träger der nationalen Souveränität, Staatsform ist die parlamentarische Monarchie; Art. 2 betont die Einheit der spanischen Nation und gewährleistet gleichzeitig das Recht auf Autonomie der Nationalitäten und Regionen, hier fällt der Text ungenau und widersprüchlich aus; Art. 6 hebt die Rolle der politischen Parteien als Ausdruck des politischen Pluralismus hervor.

Aufgrund der positiven Rolle des Königs im Prozess der Transition bzw. bei der Abwehr des Staatsstreichversuches 1981 und mit Blick auf die gesellschaftspolitisch erfolgreichen nordischen Demokratien konnten auch Teile der Linken für eine Zustimmung zur parlamentarischen Monarchie gewonnen werden.

Art. 16 hält fest: Es gibt keine staatliche Konfession, erwähnt aber die „Beziehungen zur katholischen Kirche und den übrigen Konfessionen", was bei der Linken nach wie vor auf Kritik stößt. Heftig diskutiert wurde auch Art. 27 zur Erziehung, der es allen natürlichen und juristischen Personen, d.h. auch den Kirchen, gestattet Schulen zu gründen. Abgeschafft wurde die Todesstrafe

(Art. 15), sie kann allerdings im Kriegsfall verhängt werden. Die Autonomen Gemeinschaften werden in Kap. III behandelt. In Art. 148 sind die Zuständigkeiten der Autonomen Gemeinschaften, wobei u.a. die Lokalpolizei erwähnt wird, und in Art. 149 die des Staates geregelt. Zur Erlangung der Autonomie eröffnet die Verfassung zwei Wege: Art. 151 sieht eine schnelle Erarbeitung eines Autonomiestatuts vor, die Bildung eines Regionalparlaments, Volksabstimmung und Selbstverwaltungsorgane; Art. 143 zielt auf eine schrittweise Hinführung zur Autonomie ab, sie muss nicht zu Regionalparlamenten und Selbstverwaltung führen.

Mit der Verfassung von 1978 hat sich das Land als sozialer und demokratischer Rechtsstaat konstituiert. Das Staatsgebiet ist in Gemeinden, 50 Provinzen und 17 Autonome Gemeinschaften (*Comunidades Autónomas*, annäherungsweise mit den Bundesländern vergleichbar) sowie die nordafrikanischen Exklaven Ceuta und Melilla gegliedert. Ein Dauerthema bleiben die bereits erwähnten Autonomen Gemeinschaften: Die peripheren Nationalismen wurden unter der Franco-Diktatur unterdrückt. Eine folgenreiche Nachwirkung dieser Tatsache bleibt, dass der Nationalismus in Teilen Spaniens und lange Zeit auch bei vielen Akademikern als links galt. Damit verbinden sich identitäre, nationalistische und politische Einstellungen in widersprüchlicher Weise, was sich aktuell besonders in Katalonien, möglicherwesie aber auch bald wieder im Baskenland zeigt.

Die Regionen waren sowohl im verfassungsgebenden Prozess als auch in der Zeit danach darauf bedacht, ihre Rechte und Möglichkeiten auszudehnen. Letztlich blieb die Verfassung in diesem Bereich mehrdeutig. Art. 1.2 „Das spanische Volk, von dem alle Staatsgewalt ausgeht, ist Träger der nationalen Souveränität" steht in einem Spannungsverhältnis zu dem „Recht auf Autonomie der Nationalitäten und Regionen" (Art. 2), zumal in den folgenden Jahren nicht präzisiert wurde, woraus denn diese Nationalitäten ohne Staat bestehen. Titel VIII (Die territoriale Gliederung des Staates) zeichnet sich durch vage und teilweise widersprüchliche Formulierungen aus.

2.2 Grund- und Bürgerrechte

Ein ausführlicher Grundrechtekatalog findet sich in Art. 10 bis 55. Art. 33.1 enthält das Recht auf Privateigentum und das Erbrecht, 33.2 erwähnt „die soziale Funktion dieser Rechte". Art. 7 nennt die Gewerkschaften und die Unternehmerverbände. In Art. 9.2 wurden sozialstaatliche Überlegungen aufgenommen: „Den öffentlichen Gewalten obliegt es, die Bedingungen dafür zu schaffen, dass Freiheit und Gleichheit des Einzelnen und der Gruppe, in die er sich einfügt, real und wirksam sind, die Hindernisse zu beseitigen, die ihre volle Entfaltung unmöglich machen oder erschweren, und die Teilnahme aller Bürger am politischen, wirtschaftlichen, kulturellen und sozialen Leben zu erleichtern." Art. 18 enthält ein Recht auf Ehre, was eine spanische Besonderheit sein dürfte. Art. 40 nimmt das Sozialstaatsprinzip auf, Art. 41 garantiert sogar eine effektive Sozialversicherung, was kaum einzuhalten ist.

2.3 Verfassungsprinzipien

Im Unterschied zum Grundgesetz bestehen in Spanien keine unabänderlichen Artikel.

2.4 Gewaltenteilung, Gewaltenverschränkung

Wichtig sind der Entstehungsprozess und der Verfassungskontext. So kam – wie bereits erwähnt – ein Gegensatz zwischen *constitucionalista* und *nacionalista* auf. Im Unterschied zu 1931 wurden die am Konsens orientierten Elemente bei der Verabschiedung der Verfassung von 1978 und im Text selbst herausgestrichen.

Der Primat der Verfassung wird eingangs in Art. 9.1 hervorgehoben: „Die Bürger und die öffentlichen Gewalten sind an die Verfassung und die übrige Rechtsordnung gebunden." Eigentlich eine Selbstverständlichkeit, die angesichts der Tendenzen zu Unabhängigkeit und Separatismus sowie einer speziellen Auslegung der Gesetze im Kontext einer stark individualistischen oder sogar anarchistischen Tradition jedoch offenbar einer speziellen Erwähnung bedarf und in aktuellen politischen Verlautbarungen häufig vorgetragen wird.

Der Begriff Gewaltenteilung kommt zwar in der Verfassung nicht explizit vor, er liegt jedoch dem Aufbau zugrunde. Nach den Grundrechten und Pflichten (Titel I), geht es um die Krone (Titel II), die *Cortes Generales,* d.h. Kongress und Senat (Titel III), Regierung und Verwaltung (Titel IV), die rechtsprechende Gewalt (Titel VI) und das Verfassungsgericht (Titel IX). In Kapitel II werden die Grundrechte und öffentlichen Freiheiten nochmal speziell aufgeführt.

Die Verfassung von 1978 konnte allerdings nicht von einem territorialen Senat ausgehen, da damals noch kein dezentralisierter Territorialstaat vorhanden war. Im Übrigen ist es u.a. auch deshalb nicht so einfach, den Senat in eine Art Territorialkammer zu verwandeln, wie es Art. 69.1 vorsieht, da Spanien mittlerweile zu einem Parteienstaat wurde. Dabei beruht die Wahlkreiseinteilung auf den Provinzen und nicht den Autonomen Regionen. Weder die Parteien im Kongress noch die Regionalparteien schienen bislang ein starkes Interesse an einer Reform zu haben, was sich mit IU, jetzt UP und *Ciudadanos* geändert hat. Anscheinend wollen die Autonomen Regionen selber mit dem Staat verhandeln und bessere Bedingungen für „ihr" Land herausholen. Bei den Koalitionsverhandlungen nach den Wahlen 2015 entstand der Eindruck, dass die Regionalparteien zumindest in Katalonien an einer schwachen Regierung in Madrid interessiert waren, um so ihre Unabhängigkeitsinteressen weiterverfolgen zu können.

Seit Jahren wird über eine Reform der Verfassung diskutiert. Kleinere Veränderungen 1992 bzw. 2011 blieben an der Oberfläche bzw. folgten entsprechenden Anforderungen der Europäischen Zentralbank. Schwächen sind besonders im Autonomiestatut aufgetreten und haben sich angesichts mangelnder staatlicher Voraussicht und Reformfähigkeit verschärft. Ungeklärt sind die Kompetenzen zwischen Zentralstaat und den Autonomen Gemeinschaften (CCAA), die Kooperationsformen, die europäische Beteiligung, die Finanzierung, die Rolle des Senats und des Verfassungsgerichts sowie schließlich die Vorgehensweise bei einer Reform. Am meisten Konsens besteht mit Blick auf die Umwandlung des Senats in eine Art Länderkammer, selbst wenn einzelne Politiker unterschiedlicher Parteien sogar seine völlige Abschaffung fordern. Auch in der Frage der Thronfolge dürfte sich vergleichsweise leicht eine Lösung zugunsten der beiden Töchter des amtierenden Königs finden. Bei den Reformen im Justizsystem und beim Verfassungsgericht wird wiederum deutlich, dass eine Verfassungsreform eng mit einer allgemeinen politischen Reform verbunden ist. Dies gilt ebenso für das Wahlrecht.

3. Gerichtsbarkeit und Gesetzgebung

3.1 Funktionen

Zentrale Institutionen der Gerichtsverfassung sind Verfassungsgericht *(Tribunal Constitucional)*, Oberster Gerichtshof *(Tribunal Supremo)* und 17 Höhere Gerichtshöfe *(Tribunales Superiores de Justicia)* als Justizorgane der Autonomen Gemeinschaften, sie wurden 1989 gebildet. Hinzu kommt der Generalrat der rechtsprechenden Gewalt *(Consejo General del Poder Judicial – CGPJ)*. Der CGPJ fungiert als Instrument der Selbstkontrolle und Selbstverwaltung der Justiz und besteht aus einem Präsidenten, der gleichzeitig Präsident des Obersten Gerichtshofs ist, sowie zwölf Richtern aller Justizkategorien und acht weiteren Juristen. Die CGPJ-Mitglieder werden (mit Ausnahme des Präsidenten) jeweils zur Hälfte von Kongress und Senat bestimmt, was ebenfalls hochumstritten ist und Gegenstand von Reformvorschlägen. So wird kritisiert, dass der CGPJ dadurch in eine zu starke Abhängigkeit von bestimmenden politischen Parteien gerät.

Das Verfassungsgericht besteht aus zwölf Richtern, die für neun

Jahre von den beiden Parlamentskammern (je vier), der Regierung und dem CGPJ (je zwei) bestellt werden. Zu den Kompetenzen des Verfassungsgerichts gehören die Normenkontrolle sowie Entscheidungen über Verfassungsbeschwerden und bei Konflikten zwischen Zentralstaat und Autonomen Gemeinschaften. Höchste Instanz für alle nicht die Verfassung betreffenden Fragen bleibt der Oberste Gerichtshof, dessen Präsident auf Vorschlag des CGPJ vom König ernannt wird. Der 1977 eingerichtete Nationale Gerichtshof *(Audiencia Nacional)* unterstützt das Oberste Gericht und die Territorialgerichtshöfe. 2011 bildeten 3654 Einzel- und 7684 Friedensrichter die erste Instanz. In zweiter Instanz gibt es 50 Provinzgerichte *(Audiencias Provinciales)* für Zivil- und Strafsachen. 1996 wurden Geschworenengerichte eingeführt.

Anfang 2010 akzeptierte der Oberste Gerichtshof eine von der immer noch legalen Franco-Partei *Falange Española* unterstützte Klage wegen Rechtsbeugung gegen den Untersuchungsrichter der *Audiencia Nacional* Baltasar Garzón wegen dessen Untersuchungen von Verbrechen aus der Zeit des Franco-Regimes. Er war zuvor durch spektakuläre Untersuchungen zu den Antiterroristischen Befreiungsgruppen GAL in Spanien, zu General Pinochet in Chile, Menschenrechtsverletzungen in Lateinamerika sowie zu neueren Entwicklungen der spanischen Innenpolitik bekannt geworden. Zwar wurde der unterdessen suspendierte Garzón im März 2012 von diesen Vorwürfen freigesprochen. Dennoch wurde er im Februar 2012 für elf Jahre von Justizfunktionen ausgeschlossen, weil er bei der Untersuchung eines Korruptionsfalls, in den prominente PP-Mitglieder involviert waren *(Caso Gürtel)*, Anträgen der Staatsanwaltschaft auf Abhören der Angeklagten entsprochen hatte. Der international und besonders in Lateinamerika bekannte Jurist lebt heute sozusagen im eigenen Land in einem erzwungenen Exil. Das Vorgehen gegenüber seiner Person gilt als Beleg für eine Politisierung der Justiz.

Das Justizsystem ist im Vergleich mit der Bundesrepublik unterausgestattet. Im Jahr 2000 soll Spanien im Vergleich zur BRD nur ein Drittel der Zahl an Richtern gehabt haben. Gleichzeitig sind die Anforderungen nach dem Ende der Diktatur und im Zuge der Globalisierung gestiegen. So fehlt es einerseits an Personal, andererseits sind die Regelungen zur Anklageerhebung veraltet. Um hier Abhilfe zu schaffen, wurde 2002 die *Ley de Enjuiciamiento Criminal* eingebracht. Neben der Überlastung der Gerichte hat es auch Hinweise auf einzelne Korruptionsfälle im Justizwesen gegeben.

3.2 Verfahren – u. a. Plenum, Ausschüsse, Zwei-Kammer-Systeme

Das Parlament *(Las Cortes Generales)* besteht aus zwei jeweils für vier Jahre gewählten Kammern, dem Abgeordnetenhaus *(Congreso de los Diputados)* und dem Senat *(Senado)*. Sie üben die gesetzgebende Gewalt aus, billigen den Staatshaushalt und sollen die Regierungstätigkeit kontrollieren. Verantwortlich ist die Regierung nur dem Abgeordnetenhaus, das Gesetzgebungskompetenz hat und aus mindestens 300, höchstens 400 Abgeordneten besteht, die nach dem Prinzip der modifizierten Verhältniswahl in den Provinzen (2 bis 36 Mandate je Provinz) gewählt werden. Das Abgeordnetenhaus besteht derzeit aus 350 Abgeordneten. Es kann der Regierung durch ein konstruktives Misstrauensvotum die politische Verantwortung entziehen.

Diese Regelungen basieren auf der *Ley para la Reforma Política* von 1976 und der *Ley Orgánica de Régimen Electoral General* (LOREG) von 1985. Zuschnitt und Funktionsweise von Kongress und Senat gehen also auf die Zeit und die Interessenlage der Regierung von Suárez und sein Gesetz zur politischen Reform zurück, das die bikamerale Tradition Spaniens aus dem 19. Jh. aufgriff, die in der Verfassung von 1837 erstmals Kongress und Senat verankert hatte. Den Exklaven Ceuta und Melilla auf dem afrikanischen Kontinent steht jeweils ein Mandat zu. Um eine größere Repräsentanz zu erreichen, wurde eine Erhöhung der Abgeordnetenzahl auf 400 ins Spiel gebracht.

In der zehnten Legislaturperiode bestanden folgende permanente legislative Kommissionen: Verfassung, Auswärtige Angelegenheiten, Justiz, Innenpolitik, Verteidigung, Wirtschaft und Wettbewerb, Finanzen und öffentliche Verwaltung, Haushalt, Infrastruktur *(fomento)*.

Der Senat als „Kammer der territorialen Repräsentation" besteht aus 208 direkt gewählten (in den 47 Festlandsprovinzen je 4, Balearen 5, Kanaren 11, Ceuta und Melilla je 1) und weiteren, von den Autonomen Gemeinschaften entsandten Mitgliedern (je 1 Grundmandat; zusammen 1 Mandat pro 1 Mio. Einwohner; 2011 insgesamt 58 Mandate). Als Folge dieser Regelungen sind bevölkerungsarme Provinzen stark überrepräsentiert. Art. 69 lautet: „Der Senat ist die Kammer, welche die territoriale Vertretung innehat." De facto ist dies aber nicht der Fall, da die Grundeinheiten überwiegend den Provinzen und Inseln folgen und nicht den Autonomen Gemeinschaften. Nur ein kleinerer Teil der Senatoren wird von den Parlamenten der Autonomen Gemeinschaften entsandt. Von der nach Art. 90.2 vorhandenen Möglichkeit des Senates, ein Veto einzulegen, hat dieser kaum Gebrauch gemacht. Aznar erschien in seiner Amtszeit in der 8. Legislaturperiode kein einziges Mal im Senat. Während der 9. Legislaturperiode und der Regierung Zapatero besaß die PP im Senat die absolute Mehrheit, dennoch hat sie allenfalls einzelne Projekte leicht verzögert. In der 11. Legislaturperiode bis 2016 hatte die PP die Mehrheit im Senat.

Der Senat wurde in den letzten Jahren zur Zielscheibe der Kritik, die sich auf seine Zusammensetzung und seine Funktionen beziehen. Essayisten, Antipolitiker und im Wahlkampf 2015 auch einzelne Parteien wie *Ciudadanos* fordern seine Abschaffung. Es sitzen derzeit also Parteienvertreter im Senat (und im Kongress), die ihn auflösen wollen, wie etwa einzelne Separatisten. Die 17 Autonomen Gemeinschaften haben Länderparlamente, allerdings keinen Senat.

Im Kongress sind 15 Abgeordnete notwendig, um eine parlamentarische Gruppe zu bilden, im Senat zehn. Die Kammern debattieren von Februar bis Juni bzw. von September bis Dezember. Im Kongress ist mittlerweile eine elektronische Abstimmung möglich, im Krankheitsfall kann auch in Abwesenheit die Stimme abgegeben werden. Im Senat besteht ein Verfahren mit weißen und schwarzen Kugeln, in beiden Kammern werden auch Wahlzettel verwendet. Seit 1983 wird einmal im Jahr eine *Debate sobre el Estado de la Nación* durchgeführt, im Senat seit 1985 eine *Debate sobre el Estado de las Autonomías.* Im Senat besteht eine *Comisión General de las Comunidades Autónomas.* Um ein Gesetz einzubringen, sind im Kongress 15 Abgeordnete oder eine parlamentarische Gruppe notwendig, im Senat 25 bzw. eine parlamentarische Gruppe.

Der Regierungschef wird vom Abgeordnetenhaus gewählt und vom König ernannt. Da bis zu den Wahlen 2015 klare Mehrheitsverhältnisse bestanden oder kleinere Regionalparteien mit Legislativabsprachen miteinbezogen wurden, blieb die Rolle des Monarchen in dieser Frage lange Zeit gering. Koalitionsregierungen hatte es bislang nur in Ausnahmefällen in Andalusien und auf den Balearen gegeben. Mit dem Ziel der Wahl des Regierungschefs 2016 führte der König in einer ersten Runde Gespräche mit den verschiedenen Parteien, aufgrund der unklaren Mehrheitsverhältnissen wurden an insgesamt fünf Tagen Termine mit 15 Parteien vereinbart. Nachdem Rajoy, dessen PP mit einem gewissen Abstand die meisten Stimmen erlangt hatte, signalisiert hatte, er habe im Kongress nicht die notwendigen Stimmen für eine Investitur, schlug Felipe VI den Generalsekretär der stärksten Oppositonspartei, damals Pedro Sánchez von der PSOE, vor, der in beiden Abstimmungen Anfang 2016 scheiterte. Auch eine zweite Runde von Gesprächen verlief indessen erfolglos. Der König hat also durchaus einen gewissen Spielraum und kann Akzente setzen.

Der Regierungschef bestimmt das vom König zu ernennende Kabinett und gibt die politischen Richtlinien vor. Seine Wahl im Kongress erfolgt erst nach Darlegung „des politischen Programmes der Regierung, die der vom König vorgeschlagene Kandidat bilden möchte". Dieses Verfahren wird als *investidura* bezeichnet. Ein weiterer Unterschied zum Grundgesetz besteht darin, dass der Regierungschef in Spanien nach Art. 115 den Kongress auflösen kann.

In die Verfassung von 1978 wurde u. a. nach dem Vorbild des Grundgesetzes ein konstruktives Misstrauensvotum gegen den Regierungschef aufgenommen. Es muss von zehn % der Abgeordneten eingebracht werden, d. h. 35, und kann die Abberufung der gesamten Regierung nach sich ziehen. Bisher hat es zweimal einen Misstrauensantrag gegeben, beide scheiterten. 1980 gegen Adolfo Suárez, angeführt von Felipe González und 1987 gegen González, angeführt von Antonio Hernández Mancha, der damals Senator und Präsident der AP war.

Acht von zehn Gesetzen gehen auf Initiative der Regierung zurück, der Rest geht aus den *Cortes* oder den *Comunidades y ciudades autónomas de España* (CCAA) hervor. Die Regierung kann darüber hinaus Gesetzesdekrete erlassen. Besonders hoch war der Anteil in der ersten Legislaturperiode nach dem Ende der Franco-Herrschaft. Wenn Abgeordnetenhaus und Senat nicht übereinstimmen oder wenn es um internationale Verträge geht, ist die Einrichtung von gemischten Ausschüssen vorgesehen, sog. *Comisiones mixtas* (Art. 74, 2).

Bei der Gesetzgebung ist eine plebiszitäre Beteiligung restriktiv geregelt; ein konkreter Gesetzesvorschlag muss von mindestens 500 000 beglaubigten Unterschriften unterstützt werden, bestimmte Themen (u. a. Steuern, Außenpolitik) sind ausgeschlossen. Daneben sind konsultative Referenden möglich, die auf Vorschlag des Regierungschefs und nach Zustimmung des Abgeordnetenhauses über politische Entscheidungen „von besonderer Tragweite" durchgeführt werden können (z. B. Volksabstimmung über die Zugehörigkeit Spaniens zur NATO 1986). Bei Verfassungsänderungen sind eine Dreifünftelmehrheit in beiden Parlamentskammern und eine Volksabstimmung vorgeschrieben; bei Änderungen, die das Selbstverständnis des Staates, die Grundrechte und die Monarchie betreffen, sind zuvor Neuwahlen abzuhalten.

Seit Inkrafttreten der Verfassung 1978 hat es keine Volksentscheide im Ergebnis direktdemokratischer Verfahren gegeben. Die spanische Verfassung sieht eine Volksbefragung nicht zwingend vor, eröffnet aber bei „politischen Entscheidungen von besonderer

Bedeutung" die Möglichkeit, ein konsultatives Referendum ohne bindende Wirkung (Art. 92) abzuhalten. Zwei unverbindliche Volksbefragungen im Sinne des Art. 92 fanden statt: 1986 für den Verbleib in der NATO, bei einer Wahlbeteiligung von 59 % sprachen sich damals 53 % der Wähler für den Verbleib ihres Landes in der NATO aus; 2005 für eine Europäische Verfassung. Allerdings nahmen nur 42,3 % der Wahlberechtigten in Spanien teil. Fast 77 % bejahten die Frage. Zapatero hatte im Vorfeld von 2005 erklärt, dass er sich an das Ergebnis gebunden fühle.

Im europäischen Vergleich sind die spanischen Abgeordneten und Minister vergleichsweise jung. In der Regel sind es Vierzigjährige, die einen Abgeordneten- oder Ministerposten erhalten, wenn sie über fünfzig Jahre alt sind, gehen sie häufig bereits in Pension. Dieser relativ hohe Elitenwechsel geht noch auf die Zeit der Transition zurück. Vergleichsweise selten werden hingegen Unabhängige von den Parteien aufgestellt. Ministerämter werden in der Regel drei Jahre lang ausgeübt. Einzelne Politiker, wie Calvo Sotelo oder Rajoy, haben mehrere Ministerposten innegehabt, bevor sie zum Regierungschef aufstiegen. Als Folge der Dezentralisierung sind die regionalen Eliten stärker geworden.

Das äußere Erscheinungsbild der Mitglieder im Kongress würde nicht dem eines U-Bahnzuges in Madrid entsprechen, lautet ein gängiger Einwand gegen die politische Klasse. In der Madrider Metro fahren zum Beispiel ziemlich viele Immigranten. Diese Feststellung hatte sich mit der Zusammensetzung ab dem 11. Kongress zumindest verändert. Im Ende 2015 gewählten Kongress waren etwas über 60 % Neulinge, davon 61 % Männer und 39 % Frauen. *Podemos* hatte das ausgeglichenste Verhältnis zwischen den Geschlechtern. Erstmals war eine schwarze Abgeordnete dabei, obwohl ein Mitglied aus ihrer Familie bereits unter den Franco-Regierungen in Vertretungsorganen gesessen haben soll. Das Durchschnittsalter lag bei 47 Jahren und sank damit leicht. 95 % hatten eine universitäre Ausbildung, dabei lagen die Juristen mit knapp 38 % deutlich vor den Geistes- und Sozialwissenschaftlern (10 %) und den Ökonomen (8 %) (Ahora 15.-21.1.2016).

3.3 Volksgesetzgebung

Art. 92 der Verfassung von 1978 sieht die Möglichkeit einer beratenden Volksabstimmung vor. Dies wird nach vorheriger Genehmigung durch den Kongress auf Vorschlag des Regierungspräsidenten vom König einberufen. Art. 67.3 enthält eine Art Oppositionsreferendum. Nach Billigung der Reform durch die *Cortes Generales* wird diese zur Ratifizierung einer Volksabstimmung unterworfen, wenn innerhalb von 15 Tagen nach der Billigung ein entsprechender Antrag von einem Zehntel der Mitglieder einer der beiden Kammern vorliegt. Art. 87.3 regelt die Voraussetzungen der Volksinitiative zur Einreichung von Gesetzesvorlagen. Die Grundrechte und internationale Fragen sind davon ausgenommen.

Art. 54 sieht die Einrichtung eines Volksverteidigers *(Defensor del Pueblo)* vor, der als Beauftragter der *Cortes* die Tätigkeit der Verwaltung überwachen und darüber Bericht erstatten kann. Auch wenn es einzelne Vorläufer in der spanischen Rechtsgeschichte geben mag, wurde damit an die Tradition des Ombudsmans nordischer Staaten angeknüpft. Nach Art. 162 ist der Volksverteidiger zur Einlegung einer Verfassungswidrigkeitsbeschwerde ermächtigt. Er/Sie wird von den *Cortes* für fünf Jahre ernannt. Zur wichtigsten Tätigkeit zählt die Beschäftigung mit Eingaben/Klagen. Seit 1983 wird ein jährlicher Bericht vorgelegt und debattiert, u. a. zum Thema häuslicher Gewalt; weitere Berichte dazu und zu Haftbedingungen liegen vor. Ab 1984 ff. sind auch in verschiedenen autonomen Regionen Volksverteidiger eingerichtet worden. Seit 2012 amtiert Soledad Becerril (PP) als Volksverteidigerin, ihr Stellvertreter kommt von der PSOE.

4. Regierung und Verwaltung

4.1 Exekutive, Regierungsbildung, Kabinett

Spanien ist eine parlamentarische (Erb-)Monarchie. Der König ist Staatsoberhaupt und Symbol der Einheit und Beständigkeit des spanischen Staates. Er ernennt den Ministerpräsidenten, der im Verfassungstext als Präsident bezeichnet wird, nachdem diesem vom Kongress das Vertrauen ausgesprochen wurde, und kann ihn nach Maßgabe der Verfassung seines Amtes entheben. Außerdem ernennt und entlässt der König auf Vorschlag des Präsidenten die Mitglieder der Regierung. Er übt den Oberbefehl über die Streitkräfte sowie das Begnadigungsrecht, aber ansonsten keine direkte Staatsgewalt aus. Immerhin hat Juan Carlos damit (Art. 97) den reaktionären Putsch am 23.2.1981 beendet. Der Monarch kann in gewissen Situationen wie bei der Blockade zwischen den Parteien nach den Wahlen 2015 eine Rolle als Moderator und Schiedsrichter übernehmen.

Der Regierungschef bestimmt und leitet an der Spitze seiner Regierung die Innen- und Außenpolitik, die Zivil- und Militärverwaltung und die Landesverteidigung (Art. 98.2). Ihm sind die großen Entscheidungen vorbehalten – etwa die Vertrauensfrage (Art. 112), die vorzeitige Auflösung der *Cortes Generales* (Art. 115), der Vorschlag einer Volksabstimmung (Art. 92) und die Anfechtung von Bestimmungen und Beschlüssen der Autonomen Gemeinschaften vor dem Verfassungsgericht (Art. 161.2). Die Regierung ist dem Kongress für ihre politische Amtsführung verantwortlich.

Obwohl Spanien eine parlamentarische Monarchie ist, besitzt das System zumindest bis 2016 präsidentielle Züge. Der Regierungschef wird *Presidente del Gobierno,* d. h. (Minister)präsident genannt. Im Kabinett übernehmen gegebenenfalls ein oder zwei Vizepräsidenten die Aufgaben des Präsidenten, er hat jedoch keinen Ministerposten inne. Unter den UCD-Regierungen waren es in der Regel zwei, Felipe González votierte für einen, José María Aznar und José Luis Zapatero für zwei, Zapatero in der Endphase sogar für drei. Das Profil des Vizepräsidenten ist nicht genau umschrieben. Bei Vizepräsidentin Soraya Sáenz de Santamaría wurde davon ausgegangen, dass ihr Einfluss erheblich war, zumal Regierungschef Rajoy sich gerne von der politischen Öffentlichkeit fernhielt und seine Haltung erst in der Endphase des Wahlkampfes 2015 vorübergehend aufgab. Sie war bis zur Regierungsbildung 2016 auch Regierungssprecherin *(Vicepresidenta, Ministra de la Presidencia y Portavoz del Gobierno)*, darüber hinaus wurde ihr die Oberaufsicht über den Geheimdienst CNI und in der neuen Regierung die Beschäftigung mit Katalonien übertragen. Bei der ersten Vereidigung sorgte sie für ein gewisses Aufsehen, da sie im Unterschied zu den Kabinettskollegen die Hand nicht auf die Bibel, sondern auf die Verfassung legte. Nach der Regierungsbildung im Herbst 2016 blieb sie Vizepräsidentin, gab aber das Amt der Regierungssprecherin ab und erhielt die Zuständigkeit für die schwierigen Verhandlungen mit Katalonien. Seit 1986 besteht die Figur eines Krisenkabinetts. Die unklaren Befugnisse des Vizepräsidenten zeigten sich Anfang 2016 in dem Vorstoß von *Podemos*-Chef Iglesias, er wolle in einer linken Koalitionsregierung das Amt eines starken stellvertrenden Regierungschefs übernehmen.

Bis 2016 wurden alle Regierungen von Mitgliedern einer Partei gebildet. Die Mehrheitsverhältnisse waren auch aufgrund des Wahlsystems so klar, dass nur 1981 bei Calvo Sotelo und 2008 bei Zapatero überhaupt ein zweiter Wahlgang bei der Wahl des Regierungschefs erforderlich wurde. Eine Koalitionskultur zwischen Parteien und Politikern besteht nur auf lokaler und in Ausnahmefällen auf regionaler Ebene. Im Zuge der komplizierten Koalitionsbildung 2016 hat ein politischer Beobachter darauf hingewiesen, dass das Wort Kompromiss in der spanischen Sprache unbekannt sei (EP 18.1.2016).

Einzelne Politikerpersönlichkeiten haben in und seit der Transition eine wichtige Rolle gespielt, sie wirken als ehemalige Regierungschefs teilweise noch in die aktuelle Politik hinein, dies gilt vor allem für den langjährigen Regierungschef González. Die

Tab. 2: Regierungschefs Spaniens ab 1977

Präsident	Partei	Amtszeit
Adolfo Suárez	UCD	1977-1981
Leopoldo Calvo-Sotelo	UCD	1981-1982
Felipe González	PSOE	1982-1996
José Maria Aznar	PP	1996-2004
José Luis Rodríguez Zapatero	PSOE	2004-2011
Mariano Rajoy	PP	2011-

Figur eines *elder statesman* ist allerdings in der spanischen Politik möglicherweise aufgrund der *crispación* (Anspannung) und der aktuell starken Gegensätze nicht vorhanden. Am ehesten wäre Adolfo Suárez dafür in Frage gekommen.

Die Amtszeiten (s. Tab. 2) vermitteln den Eindruck einer hohen politischen Stabilität. Dies gilt besonders im Kontrast zu der Instabilität bei dem ersten Versuch zu einer wirklichen Demokratie in den Jahren 1931 bis 1936. Damals hatte es in fünf Jahren 19 verschiedene Regierungen unter acht Ministerpräsidenten gegeben! Die Zweite Republik war das instabilste parlamentarische Regime in Europa zwischen den Weltkriegen; die durchschnittliche Dauer eines Kabinetts lag bei 101 Tagen. Dagegen gab es zwischen 1977 und 2016 nur zwölf Regierungen unter fünf Regierungschefs.

Im politischen System herrscht eine Art Kanzlerprinzip. Die Erfahrung nach 1975 gleicht insofern zunächst durchaus der der Bürger in der Bundesrepublik nach 1945, wo die Vorbehalte gegen die parlamentarische Demokratie durch die Kooperation zwischen den Parteien und die Stimmenkonzentration bei den Wahlen ausgeräumt werden konnten. Allerdings fällt die Politikerverdrossenheit in Spanien höher aus. Hinzu kommt, dass die politische Bildung keinen hohen Stellenwert einnimmt und die Kenntnisse des politischen Systems geringer sind bzw. ihnen keine große Bedeutung beigemessen wird. Der Unterricht in Sozialkunde wurde unter der jüngsten PP-Regierung weiter reduziert. Allerdings hat in den vergangenen Jahren eine starke Politisierung eingesetzt, was jedoch nicht zu einem größeren Verständnis des institutionellen Bereiches beigetragen hat.

Bei den vorgezogenen Parlamentswahlen am 20.11.2011 erzielte die Volkspartei *Partido Popular* im Abgeordnetenhaus eine absolute Mehrheit (185 von 350 Sitzen). Sie verfügte auch in der zweiten Kammer, dem Senat, über die absolute Mehrheit und stellte bis Mitte 2015 zudem 13 der 17 regionalen Regierungen.

Größte Oppositionspartei war die Sozialistische Arbeiterpartei PSOE (110 Sitze). Nach der Wahlniederlage im November 2011 hat der ehemalige Regierungschef Zapatero den Parteivorsitz abgegeben. Sein Nachfolger in diesem Amt, Ex-Innenminister Alfredo Pérez Rubalcaba, wurde im Juni 2014 als Parteichef durch Pedro Sánchez abgelöst, der eine interne Abstimmung für sich entscheiden konnte. Sánchez musste diesen Posten aufgrund seines unglücklichen Taktierens bei der Regierungsbildung 2016 aufgeben.

Im Parlament waren bis Ende 2015 – neben PP und PSOE – vier weitere Parteien in Fraktionsstärke vertreten:

- die katalanische *Convergència i Unió* (CiU – 16 Sitze)
- die linksalternative *Izquierda Unida – Los Verdes* (IU-LV – 11 Sitze)
- die bürgerliche *Unión, Progreso y Democracia* (UPyD – 5 Sitze)
- die baskische *Eusko Alderdi Jeltzalea – Partido Nacionalista Vasco* (EAJ-PNV – 5 Sitze)

In der sog. Gemischten Gruppe (18 Sitze) waren alle Parteien zusammengefasst, die keinen Fraktionsstatus erreichen konnten.

Am 21. Dezember 2011 wurde PP-Chef Mariano Rajoy als neuer Ministerpräsident vereidigt, am nächsten Tag seine auf 13 Ministerien verkleinerte Regierung. Das Wirtschaftsministerium vertraute Rajoy seinem Berater für Wirtschaftsfragen, Luis de Guindos, an, der die Bank Lehman Brothers in Spanien und Portugal bis zu ihrem Zusammenbruch 2008 geleitet hatte. Außenminister wurde der EU-Parlamentarier José Manuel García-Margallo. Beide gehören ebenso wie Jorge Fernández

Díaz (Inneres), Pedro de Morenés (Verteidigung) und Ana Mato (Gesundheit) dem „Opus Dei“ an, einer 1928 in Madrid gegründeten Laienorganisation der römisch-katholischen Kirche. Das Opus Dei hatte maßgeblichen Anteil am 1959 verabschiedeten „Wirtschaftsstrukturgesetz“, das als „Stabilisierungsplan“ bekannt wurde und eine kontrollierte wirtschaftliche Öffnung Spaniens unter Beibehaltung des Franco-Regimes zum Ziel hatte. Landwirtschaftsminister Miguel Arias Cañete wurde im April 2014 durch Isabel García Tejerina ersetzt, nachdem er zum PP-Spitzenkandidaten für die Europawahl 2014 befördert worden war und EU-Kommissar für Energie- und Umweltfragen wurde. Am 23. September 2014 erklärte Justizminister Alberto Ruiz-Gallardón Jiménez (PP) seinen Rücktritt, nachdem Regierungschef Rajoy eine geplante Verschärfung des liberalen Abtreibungsrechts nach öffentlichen Protesten fallengelassen hatte. Sein Nachfolger Rafael Catalá Polo wurde am 26. September 2014 vereidigt. Wegen Korruptionsvorwürfen gegenüber ihrem Ehemann musste Gesundheitsministerin Ana Mato Adrover am 27. November 2014 zurücktreten. Nachfolger Alfonso Alonso Aranegui wurde am 3. Dezember 2014 vereidigt (Munzinger Archiv 19.2.2015). Iñigo Méndez de Vigo wurde Nachfolger des umstrittenen Bildungsministers José Ignacio Wert. Der hatte die Zuwendungen für den Kulturbereich stark gekürzt und u. a. die Forderung erhoben, dass in Katalonien wieder mehr Spanisch gelehrt werden solle. Umstritten war auch die Tatsache, dass er seiner neuen Frau, die zuvor Staatssekretärin in seinem Ministerium gewesen war, nach deren Ernennung zur Generalsekretärin der OECD 2015 als OECD-Botschafter Spaniens nach Paris folgte. Einen doppelten Skandal gab es um den Minister für Industrie José Manuel Soria. Er musste im April 2016 zurücktreten, nachdem in den Panama Papers bekannt wurde, dass er eine Briefkastenfirma in der Karibik betrieb. Dennoch wurde er im September des gleichen Jahres von der PP-Regierung als Repräsentant Spaniens bei der Weltbank vorgeschlagen. Nach heftiger Kritik in den Medien wurde dies zurückgenommen.

Tab. 3: Kabinett Rajoy vom 3. November 2016

Name des Kabinettsmitglieds	Ressort
Mariano Rajoy Brey	Ministerpräsident
Soraya Sáenz de Santamaría	Vizepräsidentin und verantwortlich für territoriale Verwaltung
Alfonso Dastis Quecedo	Äußeres und Zusammenarbeit
Rafael Catalá Polo	Justiz
María Dolores de Cospedal García	Verteidigung
Cristóbal Montoro Romero	Finanzen und öffentliche Verwaltung
Juan Ignacio Zoido Álvarez	Inneres
Ínigo de la Serna Hernáiz	Verkehr und Infrastruktur
Ínigo Méndez de Vigo y Montojo	Bildung, Kultur und Sport
Fátima Bánez García	Arbeit und Sozialsystem
Álvaro Nadal Belda	Energie, Tourismus und Digitale Agenda
Isabel García Tejerina	Landwirtschaft, Fischerei, Ernährung und Umwelt
Luis de Guindos Jurado	Wirtschaft und Wettbewerbsfähigkeit
Dolores Montserrat Montserrat	Gesundheit, Soziales und Gleichstellung

In Rajoys neuem Kabinett vom November 2016 dominieren wiederum Personen, die eine lange administrative Erfahrung besitzen. Kritisch wurde angemerkt, dass die Regionen am Mittelmeer und das Baskenland unterrepräsentiert seien.

4.2 Die Monarchie

Fünf Mythen können mit den katholischen Königen in Verbindung gebracht werden: 1. Der Mythos von der Einheit Spaniens; 2. der vom katholischen Charakter ihrer Herrschaft; 3. der von der Verwechslung der Geschichte Kastiliens mit der Spaniens; 4. die Vorstellung, dass vor den Königen das Chaos geherrscht habe; 5. schließlich der Mythos, die gesamte Geschichte danach sei schlechter verlaufen (Martin 1991: 88 f.). Allerdings reicht es keinesfalls aus, bei den historischen Mythen stehen zu bleiben, denn es knüpfen sich bei einem Teil der Bevölkerung hohe Erwartungen an die parlamentarische Monarchie und die Person des seit 2014 amtierenden Monarchen Felipe VI. Ein kleinerer Teil der Spanier lehnt die Monarchie ab, nicht wenige von ihnen stehen in einer anarchistischen Tradition.

In den 1920er Jahren stand das Königtum im Zentrum des politischen Streits, am 14. April 1931 wurde die Zweite Republik proklamiert und die Monarchie abgeschafft. Die spanische Königsfamilie ging ins Exil nach Portugal, von einem König ohne Land war die Rede. Schon in dem „Gesetz über die Nachfolge in der Staatsführung" von 1947 wurde die Monarchie wieder eingeführt, allerdings ohne Monarchen. Denn Don Juan de Borbón *(Conde de Barcelona)* galt als liberal. Franco ernannte deshalb Prinz Juan Carlos de Borbón zu seinem königlichen Nachfolger und *Príncipe de España.* Er kam auf ein Internat in Spanien, um dort auf sein Amt vorbereitet zu werden.

In der Transition erwies sich die Monarchie als eine positive Kraft, obwohl ihre Wiedereinrichtung auf General Franco zurückging. Dadurch besaß sie zum einen den Rückhalt bei den rückwärtsgewandten Kräften des *Búnkers,* wie der engste Kreis um Franco genannt wurde, das praktische Verhalten des jungen Monarchen war jedoch in die Zukunft gerichtet, was ihm den Rückhalt auch der neuen politischen Kräfte und in der breiten Bevölkerung einbrachte. Insofern war Spanien das einzige Land Europas, wo die Monarchie restauriert wurde. Dies war keineswegs selbstverständlich, denn die antifranquistische Opposition war mit Ausnahme der Christdemokraten und der Royalisten antimonarchisch. Juan Carlos I. sei ein König für die Demokratie gewesen, hielt Charles Powell 2001 fest. Tatsächlich kann die parlamentarische Monarchie in wichtigen Fragen über den Parteien stehen, während eine Republik immer von den Parteien abhängig ist. So erscheint die Monarchie im Spanien des 20. und 21. Jhs. teils als eine dysfunktionale, teils aber als eine moderne Einrichtung, die nach dem (erstmaligen) Wechsel eines Monarchen 2014 von dem angeschlagenen Juan Carlos zu dem wohl vorbereiteten Felipe möglicherweise ihre eigene Tradition wiederfinden kann.

Lange Zeit profitierte Juan Carlos von seiner gefeierten Rolle bei der Niederschlagung des Putschversuches von 1981 sowie von dem impliziten Pakt mit der Presse, die über sein Privatleben nicht berichtete. Er erschien als ein Garant der Transition, in dieser Hinsicht empfindet die Mehrheit der älteren Spanier ihm gegenüber eine Form von Dankbarkeit. Hinzu kam sein Einsatz zur Anbahnung von Aufträgen für die nationale Industrie, wie dem Bau einer Zugstrecke für den Hochgeschwindigkeitszug AVE *(Alta Velocidad Española)* zwischen Medina und Mekka in Saudi Arabien, die nach Verzögerungen 2017 eingeweiht werden soll. Gerade in den arabischen Staaten, wo zahlreiche Monarchien und Sultanate bestehen, wird die Anwesenheit eines Königs positiv gesehen. In seinen Weihnachtsansprachen verteidigte er die Einheit Spaniens, dies tat er auch im Ausland, wo er sich besonders um enge Beziehungen mit den Ländern der sog. iberoamerikanischen Familie bemühte. Sein Auftritt gegen die Putschisten hatte ihm große Sympathien bei der lateinamerikanischen Bevölkerung eingebracht, wo zum damaligen Zeitpunkt noch in vielen Staaten Militärregime herrschten. Mit dem Anfang des 21. Jhs. einsetzenden Linksruck in Lateinamerika ging der politische Einfluss Spaniens zurück – vor allem unter den Regierungen der konservativen Volkspartei (PP). Die Iberoamerika-Gipfel, die von 1991 bis 2013 jährlich stattfanden, verloren an Bedeutung. Legendär wurde der Zwischenruf des Königs beim Iberoamerika-Gipfel in Chile 2007 an die Adresse des venezolanischen Präsidenten: „Warum hältst Du nicht den Mund!“ Hugo Chávez hatte zuvor den spanischen Ex-Präsidenten Aznar als Faschisten bezeichnet. Dies brachte ihm im eigenen Land und bei den Gegnern von Chávez Sympathie. Gleichzeitig war der König jedoch diplomatisch genug, um Präsident Chávez bald danach in seiner Sommerresidenz in Palma de Mallorca zu empfangen, um die entstandene Verstimmung auszuräumen.

Um die Jahrtausendwende besaßen Juan Carlos I. und sein Haus hohes Ansehen. Bis vor wenigen Jahren und erneut nach dem Wechsel an der Spitze 2014 schlug sich dies auch in den Umfragen nieder. Mehrere Faktoren führten zwischenzeitlich zu einem Ansehensverlust des Königshauses. Bereits erwähnt wurden die privaten Eskapaden des Monarchen. Hinzu kam die Verstrickung eines Teils der Familie in Geldgeschäfte u.a. als Folge der Kontakte mit dem internationalen Jet-Set, das sich an spanischen Küsten niedergelassen hat. Dies gilt besonders für Iñaki Urdangarín, der nach seiner Heirat mit der Infantin Cristina zunächst der perfekte Schwiegersohn schien: Gutaussehend, groß und sportlich, von baskischer Abstammung und Katalane per Adoption. Nach dem Ende seiner sportlichen Karriere als Handballer engagierte er sich zunehmend im Bank- und Immobiliengeschäft, u.a. in dem 1999 entstandenen *Instituto Nóos*. Es warb mit Iñakis Status als Mitglied der königlichen Familie und kassierte für seine Auftritte bei Seminaren hohe Honorare. Königstreue Biografen vermelden, dass das Königshaus ihm schon 2005 geraten habe, seine geschäftlichen Auftritte zu ändern. In der Folgezeit versuchte man die *Duques de Palma* von der königlichen Familie *(Familia Real)* fernzuhalten, 2009 wechselten sie vorübergehend nach Washington, um so Nachforschungen auszuweichen (de la Lama 2012: 330). Seit 2016 läuft ein Prozess wegen des *Instituto Nóos,* bei dem Urdangarín und die Infantin Cristina mit auf der Anklagebank sitzen.

Mit den Folgen der Finanzkrise, dem Skandal um Iñaki Urdangarín und einer Elefantenjagd des Königs in charmanter Begleitung, die erst durch einen danach erforderlichen Krankenhausaufenthalt des Monarchen bekannt wurde, ließ sich diese wohltuende, besonders in Zeitschriften wie *Hola* und *Vanity Fair* verbreitete Erzählung von einem rund um die Uhr um die Bürger besorgten Königshaus nicht länger aufrechterhalten.

Zwar hat der Monarch keine großen politischen Fehler gemacht, aber im Privatleben einen Lebensstil an den Tag gelegt, der im 21. Jh. nicht mehr als angemessen erscheint. So erlebte die Monarchie, die bis 2007 in den Umfragen stets an erster Stelle lag, zwischen 2011 und 2014 einen Ansehensverlust und wurde erstmals negativ bewertet. Der König reagierte selbst auf diese Entwicklung, als er nach einer Operation als Folge eines Sturzes bei einer Elefantenjagd in Botswana am 18. April 2012 im Fernsehen erklärte: „Ich bedauere es sehr. Ich habe mich geirrt, es wird nicht mehr passieren" (zit. nach Preston 2012: 572 f.).

Nun kritisierten sittenstrenge Royalisten, Altfranquisten, Tierschützer und Intellektuelle den Monarchen. Während in der Presse bis zu dem Jagdunfall Stillschweigen über seine Eskapaden herrschte, war dies in Büchern und im Netz nicht der Fall. Dort ist von verschiedenen und teilweise jahrelang anhaltenden Affären die Rede, u. a. mit der *Bella del Rey* und der deutschen Unternehmerin Corinna zu Sayn-Wittgenstein. Mit ihr soll der König seit 1979 ein Verhältnis gehabt haben, später sei der Versuch unternommen worden, ihn mit Videoaufnahmen zu erpressen. Ob und inwieweit öffentliche Gelder zur Bereinigung solcher Fragen geflossen sind, lässt sich kaum nachprüfen. Kritiker des Königs, die teilweise aus dem rechten Lager kommen, haben das leicht gespannte Verhältnis zwischen Ministerpräsident Aznar und Juan Carlos u. a. auf solche Fragen zurückgeführt (Martínez Ingles 2007: 317 f.), er gilt als der einzige Regierungschef, der hier nachgefragt haben soll. Darüber hinaus entstand in der Öffentlichkeit der Eindruck, das königliche Haus sei offenbar nicht in der Lage, das Verhalten einer Tochter bzw. eines Schwiegersohnes zu kontrollieren oder wenigstens zu beeinflussen.

Der Wechsel von Juan Carlos zu Kronprinz Felipe im Jahr 2014 nach 38 Jahren Regentschaft wurde mehrheitlich begrüßt. In der Presse wurde das Stühlerücken an der Spitze wie ein Epochenwechsel dargestellt und die Leistungen von Juan Carlos in *El País*, der Zeitung der Transition, umfangreich und außerordentlich positiv gewürdigt. Der Monarch erschien als Schutzherr und Bewahrer der Demokratie, für seine Verfehlungen habe er sich beim Volk entschuldigt.

Felipe VI wurde 1968 in Madrid geboren, seit der Proklamation von Juan Carlos zum König von Spanien im November 1975 war er Kronprinz und seit 1977 *Príncipe de Asturias.* Seine Ausbildung erfolgte an einer Militärakademie des spanischen Heeres 1985-88, es schloss sich ein Jura- und Wirtschaftsstudium an der Autonomen Universität Madrid bis 1993 sowie ein Studium der internationalen Beziehungen an der Georgetown-Universität in Washington bis 1995 an. Anfang 1986 erfolgte die Eidesleistung vor dem Parlament auf König, Verfassung und Gesetze sowie die Übernahme offizieller Funktionen als Thronerbe. In den letzten Jahren vor der Übernahme des Amtes von seinem Vater reiste er häufig in dessen Vertretung zu den Iberoamerika-Gipfeln.

Nach verschiedenen in den bunten Magazinen behandelten Beziehungen heiratete er 2004 die geschiedene bürgerliche Fernsehjournalistin Letizia Ortiz Rocasolano. Sie hatte 1999 bereits einmal, allerdings nur standesamtlich, geheiratet, was eine Wiederheirat nach katholischem Kirchenrecht erleichterte. Die königlichen Eltern sollen zunächst gegen die Heirat gewesen sein, stellten ihren Widerstand angesichts der Insistenz des Thronfolgers jedoch ein. Die ehemalige Nachrichtensprecherin von *Televisión Española* war in der Bevölkerung bekannt und verfügt über Beziehungen zur Medienlandschaft. Man erwartete sich von ihr u. a. eine Veränderung der bisherigen Kommunikationspolitik. Zusammen mit den beiden Töchtern präsentieren sie sich als moderne königliche Familie. Drei Generationen – ein Auftrag, so stellte sich das Königshaus im Netz vor. Das Budget von 7,9 Mio. (2013) weise sie als das billigste Königshaus in Europa aus.

Bei seiner Ernennung zum König 2014 umriss Felipe VI vor dem Parlament aus seiner Sicht die Lage und Herausforderungen Spaniens. Er nahm Bezug auf das große Projekt der nationalen Übereinkunft nach 1975, das die „besten Jahre unseres Landes" einleitete. Gleichzeitig sprach er sich für eine erneuerte Monarchie in einer neuen Zeit aus. Er ging auf die Opfer der Krise ein; nun gehe es darum, in die Zukunft zu schauen und die Demokratie zu revitalisieren. Dabei sei die Krone ein Symbol der Einheit. Spanien sei vereint und divers und mittlerweile fest in Europa verankert.

Die nationale und die internationale Presse forderten von ihm eine unparteiische Schlichterrolle. Dies sei in einem Land mit „brudermörderischen Tendenzen" umso wichtiger (NZZ 20.6.2014). Für sein Arbeitszimmer wählte Felipe VI ein Bild von Carlos III (1716-1788), der als aufgeklärter absolutistischer Herrscher für überfällige Reformen des Staatswesens sowie für eine umfassende Erneuerung der Hauptstadt Madrid verantwortlich war.

Diskutiert wird seit einigen Jahren Art. 57 der Verfassung, wonach das männliche Geschlecht gegenüber dem weiblichen Thronfolger bevorzugt wird, wobei sich diese Frage in der aktuellen Konstellation nicht stellt. Die 2005 geborene Leonor steht auf Platz eins der spanischen Thronfolge. Allerdings wird davon ausgegegangen, dass dieser Artikel bald verändert wird.

Felipe VI wuchs nach den unklaren Wahlergebnissen von 2015 und 2016 eine gewisse politische Rolle zu, denn ihm oblag es, nach Gesprächen mit allen Parteienvertretern einen Kandidaten für das Amt des Regierungspräsidenten vorzuschlagen. So sieht es Art. 64.1 vor: „Die Akte des Königs werden vom Regierungspräsidenten und gegebenenfalls von den zuständigen Ministern gegengezeichnet. Der Vorschlag und die Ernennung des Regierungspräsidenten sowie die in Art. 99 vorgesehene Auflösung werden vom Präsidenten des Kongresses gegengezeichnet."

Der König ist zur politischen Neutralität verpflichtet. In der Vergangenheit war zuweilen sogar der Eindruck entstanden, dass Juan Carlos mit den sozialdemokratischen Regierungschefs der PSOE besonders gut auskam. Auch zwischen Felipe VI und Pedro Sánchez von der PSOE, der nach der Wahl von 2015 erfolglos einen Versuch zur Regierungsbildung unternahm, schien ein relativ gutes Verhältnis zu bestehen.

Seit 1982 treffen sich der Regierungschef und der König in der Regel am Dienstag im Präsidentenpalast Zarzuela. Bei der Eröffnung der neuen Regierungsperiode in den *Cortes Generales* und bei seiner Weihnachtsansprache kann der König Akzente setzen. Bei seiner Ansprache Weihnachten 2015 hat Felipe VI besonders auf die Einheit Spaniens hingewiesen.

4.3 Verwaltung

Spanien hat eine höhere Zahl von Bürgermeistern und Gemeinderatsmitgliedern als die Bundesrepublik Deutschland und dies, obwohl die Bevölkerungszahl in Deutschland doppelt so groß ist. Während die Munizipien in Spanien rund 5 000 Einwohner haben, sind es in der BRD 7 080. Es werden 76 578 Posten gewählt, darunter 8 116 Bürgermeister und 68 462 Gemeinderatsmitglieder (in der BRD 45 212).

Auch als Folge des Dezentralisierungsprozesses gilt die Verwaltung als aufgebläht. Auf der Ebene der Regionen gibt es 1 100 000 Verwaltungsangestellte, 600 000 in der Zentralverwaltung und 500 000 auf der lokalen Ebene. Kritiker halten fest, dass quasi 17 unterschiedliche regionale Systeme entstanden seien (Llera Ramo 2008: 694). Andere wenden ein, dass die Aufsplitterung der Verwaltung auch dazu dienen solle, Formen der Einflussnahme und der Korruption auszuschließen. Ein weiterer Kritikpunkt an der Verwaltung besteht darin, dass im europäischen Vergleich eine Überrepräsentation der Juristen vorhanden sei.

4.4 Reformversuche

Die „Kommission zur Reform der öffentlichen Verwaltungen" – *Comisión para la Reforma de las Administraciones Públicas* (CORA) veröffentlichte 2013 einen Bericht mit zahlreichen Reformvorschlägen. Ziel ist vor allem eine Verkleinerung, verbunden mit Einsparungen bei der zunehmend finanzschwachen öffentlichen Verwaltung. Rajoy war zwischen 1996 und 1999 selbst Minister für Öffentliche Verwaltung im Kabinett Aznar, er setzte während seiner Amtszeit Kürzungen in diesem Bereich durch. In einer Analyse der Konrad-Adenauer-Stiftung hieß es dazu: „Unter der sozialistischen Vorgängerregierung ist nach Angaben des nationalen Statistikamtes zwischen dem Vorkrisenjahr 2007 und dem dritten Trimester 2011 die Zahl der öffentlichen Beschäftigten um 288 700 Personen gestiegen. Seit Inkrafttreten der Autonomiestatute im Jahr 1982 hat sich die Zahl der kommunal Beschäftigen vervierfacht, diejenige der in Regionaladministrationen Angestellten ist um den Faktor 30 gewachsen – bei den Bediensteten des Zentralstaats ist die Beschäftigungsquote dagegen um ein Viertel gesunken. Aktuell arbeiten knapp über 2,5 Millionen Spanier für die öffentliche Hand: Ein Viertel davon in den verschiedenen Verwaltungsebenen und 75 Prozent in den Bereichen Gesundheit, Bildung, Justiz und Verteidigung. Mehr als die Hälfte sind Regionalbeamte. Zwar liegt die spanische Staatsquote im europäischen Vergleich unter dem Durchschnitt, sie stieg jedoch laut Eurostat von 38,4 % im Jahr 2003 auf 47 Prozent des BIP im Jahr 2012. Die Hälfte der Staatsausgaben entfällt auf Regionen und Kommunen – ein europäischer Spitzenwert" (Stehling/Kühn 2013: 1 f.) Eine aus hohen Ministerialbeamten bestehende Kommission erhielt nach dem Amtsantritt von Rajoy den Auftrag, Vorschläge zur Reform der öffentlichen Verwaltung zu entwickeln. Laut einer Arbeitsmarkterhebung fielen seit Jahresende 2011 390 000 Stellen im öffentlichen Dienst weg. Dies betraf 255 000 Regionalbeamte, 67 000 Beschäftige in zentralstaatlichen und 56 000 Personen in kommunalen Behörden.

5. Parteiensystem, Parteien und Bewegungen

5.1 Parteiensystem

Spanien war bei der Ausbildung eines Parteiensystems ein Nachzügler, gleichwohl erwies sich dessen Entwicklung ab 1975 zunächst als sehr wichtig für die demokratische Stabilität. Dies gilt gerade im Kontrast zum Parteiengefüge der Zweiten Republik mit 20 Parteien in den *Cortes* sowie einer hochgradigen Fragmentierung und Polarisierung. Sie waren Ausdruck zahlreicher Konflikte in der Gesellschaft. Aufgrund einer späten Modernisierung gewannen die Konfliktlinien *(cleavages)* in Spanien eine spezifische Ausprägung (Gunther/Montero 2008: 3).

- Historisch besteht ein bis in die Gegenwart anhaltender *Zentrum-Peripherie-Konflikt.* Nach dem Beginn der Bourbonen-Monarchie im 18. Jh. favorisierten einige einen von Madrid aus regierten Zentralstaat, andere forderten den Erhalt bzw. die Restauration regionaler Rechte. Dies schlägt sich auch im Parteiensystem nieder und führte zur Entstehung von Regionalparteien.
- Der Konflikt *Kirche vs. Staat* manifestierte sich im 19. Jh. u. a. in den Karlistenkriegen, wobei die Karlisten für den Erhalt kirchlicher Privilegien und der regionalen Sonderrechte eintraten (Baumer 2001: 143). Seit den 1830er Jahren erfasste dieser Konflikt breitere Teile der Bevölkerung.
- Eine Konfliktlinie zwischen *urbanen vs. ländlichen Interessen* konnte sich nur partiell herausbilden, vielmehr entstand zwischen der grundbesitzenden Oligarchie und der städtischen Bourgeoisie eine Art Pakt, der retardierende Elemente beinhaltete. Als eine Folge der Verfassung von 1876 kam es ab 1885 zu einem fast turnusmäßigen Wechsel zwischen den konservativen und den liberalen Eliten, der 1885 quasi in dem *Pacto de El Pardo* konkretisiert wurde.
- Der Konflikt zwischen *Kapital und Arbeit* war zunächst durch eine anarchistische Mehrheit der spanischen Arbeiter gekennzeichnet. Erst seit den 1920er Jahren konnte die bereits 1879 von Pablo Iglesias gegründete Spanische Sozialistische Arbeiterpartei (PSOE) stabile Organisationsstrukturen aufbauen und zu einer Massenpartei werden.
- *Monarchie vs. Republik:* In den ersten Jahrhunderten der Geschichte diente die Monarchie der Einigung des Landes. Die Restauration eines reaktionären Königs *(Ferdinand VII)* führte Anfang des 19. Jhs. ansatzweise zu einem Konflikt zwischen Dynastien; danach setzte sich der Gegensatz Republik vs. Monarchie durch. Die Einführung einer parlamentarischen Monarchie ab 1975 wirkte demokratiefördernd.
- *Konflikte in und um regionale Identitäten:* Obwohl alle Ein-

wohner Spanisch sprechen, bestehen in Katalonien, Valencia, den Balearen, Galizien, Navarra und im Baskenland andere Sprachen und kulturelle Traditionen. Manche der Einwohner dieser Regionen haben stark ausgeprägte Identitäten, andere betrachten sich sogar als Mitglieder einer eigenen Nation (Katalonien und Baskenland).

Aufgrund der langjährigen autoritären Herrschaft blieben das Eigenleben und die Organisation der Parteien schwach. Deswegen und als Ausdruck einer personenorientierten politischen Kultur konnte sich ein ausgeprägter Personalismus halten.

In historischer Perspektive lassen sich das Parteiensystem und die Parteien nach 1975 folgendermaßen unterteilen:

1. Den Parteien, die bereits vor der Machtübernahme Francos bestanden, wozu vor allem die PSOE und die Kommunistische Partei Spaniens (PCE) gehören.
2. Parteien, die in der Spätphase des Franquismus gegründet wurden, aber weitgehend verschwanden bzw. in andere Parteien integriert wurden.
3. Solche Parteien, die im Prozess der *transición* von ehemaligen Franco-Anhängern ins Leben gerufen wurden – etwa die Sammlungsbewegung *Unión de Centro Democrático* (UCD) um Ministerpräsident Adolfo Suárez (Bernecker 2006: 110).
4. Regionalparteien, die im Zuge des Autonomieprozesses aufkamen sowie
5. Neue Parteien, die aus Protestbewegungen hervorgingen oder sich auf solche berufen – wie vor allem *Podemos* und *Ciudadanos* seit 2014. Die Wahlergebnisse von 2015/16 deuten auf ein Ende des bisherigen Zweiparteiensystems hin.

Seit den 1980er Jahren galt das Parteiensystem als konsolidiert, zumal schon 1982 ein Regierungswechsel zwischen zwei unterschiedlichen Parteien (PSOE und UCD) stattfand. Das Zweiparteiensystem erschien sogar als modellhaft. Als Merkmale wurden einmal der vergleichsweise geringe Konflikt zwischen zwei bei den Wahlen relativ stabilen Parteien, der mittlerweile sozialdemokratischen PSOE und der rechtsliberalen PP, zum anderen ein sozusagen eingehegter Zentrum-Peripherie-Konflikt mit einer besonderen Ausprägung in Katalonien, dem Baskenland und Galizien hervorgehoben. Neben den beiden Traditionsparteien spielen – wie bereits erwähnt – verschiedene Regionalparteien eine Rolle.

Zwar hätten die Parteien geringe Anstrengungen unternommen, um die Zahl ihrer Mitglieder zu vergrößern, aber noch 2010 gab es im Unterschied zu anderen südeuropäischen Ländern keine Hinweise für ein dramatisches Nachlassen der Mitgliedschaft (Ramiro/Morales 2010: 82). Ab 1993 konnte die PP die PSOE bei der Mitgliederzahl überflügeln. Im Übrigen förderte die Parteidisziplin die politische Stabilität und trug zur Herausbildung eines Parteienstaates bei. Allerdings ist dessen Qualität umstritten: Denn während die Beziehungen zwischen Staat und Parteien intensiv sind, wie u. a. zahlreiche Korruptionsskandale zeigen, blieben die Verbindungen zwischen Staat und Gesellschaft schwach ausgeprägt.

Die Zahl der vorhandenen Parteien ist außerordentlich hoch, 2011 waren 3 988 nationale, regionale und lokale Parteien offiziell registriert. Den Einzug in die *Cortes* schafften damals allerdings nur vier gesamtspanische Parteien, die in mehreren Autonomen Gemeinschaften unter anderem Namen, mit Schwesterorganisationen oder in Bündnissen antreten. Nach den Wahlen 2008 war es ebenso gewesen, 1993 bis 2004 waren sogar nur drei Parteien im Parlament vertreten. Nur auf den ersten Blick handelte es sich um ein nahezu perfektes und sehr stabiles Parteiensystem, allerdings verbergen sich hinter den Allianzen mit den regionalen Parteien teilweise komplizierte und folgenreiche Beziehungen.

Das Baskenland und Katalonien sahen sich unter der Franco-Diktatur besonderen Repressalien ausgesetzt. Aus historischen Gründen besteht dort ein Anti-Rechts-Bias; hinzu kommt in der Gegenwart der wirtschaftliche Erfolg dieser beiden Regionen und im Falle von Katalonien das Interesse von Teilen der dortigen politischen Klasse, die in den letzten Jahren die Unabhängigkeitsfrage instrumentalisiert hat, auch um von eigenen Versäumnissen und Verfehlungen abzulenken.

Von dem neuen, identitären *cleavage,* d. h. *nacionalismos vs. Españolismo,* sind besonders PSOE/PSC und PP betroffen. Damit besteht in Spanien neben der Links-Rechts-Achse eine Zentrum-Peripherie-Achse. Auffällig ist die Vermischung von Fragen der Identität mit links-nationalistischen Positionen. Aufgrund der historisch gewachsenen Bedeutung von Personen und einer präsidialen Überlagerung der parlamentarischen Monarchie war der Kandidat auf das Amt des Regierungspräsidenten in den beiden großen Parteien PSOE und PP stets auch der Parteivorsitzende. Bei den neuen Parteien wiederholt sich seit 2015 dieses Muster.

Bei der Parteimitgliedschaft werden folgende Formen unterschieden: *afiliado* (Mitglied), *militante* und *simpatizante.* Bei der PP ist nur der *afiliado* in den Statuten vorgesehen, wovon die Partei nach eigenen Angaben 2013 ganze 862 815 hatte, die auch einen Beitrag von 15 bis 20 Euro jährlich leisten würden, bei der PSOE sind es 60 Euro. Während die PP sogar einen Zuwachs gegenüber 2008 vermeldete, sprach die PSOE von einem Rückgang auf 225 000, die IU gab 35 000 an. Die UPyD nannte 6 000 und erhob einen Beitrag von 240 Euro pro Jahr, weil sie eine Selbstfinanzierung anstrebte (ABC 27.5.2013). Im Mai 2015 hatte *Podemos* nach eigenen Angaben 368 775 Mitglieder, bei *Podemos* reichte es, sich online zur registrieren, um formal Mitglied zu werden. Allerdings sind bei parteiinternen Abstimmungen nur aktive Mitglieder zugelassen, die sich im letzten Jahr mindestens einmal aktiv an etwas beteiligt haben. *Ciudadanos* liegt bei 21 420 Mitgliedern, der Mindestbeitrag bei 10 Euro pro Monat.

Ein relativ hoher Anteil der Politiker kommt aus dem öffentlichen Dienst. Nach einer Untersuchung der Zeitung *El Mundo* waren 70 % der Minister seit 1977 nie in der Privatwirtschaft beschäftigt. 63 % aller Minister waren staatliche Funktionäre bzw. Hochschulprofessoren, ein Drittel habe einige Zeit im Ausland studiert. Seit 2004 seien 16 % von ihnen nur in der Politik tätig gewesen, insofern setzte unter Zapatero eine „Professionalisierung“ der Politik ein, die sich unter der Regierung Rajoy mit gewissen Abstrichen fortgesetzt hat (6.12.2015).

5.2 Wichtige Parteien und Gruppierungen (PSOE, PC, IU, PP, Ciudadanos, Regionalparteien) (nach Gründungsjahr)

Partido Socialista Obrero Español (PSOE)

Die PSOE wurde 1879 in Madrid als marxistisch-proletarisch ausgerichtete Klassenpartei gegründet, übrigens zehn Jahre nach dem Aufkommen der ersten anarchistischen Organisation. Zu den historischen Gründerfiguren gehörte der Schriftsetzer und Autodidakt Pablo Iglesias, nach ihm soll der aktuelle *Podemos*-Chef von seinen Eltern benannt worden sein. In der Zweiten Republik 1931 bis 1936 spielte die Partei eine wichtige Rolle bei der gesellschaftlichen Modernisierung und Demokratisierung. Schwer getroffen vom Bürgerkrieg hatte sie zunächst im Unterschied zu den Kommunisten nur wenige Aktive im eigenen Land. 1967 erfolgte die Gründung des *Partido Socialista en el Interior* um Tierno Galván (1918-86), später in *Partido Socialista Popular* umbenannt. Auf dem 13. Parteitag 1972 setzten die Inlandsverbände den 30-jährigen Felipe González an die Spitze. Anfang 1977 bestanden vier sozialistische Parteien, die Sozialistische Internationale (SI) erkannte indessen lediglich die PSOE an. Während der *transición* erwies sie sich zunächst als verlässlicher Partner und übernahm ab 1982 die Regierung. Sie ist die bei den demokratischen Wahlen insgesamt erfolgreichste Partei, auch wenn sie sich von dem Wahlverlust 2011 noch nicht erholt hat.

Zunächst blieb die Partei klein und auf Madrid beschränkt. Mit dem erstmaligen Einzug eines Abgeordneten in den Kongress 1910 und dem Beginn des Ersten Weltkrieges strömten Intellektuelle in die Partei. In den *Cortes* der Republik saßen 1931 von insgesamt 470 Abgeordneten immerhin 99 Sozialisten. Sie hatte zu der Zeit zwischen 60 000 und 80 000 Mitglieder, der 1888 ins Leben gerufene „Allgemeine Arbeiterbund" *(Unión General de Trabajadores,* UGT) konnte über eine Million Mitglieder vorweisen (Bernecker 2006: 96 f.).

Viele Mitglieder der Parteileitung mussten nach dem Bürgerkrieg ins französische oder lateinamerikanische Exil gehen, womit im Lande eine junge Generation nachrückte. Die Exilfraktion arbeitete mit den französischen Sozialisten und der SPD zusammen, ein wichtiger Gründungskongress fand sogar in der Bundesrepublik statt. Insgesamt richtete sich die PSOE in den ersten Jahrzehnten nach 1975 relativ stark an der Bundesrepublik Deutschland aus und kooperierte eng mit der Friedrich-Ebert-Stiftung (FES) (Muñoz Sánchez 2013), worüber mittlerweile in Spanien nicht mehr so freundlich berichtet wird, zumal die linksnationalistisch auftretende *Podemos* diese Zusammenarbeit als externe Einflussnahme anprangerte. Noch 1974 soll die Partei nur 4 000 Mitglieder gehabt haben, kurz nach dem Tod Francos wuchs die Zahl auf 20 000.

In der *transición* konnte sich die PSOE als Alternative zu den kontinuistischen und neofranquistischen Formationen präsentieren. Gleichzeitig nutzte sie die Chance zur Teilnahme am Prozess des paktierten Überganges und war schon 1977 die stärkste Oppositionspartei mit 117 Abgeordneten. Auf dem 18. Parteikongress wurde die Bezeichnung Marxismus aus dem Parteiprogramm gestrichen, ein Vorgang, der auch als das spanische Bad Godesberg gilt. In Spanien musste González zuvor zurückgetreten, nachdem er sich nicht gegen den linken Flügel behaupten konnte. 1979 bestimmte ihn dann ein außerordentlicher Parteitag mit großer Mehrheit (85,9 %) erneut zum Generalsekretär der PSOE, wobei dieser sich nun auch programmatisch, d. h. bei der Neudefinition des Marxismus-Begriffes, durchsetzte. In Bad Godesberg hatte sich 1959 die SPD vom Marxismus verabschiedet und den Weg zur Volkspartei der Mitte angetreten, der in der alten BRD zunächst zur Regierungsbeteiligung und später zu Koalitionsregierungen unter SPD-Kanzlern führte. In Spanien verlief diese Prozess schneller, denn schon 1982 gewann die PSOE mit 48,4 % die absolute Mehrheit und hatte ca. 150 000 Mitglieder (Bernecker 2006: 122 f.). Mit Felipe González wurde sieben Jahre nach dem Tod Francos ein 40-Jähriger Ministerpräsident, die PSOE war nach dem Franco-Regime eine stark von der Jugend geprägte und gewählte Partei.

Por el cambio, so lautete der Wahlkampfslogan der PSOE 1982. Mit dem Wahlsieg des charismatischen González begann der vorübergehende Aufstieg der PSOE zur wichtigsten politischen Kraft des demokratischen Spaniens. Alfonso Guerra, stellvertretender Ministerpräsident unter González, erklärte damals, die PSOE würde das Land so verändern, dass nicht einmal seine Mutter es wiedererkennen würde (Kennedy 2013: 205). 1984 flog der sog. Flick-Skandal auf, der auch Auswirkungen auf Spanien haben sollte. Der deutsche Großindustrielle hatte zwischen 1969 und 1980 alle großen deutschen Parteien unterstützt. Der SPD-Abgeordnete Peter Struck erklärte unbedachterweise, dass die SPD diese Gelder u.a. dazu verwendet habe, um über die Friedrich-Ebert-Stiftung González und seinen Wahlkampf zu finanzieren. Auf die Vorwürfe der AP antwortete der damalige Ministerpräsident: „Ich habe weder von Flick noch Flock Geld erhalten“ (Ordoñez 2014: 318). Nach Untersuchungen floss ein erheblicher Teil der 4 Mio. DM, die die SPD von Flick erhalten hatte, an die PSOE. Insgesamt sollen die PSOE und die Sozialistische Partei Portugals sogar 22 Mio. aus dem Ausland erhalten haben (Calatayud 2015: 50).

In den 1990er Jahren kam es zu einem Ansehensverlust der PSOE durch Korruptionsfälle. Die verlorenen Wahlen von 1996 markierten den Beginn einer längeren Zeit in der Opposition und leiteten Veränderungen in der Führungsspitze ein. González hatte nach der Wahlniederlage bei der 34. Parteikonvention 1997 Joaquín Almunia quasi per Fingerzeig *(elegir a dedo)* zu seinem Nachfolger auserkoren. Almunia führte selber noch 1998 parteiinterne Wahlen ein, die er verlor. Er trat nach den nationalen Wahlen 2000 mit der gesamten Führung zurück und öffnete den Weg für Neuwahlen. Bei einer Parteikonvention im gleichen Jahr wurde José Luis Rodríguez Zapatero, damals gerade einmal 39 Jahre alt, zu seinem Nachfolger gewählt. Seine Kandidatur wurde von der Gruppe *Nueva Vía* (Neuer Weg) unterstützt (Bosco 2013:

22 f.). Zapatero gelang es, die Partei nach den Korruptionsaffären wieder aufzurichten und zu modernisieren sowie einen „ruhigen Wandel“ *(el cambio tranquilo)* einzuleiten. Auf dieser Grundlage konnte er zwei erfolgreiche Wahlkämpfe führen und gewinnen.

Die Amtszeiten von Zapatero fielen ganz unterschiedlich aus. In der erfolgreichen Legislaturperiode 2004-08 konnten nahezu alle Wahlversprechen eingehalten werden, darunter die Legalisierung der gleichgeschlechtlichen Ehe, eine weitere Zurückdrängung des kirchlichen Einflusses und die Einbürgerung von Migranten. Nach der Wiederwahl setzte im Zeichen der Rezession 2010 jedoch eine Kurskorrektur ein, die zu einem dramatischen Ansehensverlust von Zapatero führte. Lagen seine Zustimmungswerte im Juli 2008 noch bei 66,5 %, so sanken sie bis Juli 2011 auf magere 35 % (Bosco 2013: 28). Seine erste Amtszeit war überhaupt das erste Mal, dass die Auseinandersetzung mit der Vergangenheit von der PSOE offensiv aufgegriffen wurde. Auf dem 36. Parteikongress im Juli 2004 wurde eine Resolution verabschiedet, die von der Vergangenheit spricht und von den Ungerechtigkeiten gegenüber den Sozialisten. Offenbar war die Familiengeschichte von Zapatero dabei mitentscheidend. Sein Großvater, der Offizier Juan Rodríguez Lozano, wurde von Franquisten erschossen, weil er sich weigerte, sich der Rebellion gegen die Republikaner anzuschließen. Dafür fand er bewegende Worte in seinem Testament, die Zapatero im Parlament zitierte. Unerwähnt blieb allerdings, dass sein Großvater mütterlicherseits auf Seiten der Franquisten kämpfte.

Das Bild von Zapatero bleibt also gespalten. Die Reformer in der PSOE auf der politischen Linken sehen ihn durchaus positiv. Die offenbar auf den ehemaligen Verteidigungsminister Narcis Serra zurückgehende Bezeichnung als *Bambi*, d. h. als politisches Leichtgewicht, zielt demnach auf seine Reaktion auf die Wirtschaftskrise. Konservative Beobachter betrachten ihn als einen Förderer der Unabhängigkeitsbewegungen vom Zentralstaat und aufgrund seines Einsatzes für alternative Gruppen als eine Art Vorläufer von *Podemos* (etwa Tertsch 2015).

Einzelne Autoren erkennen wiederum in den Amtszeiten

von Zapatero sogar den Versuch einer zweiten Transition, denn er habe bislang im politischen System vernachlässigte Aspekte (soziale Reformen, Vergangenheit, Gleichstellung, Minderheiten) aufgegriffen und sei Kontroversen keineswegs ausgewichen (Encarnación 2008). Allerdings wird dieses Bild konterkariert durch die Tatsache, dass er nicht nur die ersten Anzeichen, sondern auch den tatsächlichen Beginn der Wirtschaftskrise verschlafen und sie zunächst ausgesessen hat. Er versicherte noch 2008, es gäbe keine Krise und Spanien gehe es gut.

Die beherrschende Figur der PSOE im demokratischen Spanien bleibt Gónzalez, der mit einer kurzen Unterbrechung den Posten des Generalsekretärs von 1974 bis 1997 innehatte. Zapatero rangiert mit elfeinhalb Jahren auf dem Posten an zweiter Stelle. Gónzalez greift auch aktuell noch in die Politik ein und scheut sich etwa in Fragen der Unabhängigkeit Kataloniens, der Außenpolitik gegenüber Venezuela und der Regierungsbildung 2016 nicht vor klaren Aussagen.

Bei den Wahlen 2011 verlor die PSOE nahezu 4 Mio. Stimmen und erzielte ihr bislang schlechtestes Ergebnis. Das Führungspersonal, Alfredo Pérez Rubalcaba und Carme Chacón, galt als schwach. Rubalcaba war während des Wahlkampfes noch nicht Generalsekretär der Partei, erst 2012 wurde er auf einer kontroversen Parteiveranstaltung in diese Position gewählt. Sein Anfang 2014 bekanntgegebener Rücktritt hatte die Partei in eine Krise geführt, von der *Podemos* profitieren konnte. Bei den großen Aussprachen im Parlament, zum Beispiel der einmal im Jahr stattfindenden Debatte um die Lage des Staates, präsentiert sich die PSOE als scharfe Kritikerin der Situation des Landes, die in den düstersten Farben gezeichnet wird. Angesichts der geringen Popularität der PP-Regierung mag dies wenig überraschend sein. Da in der Bevölkerung bekannt sein dürfte, dass der *Bipartidismo* eine Geschichte hat und die PSOE in zentralen Fragen sog. Pakte *(pactos)* mit der PP geschlossen hat, wirkt diese Politik nur begrenzt, da weiter links stehende Parteien hier stärker auftreten können.

Das Wahlprogramm 2015 trug den Titel „*El cambio que une*

– Der Wechsel, der zusammenführt“ und war über 280 Seiten lang. Nach einer Einführung, die eine Art Zusammenfassung darstellt, geht es um die wissenschaftlichen und bildungspolitischen Grundlagen, dann um die Verteidigung des Sozialstaates nach den Jahren der PP-Regierung, die Rolle der Wirtschaft im Dienst einer Bürgergesellschaft, den Sozialstaat an sich, Spaniens Rolle in der Welt und den Vorschlag für eine Verfassungsreform. Das Programm richtet sich zum einen gegen die vorangegangene PP-Regierung, zum anderen betont es die Notwendigkeit von Reformen und eines Wechsels im sozioökonomischen Modell, was nicht in einer Legislaturperiode erfolgen könne. Die rechte Vorgängerregierung sei verantwortlich für die Spaltung des Landes und für Stagnation oder sogar Rückschritte bei der öffentlichen Verwaltung. Spanien wird als eine moderne konsolidierte Demokratie bezeichnet, die allerdings eine schwere Krise durchlaufe. Zu den erforderlichen Reformen gehören eine Zusammenlegung von Parteiengesetz und Parteienfinanzierungsgesetz sowie eine Verfassungsreform. Die Regierungszeit unter Zapatero 2004-2011 wird positiv gesehen. Durch das Programm ziehen sich Aussagen zu den Rechten und Chancen der Frauen sowie zum Thema Digitalisierung, das einen großen Raum einnimmt.

Seit 2015 war Pedro Sánchez Generalsekretär der PSOE, er wurde auch zum Spitzenkandidaten bei den Wahlen 2015/16. Der promovierte Ökonom mit Auslandserfahrungen in Brüssel machte im Wahlkampf nicht immer eine glückliche Figur, er stand dabei im Wettbewerb mit medienerfahrenen Politikern wie Iglesias und Rivera. Seine Stunde schien gekommen, als Rajoy den Auftrag zur Regierungsbildung durch den König Anfang 2016 ablehnte – was ihm zunächst Kritik einbrachte, sich mittelfristig aber als taktischer Schachzug erweisen sollte. Sánchez konnte daraufhin einen zunächst wirkungslosen Pakt mit *Ciudadanos* präsentieren, der ihn zwar nicht in die Regierung brachte, aber vorübergehend für eine politische Aufwertung sorgte. Denn es gelang ihm danach zum einen, den innerparteilichen Widerstand der sog. Parteibarone der PSOE für Verhandlungen mit den beiden anderen Linksparteien zu überwinden, zum anderen die Anerkennung eines Teils der Presse und der Bevölkerung zu gewinnen, da er sich der schwierigen Aufgabe nicht versagte. Diesen Achtungserfolg in den Medien verspielte er jedoch in der Folgezeit schnell. Bei den Wahlen 2016 konnte die PSOE zwar trotz weiterer Verluste entgegen den meisten Vorhersagen den zweiten Platz hinter der PP halten, Sánchez Schlussfolgerungen aus dem Wahlresultat führten jedoch zu Kontroversen innerhalb der eigenen Partei. Denn während die meisten regionalen Parteiführer und die Ex-Regierungschefs Gonzaléz und Zapatero dafür plädierten, eine Regierungsbildung der PP zu ermöglichen, um damit eine dritte nationale Wahl innerhalb eines Jahres überflüssig zu machen, versuchte Sánchez weiterhin eine Mitte-Links-Koalition zu bilden. Sein Vorgänger Rubalcaba sprach von einer „Frankenstein-Koalition," was zeigte, wie krass die Unterschiede in der Partei ausfielen. Nach dem schlechten Abschneiden der PSOE bei den Regionalwahlen im Baskenland und Galicien vom 25. September 2016 verstärkte sich die innerparteiliche Kritik an seiner Person. Am 1. Oktober musste er schließlich vom Parteivorsitz zurücktreten, nachdem er den internen Machtkampf offensichtlich verloren hatte. Bei einer Sitzung des Parteirats *(comité federal)* am 1. Oktober 2016 erlitt Sánchez mit seinem Kurs eine Abstimmungsniederlage, worauf er vom Posten des Generalsekretärs zurücktrat.

So präsentiert sich die PSOE nach den Wahljahren 2015 und 2016 uneins. Patxi López, ehemaliger Ministerpräsident im Baskenland und Präsidenten des Abgeordnetenhauses in der kurzen 11. Legislaturperiode 2016, versuchte zwischen den Flügeln zu vermitteln und schlug ein „Neues Projekt für ein neues Jahrhundert" vor. Vier Aspekte hob er hervor: 1. Die PSOE solle besonders die vertreten, die es nötig hätten, d. h. die unter Vierzigjährigen; 2. Die öffentliche Verwaltung müsse reformiert werden und solle nach Kriterien der Sparsamkeit funktionieren; 3. Kein Rückzug des Staates aus der Wirtschaft; 4. Entwurf und Aufbau eines modernen Staates (EP 5.11.16).

Partido Comunista de España

Der PCE ging 1921 aus der PSOE hervor (zur Geschichte der Partei bis 2006 vgl. Baumer 2008). Während der Zweiten Republik war die Partei zunächst nicht sehr bedeutsam, sie wuchs aber im Verlauf des Bürgerkrieges und während der Diktatur. Besonders in den 1940er Jahren führte sie einen Guerillakrieg gegen Franco. Ziel war der Sturz des Regimes und die Errichtung einer Diktatur des Proletariates. Mit dem *Pacto por la Libertad* von 1970 verständigte sich die PCE auf die Zusammenarbeit mit anderen Kräften. Santiago Carrillo (1915-2012), der langjährige Parteiführer, rückte bereits Ende der 1970er Jahre nach der sowjetischen Invasion in der Tschechoslowakei von der traditionellen Ausrichtung der KPs ab und näherte sich dem Eurokommunismus an. Er befürwortete einen von der Sowjetunion unabhängigen Kurs und eine reformkommunistische Programmatik. Dadurch konnte die PCE ihre Mitgliederschaft zunächst erhöhen und eine Rolle bei der politischen Mobilisierung spielen. Nach ihrer Legalisierung erfolgte eine demonstrative Absage an das Symbol der Republik, die rot-gold-violette Fahne. Im Transitionsprozess übernahm die PCE partiell sogar fast gemäßigtere Positionen als die PSOE. 1977 und 1979 erzielte sie relativ gute Wahlergebnisse.

Zu den bekanntesten Figuren der Partei gehörte Dolores Ibárruri (1895-1989) genannt *La Pasionaria* (dt. „Die Passionsblume“). Sie war Abgeordnete der PCE im Parlament und eine Protagonistin des Spanischen Bürgerkriegs 1936-1939. Ihr wird der Ausruf „*¡No pasarán!* – Sie kommen nicht durch“ zugeschrieben, womit die Franquisten gemeint waren. Sie lebte über drei Jahrzehnte im Exil in der Sowjetunion und kehrte 1977 nach Spanien zurück, wo sie erneut ins Parlament gewählt wurde.

Santiago José Carrillo ist die zweite wichtige Figur im spanischen Kommunismus von der Republik über seine aktive Rolle im Bürgerkrieg bis hin zu seinem mitentscheidenden Beitrag zur *transición*. Von 1960 bis 1982 war er Generalsekretär der PCE und entwickelte sich zu einem Vertreter des Eurokommunismus. Zu seiner Beerdigung erschien auch König Juan Carlos. Mit dem Aufstieg der PSOE zur Regierungspartei verlor die PCE an Bedeutung. Mitte der 1980er bildete sie zur Mobilisierung anlässlich des NATO-Referendums eine Plattform, aus der später die IU hervorging.

Izquierda Unida (Vereinte Linke)

Die IU enstand 1986 aus der Vereinigung der PCE, dem *Partido Comunista de los Pueblos de España* (PCPE; gegr. 1984), *Partido de Acción Socialista* (PASOC; gegr. 1879; bis 1982 *Partido Socialista Obrero Español-Histórico* [PSOE/h]), *Izquierda Republicana* (IR; gegr. 1934) und der *Federación Progresista* (FP; 1984-1988). Sie stellte den Versuch dar, die Reste der PCE mit neuen linken Bewegungen zu verbinden. Unter dem ab 1988 amtierenden Generalsekretär Julio Anguita gewann sie an Gewicht, blieb aber eine in drei Gruppen gespaltene Partei, bei der Orthodoxe, Erneuerer und ein Zentrum neben- bzw. teilweise auch gegeneinander standen (Kneuer 2009: 222 f.).

Das beste Wahlergebnis erzielte die Vereinte Linke 1996 (10,6 %, 21 Mandate). Darauf folgten der Wechsel von Dissidenten *(Nueva Izquierda)* zur PSOE und die Spaltung der katalanischen Organisation 1998. Als sie 2000 nach einem Strategiewechsel ein Bündnis mit dem PSOE einging, kam es zu einer Halbierung der Stimmen. Nach den Wahlen von 2004 wurde Zapatero von der IU und den katalanischen Linksnationalisten (ERC) gestützt. 2008 musste die Partei aufgrund von 3,8 % der Stimmen (2 Sitze) sogar den Verlust des Fraktionsstatus hinnehmen. Im Jahr 2011 ergab sich eine Kandidatur als *Izquierda Unida – Los Verdes: La Izquierda Plural* und damit eine Steigerung auf 6,9 % der Stimmen bzw. 11 Sitze. Aus der IU sind indessen mehrere Politiker von *Podemos* hervorgegangen bzw. haben mit der Protestpartei zusammengearbeitet. Beide Parteien kandidierten bei den Wahlen am 26.6.2016 gemeinsam als *Unidos Podemos* (Gemeinsam können wir es schaffen).

Partido Popular

In Spanien war die politische Rechte meist gespalten, hinzu kam die Tradition des regionalen Nationalismus. Während der Franco-Zeit bestand darüber hinaus kein Bedarf sich parteipolitisch zu engagieren, da die meisten Rechten sich in der Regierung repräsentiert sahen. Auch aus diesem Grunde handelt es sich bei der Rechten um eine relativ junge Partei, die vor 40 Jahren entstand. Ein Vorläufer war die *Alianza Popular* (AP), die 1976 von Manuel Fraga Iribarne (1922-2012) als Wahlbündnis gegründet wurde. Sie wollte Teile des Franquismus in die Demokratie hinüberretten und vertraten ein Spektrum von konservativen bis rechtsradikalen Kreisen. Ihr erklärtes Ziel, sich zu einer Mitte-Rechts-Partei zu entwickeln, erreichten sie zunächst nicht, erst nach dem Verschwinden der UCD konnten sie in diese Rolle hineinwachsen.

1979 erfolgte der Zusammenschluss mit kleineren christdemokratischen und liberalkonservativen Parteien zum Wahlbündnis der demokratischen Koalition (CD) und 1989 der sog. Integrationskongress *(Congreso de integración)*, aus dem der *Partido Popular* entstand, was auch als *refundación del partido* bezeichnet wurde. Die Partei umfasst konservative, christdemokratische und liberale Elemente. Vor den Wahlen 1989 gab Fraga Iribarne, Parteichef in Galizien, bekannt, dass er sich aus der Politik zurückziehen würde und machte dadurch den Weg frei für José María Aznar, der 1990 zum Vorsitzenden gewählt wurde. Fraga kehrte heim nach Galizien, wo er bis 2005 als Ministerpräsident amtierte.

Mit Aznar übernahm wiederum eine neue Generation die Regierung. „*España va bien* – Spanien geht es gut", lautete sein Slogan, die *transición* sollte nicht mehr im Vordergrund stehen. Nach dem hohen Wahlsieg 2000 entwickelte er indessen gewisse autoritäre Züge und ein raues Vorgehen gegenüber der Presse. Deshalb wird auch von einem *Aznarato* gesprochen. Im Unterschied zu der zurückhaltenden Position der konservativen oder nach-franquistischen Gruppen trat Aznar in seiner zweiten

Amtszeit sehr prononciert auf; in der Außenpolitik leitete er mit seiner Annäherung an die USA einen Kurswechsel ein. Indirekt legte er damit die Grundlagen für eine erneute Polarisierung der spanischen Politik.

Gegen die zweite Regierungsperiode der Sozialisten unter Zapatero (2004-11) entwickelte die PP eine Strategie der Provokation, in Spanien als *crispación* (konfrontative Zuspitzung) bezeichnet, d.h. eine aggressive Oppositionspolitik. Bei öffentlichen Anti-Regierungs-Demonstrationen präsentierte sich die PP mit Vertretern der Kirche und der Opfervereinigung *Asociación de Víctimas del Terrorismo* (AVP). Sie mobilisierte ihre Anhänger gegen verschiedene Initiativen der PSOE-Regierung, wie das Gesetz gegen die vom anderen Geschlecht ausgeübte Gewalt *(violencia de género),* das Gesetz zur Ermöglichung der Eheschließungen von gleichgeschlechtlichen Paaren, eine neues Scheidungsgesetz, das Gesetz zur positiven Diskriminierung von Frauen und ein Arbeitsreformgesetz.

Bei den Wahlen 2011 präsentierte sich die PP als Partei der Spanier gegen einen „unsolidarischen Nationalismus". Die PP bleibt vergleichsweise schwach im Baskenland und Katalonien, wo starke nationalistische Regionalparteien in der Regel die Wahlen gewinnen.

Von 2004 bis 2011 fungierte Rajoy als Oppositionsführer im Kongress. 2004 war er zum Parteivorsitzenden der PP gewählt worden. Nach seinem Amtsantritt 2011 präsentierte er die PP als eine Partei, die die Wirtschaft zu sanieren und anzukurbeln habe. Rajoy stellte in der Haushaltsdebatte 2014 die Notwendigkeit der Anpassungsmaßnahmen in den Vordergrund. Was die wirtschaftlichen Erfolge und Zuwachsraten anbelangt, verbreitete er Optimismus. Spanien sei ein Wachstumsmotor in der EU und sozusagen das „neue Deutschland". Der Euro sei im Übrigen irreversibel. Die Verwaltungsreform schreite voran, derzeit seien so viele in der Administration tätig wie 2004, was von anderen als übermäßiger Personalabbau kritisiert wurde.

Das Wahlprogramm der PP erschien erst im Dezember 2015.

„*Seguir avanzando 2016-2020* – Weiter fortschreiten 2016-2020". Eine schon vorab im Netz vorhandene Kurzfassung beginnt mit Maßnahmen gegen die Korruption und zur politischen Reform. Punkt 2 erwähnt die Rolle der Familie und deren soziale Sicherung. Im dritten Teil geht es um Außenpolitik, bei der die EU und die Sicherung der Grenzen im Vordergrund stehen. Kap. 4 behandelt Wirtschaft und Arbeit, wobei der Konsolidierungskurs der vergangenen Jahre fortgesetzt werden soll. Kap. 5 hat Erziehung und Bildung zum Thema. Das Recht der Eltern zur Auswahl der Schule für ihre Kinder wird herausgestrichen.

Möglicherweise hat die absolute Mehrheit ab 2011 dazu geführt, dass die Partei die interne Arbeit vernachlässigte. Zudem stand sie in heftiger Kritik, da sie wenig Kooperationsbereitschaft mit den anderen Parteien zeigte. Diese Haltung wurde von der Opposition als autoritär wahrgenommen. Hinzu kam der ruhige und abwartende Regierungsstil von Rajoy, der sich als Krisendompteur verstand und für programmatische Fragen keinerlei Interesse zeigte. Allerdings waren auch die Kontrollmechanismen schwach, denn es gelang nicht, der Korruption einen Riegel vorzuschieben. Meist reagierte die Partei erst auf entsprechende Nachrichten in der Presse bzw. staatsanwaltliche Anordnungen. Neben den Korruptionsfällen in der langjährigen PP-Hochburg Valencia waren dies die Ermittlungen gegen die PP in Madrid, die im Februar 2016, also just während einer eventuellen Regierungsbildung, bekannt wurden. Esperanza Aguirre, die langjährige PP-Vorsitzende für Madrid musste zurücktreten; da sie intern als Rajoy-Kritikerin gilt, wurde dies auch als ein Wink mit dem Zaunpfahl an den noch amtierenden Präsidenten verstanden, seinerseits ebenfalls Verantwortung zu übernehmen, gleichzeitig aber war sie sie selber in Korruptionsfälle verwickelt.

Aufgrund mangelnder Reformfähigkeit erscheint die Zukunft der PP einerseits ungewisser als zuvor. Mit *Ciudadanos* erwächst ihr obendrein ein gefährlicher Konkurrent. Diese vergleichsweise junge Partei hat keine bekannten franquistischen Restbestände, ist (noch) nicht in Koruptionsaffären verwickelt und könnte zu der modernen Mitte-Rechts-Partei heranwachsen, etwa im Sinne der FDP in den 1970/80er Jahren in der BRD, die Spanien bislang fehlt. Andererseits hat der in der spanischen Presse oft belächelte Regierungs- und Parteichef Rajoy im Laufe des Jahres 2016 eine außerordentliche politische Ausdauer an den Tag gelegt, während Sánchez seine Chance nicht nutzen konnte.

Unión Progreso y Democracia (UPyD)

Die Partei wurde 2007 gegründet und gelangte 2008 in den Kongress, später folgten die europäische, die autonome und die lokale Ebene. Hauptthemen waren die Regeneration der Demokratie, die Bekämpfung der Korruption und mehr Transparenz. Die Partei hing stark von ihrer Mitgründerin Rosa Díez ab, die bis 2007 Mitglied der PSOE war und u. a. im Europaparlament saß. Díez verstand sich selber als sozialliberal, sie wandte sich gegen Nationalismus und Sezessionismus. Bei den Wahlen 2011 war sie Kandidatin der UPyD und führte die Liste in Madrid an. Mit 4,7 % der Stimmen erlangte die UPyD fünf Abgeordnete, allein vier in der Hauptstadt, wo sie 10,3 % der Stimmen erreichte. Nach dem schlechten Abschneiden bei den Munizipalwahlen 2015 trat sie von ihren Ämtern zurück.

Mittlerweile ist die Partei nicht mehr im Kongress vertreten, einige ihrer Mitglieder wechselten zu *Ciudadanos* über. UPyD besaß in der spanischen Öffentlichkeit eine größere Bedeutung, als sie eigentlich der Zahl ihrer Sitze entsprach.

Ciudadanos

Die Partei wurde 2006 formal am 9. Juli gegründet, vorangegangen war *Ciutadans de Catalunya* in Barcelona. Sie und eine Gruppe von nicht-nationalistischen Intellektuellen wandten sich – u. a. bei einem später bekannt gewordenen Essen in dem Lokal El Taxidermista 2005 in Barcelona – gegen nationalistische Tendenzen und die in Katalonien verbreitete Verteufelung Spaniens. Zum Anführer der Partei wurde der aus Katalonien stammende Rechtsanwalt Albert Rivera (geb. 1979) gewählt, der bei der Caixa-Bank gearbeitet hatte, Generalsekretär wurde Antonio Robles. Zuvor hatten die der Gruppierung nahestehenden universalistisch orientierten Intellektuellen beschlossen, dass sie nicht kandidieren würden. *Ciudadanos* war zunächst nur im katalanischen Parlament vertreten (2006: 3,09; 2010: 3,4 und 2014: 7,58 %) und scheiterte noch 2008 bei den Wahlen auf nationaler Ebene mit 0,18 %.

In eher linksorientierten Medien wurde behauptet, dass der Parteiführer Rivera zwischen 2002 und 2006 Mitglied der PP gewesen sei, worauf er antwortete, dass er sich dort nur eingeschrieben, aber nie Mitgliedsbeiträge entrichtet hätte. Umstritten bleibt die Tatsache, dass *Ciudadanos* 2009 bei den Europawahlen gemeinsam mit *Libertas* antrat, einer euroskeptischen konservativen Allianz, die von dem irischen Millionär Declan Ganley angeführt und wohl auch finanziert wurde.

Kritiker bezeichneten *Ciudadanos* als eine Kopie der UPyD, mit der es zahlreiche Übereinstimmungen gab. Aufgrund der Schwächephase dieser Partei dürften nicht nur einzelne Mitglieder, sondern ebenfalls Wähler zu *Ciudadanos* übergewechselt sein. In diesem Zusammenhang wird auch auf eine Äußerung von Josep Oliu, Präsident der Banco Sabadell verwiesen, der 2014 geäußert haben soll, dass eine Art *Podemos* „von rechts" notwendig sei (Müller 2015: 11). *Podemos*-Chef Iglesias bezeichnete Ciudadanos deshalb abfällig auch als Partei des IBEX 35, d. h. des spanischen Börsenindizes.

Der Vater von Albert Rivera war ein nach Katalonien zugewanderter Arbeiter, die Eltern erwarben später ein Elektrogeschäft, er wuchs in dem früheren Arbeiterviertel Barceloneta auf. Rivera weist selber darauf hin, dass er Mitglied der Gewerkschaft UGT sei. Schon in seiner Schulzeit widmete er sich dem Schwimmsport, was er später als Jurastudent an der privaten Universidad Ramon Llull fortsetzte und worauf er gern hinweist. An der Universität Helsinki verbrachte er ein Auslandssemester. Später begann er sich für Politik zu interessieren, in diesem Zusammenhang nahm er auch an Debattenwettbewerben teil und wurde Jahrgangsbester.

2006 erschien er auf einem Wahlplakat in nahezu unbekleidetem Zustand, sein Geschlechtsteil mit den Händen bedeckend.

Der Aufschwung der Partei ist neueren Datums: Bei den Regionalwahlen 2012 in Katalonien konnte sie ihren Stimmenanteil verdoppeln und neun Sitze erzielen. Dieser Aufwärtstrend hat sich bei den Wahlen 2015 fortgesetzt, bei denen *Ciudadanos* ihren Stimmenanzahl gegenüber der letzten Wahl auf mehr als 700 000 verdreifachen und auch die Abgeordnetenzahl auf 25 steigern konnte. Besonders in alten PSC-Hochburgen in den Außenbezirken von Barcelona, dem sozialdemokratisch geprägten „roten Gürtel", konnte *Ciudadanos* starke Ergebnisse erzielen. Auffällig ist zudem, das die Partei im sozial schwächsten Stadtteil Barcelonas, Nou Barris, gewann.

Auf der nationalen Ebene hat Rivera praktisch erst im Jahre 2015 größere Popularität erlangt. Er erfüllt offenbar das Bedürfnis der politischen Sendungen im Fernsehen nach neuen und unverbrauchten Gesichtern. Die Lücke, die im Parteiensystem für gemäßigte und reformerische Positionen besteht, konnte er zunächst ausfüllen: „Die Menschen sind besorgt, weil entweder die Dekadenz von PP oder PSOE kommt oder *Podemos* mit einem Modell aus dem 19. Jahrhundert", erklärte er *Cambio 16* im April 2015. Die Spanier seien aber nicht in ein rotes oder blaues Lager einzuteilen, es handele sich um Bürger *(Ciudadanos)* mit unterschiedlichen ideologischen Ausrichtungen. Die Zahlen über die Parteimitglieder schwanken zwischen 15 000 und 28 948, die zuletzt genannte Zahl nach eigenen Angaben, sowie rund 100 000 Symphatisanten.

Mit dem Parteiführer von *Podemos* bestanden trotz ideologischer Differenzen zunächst einzelne Übereinstimmungen. Sie liegen einmal in dem Anspruch einer neuen Generation anzugehören und damit die alte Politik ablösen zu wollen. Angesichts einer ungeklärten Vorgeschichte bei der PP und der seltsamen Teilnahme an den Europawahlen 2009 mit *Libertas* hat Rivera hier schwache Stellen, die er im Fernsehen meist mit seinen rhetorischen Fähigkeiten und seiner ausgezeichneten Kondition überspielen konnte. Gemeinsam ist den beiden Jungpolitikern auch die Vorliebe für das Motorradfahren. Bei Rivera bleibt der Eindruck, eine Art Musterknabe *(Don Perfecto)* darzustellen, was ihm bei mittleren und älteren Wählern indessen Zuspruch bringen könnte. Die Gemeinsamkeiten zwischen den beiden neuen Gruppierungen haben im Verlaufe des Jahres 2016 und den beiden Versuchen zur Regierungsbildung stark nachgelassen, *Ciudadanos* kann zur liberalen-konservativen Mitte und *Podemos* klar links eingeordnet werden.

In ihrem 338 Seiten langen Wahlprogramm „*El Nuevo Proyecto Común Para España* – Das neue gemeinsame Projekt für Spanien" ist im Eingangsteil von einer demokratischen und institutionellen Regeneration die Rede. Bei den insgesamt 17 Kapiteln geht es anschließend um Wirtschaft, Erziehung, Wissenschaft, Gesundheit, Sozialpolitik etc. Die Bürger sollen sowohl mehr individuelle als auch soziale Rechte erhalten, ein neues Wahlgesetz wird gefordert und weniger Privilegien für die Politiker. Der Senat und die Provinzabordnungen sollen abgeschafft werden. Im ökonomischen Teil steht der Kampf gegen prekäre Arbeitsverhältnisse am Anfang. *Ciudadanos* – Partei der Bürgerschaft steht jeweils am Seitenende. Das Programm geht von der Krisensituation in Spanien aus und stellt Maßnahmen zu deren Lösung in den Vordergrund. Eine klare politische Zuordnung fällt schwer. Kritiker werfen ein, dass das Programm Versatzstücke anderer Parteien übernehme, u.a. aus älteren Vorlagen der PP.

In Andalusien kam es nach den Regionalwahlen 2015 nach zweimonatigen Verhandlungen zu einer Zustimmung von *Ciudadanos* zur Regierung von Susana Díaz von der PSOE. Somit war ein Präzedenzfall für eine Annäherung an die PSOE geschaffen, der Anfang 2016 in einem gemeinsamen Vorgehen mit der PSOE für eine Wahl von Sánchez seine Fortsetzung fand. *Ciudadanos* zeigt sich mittlerweile offen mit Blick auf die beiden Traditionsparteien. Nach den Juniwahlen 2016 unterstützen Rivera und *Ciudadanos* den Versuch einer Regierungsbildung von Rajoy.

Regionalparteien

Von erheblicher Bedeutung im Parteiensystem waren bislang die *Regionalparteien,* insbesondere im Baskenland und in Katalonien. Die *Euzko Alderdi Jeltzalea-Partido Nacionalista Vasco* (EAJ-PNV; Baskische Nationalistische Partei), die 1895 gegründet wurde und ca. 32 000 Mitglieder hat, strebt den Autonomiestatus für das Baskenland auf friedlichem Wege an. Die katalanische *Convergència i Unió* (CiU; Konvergenz und Union) wurde 1979 als Wahlallianz aus *Convergència Democràtica de Catalunya* und *Unió Democràtica de Catalunya* gegründet und hat ca. 75 000 Mitglieder. Beide sind ursprünglich der politischen Mitte zuzuordnen und nahmen zunächst eine gemäßigte Position gegenüber dem Zentralstaat ein. Sie dienten mehreren Zentralregierungen in Madrid als Mehrheitsbeschaffer, deshalb konnten sie einen erstaunlichen und eigentlich überproportionalen Einfluss gewinnen. Nur von 2003 bis 2010 befand sich die CiU in der Opposition, als eine Linkskoalition aus PSC, ERC und ICV Katalonien regierte. Nach der Regionalwahl von 2010 kehrte die CiU mit Artur Mas als Ministerpräsident an der Spitze einer zunächst von der PSC tolerierten Minderheitsregierung in die Regierungsverantwortung zurück.

Die Frage der Unabhängigkeit spielte zunächst keine Rolle in der Partei. Dies sollte sich nach dem 11. September 2012 ändern. An diesem Tag, dem Nationalfeiertag Kataloniens, fand in Barcelona unter dem Motto *Catalunya nou Estat d'Europa* (Katalonien, ein neuer Staat Europas) eine Demonstration der Unabhängigkeitsbewegung statt. Der Zustrom lag über den Erwartungen. Je nach Quelle betrug die Teilnehmerzahl zwischen 600 000 und 2 Mio. (also zwischen 8 und 25 Prozent der Gesamteinwohnerzahl der Region). Am nächsten Tag äußerte Ministerpräsident Mas im Rahmen einer offiziellen Erklärung, dass jetzt die Zeit gekommen sei, Katalonien mit „staatlichen Strukturen" zu versehen. Mit der Hinwendung zur Unabhängigkeit nahmen die Spannungen innerhalb der Partei zu. Im Juni

2015 trennten sich die Christdemokraten von *Unió Democrática de Catalunya* (UDC) von ihrem langjährigen Bündnispartner *Convergència Democràtica de Catalunya* (CDC), da erstere sich weigerten gemeinsam in einer Liste mit linken Kräften anzutreten.

Die besagte Liste heißt *Junts pel Sí* (Gemeinsam für das Ja) und wird von Raúl Romeva angeführt, der bis 2014 für die linke *Iniciativa per Catalunya* (ICV) im Europaparlament saß. An der Liste, die sich bei den Wahlen am 27. September 2015 zur Wahl stellte, beteiligen sich weite Teile der Unabhängigkeitsbewegung sowie die Parteien CDC und *Esquerra Republicana de Catalunya* (ERC). Hervorzuheben sind der bis Anfang 2016 amtierende katalanische Präsident Artur Mas von CDC und Oriol Junqueras, Vorsitzender der linken ERC. Unter Ausklammerung aller weiteren politischen Themen, zu denen CDC und ERC oft konträre Haltungen einnehmen, trat die Liste mit lediglich einem Programmpunkt an: der Unabhängigkeit von Spanien. Zu diesem Zweck versuchte sie der Wahl einen plebiszitären Charakter zu geben, was darüber hinwegtäuschte, dass am 27. September 2015 – wie in den anderen Autonomen Gemeinschaften – lediglich eine normale, vorgezogene Wahl stattfand.

Mit Blick auf die Bewertung antidemokratischer und extremistischer Positionen blieb die Verfassung von 1978 zurückhaltend und ungenau. Dies änderte sich erst mit dem Pakt gegen den Terrorismus, den PP und PSOE im Jahr 2000 unterschrieben und dem damit verbundenen Parteiengesetz vom 3. Juni 2002, das ein Verbot für den Fall vorsieht, dass Terroranschläge nur bedauert, nicht aber verurteilt werden. Es wurde vor allem rückwirkend gegen den baskischen Separatismus angewandt: Am 26. August 2002 untersagte der Oberste Gerichtshof der Partei *Batasuna*, dem politischen Arm der baskischen Terrororganisation ETA, drei Jahre lang alle politischen Aktivitäten, am 17. März 2003 erfolgte das offizielle Verbot der Partei, die auf Antrag Madrids im Juni 2003 auf die EU-Liste terroristischer Organisationen gesetzt wurde. Eine Klage von *Batasuna* vor dem Europäischen Gerichtshof für Menschenrechte blieb erfolglos. Verboten wurden ferner u. a. am 9. Mai 2003 225 lokale Wahllisten im Baskenland und in Navarra, 2007 alle 246 lokalen Listen der 2007 gegründeten Partei *Abertzale Sozialistak* (AS, „Patriotische Sozialisten“) und die Mehrheit (133) der Listen der 1930 gegründeten *Partei Eusko Abertzale Ekintza – Acción Nacionalista Vasca* (EAE-ANV, „Baskisch-Patriotische Aktion“). Bei den Wahlen zum baskischen Parlament vom 1. März 2009 erreichten die PSOE und PP durch das Verbot der Listen von *Demokrazia Hiru Milioi* („Demokratie für drei Millionen“) und *Askatasuna* („Freiheit“) zusammen erstmals die Mehrheit und lösten die bürgerlich-nationalistische EAJ-PNV als Regierungspartei ab; immerhin 9,9 % der 1,14 Mio. Wähler hatten mutmaßlich aus Protest ungültige oder leere Stimmzettel abgegeben.

Erst 2011 und 2012 konnte diese Verbotspolitik durchbrochen werden: Das Anfang April 2011 gegründete Wahlbündnis *Bildu* aus den Parteien *EA* und *Alternatiba Eraikitzen* wurde zunächst von der Wahlbehörde am 26. April 2011 für die Kommunal- und Regionalwahlen vom 22. Mai 2011 eingeschrieben, auf Antrag der Zentralregierung am 1. Mai vom Obersten Gerichtshof verboten, aber am 5. Mai vom Verfassungsgericht zur Wahl zugelassen: *Bildu* wurde im Baskenland mit rund 25 % der Stimmen zweitstärkste Partei nach der EAJ-PNV. Die im Februar 2011 gegründete Partei *Sortu*, die am 23. März 2011 ebenfalls zunächst vom Obersten Gerichtshof verboten worden war, wurde am 20. Juni 2012 vom Verfassungsgericht legalisiert.

5.3 *Podemos* – von der außerparlamentarischen Bewegung zur Partei

Lange Zeit gab es in Spanien keine euroskeptische und keine populistische Partei. In der Vergangenheit wurden solche Haltungen möglicherweise durch außerparlamentarische und nationalistische Bewegungen in den Autonomen Gemeinschaften aufgefangen. Allerdings waren die Ausgangsbedingungen für neue Parteien angesichts der Verkrustungen eines Zweiparteiensystems, das auf einer komplizierten Zusammenarbeit mit Regionalparteien basierte, durchaus vorhanden. Denn diese Pakte mit den regionalen Kräften suggerierten nur scheinbar eine Stabilität, da diese nur begrenzt bereit waren, Verantwortung auf nationaler Ebene zu übernehmen.

Die Zunahme von sozialen Bewegungen in den letzten Jahren hat mit den Auswirkungen der Finanzkrise und dem rapiden Vertrauensverlust der Politik zu tun. Dieses Unwohlsein geht über den *desencanto* (Ernüchterung) mit der Demokratie in den 1980er Jahren weit hinaus und ist u. a. eine Folge der konfrontativen Politik zwischen den beiden großen Parteien seit 2004 sowie verschiedener Korruptionsfälle in nahezu allen politischen Lagern. Bald war von *desafección* die Rede. 2011 entstand die „Bewegung 15. Mai", teilweise auch „Bewegung für wahre Demokratie" genannt, die von den „Empörten" *(indignados)* getragen wurde. Ihre Fortsetzung hat sie in dem Achtungserfolg von *Podemos* bei den Europawahlen 2014 gefunden und dem nachfolgenden Aufstieg zur drittstärksten Partei bei den nationalen Wahlen 2015 und 2016.

Ursprünglich trugen der Protest und auch *Podemos* Züge einer Jugendbewegung. Bei ihrer Entstehung gilt es zu berücksichtigen, dass es schon vorher Momente einer Reform der Demokratie und Versuche zu einer zweiten Transition gegeben hatte. So besaßen der Wahlsieg sowie die erste PSOE-Regierung Zapateros 2004 Merkmale einer Erneuerung.

Während der zweiten Regierung Zapatero kam es im Zusammenhang mit der wirtschaftlichen Krise zum Aufkommen einer starken Oppositionsbewegung, die vor allem von jungen Leuten getragen wurde (Adagio 2013). Am 15. Mai 2011 *(15 M)* erfolgten Demonstrationen in 60 Städten.

Zur Bewegung gehörten Politikwissenschaftler der *Facultad de Ciencias Políticas y Sociología de la Universidad Complutense* in Madrid. Dort lehrten auch Pablo Iglesias, Juan Carlos Monedero und Íñigo Errejón, die sich besonders mit den neuen linkspopulistischen Präsidentschaften in Venezuela bzw. Bolivien beschäftigt haben. Bestandteil ihres Denkens ist eine Kritik des „Regimes von 1978" und der Kultur der Transition, was ihnen einmal mehr die

Möglichkeit eröffnet, sich als eine Jugendbewegung zu stilisieren. Die politische Klasse wird von ihnen als Kaste bezeichnet, wobei sie den Begriff aus dem Italienischen übernehmen, den dort die Journalisten Rizzo und Stella vom *Corriere della Serra* geprägt haben. Dies verbindet sich mit den neueren südamerikanischen Erfahrungen und der Anti-Globalisierungsbewegung. „Wir sind die 99 %“ und „Wir sind nicht links oder rechts, wir sind die von unten gegen die da oben“ (Domínguez/Giménez 2014: 40). Spanien wird als „semiperipheres Land“ verstanden (ebd. 172). Es gehe von daher auch nicht um eine Einheit der Linken, sondern um die Volkseinheit *(unidad popular)* gegen die Elite.

Die Bezugnahmen auf die südamerikanischen Erfahrungen waren in der Anfangsphase ausgeprägter. Am 25. Mai 2014, d. h. kurz nach der Bekanntgabe der Ergebnisse zur Europawahl und dem ersten Achtungserfolg, erklärte Iglesias, sie hätten „por ahora – Fürs Erste“ die politische Kaste nicht übertreffen können. Dabei handelte es sich um eine Redewendung, die der Venezolaner Hugo Chávez nach seinem gescheiterten Putschversuch 1992 gebraucht hatte. Bei seiner Vereidigung zum EU-Abgeordneten im spanischen Fernsehen verwendete Iglesias eine von Präsident Chávez 1999 in Venezuela gebrauchte Eidesformel in leicht abgewandelter Form, wonach er auf die alte Verfassung schwöre, bis sich das Volk eine neue gebe.

Die neuen Bewegungen waren und sind eine Herausforderung vor allem für die PSOE. Ein direkter Einfluss auf den Wahlverlust der PSOE 2011 lässt sich nicht feststellen. Die PSOE verlor 4 Mio. Stimmen, die PP gewann 600 000 Stimmen im Vergleich zu 2008 hinzu. Den größten Anstieg zeigte Rosa Díez von der UPyD mit einem Stimmenzuwachs von 800 000 Wählern. Viele Jugendliche zeigten indessen eine Anti-Parteien-Einstellung, d. h. sie wählten mehrheitlich nicht die PSOE, ihre Stimmen kamen aber auch nicht unmittelbar der PP zugute. Nach wie vor finden zum *15 M* Aufrufe und Demonstrationen statt, die entsprechenden Websites blieben aktiviert (Adagio 2013: 155).

Die Zahl der Demonstrationen hat seit der Krise stark zugenommen: 2009 waren es 8 201, 2010 sank die Zahl geringfügig auf 7 195, 2011 erreichte sie 10 070, um 2012 auf 36 798 hochzusteigen. Nach Angaben des Staatssekretärs für Sicherheitsfragen, Francisco Martínez, kam es lediglich in 0,24 % der Fälle zu einem massiven Polizeieinsatz (EP 18.1.2014).

Unmut und Proteste richten sich nicht zuletzt gegen Korruption und Vorteilsnahme der lokalen politischen Eliten. Ein Beispiel: Im Januar 2014 kam es zu Protesten in der Stadt Burgos, die sich gegen den Bau eines neuen Boulevards richteten. Eine zweispurige Streckenführung mit Fahrradweg und Fußgängerzone sollte die bisherige vierspurige Straße ersetzen. Es handelt sich um das Viertel Gamonal, wo Menschen aus der Mittel- und Arbeiterschicht wohnen. Durch das Vorhaben wären, so die Gegner, vorhandene Parkplätze verloren gegangen und gleichzeitig neue und teure Parkhäuser entstanden. Die Kritik richtete sich auch gegen die Tatsache, dass der Hauptauftragnehmer ein bekannter und wohlhabender Zeitungsbesitzer der Stadt war, dem darüber hinaus gute Beziehungen zu Mariano Rajoy nachgesagt werden. Nach mehrtägigen Demonstrationen, die auf andere Städte und Madrid übergriffen, wurde das Vorhaben fallengelassen.

Erst im Frühjahr 2014 ließ sich *Podemos* beim Innenministerium registrieren. Im November 2014 hatte *Podemos* schon 260 950 „eingeschriebene Sympathisanten", wobei die Schwerpunkte mit 40 284 in Madrid und 20 831 in Barcelona lagen (EP 25.11.14).

Führende *Podemos*-Politiker kritisieren die alten Eliten, die ihre Besitztümer sozusagen in das Zweiparteiensystem überführt hätten. Die beiden staatstragenden Volksparteien PP und PSOE bezeichnen sie als „Parteien des demokratischen Unvermögens" *(impotencia democrática)* und stellen selbst die eigene basisdemokratische Ausrichtung in den Vordergrund. Unangefochtener Spitzenmann bleibt Pablo Iglesias, der sich vorübergehend zu einem erstaunlichen Medienphänomen entwickelt hatte, sodass teilweise schon von *Pablemos* die Rede war. In der Sendung „Salvados" erklärte er, dass die Talkshow für ihn das „Parlament des 21. Jahrhunderts" darstelle (Pfeiffer 2015). Monedero, der als Politikwissenschaftler in Spanien zum Thema DDR promoviert hat, geht in seinem Buch *„Transición. La historia contada a nuestros padres“* von 2013 davon aus, dass die Transition eine Kreation der franquistischen Eliten gewesen sei und stellt damit den Gründungsmythos der spanischen Demokratie in Frage. Von Monedero stehen zahlreiche Auftritte bei YouTube im Netz, die kontroverse Aussagen zu Chávez, der Entwicklung in Venezuela aber auch zur ETA im Baskenland enthalten.

Podemos ist vor allem für die PSOE und die vorhandenen Linksparteien eine Herausforderung. Sowohl die Altvorderen der PSOE, González und Guerra, als auch die ursprünglich linksliberale Tageszeitung *El País* haben einen Kurs der Abgrenzung eingeschlagen. Von Populismus und Demagogie ist die Rede. Dagegen hatte sich Ex-Ministerpräsident Zapatero relativ frühzeitig mit Iglesias zum Mittagessen getroffen. Der Spitzenmann der IU, der scharfzüngige Abgeordnete Alberto Garzón, schloss eine Zusammenarbeit nicht aus, sie kam schließlich bei den Neuwahlen 2016 zustande.

Tania Sánchez, eine einflussreiche IU-Politikerin in Madrid, war bis März 2015 die Lebensgefährtin von Iglesias. Dass sie gerade am Wahlabend der Regionalwahlen in Andalusien am 22. März 2015 per Facebook das Ende ihrer Beziehung bekanntgaben, wurden in den lärmenden politischen Talkshows von *Podemos*-Gegnern gerne aufgegriffen und als ein Ablenkungsmanöver angesichts eines Wahlergebnisses gewertet, das unter den eigenen Erwartungen geblieben war. Zu diesen hohen Erwartungen hatte indessen Iglesias nach Kräften beigetragen. In Interviews und Büchern stellte er *Podemos* als zweit- oder drittstärkste Kraft dar und forderte als Herausforderer ein Fernsehduell mit Rajoy. Dem König riet er, er solle sich angesichts seiner hohen Umfragewerte für den eigenen Posten zur Wahl stellen.

Iglesias avancierte wegen seines zunächst kometenhaften Aufstieges in den Medien zur unangefochtenen Führungsfigur mit kultigen Zügen, zumal gegen zwei andere Spitzenpolitiker Vorwürfe aufkamen: Monedero hatte sich nicht nur längere Zeit u. a. als Berater von Präsident Chávez in Venezuela aufgehalten, woraus er und andre *Podemos*-Mitglieder in ihren Büchern übrigens nie ein Geheimnis gemacht haben, er hatte Geld aus dem Ölland erhalten und zunächst nicht angegeben. Errejón hatte ein Stipendium der Universität Malaga, lebte und arbeitete allerdings in Madrid. Darüber hinaus sind bislang keine Ergebnisse seiner dortigen Studien bekannt geworden. Die hohe Tonlage, mit der *Podemos* gegen die politische „Kaste" und alle anderen Parteien loslegten, schlug im Wahljahr 2015/16 nun auf sie selbst zurück, da eine große Zahl von Journalisten und politischen Beratern sich auf die Suche nach dunklen Stellen in ihrem Privatleben machten.

Die publikumswirksamen Auftritte von Iglesias gerieten jedoch nur vorübergehend in den Hintergrund. So hatte er am Wahlabend zur Europawahl vom 25. Mai 2014 zu Beginn seiner Rede von einem magischen Moment dieser Nacht gesprochen. „Es scheint, dass wir die Illusionen greifen können. Solche Illusionen waren immer der Motor des Wandels ..." Schon am Ende des übernächsten Absatzes wurden die Gegenkräfte genannt. „Schon Morgen werden Merkel und die Finanzkräfte weiter Entscheidungen gegen uns und die Menschen treffen. Wir sind weit vorangekommen und haben die Kaste überrascht, aber die Aufgaben, die ab morgen vor uns liegen, sind enorm ... Wir sind ein Volk und werden für unsere Zukunft kämpfen ..." Und er endete mit einem Satz des beim Staatsstreich am 11. September 1973 getöteten chilenischen Präsidenten Salvador Allende: „Die Geschichte gehört uns und wird von den Völkern gemacht" (abgedruckt in Iglesias 2014: 177-181).

Der Verweis auf die lateinamerikanische Linke und deren Diskurs war kein Zufall und wiederholte sich in anderen Auftritten. Am 30. Juni 2014 sprach er im europäischen Parlament davon, dass die Demokratie in Europa unter Druck geraten sei: „In der europäischen Peripherie ist die Lage tragisch: Unsere Länder sind zu Protektoraten geworden, zu neuen Kolonien, wo Kräfte, die niemand gewählt hat, die sozialen Rechte zerstören und damit die soziale und politische Kohäsion unserer Gesellschaften gefährden. Von Lateinamerika haben wir gelernt, dass die Auslandsschuld praktisch nicht zurückgezahlt werden kann und die Länder, die am stärksten gewachsen sind, dies mit Hilfe von Schuldenstreichungen und der Einstellung von Rückzahlungen erreicht hätten“ (ebd.: 181-184). Die Vorstellungen nationaler Souveränität zeigen sich in seiner Interpretation der EU. Hier habe Deutschland das Sagen (ebd.: 152 und 172): „Es wird Zeit, dass die Europäer des Südens sagen, dass wir weder eine Kolonie Deutschlands noch der Troika werden möchten: Wir Südeuropäer wollen Souveränität, Demokratie und Würde und werden sie im Europäischen Parlament verteidigen“ (ebd.: 178). In der EU setzt er auf einen unabhängigen Kurs. Der französische Präsident Hollande und sein italienischer Kollege Renzi hätten einen Fehler gemacht, als sie sich der BRD, die mit ihrer ordoliberalen Praxis Europa dominieren wolle, nicht entgegengestellt hätten (ebd.: 102 f.). Mit Blick auf den Umgang mit Griechenland spricht er von einem Unterschied zwischen Anhängern der Souveränität und prodeutschen Haltungen (ebd.: 116). Insgesamt kranke die EU an einer übermäßigen Verrechtlichung: „Wenn wir eine Bibliografie über die EU zusammenstellen, dann langweilen wir uns zu Tode, weil es fast nur um Recht geht“, schreibt er freimütig (ebd.: 109). Und über die innenpolitischen Absichten von *Podemos:* „Wir wollen an der PSOE vorbeiziehen … dafür müssen wir unsere gesamte Feuerkraft einsetzen“ (ebd.: 112, 114).

Trotz dieser Nähe zu der neuen Linken in Südamerika zeigte *Podemos* im Wahlkampf auch pragmatische und auf Stimmengewinn ausgerichtete Züge. Ein Ende November 2014 vorgestelltes Papier zweier Wirtschaftsfachleute, die vorher u. a. für die PSOE gearbeitet hatten, nannte die nordischen Gesellschaften und insbesondere Dänemark als Vorbilder (EP 27.11.14). Allerdings nahm mit Blick auf die nationalen Wahlen 2015 die Tendenz bei PP und Teilen der PSOE zu, *Podemos* in die gleiche Ecke zu stellen wie den Chavismus in Venezuela. So forderten sie Monedero auf, zu erklären, wie die insgesamt 425 000 Euros zustande kamen, die er 2013 für Beratungstätigkeiten der Regierungen

Venezuelas, Boliviens, Ecuadors und Nicaraguas erhalten habe (EP 22.1.2015). Rajoy sprach schon auf einem Partei-Kongress im Januar 2015 mit Blick auf *Podemos* von dem Gegensatz „Spanien oder Venezuela"; Parteimitglieder wiederum betraten die Bühne mit dem Ausspruch „Ich gehöre der Kaste der Elektriker an" oder „Ich zähle zur Kaste der Bürgermeister", womit sie auf Iglesias Bezug nahmen, der alle Politiker als Kaste bezeichnet hatte. Spätestens zum offiziellen Wahlkampfbeginn positionierte sich *Podemos* in Richtung linke Mitte. Im Zusammenhang mit den Separationstendenzen Kataloniens wurde Iglesias von Regierungschef Rajoy zu Gesprächen eingeladen – wie andere Spitzenpolitiker auch – und erhob bald Forderungen nach weiteren Beteiligungen an politischen Entscheidungen.

Noch im Wahlkampf 2015 erschien ein Buch von Iglesias mit verschiedenen Artikeln und Interviews unter dem vielversprechenden Titel „Eine neue Transition". Davon war aber tatsächlich nur auf wenigen Seiten die Rede. Recht deutlich werden Iglesias' politische Ziele und Absichten. Er spricht von einem national-populären Ansatz und der Fähigkeit von *Podemos*, die Anliegen des *15 M* und der Bewegung der Empörten in die politische Praxis zu übersetzen. Sie würden einen plebejischen Führungsstil praktizieren, der aus den Massenmedien hervorgegangen sei. *Podemos* sei ein klarer Ausdruck der Krise der PSOE, als deren eigentlicher Vollender er sich sieht: „Ich betrachte mich als Marxisten. Marxist als Wissenschaftler ..., aber ich habe den Eindruck, dass wir Marxisten uns in eine Art Sozialdemokraten verwandelt haben" (Iglesias 2015: 100).

Das Wahlprogramm trug den Titel „*Queremos, Sabemos, Podemos – Un programa para cambiar nuestro país* – Wir möchten, wir wissen, wir können – Ein Programm, um unser Land zu verändern". Das Programm fiel mit 332 Seiten noch umfangreicher aus als das der PSOE. Im Vorwort wird darauf hingewiesen, dass der Wechsel in Spanien von *Podemos* abhänge. Nach einem kurzen Prolog sieht die Gliederung folgendermaßen aus: Wirtschaftliche Demokratie, soziale Demokratie, politische Demokratie, zivilgesellschaftliche

Demokratie, internationale Demokratie sowie Vorschläge für die autonome bzw. munizipale Ebene. Es folgt ein mit 80 Seiten relativ umfangreicher Anhang zu Fragen der Erinnerungspolitik, der Partizipation sowie juristischen Aspekten. Der Programmteil ist wiederum in 394 Unterpunkte untergliedert. Die Einrichtung eines Ministeriums für Kultur und Kommunikation wird angekündigt, besondere Förderung soll der digitale Bereich erfahren und eine öffentliche Plattform für Kultur, die Kunstschätze der Museen sollen ins Netz gestellt werden. Daneben finden sich aber auch Pläne zu einer Förderung der Leserschaft (217). Die Wahlprogramme, so heißt es im dritten Abschnitt, seien als Verträge mit den Wählern zu begreifen (225) und sollten deswegen nach zwei Jahren im Kongress auf den Grad der Umsetzung überprüft werden. Der Gedanke einer verfassungsgebenden Versammlung, den *Podemos* nach venezolanischem Vorbild ursprünglich vertrat, taucht im Wahlprogramm nicht mehr auf. Auffällig ist indessen in Punkt 253 die Forderung nach einer Volkswahl der Richter des *Consejo General del Poder Judicial* (Richterwahlausschuss). Die sozialen Rechte sollen in der Verfassung festgeschrieben und vom Verfassungsgericht überwacht werden. Gefordert wird auch eine Professionalisierung der öffentlichen Verwaltung (234), gleichzeitig soll aber die Zahl hoher Ämter gesenkt werden (235), ein Gesetz über „Mauern aus Glas" soll für mehr Transparenz sorgen, hinzu soll ein nationaler Plan gegen Korruption und für institutionelle Transparenz treten sowie ein neues Gesetz zur Parteienfinanzierung. Insgesamt laufen die Vorschläge auf eine Gesamtreform des Systems hinaus, wozu auch die Vergangenheitsbewältigung gehören soll (261). Cannabis soll entkriminalisert werden (264). Der Abschnitt über internationale Demokratie enthält Ausführungen über Migration, womit u. a. Spanier im Ausland bzw. in Lateinamerika gemeint sind. Gleichzeitig sollen aber auch die Gründung von politischen Parteien durch Ausländer ermöglicht sowie die Lager für Migranten in Spanien geschlossen werden (314). Die Ablehnung gegenüber TTIP ist ebenso enthalten wie der Vorschlag, eine Frau zur Generalsekretärin die UNO zu wählen. Die *Marca*

España und das Instituto Cervantes gelte es der plurinationalen Wirklichkeit Spaniens anzupassen. Im Teil über die Munizipien und Autonomien werden teilweise detaillierte Vorschläge für die einzelnen Gebiete gemacht. Dazu zählt etwa in Punkt 371 der Vorschlag, den Rio Tajo bei seinem Durchfluss durch Aranjuez mit mehr und besserem Wasser zu versehen.

Bei den Juniwahlen 2016 präsentierte *Podemos* sein Wahlprogramm und die Kandidaten im Format eines Ikea-Katalogs, was der Partei erneut mediale Aufmerksamkeit brachte und gleichzeitig mit Bildern aus den Wohnungen der abgebildeten Politiker auf deren bescheidenen Lebensstil hinweisen sollte.

Bislang hat *Podemos* eine zentrale Niederlassung in der Calle Zurita, Madrid. Ob und wie sie sich als Partei konsolidiert, bleibt vorerst ungewiss. Viel hängt davon ab, wie sich die Strömungen *(confluencias)*, die die Partei bei den Wahlen 2015 unterstützten, weiter verhalten werden. Es wäre durchaus möglich, dass sie eigene Wege gehen, was zur Schwächung der jungen Partei führen könnte.

5.4 Parteienfinanzierung und Korruption

Das Parteiengesetz datiert aus dem Jahr 2002. Es soll u. a. rassistische und xenophobe Äußerungen und Positionen der Parteien verhindern. Ein Parteienfinanzierungsgesetz aus dem Jahr 1987 wurde 2007 und 2012 reformiert, um damit die Abhängigkeit der Stiftungen von den Parteien transparenter zu machen und Licht in die Finanzierung bringen. Verantwortlich für die Parteienfinanzierung ist der Rechnungshof *Tribunal de Cuentas*, der den jüngsten Bericht über die Tätigkeit der Parteien für 2008 allerdings erst 2013, d. h. mit fünfjähriger Verspätung, vorgelegt hat. Die Auswahl der Mitglieder geht weitestgehend aus dem Zusammenspiel der Traditionsparteien PP und PSOE hervor. Der vorherige Präsident war 20 Jahre auf Vorschlag der PP im Amt, ihm zur Seite stehen u. a. Manuel Aznar López, Bruder des Ex-Präsidenten sowie Margarita Mariscal de Gante, die ehemalige Justizministerin Aznars (Granado 2013: 79).

Kritiker behaupten, Spanien habe die umfangreichste politische Klasse Europas. Zur politischen Funktionselite gehören 350 Abgeordnete und 266 Senatoren. Hinzu kommen 1 200 Parlamentarier in den autonomen Regionen, 1000 Provinzabgeordnete, 8 800 Bürgermeister und 68 000 Gemeinderatsmitglieder (Cortizo 2013: 16). Es besteht eine Tendenz, Familienmitglieder in öffentlichen Ämtern unterzubringen. Auch die neuen Parteien sind von dieser Praxis nicht völlig ausgenommen.

2014 wurde bekannt, dass beim Rechnungshof von 600 Mitarbeitern rund 100 zur Familie aktueller oder ehemaliger höherer Mitarbeiter gehörten (Zarzalejos 2015: 43). Deshalb handelt es sich weniger um eine Korruption der Verwaltung als um korrupte Verhaltensweisen von Politikern im Zusammenspiel mit Immobilienhändlern und Investoren.

Korruption findet auf nationaler, vor allem aber auf lokaler Ebene statt. Sie kam und kommt besonders bei Baubewilligungen und Immobiliengeschäften zum Vorschein. Fast alle Bürgermeister müssen an neuen Bauvorhaben interessiert sein, um die Einnahmen zu erhöhen. Dabei werden die Pläne häufig verändert, zumal die Bauaufsicht nur schwach ist und eine Überwachung von Bauten praktisch nicht stattfindet. Sanktionen bestehen, wenn überhaupt, aus Geldstrafen und nicht aus Abrissen, auch wenn nun erstmals in El Algarrobico der Abriss einer spektakulären Bauruine an der Küste angekündigt wurde. Im Zuge des Baubooms war in hohem Maße die lokale Ebene in den Küsten- und Urlaubsregionen betroffen. So sollen im Jahr 2012 1000 Verfahren wegen pflichtwidrigen Verhaltens bei Bauvorhaben gelaufen sein. Acht von zehn Unternehmern, die wegen illegaler Finanzierung der PP untersucht werden, kommen aus der Bauwirtschaft (Temas Nr. 221).

Im Jahr 2009, d.h. nach dem Ausbruch der Finanzkrise, begannen die Untersuchungen zum *Caso Gürtel*. Dabei ging es um eine Reihe von Unternehmen, die Erleichterungen und Hilfestellung von der öffentlichen Verwaltung im Gegenzug für Bestechungen erhielten. Auch wenn das Zentrum in Valencia lag, führten Ableger nach Galizien und Madrid. Die Anklage im „Fall Gürtel" erhob Baltasar Garzón, der aber von dem Verfahren abgezogen wurde. Anfang 2013 kam dann der Fall um Luis Bárcenas auf, der ein Jahrzehnt lang für die Finanzen der PP zuständig war. Zu seinen Praktiken gehörte es, zusätzliche Gehälter in Umschlägen auszuzahlen, wovon selbst Regierungschef Rajoy profitiert haben soll.

Die Affäre um Francisco Correa wurde in Spanien als *Caso Gürtel* bekannt (*correa* bedeutet auf deutsch „Gürtel"). Correa ist Unternehmer, er unterhielt u. a. die Firma *Special Events,* die eine Reihe von Aktivitäten für die PP organisierte; seine Frau war Kabinettschefin des Bürgermeisters von Majadahonda. Mit diesen Kontakten baute er ein System der Einflussnahme und Auftragsvergabe auf, in das vor allem Personen involviert waren, die PP-Regierungen nahe standen. Seine engsten Mitarbeiter nannten ihn Don Vito nach einer bekannten Figur aus dem Roman *El Padrino*. Correa, der 30 Mio. Euro auf Schweizer Konten deponiert haben soll, musste 2009 für zwei Jahre ins Gefängnis. Sechs Jahre nach dem Bekanntwerden des Skandals wurde Anklage gegen 40 Personen erhoben, darunter drei Schatzmeister der PP. Die Vorfälle sollen zwischen 1999 und 2005 stattgefunden haben.

Im November 2014 bat Rajoy um Verzeihung für die Korruptionsfälle in der Affäre „Gürtel" und setzte hinzu: „Die Mehrheit unserer Repräsentanten sind aber anständige Leute" (FAZ 28.11.2014). Parteispenden von mehr als 50 000 Euro sollten in Zukunft öffentlich gemacht und verurteilte Parteimitglieder ausgeschlossen werden. Vergleichbare Vorschläge waren bereits ein Jahr zuvor geäußert worden. Vorausgegangen war die Veröffentlichung des Abschlussberichtes zur Gürtel-Affäre, wobei der Ermittlungsrichter 43 Personen, darunter drei ehemalige Schatzmeister, direkt beschuldigte.

Seit Dezember 2013 gilt auf Druck der Opposition ein Transparenzgesetz, wonach die Inhaber höherer öffentlicher Ämter zu Beginn und am Ende ihrer Amtszeit eine Einkommenserklärung machen müssen. Allerdings hatten 257 Positionsinhaber bis November 2014 unter Berufung auf ein älteres Gesetz die entsprechende Erklärung nicht abgegeben (EP 23.11.2014).

In Spanien zirkuliert sehr viel Schwarzgeld, man geht sogar davon aus, dass insgesamt ein Drittel aller Aufträge schwarz bezahlt wird, wodurch dem Fiskus viel Geld verloren geht. Die größte Zahl von 500-Euro-Scheinen in der EU soll in Spanien im Umlauf gewesen sein. Der Fünfhunderter soll „Bin Ladin" genannt worden sein – weil jeder ihn kannte, aber keiner ihn jemals gesehen haben wollte (Wieland 2016a).

Die Fachliteratur zum Thema nimmt zu. In Beiträgen von Juristen wird indessen beklagt, dass Gesetzgebung und Rechtsprechung zu diesem Bereich nicht sehr weit fortgeschritten seien (vgl. pasajes 2013). Deshalb stammen die meisten Bücher über Korruption von Journalisten. Mittlerweile wird in den Zeitungen ausführlich darüber berichtet, jedoch kann nicht von einer objektiven Sicht ausgegangen werden.

Einzelne Artikel weisen auf den nicht unproblematischen Aspekt hin, die Korruption im Zusammenhang mit einer Art kulturellem Fatalismus zu betrachten. 2007 seien 70 % der angeklagten Bürgermeister wiedergewählt worden, 2011 immerhin noch 39 % (Politikon 2014: 77). Als Beispiel wird etwa die Ortschaft La Vall d'Alba angeführt, wo 3 000 Bewohner seit 1991 den Bürgermeister teilweise mit absoluter Mehrheit wiedergewählt haben, auch wenn allgemein bekannt war, dass er dubiose Geschäfte tätigte. Andere Beispiele ließen sich mit Blick auf die PP in Valencia und den Kanarischen Inseln sowie die PSOE in Andalusien aufführen. Zur Erklärung wird etwa das Verhalten in lateinamerikanischen Ländern bzw. im mediterranen Raum angeführt, wo mit Blick auf „erfolgreiche" Politiker die Maxime gelte: „*Roba pero hace* – er stiehlt, aber er macht etwas" (Muñoz 2013: 23 ff.). In den USA läge die Reaktion bei den nachfolgenden Wahlen zwischen 5 und 11 % Stimmenverlust, in Spanien bei rund 3 %, könne aber bei starker medialer Behandlung auf 9 bis 12 % ansteigen. Die Gründe für diese

Phänomene werden in der Tradition des *caciquismo* gesehen. Als Beispiel wird Carlos Fabra in Castellón angeführt: Seit dem 19. Jh. haben sieben Mitglieder seiner Familie die Präsidentschaft der *diputación* innegehabt, darunter sein Vater und er selbst (von 1995 bis 2011); 2013 wurde Fabra wegen verschiedener Delikte zu vier Jahren Gefängnis verurteilt.

Es liegen nur wenige halbwegs wissenschaftliche Untersuchungen zum Thema Korruption vor. Danach ist ihre Verteilung innerhalb Spaniens ungleich: Navarra und La Rioja sollen keine Vorkommnisse haben, auch Kantabrien, Extremadura, Castilla-La Mancha und Castilla y León sind kaum betroffen. Die Korruption steigt an – wenn wir die Zahlen der Angeklagten und Verurteilungen zugrunde legen – in Andalusien, auf den Balearen, den Kanarischen Inseln, Katalonien, Galizien, Valencia und Madrid (Buesa 2015: 205). Korruption findet besonders in den Küstengebieten, aber kaum im Landesinneren oder in den bergigen Regionen statt. Buesa kommt zu dem Fazit, dass im Jahr 2008 etwa 3,5 % des BIP in die Korruption flossen, sie spiele insofern keine entscheidende Rolle (Buesa 2015: 212 f.), allerdings seien die realen Kosten niedriger als die gefühlten, denn seit dem Ausbruch der Wirtschaftskrise seien die Bürger in diesen Fragen empfindlich geworden, auch wenn sich dies bei den Wahlen bislang nur begrenzt in der Abstrafung von korrupten Politikern niedergeschlagen habe.

Wahrscheinlich liegt die aktuelle Korruption niedriger als die in Zeiten des rasanten Wachstums, Spanien nahm im Index der perzipierten Korruption von Transparency International 2015 Platz 30 ein. Aber ihre Wahrnehmung durch die Bevölkerung ist sehr hoch, die Toleranzgrenze gesunken. 90 % der Spanier sind laut Umfragen der Meinung, die Korruption sei ein Problem. Sie wird kaum mit der Verwaltung, sondern mit der politischen Klasse in Verbindung gebracht. Denn die Zahlen von „Beschleunigungsgeldern“ oder Abgaben an Bürokraten sind geringer verbreitet als in einzelnen anderen europäischen Gesellschaften (Politikon 2014: 76). Die Bevölkerung erzürnt besonders die Tatsache, dass in Spanien sehr selten ein Politiker von sich aus zurücktritt. „*Dimitir no es una palabra rusa* – Zurücktreten ist kein russisches Wort“, warf ein Auslandskorrespondent ein. Immerhin gab im November 2014 Gesundheitsministerin Ana Mato ihr Amt ab, nachdem bekannt wurde, ihr früherer Ehemann und ehemaliger Bürgermeister von Pozuelo de Alarcón (Madrid), Jesús Sepúlveda, sei an der „Gürtel-Affäre“ beteiligt. Sepúlveda soll für seine Dienste mindestens 732 640 Euro in Form von Bargeld, Reisen, Flugzeugen und Geschenken erhalten haben (EP 27.11.14). Allerdings sind nicht nur die Parteien von Korruptionsfällen betroffen. So hat die Bank der *Comisiones Obreras* COMFIA zwischen 2008 bis 2012 seinen Delegierten 3,7 Mio. Euro vermacht, gleichzeitig wuchs das Eigenkapital um 60 % auf über 12 Mio. (EP 15.2.15).

Die Dezembernummer 2014 von *Cambio 16* befasste sich ausführlich mit dem Thema Korruption. Einige Beispiele wurden aufgeführt: Im März 2006 wurden im Fall Malaya eine Reihe von Personen festgenommen, u. a. Bürgermeisterin Marisol Yagüe, die schließlich 2013 zu sechs Jahren Gefängnis verurteilt wurde. Sie gehörte einer kleineren liberalen Gruppierung an, die von der örtlichen PSOE unterstützt wurde. Der *Caso Ballena Blanco* ab 2005 gilt als größter Fall urbanistischer Korruption. Von 19 Angeklagten wurden fünf verurteilt, allerdings nur der Chef der Anwaltskanzlei Fernando del Valle zu mehr als zwei Jahren Haft. Regierungschef Zapatero ließ daraufhin die Regierung von Marbella auflösen. Insgesamt gibt es 1 900 *imputados* (Verdächtige), 80 % der betroffenen Politiker gehören der PP bzw. der PSOE an. Zwischen 2000 und 2012 wurden 132 Politiker wegen Korruption verurteilt. 17 621 öffentliche Stellen sind allerdings geschützt, und die Inhaber (sog. *aforrados*) können nicht verurteilt werden (Barbería 2016: 29), eine einmalig hohe Zahl in Europa. Da die staatliche Verwaltung einen guten Ruf hat, gelten die *funcionarios interinos y eventuales* in den Autonomen Regionen als Schwachstellen. Wer solche Fälle publik mache, sehe sich Pressionen ausgesetzt. Auch aus diesem Grund wurde ein *Observatorio Ciudadano contra la Corrupción* (OCCC) gegründet.

Die erwähnte Ausgabe von *Cambio 16* enthält auch 16 Vorschläge gegen die Korruption. Dazu gehören eine Reihe von Maßnahmen, die in einigen Demokratien gang und gäbe sind (interne Transparenz der Parteien, Spendenkontrolle, Parteiausschluss von Beschuldigten) und solche, die auf spanische Besonderheiten eingehen, z.B. die *puertas giratorias*, sog. Drehtüren, also den zügigen Wechsel von öffentlichen in private Ämter.

Bekannt wurde der Fall von Rodrigo Rato, ehemaliger spanischer Wirtschaftsminister und von Mai 2004 bis Oktober 2007 geschäftsführender Direktor des Internationalen Währungsfonds (IWF). 2009 wurde er Mitglied des Vorstands der Caja Madrid. Während seiner Zeit bei der Caja Madrid und der Bankia verantwortete er ein System „schwarzer Kreditkarten", die an ihn selbst und an 20 Führungskräfte und 63 Verwaltungsratsmitglieder ausgegeben worden waren und mit denen die Begünstigten ihren privaten Konsum auf Kosten der Bank und unversteuert bestreiten konnten. Dies soll auf ein Zusatzgehalt von 6000 € hinausgelaufen sein. Rato selbst hatte auf diese Weise 54000 € verbucht, die er nach dem Bekanntwerden zurückgab. Auch der Kommunist José Antonio Moral Santín erhielt solche Zuwendungen (FAZ 31.1.2015).

Die Presse greift das Thema Korruption regelmäßig auf. Anfang 2016 brachte die Sonntagsbeilage *El País Semanal* eine Titelgeschichte zur Spur der Korruption in Spanien (Barbería 2016). Dort sind erneut Zahlen zusammengefasst, die einen europäischen Vergleich ermöglichen: 77 % der Befragten sind der Ansicht, dass die Korruption sozusagen Teil der Geschäftskultur sei (in Europa 67). 84 % sehen Korruption bei den Parteien, dies ist der höchste Prozentsatz in Europa. 67 % glauben, dass man Beziehungen braucht, um bei Geschäften Erfolg zu haben (in Europa 59), sogar 84 % glauben, dass Bestechung und Verbindungen der einfachste Weg seien, um an öffentliche Dienstleistungen zu gelangen. Allerdings kennen nur 11 % jemanden, der Schmiergelder annehmen würde (europäisches Mittel bei 12), jedoch niemanden im Gesundheitsbereich und bei der Polizei, die beide hohes Ansehen genießen.

Die Herausforderung für die Politik liegt darin, dass die Perzeption der Korruption enorm angestiegen ist. Für Unmut sorgt vor allem die Tatsache, dass nur wenige dafür verurteilt worden sind und für etliche Politiker eine Strafbefreiung erfolgte. Im Zeitraum 1998 bis 2012 kam es in ganz Spanien zu 2 598 853 Verurteilungen (ohne Korruptionsdelikte), der Prozentsatz der Begnadigungen lag bei 0,3 %. Im gleichen Zeitraum erfolgten 6 189 Verurteilungen wegen Korruptionsdelikten, die Zahl der Begnadigungen erreichte hier aber 3,4 % (Doval Pais 2014: 55). Während im Umfeld der PP eher eine vollständige oder partielle Begnadigung auftrat, überwog bei der PSOE die Form der Strafumwandlung.

Die von *Podemos* und teilweise auch *Ciudadanos* gerne übernommenen Darstellungen zu den Verfehlungen und Korruptionsfällen von Politikern wurden hauptsächlich von Journalisten oder Aktivisten verfasst. Sie zeigen enge Verflechtungen zwischen der politischen und wirtschaftlichen Elite des Landes, die Neigung Verwandte und Freunde auf politische Posten zu setzen sowie hohe Ausgaben bei Reisen und gesellschaftlichen Veranstaltungen. In der Regel wird ein solches Verhalten am Beispiel einzelner Politiker beschrieben (Pujol, González u. a.), eine systematische Analyse des Verhaltens etwa der Abgeordneten findet nicht statt (zuletzt Burgos 2015), vielmehr werden einzelne Perrsonen herausgegriffen. Diese von Formen des investigativen Journalismus und einer vagen Kapitalismuskritik geleiteten Veröffentlichungen entstanden mit und nach dem Ausbruch der Krise von 2007/08. Sie stellen die Transitionserzählung in Frage, wobei sie davon ausgehen, dass es 1975 bzw. 1978 keinerlei Elitenwechsel gegeben habe. In diesem Zusammenhang ist von „extraktiven Eliten“ und der „Kaste“ die Rede, in die die moderaten Franco-Kritiker aufgenommen worden seien. Die Mitglieder des Establishments blieben straffrei und unangefochten (Martínez/Oliveres 2015), wovon nach der sensationalistischen und gegenüber Politikern eher kritischen Darstellung zumindest in den privaten Medien und den mittlerweile eingeleiteten Strafverfahren eigentlich nicht mehr die Rede sein kann.

6. Wahlen

Zwar begann die Wahlgeschichte Anfang des 19. Jhs., sie wurde jedoch immer wieder von Rückschlägen begleitet. Eine 1808 oktroyierte Verfassung *(Estatuto de Bayona)* führte ein scheinkonstitutionelles Regime ein, erst die verfassungsgebenden *Cortes* in Cádiz ermöglichten Wahlprozesse, denn mit der 1812 verabschiedeten Verfassung begann das Wechselspiel zwischen „Tradition" und „liberaler Erneuerung", das die politische Geschichte in der Folgezeit prägen sollte (Nohlen 1969: 1229 ff.). Nur einige Veränderungen des Wahlrechtes seien hier erwähnt: Die Verfassung von 1869 beinhaltete als eine der ersten in Europa das geheime Wahlrecht für Männer über 25 Jahre, womit ca. 24 % der Bevölkerung wahlberechtigt waren, jedoch blieben in den folgenden 150 Jahren freie und faire Wahlen die Ausnahme. Auf Manipulationen und Wahlfälschungen folgten Verbote. Allerdings zeigte der Beginn der Zweiten Republik 1931 auch die Möglichkeiten, die sich nach Wahlen eröffneten. Immerhin war König Alfons XIII nach dem Sieg der Linken und Republikaner vor allem in den städtischen Gebieten bei den Kommunalwahlen am 12.4.1931 zurückgetreten und ins Exil geflohen. General Franco bevorzugte Plebiszite, um eine scheinbare Rechtfertigung einzelner Maßnahmen herbeizuführen. Erst seit 1977 finden freie und geheime Wahlen statt.

Im 19. Jh. waren nicht mehr als 2 bis 3 Prozent der Bevölkerung wahlberechtigt. Zwischen 1890 und 1923 fanden relativ regelmäßig Wahlen statt, allerdings blieb der Einfluss der *caciques* (Kaziken) bestimmend, weshalb die Wahlen nur eine geringe Legitimität erlangten. Vor den Wahlen wurde im Innenministerium der Mechanismus des *encasillado* zur Anwendung gebracht, d. h. die Einteilung der Wählerstimmen mit dem Ziel der Besetzung der Gouverneursposten und weiterer Ämter. Mit Blick darauf wurden Pakte mit den lokalen Eliten geschlossen, um der jeweiligen neuen Regierungspartei 200 Abgeordnete zu garantieren und der ausscheidenden Partei mindestens 100 (Iglesias/Monedero 2011: 28). Zwischen 1910 und 1923 wurden ein Drittel der Kongressmitglieder auf nicht demokratische Weise ausgewählt.

In der republikanischen Ära erfolgten dreimal Parlamentswahlen (1931, 1933, 1936), mit dem Ausgang des Bürgerkrieges und der Machtübernahme Francos war die demokratische Wahlgeschichte des Landes vorerst beendet. Erst 1977, d.h. mehr als 40 Jahre nach den letzten Wahlen in der Republik, fanden wieder freie und geheime Wahlen statt.

Die Wahlgeschichte des demokratischen Spanien nach Franco lässt sich in vier Abschnitte unterteilen (Montero/Lago 2010: 20 ff.): 1. Die Gründungswahlen von 1977 und 1979, die beide von der UCD um Adolfo Suárez gewonnen wurden. 2. Die zweite Phase beginnt nach den sog. Erdbebenwahlen von 1982 mit einer längeren Dominanz der PSOE, die sich einer relativ schwachen Opposition gegenüber sah. 3. Ab 1993 steigt der Wettbewerb zwischen PP und PSOE, teilweise bilden sich Minderheitsregierungen mit Hilfe von Regionalparteien, es handelt sich um die Hochphase des imperfekten Zweiparteiensystems. 4. Nach den Wahlen 2015/16 kann von einem erweiterten Vierparteiensystem gesprochen werden. Auf die Zeit der Mehrheits- folgt eventuell die der Koalitionsregierungen bzw. einer tolerierten Minderheitsregierung, wobei diesmal die neuen Parteien die Rolle der Regionalparteien einnehmen könnten.

6.1 Wahlrecht

Die Verfassung von Cádiz sah in Art. 92 ein indirektes Wahlrecht für Männer über 25 Jahre vor. Diese Regelung stieß bei Krone, Adel und Kirche auf Widerstand. Nach dem Tod von Ferdinand VII. wurde im *Estatuto Real* von 1834 ein Zensuswahlrecht eingeführt, das die Zahl der Wahlberechtigten auf 16 000 reduzierte. Darüber hinaus wurde ein aristokratischer Senat eingerichtet.

Erst die sog. *revolución gloriosa* von 1868 und die Verfassung von 1869 knüpften wieder an die Regelungen von Cádiz an.

Die folgende Wahlgesetzgebung senkte das Wahlalter auf 21 Jahre und führte erstmals Wahlverstöße auf. Dennoch blieb die Wahlbeteiligung gering und die Praxis des sog. *pucherazo,* wonach in einer Urne schon präparierte Wahlzettel lagen, hielt an. Bis ins 20. Jh. blieb der sogenannte Kazike vor allem im ländlichen Raum eine Schlüsselfigur, nach den Wahlen wechselte die neue Regierung meist den gesamten Verwaltungsapparat aus (Nohlen 1969: 1248 ff.).

Ab 1876 waren die Wahlen nach einer Restauration der Bourbonen wieder eingeschränkt. Erst das Wahlgesetz der Zweiten Republik von 1931 brachte eine Demokratisierung: Das Wahlalter wurde auf 23 Jahre gesenkt, Frauen erhielten das passive Wahlrecht und die Provinzen bzw. Madrid und Barcelona wurden zu Wahlgebieten, um so Kazikentum und Wahlmanipulationen in den kleinen Wahleinheiten zu verhindern, was allenfalls ansatzweise gelang.

In dem konstituierenden Kongress waren zahlreiche Intellektuelle, Arbeiter und erstmals in der spanischen Geschichte drei Frauen vertreten: Margarita Nelken, Clara Campoamor und Victoria Kent. Nach einer intensiven parlamentarischen Debatte wurde in Art. 36 der Verfassung von 1932 das aktive Frauenwahlrecht aufgenommen.

Bei den Artikeln zu den Wahlen in der Verfassung von 1978 ist das Anliegen klar erkennbar, nach den Erfahrungen in der ersten Hälfte des 20. Jhs. die Stabilität zu fördern. Art. 68 enthält folgende Bestimmungen: Der Kongress besteht aus mindestens 300 und höchstens 400 Abgeordneten, Wahlkreise sind die 50 Provinzen, wobei Ceuta und Melilla jeweils durch einen Abgeordneten vertreten sind, die Wahl wird in jedem Wahlkreis nach den Kriterien der Verhältniswahl durchgeführt, der Kongress wird auf vier Jahre gewählt etc. 102 Abgeordnete werden gleichmäßig verteilt und 248 proportional zur Bevölkerung. Der Regierungschef verfügt über das Recht zur Auflösung des Kongresses, mehrfach kam es zur Verkürzung der Amtsperiode um einige Monate, bislang wurden jedoch die vier Jahre als Richtwert eingehalten.

6.2 Wahlen und Wählerverhalten

Das bestehende Wahlsystem hat bis zu den nationalen Wahlen 2015 für klare Mehrheiten gesorgt. Aufgrund der Wirkungen des Verfahrens konnten mit nur 42 % der Stimmen 1982 und 2012 Mehrheitsregierungen entstehen. Das Wahlsystem ist einfach und durchschaubar, der Wähler hat nur die Möglichkeit geschlossene Listen zu wählen. Daraus und aus der Wahlkreiseinteilung resultieren problematische und vielfach kritisierte Aspekte (vgl. 6.3). Nur in drei Legislaturperioden wurde die Amtszeit voll ausgeschöpft (1996-2000, 2000-2004 und 2011-2015), in den anderen wurden die Wahlen aber lediglich um wenige Monate bzw. Wochen vor dem eigentlichen Ablauf vorgezogen.

Es bestehen ein ideologischer und ein territorialer *cleavage* (vgl. 5.1), was zu unterschiedlichen Ausprägungen des Parteiensystems z. B. in den heutigen Autonomen Regionen führt. Bereits die Verfassung der Zweiten Republik hatte Katalonien und dem Baskenland ein Recht zur Selbstregierung eingeräumt.

Die Wahlbeteiligung war im europäischen Vergleich zumindest Ende des 20. Jahrhunderts vergleichsweise niedrig. Bezeichnenderweise weichen aber die Wahlbeteiligungen bei nationalen und regionalen Wahlen weniger stark voneinander ab als etwa in der Bundesrepublik, was einmal mehr die Bedeutung der Autonomen Regionen in Spanien unterstreicht. Bei einzelnen Wahlen, die von historischer Bedeutung waren oder in denen Aussichten auf einen wirklichen Wechsel bestand, stieg die Wahlbeteiligung allerdings, so etwa bei den Gründungswahlen von 1977, den Wahlen nach dem Putschversuch 1982 und den Wechselwahlen von 1996 (Oeing 1998: 68f.).

Bei den Wahlen 2011 erzielten die kleineren Parteien fast 27 %, erhielten aber aufgrund der verzerrenden Wirkungen des Wahlsystems nur 54 Sitze (2008 = 27). Nicht alle kleineren Parteien sind in gleicher Weise davon betroffen. Es trifft eher die landesweit antretenden Gruppierungen, sofern sie nicht eine gewisse Zahl an Wählern überschreiten, was bei *Ciudadanos* und *Podemos* 2015 im Unterschied zur IU der Fall war, und weniger die Regionalparteien. Damit findet eine Verzerrung zugunsten der Provinzen mit einer geringen Bevölkerungszahl statt: Während in Madrid und Barcelona für ein Mandat 110 000 bis 120 000 Stimmen erforderlich sind, können in Segovia, Teruel oder Soria 25 000 bis 40 000 reichen (Carreras Serra 2008: 422; Barrios 2009: 736).

Ein vor den Wahlen 2015 veröffentlichter Band trägt den Titel: „Aragón ist unser Ohio". Damit wird auf den sogenannten *swing state* Ohio in den USA Bezug genommen; seit 1964 wurde der Kandidat, der sich dort durchgesetzt hatte, später auch zum US-Präsidenten gewählt. Auf die iberische Halbinsel übertragen kann festgehalten werden: Wer in Aragón gewinnt, der liegt auch bei den nationalen Wahlen vorne, was nach 2015 aufgrund der nun notwendig werdenden Koalitionsbildung allerdings nicht mehr die vorherige Aussagekraft besitzt.

Unabhängig davon lassen sich einige Besonderheiten im Wählerverhalten festhalten. Zum einen liegt die tatsächliche Wahlbeteiligung mit 73,3 unter der erklärten Beteiligung von 85,9 % (Equipo 2015: 14). Vergleichbare Zahlen liegen seit 1996 vor, sie deuten darauf hin, dass die Wahlentscheidung immer später fällt. In Katalonien, dem Baskenland und Navarra plädieren die Befragten für eine stärkere Zuweisung von Kompetenzen an autonome Regionen. Allerdings ist sich nur die Hälfte aller Befragten darüber im Klaren, dass die autonomen Regierungen für Gesundheit und Erziehung zuständig sind. Einzelne Regionen lassen sich politischen Lagern zuordnen. In Madrid, Murcia, Castilla y León und La Rioja hat praktisch die ganze Zeit die PP regiert. Andalusien bleibt hingegen eine Domäne der PSOE. In Asturien, den Balearen, Aragón und Kantabrien gab es häufigere Wechsel. Die Zustimmung zu Spanien zeigt sich am stärksten in Madrid und im Zentrum, in der Peripherie sind die regionalen Identitäten ausgeprägt.

Im europäischen Vergleich verorten sich die Spanier leicht links von der Mitte. Noch bei den Wahlen von 2008 und 2011 ließen sich ziemlich stabile Stammwählerschaften festhalten, der Anteil der „Wechselwähler" lag in der Regel um die 13 %.

Seit den Wahlen von 2000 lässt sich eine geringere Teilnahme an Wahlen vor allem bei der Linken konstatieren. Bis zum Aufkommen von *Podemos* und *Ciudadanos* war die Nichtwahl eine verbreitete Option bei den Unzufriedenen. Der Anteil jüngerer Wähler, d.h. unter 35 Jahre, lag 1971 bei 57,4 %, 2014 waren es nur noch 39,5 % (Equipo 2015: 152).

Unter den spanischen Wählern im Ausland hat die PSOE mit Ausnahme von 2000 und 2004 alle Wahlen für sich entscheiden können. Allerdings hat die Teilnahme der im Ausland lebenden Spanier stark nachgelassen, seitdem sie sich ab 2011 erst in ein Wahlregister eintragen lassen müssen. Bei den Wahlen 2015 und 2016 konnte *Podemos* hier die meisten Stimmen gewinnen.

Von den neuen oder sog. „aufsteigenden" Parteien bei den Wahlen 2015 konnte vor allem *Podemos* neue Wähler mobilisieren. Dagegen erhält *Ciudadanos* laut Umfragen eher Zulauf von Wählern, die bislang anderen Parteien ihre Stimme gaben. Beide Parteien haben indessen eine Wählerschaft, die stärker urban, männlich, universitär und jünger ist als die Gesamtbevölkerung (Equipo 2015: 192). Auch wenn es Unterschiede zwischen den alten und den neuen Parteien zu geben scheint, stellt dies aber offenbar nicht das wichtigste Element bei der Wahlentscheidung dar.

Das Misstrauen gegenüber den Parteien ist hoch, auch wenn hier unterschiedliche Umfrageergebnisse vorliegen. Nach den Befunden des CIS aus dem Jahre 2013 sah ein Drittel der Bevölkerung in den Politikern, den Parteien und der Politik an sich eines der wichtigsten Probleme des Landes. Nach dem Eurobarometer des gleichen Jahres misstrauten 94 % der Befragten in Spanien den Parteien! Sehr viel höher fällt der Zuspruch zu sozialen Bewegungen und Organisationen aus, nach einer Umfrage aus dem Jahre 2013 der Firma MyWord vertraten 57 % der Bürger die Meinung, dass die Demokratie ohne politische Parteien auf der Grundlage von sozialen Organisationen funktionieren könnte (Equipo 2015: 211). Anfang 2015 sahen fast 65 % der Bevölkerung die Korruption als eines der wichtigsten Probleme des Landes an. Nur 9 % der Bürger sind allerdings der Meinung, dass die Bürger selbst eine Verantwortung in diesem Bereich hätten, hier wird die Aufgabe eher bei den Regierungen und dem Justizsystem gesehen. Die Untersuchung kommt zu dem Ergebnis, dass im europäischen Vergleich die spanische Wählerschaft mit ihrer Mitte-Links-Orientierung wohl am ehesten mit der in der Bundesrepublik Deutschland zu vergleichen sei.

Tab. 4: Parlamentswahlen Spanien 1977-2016

Datum	Parteien	Stimmen in %	Spitzenkandidat	Wahlbeteiligung in %
01.03.1979	UCD	34,84	Adolfo Suárez/Leopoldo Calvo-Sotelo (ab 1981)	68,04
	PSOE	30,4	Felipe González	
	PCE	10,77	Santiago Carillo	
	CD	5,89	Manuel Fraga Iribarne	
28.10.1982	PSOE	48,11	Felipe González	79,97
	AP	26,36	Manuel Fraga Iribarne	
	UCD	6,77	Landelino Lavilla	
	PCE	4,02	Santiago Carillo	
22.06.1986	PSOE	44,06	Felipe González	70,49
	CP (AP-PDP-PL)	25,97	Manuel Fraga Iribarne	
	CDS	9,22	Adolfo Suárez	
	IU	4,63	Gerardo Iglesias	
29.10.1989	PSOE	39,6	Felipe González	69,74
	PP	25,79	José Maria Aznar	
	IU	9,07	Julio Anguita	
	CDS	7,89	Adolfo Suárez	
06.06.1993	PSOE	38,78	Felipe González	76,44
	PP	34,76	José Maria Aznar	
	IU	9,55	Julio Anguita	
03.03.1996	PP	38,79	José Maria Aznar	77,38
	PSOE	37,63	Felipe González	
	IU	10,54	Julio Anguita	
12.03.2000	PP	44,52	José Maria Aznar	68,71
	PSOE	34,16	Joaquín Almunia	
	IU	5,45	Francisco Frutos	
14.03.2004	PSOE	42,59	José Zapatero	75,66
	PP	37,71	Mariano Rajoy	
	IU	4,96	G. Llamazares Trigo	

➡

Datum	Parteien	Stimmen in %	Spitzenkandidat	Wahlbeteiligung in %
09.03.2008	PSOE PP	43,87 39,94	José Zapatero Mariano Rajoy	73,85
20.11.2011	PP PSOE La Izquierda Plural	44,63 28,76 6,92	Mariano Rajoy Alfredo Pérez Rubalcaba Cayo Lara Moya	68,94
20.12.2015	PP PSOE Ciudadanos Podemos	28,72 22,01 13,93 12,67	Mariano Rajoy Pedro Sánchez Albert Rivera Pablo Iglesias	69,67%
26.06.2016	PP PSOE PODEMOS-IU-EQUO Ciudadanos	33,03 22,66 13,37 13,05	Mariano Rajoy Pedro Sánchez Pablo Iglesias Albert Rivera	69,84%

Quelle: Ministerio del Interior de España; eigene Darstellung.

Tab. 5: Wahlen zum Abgeordnetenhaus *(Congreso de los Diputados)* am 20.11.2011

Partei	Stimmen in %	Sitze	Stimmen insgesamt	Stimmen pro Sitz
PP	44,62	186	10830693	58230
PSOE	28,73	110	6973880	63399
CiU	4,17	16	1014263	63391
IU-LV	6,92	11	1680810	152801
AMAIUR	1,37	7	333628	47661
UPyD	4,69	5	1140242	228048
EAJ-PNV	1,33	5	323517	64703
ESQUERRA	1,05	3	256393	85464
BNG	0,75	2	183279	91640
CC-NC-PNC	0,59	2	143550	71775
COMPROMÍS	0,51	1	125150	125150
FAC	0,40	1	99173	99173
GBAI	0,17	1	42411	42411

Quelle: Ministerio del Interior de España; eigene Darstellung.

Tab. 6: Wahlen zum Abgeordnetenhaus *(Congreso de los Diputados)* am 20.12.2015

Partei/ Allianz	Stimmen in %	Sitze	Stimmen insgesamt	Stimmen pro Sitz
PP	28,71	123	7236965	58837
PSOE	22	90	5545315	61614
Ciudadanos	13,94	40	3514528	87863
Podemos*	20,68	69	5212711	75547
ERC	2,39	9	601782	66865
DiL**	2,25	8	567253	70907
PNV	1,2	6	302316	50386
EH Bildu	0,87	2	219125	109563
UP***	3,68	2	926783	463392
Cca	0,32	1	81917	81917

* In dieser Darstellung sind *Podemos* sowie die drei mit *Podemos* verknüpften Wahlallianzen *En Comú Podem* (Katalonien), *En Marea* (Galizien), *Compromís-Podemos* (Valencianische Gemeinschaft) zusammengefasst.

** Die katalanischen Regionalisten von CDC stellten sich als *Democracia i Libertad* zur Wahl.

*** *Izquierda Unida* stellte sich zusammen mit zivilgesellschaftlichen Organisationen als *Unidad Popular* zur Wahl.

Quelle: Ministerio del Interior de España; eigene Darstellung.

Tab. 7: Wahlen zum Abgeordnetenhaus *(Congreso de los Diputados)* am 26.06.2016

Partei/ Allianz	Stimmen in %	Sitze	Stimmen insgesamt	Stimmen pro Sitz
PP	33,03	137	7906185	57709
PSOE	22,66	85	5424709	63820
Unidos Podemos*	21,1	71	5049734	71123
Ciudadanos	13,05	32	3123769	97618
ERC	2,63	9	629294	69922
CDC**	2,01	8	481839	60230
PNV	1,2	5	286215	57243
EH Bildu	0,77	2	184092	92046
Cca	0,33	1	78080	78080

* *Unidos Podemos* ist die Wahlallianz von *Podemos, Izquierda Unida* sowie 14 weiteren Parteien, Organisationen und Plattformen. Hier sind zudem die regionalen Bündnisse *En Comú Podem* (Katalonien), *En Marea* (Galizien) und *A la Valenciana* (Valencianische Gemeinschaft) zusammengefasst.

** CDC trat bei der vorherigen Wahl als DiL an.

Quelle: Ministerio del Interior de España; eigene Darstellung.

Tab. 8: Politische Referenden in Spanien seit 1976 auf nationaler Ebene

Datum der Abstimmung	Referendum	Wahlbeteiligung in %	Resultat in %
15.12.1976	Ley Reforma Política (Gesetz zur politischen Reform)	77,72	Ja (94,45) Nein (2,57)
06.12.1978	Referéndum Constitución (Abstimmung über die Verfassung)	67,11	Ja (88,54) Nein (7,89)
12.03.1986	Referéndum OTAN (Abstimmung über den Eintritt in die NATO)	59,42	Ja (53,09) Nein (40,3)
20.02.2005	Referéndum Constitución Europea (Abstimmung für eine europäische Verfassung)	41,77	Ja (76,96) Nein (17,07)

Quelle: Ministerio del Interior de España; eigene Darstellung.

Auffallend im europäischen Vergleich ist die vergleichsweise hohe Wahlbeteiligung bei den Kommunalwahlen. Sie kann ein Hinweis auf die hohe Bedeutung regionaler und lokaler Politik sein.

Tab. 9: Wahlen der Munizipien in Spanien 1979-2015

Jahr	Partei	Stimmen in %	Wahlbeteiligung in %
1979	UCD PSOE PCE INDEP CIU	30,69 28,17 13,06 10,14 3,08	62,51
1983	PSOE AP-PDP-UL PCE INDEP CIU	43,03 25,61 8,47 7,37 4,19	65,06
1987	PSOE AP CDS IU CIU INDEP	37,08 20,38 9,76 7,18 5,15 3,67	69,42
1991	PSOE PP IU CIU INDEP CDS	38,34 25,34 8,38 4,86 4,13 3,88	62,78
1995	PP PSOE IU CIU INDEP	35,27 30,84 11,68 4,39 3,29	69,87
1999	PP PSOE IU CIU	34,44 34,26 6,52 3,63	63,99
2003	PSOE PP IU CIU	34,83 34,29 6,07 3,44	67,67
2007	PP PSOE IU CIU	35,62 34,92 5,48 3,25	63,97

➡

Jahr	Partei	Stimmen in %	Wahlbeteiligung in %
2011	PP PSOE IU CIU	37,54 27,79 6,36 3,45	66,16
2015	PP PSOE Ciudadanos IU	27,05 25,02 6,55 4,72	64,93

Quelle: Ministerio del Interior de España; eigene Darstellung.

Tab. 10: Europawahlen in Spanien 1987-2014

Datum	Partei(en)	Stimmen in %	Wahlbeteteiligung in %
13.06.1987	PSOE AP CDS IU	39,06 24,65 10,26 5,25	68,52
15.06.1989	PSOE PP CDS IU	39,57 21,41 7,15 6,06	54,71
12.06.1994	PP PSOE IU	40,12 30,79 13,44	59,14
13.06.1999	PP PSOE IU-EUIA	39,74 35,33 5,77	63,05
13.06.2004	PSOE PP GALEUSCA IU-ICV-EUIA	43,46 41,21 5,15 4,15	45,14
07.06.2009	PP PSOE CEU	42,12 38,78 5,1	44,9
25.05.2014	PP PSOE La Izquierda Plural Podemos UpyD CEU	26,09 23,01 10,03 7,98 6,51 5,42	43,81

Quelle: Ministerio del Interior de España; eigene Darstellung.

6.3 Wahlkreiseinteilung und Wahlorganisation

Die Wahlkreiseinteilung folgt den 50 Provinzen. Eine Ausnahme bilden die autonomen Städte Ceuta und Melilla, die jeweils einen Abgeordneten stellen. Mit Madrid (32 Abgeordnete) und Barcelona (33 Abgeordnete) bestehen zwei sehr große Wahlkreise. Listenbündnisse sind in jedem Wahlbezirk möglich, es müssen mehr als 3 % der Stimmen erreicht werden. Die Verhältnismäßigkeit der Stimmen ist nicht völlig gewährleistet, weil das D'Hondt-Verfahren die großen Parteien begünstigt und weil die Bevölkerungsdichte sehr unterschiedlich ausfällt. Vor allem die Wahlkreiseinteilung führt zu Verzerrungseffekten, sie entspricht auch nicht der politischen Gliederung des Landes in Autonome Gemeinschaften. Dadurch sind Parteien im Vorteil, die ihre besten Ergebnisse in kleineren und mittleren Wahlkreisen erzielen. In dünnbesiedelten Gebieten sind praktisch nur die Parteien gewählt, die 12 oder 15 % auf sich vereinigen. Im Kongress sind regionale Parteien – aus dem Baskenland und Katalonien – vertreten und teilweise auch in die Regierungsallianzen eingebunden, was eine Besonderheit des Parteiensystems darstellt.

Die hohe Zahl von kleinen Wahlkreisen beschränkt die Wirkungen des Verhältniswahlsystems. Besonders kleinere landesweite Parteien haben geringe Chancen, in Wahlkreisen mit nur einstelliger Mandatszahl einen Sitz zu erlangen. 52 % der Wahldistrikte entsendet weniger als fünf Sitze. Davon war bei den Wahlen 2008 besonders die *Izquierda Unida* betroffen, die landesweit nur zwei Mandate errang, während die nur in Katalonien angetretene Regionalpartei *Convergència i Unió* (CiU) mit weniger Stimmen zehn Mandate erreichte. In Spanien wurde wegen dieser Konzentration auf die beiden großen Parteien von einem *voto útil* (nützliche Stimme) gesprochen, denn wer seine Stimme wirklich nutzen möchte, der gab sie bis zu den Wahlen 2015 in der Regel einer der beiden größeren Parteien, da sie sonst verloren ging.

Trotz dieser gerade im Wahljahr 2015 erneut häufig kritisierten Disproportionseffekte sind einzelne Wahlforscher der Meinung, dass sich die Verhältniswahl in Mehrpersonenwahlkreisen durchaus bewährt hat (Nohlen 2014: 410).

Bei den nationalen Wahlen 2015 und 2016 erhielt der Wähler im Wahllokal zwei Stimmzettel: einen weißen Stimmzettel für die Parteistimme, die in geschlossener Listenwahl abgegeben werden konnte – in Madrid waren es 17 Wahlvorschläge mit 36 Kandidaten und bei den großen Parteien mit bis zu fünf Nachrückern –, zweitens einen orangebraunen Stimmzettel, auf dem er/sie bis zu drei Kandidaten für den Senat ankreuzen konnte.

6.4 Wahlkämpfe vor allem am Beispiel der Jahre 2015 und 2016

Einige Themen tauchen praktisch in allen neueren Wahlkämpfen auf. Dies gilt für den Terrorismus, wobei zunächst innenpolitische Aspekte (ETA) dominierten, mittlerweile aber der islamische Fundamentalismus in den Vordergrund rückt. Des Weiteren der Wohlfahrtsstaat, die Staatsform und damit verbunden die Einheit Spaniens sowie seit der Finanzkrise 2008 Arbeitslosigkeit, Unterbeschäftigung und Korruption.

Mehrfach wurde ein Wechsel *(cambio)* versprochen. Suárez trat im ersten Wahlkampf mit dem Slogan an: „Die Mitte wählen heißt Suárez wählen“. González versprach im Wahlkampf 1982 „Für den Wechsel – *Por el cambio*“ und die Schaffung von 800 000 neuen Arbeitsplätzen. Aznar positionierte sich 1996 in der Mitte „Mit der neuen Mehrheit – *Con la nueva mayoría*“ und erreichte damit den ersten Wahlsieg der PP, im Wahlkampf 2000 wiederholte er gerne „*España va bien* – Spanien ist auf dem richtigen Weg“. Zapatero wählte 2004 den Slogan „*ZP-Zapatero Presidente*“ und 2008 „*Con Z de Zapatero*“. Rajoy griff 2011 das Wechsel-Thema mit dem Satz auf „*Súmate al cambio* – Mach mit beim Wechsel“. Sánchez trat 2016 mit dem Slogan an: „*Vota Sí – un sí por el cambio* – Wähl Ja – ein Ja für den Wechsel“.

In der neueren Wahlgeschichte Spaniens fallen die Wahlen von 2004 in Madrid aus dem Rahmen. Durch ein unvorhergesehenes und tragisches Ereignis, die Attentate am 11. März *(11-M)* mit fast 200 Toten und die widersprüchliche Reaktion der Aznar-Regierung, die zunächst die ETA als Verursacherin nannte, fand der Wahlgang unter besonderen Umständen statt. Der Hintergrund dieser Schuldzuweisung war folgender: Wenn es die ETA gewesen wäre, dann hätte wohl die PP die Wahlen gewonnen, war es Al Qaida, dann die PSOE, denn Aznar hatte 2003 die Teilnahme an dem im Lande unpopulären Irak-Krieg beschlossen (Colina/Cotarelo 2012: 22). Über die genauen Hintergründe sind nach wie vor Gerüchte im Umlauf. Da man der Regierung vorwarf, Informationen über die wirklichen Täter zurückgehalten zu haben, entstand der Eindruck, dass die PSOE die Wahlen deshalb relativ klar für sich entscheiden konnte. Immerhin hatte sie in den Umfragen zurück- oder allenfalls gleichauf gelegen. Allerdings zeigen spätere Analysen von Wahlforschern, dass die PSOE seit 2002 wieder Fuß fasste und die Wahlen nicht nur aufgrund der Beteiligung der Aznar-Regierung am Irak-Krieg, sondern auch wegen einer falsch konzipierten Wahlstrategie für die PP verloren gingen (Montero u. a. 2007). So wäre es wahrscheinlich erfolgversprechender gewesen, nicht nur die wirtschaftlichen Leistungen herauszustreichen, sondern gleichzeitig politische Reformen für eine neue Regierungsperiode ab 2004 in Aussicht zu stellen.

Der Wahlkampf 2011 brachte insofern keine größeren Überraschungen, da die krisengeschüttelte Regierung Zapatero als schwach galt und in den Umfragen weit zurücklag. Die PSOE stand damit ebenso wie 2015/16 vor der Schwierigkeit ihre eigene Anhängerschaft zu mobilisieren. Von der Bewegung der Empörten gingen eher indirekte Effekte aus, denn damals wollten sie sich ja noch von den traditionellen Formen der Politik, d.h. den Wahlen zu Institutionen der repräsentativen Demokratie, fernhalten. Allerdings wird vermutet, dass kleinere Parteien wie UPyD und IU von den Aktivitäten der *Indignados* profitiert haben könnten (Anduiza 2014). Auffallend hoch fiel allerdings das Ergebnis zugunsten der PP aus, was zum einen an der Enttäuschung über die Zapatero-Regierung lag und zum anderen daran, dass ein Teil der PSOE-Wählerschaft nicht zur Wahl ging. Am 20. Dezember 2015 fanden die zwölften Wahlen seit der Transition zur Demokratie statt, gleichzeitig waren es die ersten mit Felipe VI. als König. Sie dienten zur Neubesetzung von 558 Abgeordnetensitzen, 350 im Kongress und den 208 direkt gewählten des Senates. Ihnen wurde schon im Vorfeld attestiert, die wichtigsten seit 1977 zu sein, da sich ein Ende des bisherigen Zweiparteiensystems abzeichnete.

Nach Umfragen hatten vier Parteien Aussichten, auf über 15 % zu kommen, drei der Spitzenkandidaten traten erstmals als solche an. Ministerpräsident Rajoy hatte den Wahltermin weit hinausgezögert und kann damit auf die längste Legislaturperiode der Demokratie seit der Transition zurückblicken. Es wird vermutet, dass er dadurch von den positiven Auswirkungen der leichten wirtschaftlichen Erholung profitieren wollte. Offiziell begann der Wahlkampf am 4. Dezember, tatsächlich hatte er indirekt schon mit den Europawahlen 2014 eingesetzt und dem Aufstieg von *Podemos* in den Medien. Ab 15. Dezember durften keine Umfragen mehr veröffentlicht werden, der Wahlkampf endete am 18. Dezember um Mitternacht. Die Wahlkampfslogans der größeren Parteien lauteten 2015:

PP: *España en serio* – Spanien im Ernst
PSOE: *Un futuro para la mayoría* – Eine Zukunft für die Mehrheit
Ciudadanos: *Con ilusión* – Mit Freude
Podemos: *Un país contigo, Podemos* – Ein Land mit Dir. Wir können es
UP: *Por un nuevo país* – Für ein neues Land
UPyD: *Más España* – Mehr Spanien
Democracia y Libertad: *(Im)possible* – ‚*(Im)posible*‘ – (Un)möglich
Esquerra Republicana de Catalunya: *Defensa el teu vot* – ‚*Defiende tu voto*‘ – Verteidige Deine Stimme
Unión Democrática de Cataluña: *Solucions!* – ‚*¡Soluciones!*‘ – Lösungen
PNV: *Lehenik Euskadi. Euskadi es lo que importa* – ‚*Primero Eus-*

kadi. Euskadi es lo que importa' – Euskadi zuerst. Auf Euskadi kommt es an.

Euskal Herria Bildu: *Bildu erabakira – ‚Únete a la decisión'* – Beteilige Dich an der Entscheidung

Geroa Bai: *Defiende Navarra. Nafarron Hitza Madrilen – ‚Defiende Navarra. La voz de los navarros en Madrid'* – Verteidige Navarra. Die Stimme der Navarraner in Madrid

Drei Kernelemente lassen sich generell bei Wahlkampfstrategien unterscheiden: ein Personenwahlkampf, ein Themenwahlkampf und ein Angriffswahlkampf. Sie seien zumindest mit Blick auf die vier wichtigsten Parteien kurz angesprochen. Hierbei gilt es zu berücksichtigen, dass Spanien zwar eine parlamentarische Monarchie ist, in der Medienberichterstattung indessen der Eindruck eines präsidentiellen Systems vermittelt wird. Die Person des jeweiligen Spitzenkandidaten steht also im Vordergrund.

Beim ***Partido Popular*** wurde mit dem Slogan „*España en serio* – Spanien im Ernst" auf die Regierungsfähigkeit des Spitzenpersonals gerade in schwierigen Zeiten verwiesen. *Personenwahlkampf:* Mariano Rajoy sei mit seiner ruhigen und gleichzeitig bestimmten Hand der richtige Mann. Die Schwächen des Kandidaten, darunter seine geringe Kommunikationsfähigkeit, wurden einerseits von ihm selber aufgegriffen und teilweise in ironischer Weise auf seine landsmannschaftliche Herkunft aus Galizien zurückgeführt, andererseits zur vorbildlichen Tugend umgedeutet. In den ersten Jahren nach 2011 habe man einen Kassensturz vornehmen und das Regierungsschiff wieder auf Kurs bringen müssen, nachdem die vorherige Administratiom ein schlimmes Durcheinander hinterlassen habe. Eine solche Situation erfordere Aktenstudium und gezieltes Handeln, für die Medien bleibe da wenig Zeit. *Themenwahlkampf:* Die Regierungsführung in einem komplizierten Umfeld und die Verhinderung eines *default* (Zahlungsverzuges) hätten im Vordergrund gestanden. Hier sei eine Kehrtwende erreicht worden. Spanien sei von dem europäischen Land, in dem am meisten Arbeitsplätze verloren gingen, zu dem geworden, wo die meisten neuen Stellen entstünden. Die Bürger hätten eine schwierige Anpassungsleistung erbracht, nun könne man in der kommenden Legislaturperiode mit Steuersenkungen rechnen. Die PP sei darüber hinaus die Partei der Einheit des Landes sowie die der Sicherheit nach innen und außen. „Spanien im Ernst" hieß aber auch „Keine Experimente" und damit Diskreditierung von Reformen. Aussagen zum Thema Korruption wurden vermieden; im Wahlkampf darauf angesprochen, äußerte Rajoy sein Bedauern und verwies darauf, dass unter seiner Amtszeit die meisten Maßnahmen in dieser Hinsicht ergriffen worden seien. *Angriffswahlkampf:* Im Unterschied zu früheren Wahlkämpfen hielt sich Rajoy in der Auseinandersetzung mit den politischen Gegnern in der ersten Woche zurück. Ziel seiner Angriffe war noch am ehesten der Spitzenkandidat der PSOE Sánchez, dem er – wie zuvor während der Legislaturperiode im Parlament – mangelnde Führungsfähigkeit vorwarf. Dagegen vermied er zunächst die direkte Konfrontation mit Iglesias und Rivera. Beim Verfassungstag, dem 6. Dezember, soll er bei einem Empfang mit Iglesias sogar über Erfolge des *Podemos*-Wahlkampfes gescherzt haben, was wiederum auf eine Schwächung von Sánchez gezielt haben mag. Aussagen zu dem Mitkonkurrenten im bürgerlich-liberalen Lager, Rivera, vermieden er und Vizepräsidentin Sáenz de Santamaría.

Der ***Partido Socialista Obrero Español*** rückte mit seinem Slogan *„Un futuro para la mayoría* – Eine Zukunft für die Mehrheit" die Interessen der breiten Bevölkerung in den Vordergrund. *Personenwahlkampf:* Die Kritik an Rajoy nahm einen großen Raum ein, denn er habe das Land gespalten. Neben einer unsozialen Politik wurden ihm sein Verhalten in der PP-Spendenaffäre und sein persönliches Verhältnis zu dem ehemaligen Schatzmeister Bárcenas vorgehalten, weswegen er eigentlich schon zwei Jahre früher hätte zurücktreten müssen. Bei früheren Angriffen stand der Vorwurf einer zu großen Unterwürfigkeit gegenüber Angela Merkel im Vordergrund, dies tauchte im eigentlichen Wahlkampf aber selten auf. *Themenwahlkampf:* Die sozialen und politischen Interessen der arbeitenden Bevölkerung und der Mittelschicht wurden von der PSOE herausgestrichen. Teilweise wurde an die Reformen unter Zapatero erinnert, allerdings in verhaltener Weise, da er aufgrund seines verzögerten Handelns in der Finanzkrise umstritten bleibt. *Angriffswahlkampf:* Für die PSOE war eine (von ihr gewünschte) Konzentration auf die PP nicht möglich. Bei den Fernsehsendungen musste sie sich mit den Mitbewerbern auf der Linken *(Podemos)* und der Mitte *(Ciudadanos)* auseinandersetzen, zumal diese Partei sich mit ihrem Programm im Mitte-Links-Lager anzusiedeln versuchte. Bei Wahlkampfauftritten warb Sánchez damit, dass nur eine Stimme für die PSOE eine aussichtsreiche Stimme *(voto útil)* für einen Wechsel sei. Der mehrfache Regierungschef González, der – wie Rajoy und Aznar – die venezolanische Opposition unterstützte, griff wiederum *Podemos* wegen ihrer Nähe zu dem Chávez/Maduro-Regime an. Solche Angriffe waren im Vorwahlkampf eher von Seiten der PP bzw. der ihnen nahestehenden Presse erfolgt.

Ciudadanos: Mit ihrem Slogan „*Con ilusión* – Mit Freude/ Mit Idealen" präsentierte sich die Partei als Erneuerungs- und Jugendbewegung. *Personenwahlkampf:* Die Partei blieb stark auf das Medienphänomen Albert Rivera zugeschnitten, der in Umfragen zur Person die höchsten Zustimmungswerte im Wahljahr 2015 erhielt. Sofern andere Politiker von *Ciudadanos* in Fernsehsendungen auftraten, kam es mehrfach zu Missverständnissen, die der Parteiführer dann später zu korrigieren versuchte. *Themenwahlkampf:* Die Partei hatte sich ein vages linksliberales Programm gegeben, in den Wahlkampfauftritten stand die Kritik an den Altpolitikern und der traditionellen Politik im Vordergrund. Dagegen kündigte sie ein Projekt Spanien an, das auch von parteilosen Fachleuten umgesetzt werden könne. *Angriffswahlkampf:* Zumindest in den öffentlichen Auftritten stand die Kritik an der Person des amtierenden Ministerpräsidenten aufgrund von dessen Verstrickung in der Bárcenas-Affäre im Vordergrund. Angriffe gegen *Podemos*, zu der, was die Vorgeschichte ihrer Politiker und die ideologischen Wurzeln anbelangt, erhebliche Differenzen bestehen, wurden anfangs vermieden und erst dann verschärft vorgetragen, als

Umfragen eine Woche vor dem 20. Dezember *Podemos* wieder vor *Ciudadanos* positionierten.

Podemos: *„Un país contigo, Podemos* – Ein Land mit Dir, Wir können es". Im Vergleich zu der Aufschwungphase 2014 und mit Blick auf die eigene linke Vorgeschichte trat *Podemos* im Wahlkampf, was inhaltliche Aspekte anbelangt, sehr gemäßigt auf. *Personenwahlkampf:* Auch hier stand mit Iglesias eine Person im Vordergrund, die seit einigen Jahren den Aufstieg in den Medien geschickt vorbereitet und inszeniert hatte. Mit dem Zopf *(coletas)* und der zwanglosen Kleidung besaß der Spitzenkandidat einen starken Wiedererkennungswert, hinzu kam eine relativ hohe Schlagfertigkeit bei den Fernsehauftritten. *Themenwahlkampf:* Die Palette war breit, da neben den klassischen linken Themen die der *indignados* angeführt werden konnten, zumal *Podemos* reklamiert, das Erbe dieser Bürgerbewegung anzutreten. *Podemos* präsentierte sich als die Partei der normalen Leute ohne Jacket. *Angriffswahlkampf:* Die Kritik an den Altparteien (PP/PSOE) stand im Vordergrund, wobei der im Vorwahlkampf häufig pejorativ verwendete Begriff der Kaste *(casta)* kaum noch auftauchte bzw. erst wieder am Abend nach der Wahl. Rajoy konnte sich dieser Situation aufgrund seiner Abwesenheit teilweise entziehen. Dessen Amtszeit hatte Spitzenkandidat Iglesias mit den Begriffen Ungleichheit und Korruption zusammengefasst.

Eine Besonderheit Spaniens besteht darin, dass sich das wichtigste Umfrageinstitut CIS (Centro de Investigaciones Sociológicas) in staatlicher Hand befindet. CIS veröffentlichte am 4. Dezember 2015 ihre letzte Umfrage vor den Wahlen, bei der die PP (28,6 %) vor der PSOE (20,8 %), *Ciudadanos* (19,0 %) und *Podemos* (15,7 %) lag. Auffällig war mit 41 % die enorm hohe Zahl der Unentschlossenen. Einzelne Beobachter gingen jedoch davon aus, dass viele derjenigen, die vorhatten, für die amtierende Regierung oder die PSOE (und damit für den *bipartidismo*) zu votieren, dies nicht sagen würden, was zu Verzerrungseffekten führte. Die hat sich in noch deutlicherer Weise bei den Wahlen 2016 gezeigt, wo Rajoy wesentlich besser abschnitt als in den Umfagen. Bei der Beliebtheit lag Rivera (4,98 auf einer Skala von 0-10) vorne, Rajoy erreichte nur 3,31 und rangierte damit hinter den anderen Spitzenkandidaten. Die Untersuchungen der CIS besitzen auch deswegen besonderes Gewicht, weil sie auf persönlichen Umfragen beruhen und nicht telefonisch erhoben werden. Allerdings wiesen sowohl die letzte Umfrage des CIS als auch eine am Wahlabend um 20 Uhr von Metroscopia durchgeführte Nachwahlumfrage erhebliche Ungenauigkeiten auf. Während die CIS-Erhebung offenbar noch vor dem Wiederaufschwung von *Podemos* erfolgte, positionierte eine Nachwahlumfrage im staatlichen Fernsehen *Podemos* sogar vor der PSOE, was sich bald als falsch herausstellen sollte.

In den Wahlkämpfen spielen die Medien eine enorme Rolle. Die erste Fernsehdebatte fand 1993 zwischen Aznar und González statt. Es folgten 2008 Diskussionen zwischen Zapatero und Rajoy sowie 2011 zwischen Rubalcaba und Rajoy, also insgesamt nur wenige Debatten zwischen den Spitzenkandidaten des Zweiparteiensystems. Die Einschaltquoten sollen bei 60 % gelegen haben, solche Zahlen werden sonst nur bei sportlichen Großereignissen erreicht. Am 7. Dezember 2015 führten die privaten Fernsehkanäle *Antena 3* und *La Sexta* gemeinsam eine Debatte zwischen den vier wichtigsten Kandidaten/Parteien durch. Amtsinhaber Rajoy verweigerte seine Teilnahme 2015, wie schon bereits zuvor bei einer Veranstaltung von *El País* im Netz, da er nur bereit sei, mit dem Vertreter der wichtigsten Oppositionspartei, d.h. Sánchez von der PSOE, zu diskutieren. Er ließ sich von Vize-Präsidentin Soraya Sáenz de Santamaría vertreten. Dies hat ihm einerseits allerlei Häme in der Presse und von Seiten der anderen Parteien eingebracht, zumal vermutet wurde, er wolle unangenehmen Fragen wegen der Korruptionsaffäre 2015 und seiner Nähe zu Bárcenas ausweichen. Andererseits ging sein Kalkül insofern auf, als sich die drei Herausforderer streckenweise gegenseitig angriffen. Die amtierende Regierung behauptet ihrerseits, alle Parteien seien gegen die PP. Immerhin sollen 9 200 000 Personen die Debatte am 7.12.2015 gesehen haben.

Zu dem erwähnten Grund für die Nichtteilnahme des Ministerpräsidenten – der Vermeidung des Vorwurfs, auf der Gehaltsliste beim PP-Spendenskandal gestanden zu haben – trat noch die Altersfrage: Rivera ist 36 Jahre alt, Iglesias 37, Sánchez 43 und Soraya Sáenz 44. Durch die Abwesenheit des Amtsinhabers konnte die Partei also dem in der Presse in den Vordergrund gestellten Thema der Verjüngung der Politiker nicht nur ausweichen, sondern gleichzeitig mit der Vizepräsidentin, die in der Presse zuweilen „la Merkel" genannt wird, auch die einzige Frau in der Runde stellen.

Rajoy zog im Wahlkampf Fernsehauftritte bei ihm wohlgewogenen Journalisten vor, etwa in der Sendung von Bertín Osborne, der in „*En la tuya o en la mía* – Bei Dir zu Hause oder bei mir" den Regierungschef bei sich empfing, um mit ihm über seinen Werdegang und sein privates Leben zu plaudern. Diese Art von Sendungen entspricht dem Trend zur Personalisierung und Entpolitisierung, die sich in den Unterhaltungsformaten durchgesetzt hat. Sie folgte aber auch der Logik des PP-Wahlkampfes, auf die Stimmen in den Provinzen und kleineren Orten zu setzen, wo stärkere Parteien aufgrund der Bevölkerungsverteilung ohnehin bevorzugt sind. Rajoy versuchte dabei seine Regierungserfahrung und die ökonomischen Erfolge im Anpassungsprozess der Finanzkrise herauszustreichen und sich als ernsthafter und pragmatischer, aber gleichzeitig auch nahbarer Staatsmann zu präsentieren. Dies entsprach dem Wahlkampf-Slogan „*España en serio* – Spanien im Ernst".

Vor und nach den Debatten findet in der Regel eine Interpretation des Verhaltens der Kontrahenten statt, die sich auch in den *Tertulias* (Stammtischen) im Fernsehen und Radio sowie den Kommentaren von Journalisten, den sog. *Tertulianos* in den Zeitungen wiederholt. Vergleichsweise selten werden Sozialwissenschaftler herangezogen, die meisten Teilnehmer dieser Runden sind Journalisten, die nicht unbedingt eine objektive Position vertreten, sondern eher einer Partei oder Richtung zuzuordnen sind. Die Politiker versuchen wiederum im Umfeld der Debatten mit einzelnen Äußerungen die Diskussion anzuheizen. So sprach Iglesias angesichts des Fernbleibens des Regierungschefs und der Präsenz von Vizepräsidentin Sáenz de Santamaría von einer *operación Menina*[5] („Operation Mädchen"), bei der die PP-Politikerin eventuell mit den Stimmen von *Ciudadanos* quasi zur Nachfolgerin aufgebaut werden sollte. Von Journalistinnen auf die Frauenfeindlichkeit dieser Aussage angesprochen, erwiderte er, sie habe im Netz gestanden und sei von ihm nur übernommen worden. Daneben lancierte er den Gedanken von einer Operation *„Salvar al soldado Sánchez* – Um den Soldaten Sánchez zu retten", wonach es einen Pakt zwischen PP und PSOE gäbe, um den gutaussehenden, aber in Fernsehdebatten schwächelnden Sánchez etwas zu stärken, um damit das Zweiparteiengefüge zu erhalten. Vorausgegangen waren hinterlistige Äußerungen der Vertreter der beiden aufsteigenden Parteien, wonach sie Sánchez und die PSOE bereits überholt hätten, da er keine Führungsqualitäten zeige.

Zu den Themen, die im Wahlkampf kaum vorkamen, gehörten erstaunlicherweise Katalonien, Europa und die Flüchtlings-/Migrationsfrage. Bis Dezember 2015 hatte Spanien gerade einmal 18 Flüchtlinge offiziell aufgenommen, dies mag einer der Gründe dafür sein, warum das Thema zumindest in den öffentlichen Veranstaltungen kaum vorkam. Außerdem ist die Frage der nationalen Souveränität und der Grenzen nicht wirklich kontrovers, auch die linksnationalistischen *Podemos*-Politiker verteidigen sie gegen die Globalisierung. Über Außenpolitik wurde eigentlich nicht diskutiert, allerdings rückte Venezuela mit seinen Parlamentswahlen am 6.12.2015 auf die Agenda. Der venezolanische Präsident Maduro griff im dortigen Fernsehen den amtierenden spanischen Regierungschef mit dem Satz „Rajoy good bye, Du wirst Dich in kosmischen Staub verwandeln" an, worauf Rajoy nicht reagierte, was ihm aber ebenso gewisse Sympathien eingebracht haben dürfte wie sein Artikel „Venezuela im Herzen" vom 12.12.2015 in *El Mundo,* wo er an die großzügige Aufnahme spanischer Exilierter durch Venezuela erinnerte und gleichzeitig die

5 Unter Bezugnahme auf das bekannte Velázquez Bild „Las meninas" im Prado-Museum.

Vergabe der spanischen Staatsbürgerschaft an die Eltern des dort inhaftierten Oppositionspolitikers Leopoldo López bekannt gab.

Konkrete inhaltliche Aspekte standen im Wahlkampf nicht im Vordergrund. In einem Großteil der Medien wurde ein Gegensatz zwischen alter und neuer Politik konstruiert, wobei Rajoy quasi als die Inkarnation der alten Politik übrigblieb. Die neue Politik wurde selten mit inhaltlichen Vorschlägen unterlegt, immerhin wird z. B. über die Notwendigkeit einer Reform des Wahlsystems seit über 20 Jahren diskutiert, sondern eher mit neuen Gesichtern und der Altersfrage verbunden. Dass dieser Punkt ein solches Gewicht erlangen konnte, bleibt erstaunlich, denn die spanischen Regierungschefs sind mit wenigen Ausnahmen (Sotelo, Rajoy) im internationalen Vergleich jung, was auch für die Kongressmitglieder gilt. 2015 gab es obendrein gerade einmal 1,5 Mio. Erstwähler bei einer Gesamtzahl von 36,5 potentiellen Wählern, stimmentscheidend bleiben also die Älteren. Möglicherweise steht eine solche Sichtweise in der Tradition des *regeneracionismo*, d.h. der Hoffnung, eine Veränderung durch eine Art Wiedergeburt zu erreichen, die von einzelnen Personen und Generationen ausgehen soll.

In den zwei Wochen vor den Wahlen wurde dann die Koalitionsfrage hochgefahren, ohne allerdings zum bestimmenden Thema zu werden. Da Rivera und *Ciudadanos* in einzelnen Umfragen vor der PSOE lagen und in der Endphase *Podemos* wieder an Boden gewann, kamen Spekulationen über eine Dreierkoalition auf, um die PP und Rajoy von der Regierung fernzuhalten. Darauf reagierte der Amtsinhaber mit dem Hinweis, dass in einer Demokratie gemeinhin die stärkste Partei auch den Regierungschef stelle. Vor allem Iglesias *(Podemos)* lancierte erneut die These von einer Operation Menina, sie erhielt indirekt Nahrung durch die Tatsache, dass sowohl Rajoy als auch die Vizepräsidentin zumindest in der Hauptstadt nahezu in gleichem Ausmaße plakatiert wurden, wo sie allerdings auch auf Platz 2 der Liste stand. Für eine solche Variante sprach darüber hinaus, dass sich alle Spitzenkandidaten gegen eine Koalition mit Rajoy aussprachen. Um Koalitionspartner zu finden, müsste sich die PP demnach von Rajoy verabschieden.

Einen Tag vor dem Ende des Wahlkampfes ließ *Ciudadanos*-Spitzenkandidat Rivera, der als potentieller Königsmacher galt, durchblicken, dass seine Partei eine Minderheitsregierung der PP durch Stimmenthaltung tolerieren könnte. Dies dürfte auch eine Reaktion auf die Entwicklung in den Umfragen gewesen sein, die einen Wiederanstieg von *Podemos* vermeldeten. Zumindest für Wähler aus dem Mitte-Rechts-Lager verlöre eine Stimme für *Ciudadanos* an Wert, wenn diese nicht eventuell einer bürgerlichen Regierungsbildung den Weg ebnen könnte. Rajoy wiederum brachte nach einzelnen Zeitungsberichten den Gedanken einer Großen Koalition (allerdings ohne Sánchez) ins Spiel; eine solche Idee hatte 2014 schon einmal Felipe González lanciert, nach heftiger Kritik aber bald wieder zurückgenommen. Iglesias wiederum ließ durchblicken, dass er versuchen werde, eine Regierung zu bilden, sofern er an zweiter Stelle lande.

Im Unterschied zu anderen Wahlen haben 2015 weder die katholische Kirche noch die Gewerkschaften eine Wahlempfehlung abgegeben.

Die letzte Woche des Wahlkampfes war geprägt von dem Verlauf des *cara a cara* zwischen Rajoy und seinem Herausforderer Sánchez, d. h. des einzigen Fernsehduells der beiden Spitzenkandidaten. Denn der PSOE-Herausforderer warf dem Regierungschef vor, dass er korrupt sei und wegen seiner Nähe zu dem Schatzmeister der PP schon vor zwei Jahren hätte zurücktreten müssen. Der ansonsten für seine Ruhe bekannte Rajoy sah sich in seiner persönlichen Integrität angegriffen und reagierte ungehalten. Das gesamte Interview verlief aufgrund dieser Polarisierung unergiebig und war keine Werbung für die Politik; über Katalonien wurde praktisch gar nicht debattiert, sodass Teile der Presse die Abwesenden Iglesias und Rivera zu den eigentlichen Gewinnern erklärten.

Dieser Schlagabtausch überschattete in gewisser Weise die letzten Tage des Wahlkampfes. Hinzu kam dann der reale Faustschlag eines 17-Jährigen gegen Rajoy bei einem Wahlkampfspaziergang in seiner Heimatstadt Pontevedra in Galizien nach einem gemeinsamen *selfie*, auf den der Regierungschef souveräner und gelassener reagierte als auf die Invektiven von Sánchez. Auch wenn der Täter linksnationalistisch aufgetreten war, sich als Antifaschist bezeichnete und als Anhänger von Iglesias galt, sah Rajoy keine weiteren politischen Zusammenhänge. In Teilen der Presse wurde behauptet, die Familie von Rajoys Frau sei weitläufig mit den Eltern des Attentäters verwandt.

In der Rückschau fällt der Blick auf den Wahlkampf ambivalent aus. Frühzeitig hatten große Teile der in- und ausländischen Presse beschlossen, dass es sich 2015 um ganz wichtige Wahlen handle, in Spanien sparte man nicht mit dem Attribut historisch, und dass vor allem die aufsteigenden Parteien und Kandidaten innovativ und interessant seien. Nach diesen Prämissen blieb dann wenig Raum für eine kritische Analyse der nicht sonderlich inspirierenden Programme dieser und der älteren Parteien. Ein erheblicher Teil der Ideen und Vorschläge standen schon in der Vergangenheit im Raum, u. a. in einem umfangreichen Sammelband, der nach den Wahlen 2011 erschien (Jáuregui/Menéndez 2011). Unklar blieb vor allem, wie die für die Änderungen der Verfassung notwendigen Mehrheiten in dem neuen Kongress zustande kommen sollten, nachdem beispielsweise die Kandidaten der beiden großen Parteien der spanischen Demokratie so unversöhnlich auftraten und die aufsteigenden Parteien bis zum vorletzten Tag des Wahlkampfes hauptsächlich erklärt hatten, mit wem sie nicht paktieren würden.

Das Instrument der Nachwahlumfrage ist in Spanien nicht so eingeführt wie in anderen Ländern. Die in Tabelle 10 zusammengestellten Ergebnisse stammen aus einer von dem staatlichen Umfrageinstitut CIS erst nach den Juniwahlen 2016 im Juli durchgeführten Umfrage. Während PP und PSOE in etwa das gesamte Spektrum einigermaßen abdecken, wobei besonders die PP ältere Wähler erreicht, haben *Podemos* und *Ciudadanos* danach mehr jüngere Wähler mit höherem Bildungsabschluss. Es bestätigt sich auch die Stärke der PP in kleineren Ortschaften.

Als Ergebnisse der nationalen Wahlen 2015 und 2016 sei festgehalten:

- Die PP bleibt mit 28,7 % stärkste Kraft, verliert aber fast 16 %. Angesichts der harten finanziellen Maßnahmen, die Rajoy durchsetzte, und der Korruptionsaffären kann das Resultat noch als passabel eingeschätzt werden. Bei den Juniwahlen 2016 erholte sich die PP etwas und erreichte 33 %.
- Die PSOE kann nicht von dem Status als größter Oppositionspartei profitieren, sie erreicht mit 22 % das schlechteste Ergebnis ihrer Geschichte. In Madrid liegt sie an vierter Stelle. Sie läuft Gefahr, von der linkspopulistischen *Podemos* überholt zu werden, was sich bei den Juniwahlen entgegen den Umfragen nicht einstellte, sie konnte mit 22,66 % sogar leicht zulegen.
- Während die beiden Altparteien zusammen knapp über 50 % der Stimmen erzielen, erreichen die zwei „neuen" Protestparteien fast 35 %.
- *Podemos* (20,7 %) galt schnell als eigentlicher Wahlsieger 2015, obwohl sie in den Autonomen Gemeinschaften Katalonien, Galizien und Valencia fragile Wahlbündnisse eingegangen war; dabei deckten sich die Selbstdarstellung der Parteiführung mit der sensationalistischen Präsentation einzelner Fernsehkanäle *(la sexta)*. Verkannt wurde, dass die sog. *confluencias* bei *Podemos* eigene Interessen haben und nur begrenzt der neuen Partei zuzurechnen sind.
- Bei den Juniwahlen 2016 erreichten *Unidos Podemos* 21 %, was angesichts des gemeinsamen Auftritts von IU und *Podemos* als Misserfolg eingeschätzt wurde, da sie als unabhängig antretende Parteien Ende 2015 eine Million Wählerstimmen mehr erzielt hatten.
- Mit Blick auf *Ciudadanos* (2015=13,9 %) wurde hingegen von verspielten Möglichkeiten gesprochen (2016=13 %), was u. a. auf den wechselhaften Kurs der Partei in der Koalitionsfrage zurückgeführt wurde.
- Insgesamt kann – wie schon bei den Wahlen in den Auto-

Tab. 11: Soziostrukturelle Aspekte des Wahlverhaltens – Wahlentscheidung nach soziodemografischen Aspekten 2016

	PP	PSOE	Unidos Podemos*	Ciudadanos	Nichtwähler**	Keine Angabe	Anzahl der Befragten
Umfrageergebnis gesamt	19,4	17,6	16,6	8,4	18,5	12,8	6175
Bildungsabschluss							
Kein Abschluss	25,4	31,4	8,5	3,0	17,4	12,8	437
Hauptschule	26,9	22,6	7,6	4,6	18,8	15,0	1126
1. Sekundarstufe	17,8	18,7	14,9	8,0	25,2	10,2	1513
2. Sekundarstufe	19,5	13,7	18,6	9,0	20,2	11,4	780
Berufsabschluss***	12,1	13,3	24,1	9,9	18,5	12,7	974
Höhere Bildung	18,0	13,0	23,8	12,7	9,6	13,3	1311
Geschlecht							
Männlich	18,7	16,4	18,6	8,1	19,3	12,1	2978
Weiblich	20,0	18,8	14,8	8,6	17,7	13,4	3197
Alter							
18-24	11,1	10,5	24,4	8,7	30,1	7,3	495
25-34	12,6	11,1	24,2	12,1	26,0	7,7	874
35-44	14,1	15,0	20,9	10,4	20,1	12,3	1187
45-54	17,2	15,8	16,4	10,7	18,7	13,6	1193
55-64	19,9	25,1	15,6	7,0	12,5	13,4	940
65 und mehr	31,8	22,7	7,0	3,4	12,4	17,0	1486
Größe d. Wohnortes							
< 2000 E.	29,5	17,3	9,7	5,9	17,1	13,9	410
2001-10000 E.	19,0	19,0	15,0	5,6	19,6	12,9	941
10001-50000 E.	18,5	17,0	15,9	8,5	19,2	13,2	1621
50001-100000 E.	21,6	16,6	15,3	10,8	20,3	11,3	759
100001-400000 E.	16,7	18,2	16,8	8,6	18,7	13,2	1371
400001-1 Mio. E.	19,4	21,6	18,0	9,4	16,3	13,0	468
Mehr als 1 Mio. E.*	18,2	14,9	22,5	9,9	13,8	11,4	605

* *Unidos Podemos* ist die Wahlallianz von *Podemos, Izquierda Unida* sowie 14 weiteren Parteien, Organisationen und Plattformen. Hier sind zudem die regionalen Bündnisse *En Comú Podem* (Katalonien), *En Marea* (Galizien) und *A la Valenciana* (Valencianische Gemeinschaft) zusammengefasst.

** Unter Nichtwähler sind hier auch jene zusammengefasst, die eine ungültige Stimme abgegeben *(Voto nulo)* und den Wahlzettel nicht ausgefüllt haben *(En blanco)*.

*** Regionalparteien wie CDC, ERC und PNV werden hier wegen der besseren Übersichtlichkeit und geringen Prozentzahl nicht angezeigt. Zudem werden die Optionen *„Otros"* und *„Cualifiación profesional"* bei der Nachfrage nach dem Bildungsabschluss wegen der geringen Aussagekraft nicht berücksichtigt.

Quelle: CIS, Estudio nº 3145, Postelectoral Elecciónes Generales 2016 (das CIS führte diese erst im Nachhinein zwischen dem 2. und 21. Juli durch, wobei sie 6175 Menschen proportional zum Zensus befragte. Veröffentlicht wurden die Ergebnisse am 7.aa.2016); eigene Darstellung.

nomen Regionen und den Munizipien im Mai 2015 – für die nationalen Wahlen 2015 von einem Linksruck gesprochen werden.

- Auch wenn eine leichte Mehrheit der Wähler an einem unbestimmten Wechsel interessiert ist, scheint die im Vorfeld der Wahlen aufgekommene Behauptung vom wichtigsten Wahlgang der spanischen Demokratie in der Rückschau überzogen. Die Wahlbeteiligung 2015 stieg gegenüber 2011 nur geringfügig und lag bei 70 %.

Die politische Linke sah sich in ihrem reformfähigen Teil (PSOE) bei den Juniwahlen 2016 weniger geschwächt, als nach den Wahlen 2015 vermutet wurde, im Übrigen hat sie sich weiter zersplittert, zumal noch einzelne kleinere Regionalparteien dazugezählt werden können. Es bleibt in der Tat bemerkenswert, dass *Podemos* in Europa in einem Moment einen beachtlichen Wahlerfolg erzielt, in dem die linken Vorbilder in Südamerika in mehreren Länder abgewählt wurden bzw. Rückschläge erfuhren (Argentinien, Venezuela) oder sich massiven Bürgerprotesten ausgesetzt sahen (Brasilien). Für die künftige politische Stabilität Spaniens könnte durchaus eine Rolle spielen, dass die *Podemos*-Führung ursprünglich leninistische bzw. später asambleistische Wurzeln hat.

Der im Wahlkampf nur vorübergehend außer Kraft gesetzte Diskurs über die politische Kaste tauchte noch am Wahlabend wieder auf, als vom Ende eines *turnismo* zwischen PP und PSOE gesprochen wurde, d.h. des historischen Wechselspiels der beiden dominanten Parteien im 19. Jh., ein Vergleich, der wenig schmeichelhaft für die Kandidaten und Wähler im demokratischen Spanien ausfällt. Auch werden in Fragen der Wirtschaftspolitik bald einseitige Schuldzuweisungen gegenüber externen Mächten, d.h. EU, Angela Merkel, Troika etc. erfolgen bzw. weitergehen. Außenpolitische Zusammenhänge und Verpflichtungen haben im Wahlkampf 2015/16 nicht nur keine Rolle gespielt, das Interesse an solchen Aspekten scheint gering zu sein, sofern das Bild herangezogen wird, wie es sich aus den Tageszeitungen ergibt. Die meisten Medien schienen besonders im Wahlkampf 2015 der

Faszination für das Neue und für einzelne Personen erlegen zu sein. Institutionelle Nachfragen oder Szenarien mit Blick auf die Regierungsbildung und die Regierungsfähigkeit tauchten eigentlich erst in einzelnen Kommentaren am letzten Wahlkampftag auf.

Umso deutlicher fielen die Aussagen am Tag danach aus: „Spanien beerdigt das Zweiparteiensystem und lässt die Regierung in der Luft hängen", titelte *El Mundo*. Allerdings scheint die Rede von einem Ende des Zweiparteiensystems verfrüht, die Bipolarität eines rechten und eines linken Lagers bleibt bestehen, wobei zwei neue Parteien hinzugekommen sind. Entgegen der Annahme eines historischen Wandels, den besonders *Podemos* bemüht, hätten am Ende sogar die Regionalparteien wieder den Ausschlag bei der Regierungsbildung geben können, wie es in der Vergangenheit häufig der Fall war. Sie dürften vor allem an einer schwachen Regierung in Madrid interessiert sein. Die konservative *ABC* schrieb mit Blick auf die Koalitionsbildung „... *Y Ahora: Alemania o Portugal* (Und jetzt: Deutschland oder Portugal)": „Die Linke hat den Ärger von Teilen der Bevölkerung aufgegriffen und ihnen nicht nur versprochen, sie zu rächen, sondern auch ein Arkadien, in dem Du Dich von Spanien unabhängig machen und leben kannst, ohne zu arbeiten, gleichzeitig aber einen nordischen Stand an Lebensqualität erreichst, ohne selber Reichtum zu schaffen und die freie Initiative zu fördern." *El Periódico* sah vier Herausforderungen (vier Ks) der neuen Regierung: Krise, Korruption, Katalonien und Konstitution. Während in Spanien eigentlich innenpolitische Aspekte im Vordergrund standen, wurde der Aufschwung von Podemos auch im Zusammenhang mit der von der Bundesregierung geförderten Austeritätspolitik gesehen.

Seit 1977 kam der Regierungschef stets aus der stärksten Partei. Die PP hatte allerdings keine Mehrheit, selbst wenn *Ciudadanos* mit ihr zusammen ginge, wären sie nur auf 163 Stimmen gekommen, PSOE und *Podemos* auf 161, wobei hier noch mit der Unterstützung kleinerer Regionalparteien spekuliert wurde. Am Tag nach der Wahl hatten aber die PSOE-Parteiführer in

Andalusien und Extremadura, wo die Sozialdemokraten die Mehrheit haben, Bedenken gegenüber dem Kurs von *Podemos* mit Blick auf die Einheit Spaniens artikuliert.

Art. 99 der Verfassung beschreibt den Fahrplan zur Regierungsbildung. Der neu konstituierte Kongress schlägt einen Kandidaten für das Amt des Regierungspräsidenten vor. Dieser bittet nach der Vorstellung des Programmes der von ihm vorgesehenen Regierung um das Vertrauen, wobei die Stimmenzahl für die Regierungsmehrheit bei 176 liegt. Wenn die Abgeordneten ihm das Vertrauen aussprechen, dann ernennt der König ihn zum Regierungschef. Falls im Zeitraum von zwei Monaten nach der ersten Investiturabstimmung kein Kandidat das Vertauen des Kongresses erhalten hat, löst der König beide Kammern auf und beruft mit Gegenzeichnung des Präsidenten des Kongresses Neuwahlen ein.

Schwierige Koalitionsbildung

Nach dem erneut unklaren Wahlausgang 2016 wurde die Koalitionsfrage zum bestimmenden Thema. Schon die Konstituierung des neugewählten Kongresses am 13. Januar 2016 war in gewisser Hinsicht ein Vorgriff auf die kommende Legislaturperiode. *Podemos* inszenierte den Einzug seiner Abgeordneten als eine Art Kulturbruch mit dem alten politischen System. Vor dem gemeinsamen Gang der Abgeordneten der Fraktion in den Kongress skandierten sie Parolen, nur schwer konnten die Parteiführer die Tränen zurückhalten, eine Gruppe aus den Parteienbündnissen kam mit Fahrrädern ins Hohe Haus, nahezu alle ohne Anzug und Krawatte. Damit und durch die Aufstellung einer aussichtslosen Gegenkandidatin auf den Posten des Parlamentspräsidenten zu dem Konsenskandidaten der drei anderen Parteien sowie durch eigenwillige Eidesformeln gelang es den *Podemos*-Abgeordneten bei der konstituierenden Sitzung zwar die Aufmerksamkeit auf sich zu ziehen, dass mediale Echo in Spanien und teilweise auch bei den eigenen Netzwerken fiel indessen erstmals negativ aus. Die *Podemos*-Kandidatin Carolina Bescansa hatte ihren sechsmonatigen Sohn Diego mitgebracht, der bei der Abstimmung sogar eine Stimme erhalten sollte, er wurde im Plenum u. a. von Parteiführer Iglesias betreut. Beobachter fühlten sich an den Einzug der Grünen in den deutschen Bundestag 1982 erinnert, allerdings fand all dies im Jahr 2016 statt.

Alle Abgeordneten von *Podemos* verbanden die Ableistung des Eides auf die Verfassung mit Ausführungen, die teilweise suggerierten, dass es bisher gar keine wirkliche Demokratie im Kongress gegeben habe. Darüber hinaus trugen sie den für sie auch finanziell interessanten Antrag auf die Bildung von vier Parlamentsfraktionen vor, womit sie den regionalen und nationalistischen Interessen aus Katalonien, Galizien und dem Baskenland Rechnung tragen wollten, zumal die PSOE bis 1982 drei Gruppen im Kongress hatte, und zwar für Katalonien, Baskenland und Navarra, was später allerdings aufgegeben wurde. Der Antrag wurde abgelehnt, da er gegen bestehende Regelungen verstieß, die sich die Parteien im Reglement des Kongresses selbst gegeben haben. Demnach könne eine Partei, die gemeinsam bei den Wahlen angetreten sei, sich nicht nachträglich in vier Fraktionen aufteilen. Der Einzug in den Kongress könnte für die aus dem außerparlamentarischen Raum hervorgegangene Partei zur rauen Begegnung mit der Wirklichkeit geraten.

Die Verwirrungen und taktischen Schachzüge bei der Koalitionsbildung hielten indessen an und zeigten sich bei allen Parteien. Sánchez, der Spitzenmann der PSOE, suchte eine Annäherung an *Podemos*, nationalistische Regionalparteien und IU, allerdings kam ihm Iglesias einmal mehr mit einem kühnen Schachzug zuvor. Nach dem Gespräch beim König, zu dem am letzten Tag der ersten Runde Iglesias, Rivera, Sánchez und Rajoy eingeladen waren, hielt er eine kurzfristig einberufene Pressekonferenz ab. Darin erklärte er am Freitagnachmittag (22.1.2016) selbstbewusst, dass er bereit sei, eine Koalition mit der PSOE einzugehen und dass er das Amt des Vizepräsidenten unter Sánchez übernehmen werde, nachdem er im Wahlkampf die Übernahme eines Amtes noch kategorisch ausgeschlossen hatte. Bei der proportionalen Verteilung der Ministerien unter

Podemos und der PSOE sei die Einrichtung eines Ministeriums für plurinationale Fragen vorgesehen, das von einem Katalanen übernommen werden solle. Sánchez, der größere Koalitionspartner, wusste nichts davon und erfuhr quasi bei seinem Gespräch mit dem König von der vorläufigen Kabinettsliste, wie er selber in einer Pressekonferenz mit einem Anflug von Ironie zugab. Der Höhepunkt des Nachmittages war dann aber die Erklärung des amtierenden Regierungschefs Rajoy, dass er sich vorerst nicht zur Wahl stellen würde, da er keine Mehrheit der Stimmen im Kongress habe, dagegen eine absolute Mehrheit gegen ihn vorhanden sei. Er trete aber nicht von seinem Anspruch zurück, gegebenenfalls doch noch für das Amt des Regierungschefs anzutreten. Iglesias, der auftrat, als habe er die Wahlen gewonnen, hatte damit einmal mehr einen Versuch unternommen, zwei wichtige Konkurrenten zu demontieren.

Je nach politischer Ausrichtung wurde in der Presse von einem unverantwortlichen Handeln von Rajoy gesprochen, da er als Vertreter der stärksten Partei von der Regierungsbildung zurückgetreten sei. Andere sahen es wiederum zunächst als geschickten Schachzug, zumal Iglesias zuvor mit seinem Vorgehen einmal mehr gegen gängige Regelungen verstoßen habe. Beide Parteien – *Podemos* und PP – erhöhten damit den Druck auf die PSOE und Sánchez, der seineseits innerparteilich unter Druck geriet, denn die gestandenen Parteiführer, die regionalen Barone und Susana Díaz, betrachteten Iglesias Vorgehen als Beleidigung der PSOE. Einzelne Beobachter verwiesen darauf, dass *Podemos* eigentlich an Neuwahlen interessiert sei, um dann an der PSOE vorbeizuziehen, insofern sei die hastig einberufene Pressekonferenz nur ein scheinbares Angebot an die Sozialdemokraten gewesen. Iglesias wiederum nutzte das anhaltende Medieninteresse, um seine allgemeine Dialogbereitschaft zu signalisieren.

Der König führte eine zweite Gesprächsrunde mit den im Kongress vertretenen Parteien. Bei dieser Gelegenheit erhielt Rajoy vom König am 2. Februar keinen Auftrag, eine Regierung zu bilden. Vielmehr erging dieser Auftrag an den zweitplazierten

Sánchez von der PSOE. Erneut ging Iglesias in der Presse in die Offensive und erinnerte die PSOE an sein Angebot, eine progressive Regierung zu bilden. Sánchez war aber nach dem Vorpreschen von Iglesias in die Defensive geraten, denn die historischen Parteiführer wie González und Guerra sowie die sog. Barone der Partei warnten vor *Podemos*, deren erklärtes Ziel es sei, die PSOE zu überholen und überflüssig zu machen. Offenbar spielten Rajoy/PP sowie *Podemos* auf Neuwahlen. Sánchez wiederum kündigte im Falle einer Linksregierung mit *Podemos* eine Befragung der PSOE-Mitglieder an. *Ciudadanos* hatte eine Koalition mit *Podemos* ausgeschlossen.

Dennoch erklärte Sánchez Anfang Februar seine Absicht, eine Regierung zu bilden, nachdem sich Rajoy dazu nicht in der Lage gesehen hatte. Sánchez führte diese Immobilität auf die anhaltenden Korruptionsfälle zurück, in die die PP verstrickt sei. Sie führten in der dritten Februarwoche nach polizeilichen Untersuchungen in der PP-Zentrale zum Rücktritt von Esperanza Aguirre, der streitbaren und ebenso umstrittenen PP-Chefin von Madrid. Zeitgleich ging *Podemos*-Chef Iglesias erneut in die Offensive und legte ein hundertseitiges Papier vor, „*Un país para la gente* – Ein Land für die Menschen", das für Iglesias eine starke Vizepräsidentschaft vorsah, während die Präsidentschaft von Sánchez eher repräsentative Züge erhielt. Hinzu kamen Postenfestlegungen bzw. ein Mitspracherecht des Vizepräsidenten u. a. bei der Besetzung des Botschafterpostens in Washington. „Pablo, du weißt nicht, wo du dich befindest", sagte Antonio Hernando, der zweite Mann in der PSOE dazu. Tatsächlich fanden keine Koalitionsverhandlungen zwischen PSOE und *Podemos* statt, vielmehr sprach Sánchez vor allem mit *Ciudadanos*. Das Problem lag indessen darin, dass die notwendige Stimmenzahl nicht zusammenkommen würde.

Eine dritte Gesprächsrunde, zu der der König im Mai 2016 einlud, blieb ebenfalls ohne Ergebnis. *Podemos* erhielt bei einer Mitgliederbefragung die wohl von Iglesias erwünschte Ablehnung einer Koalition mit der PSOE. Die PSOE wiederum erhielt bei einem Mitgliederentscheid eine Mehrheit für ein Bündnis mit *Ciudadanos*.

Deshalb mussten am 26. Juni 2016 zum zweiten Mal innerhalb von sieben Monaten nationale Wahlen stattfinden. Programmatisch gab es keine großen Veränderungen. *Unidos Podemos* traten nun gemeinsam an. Um die Breite des linken Bündnisses zu zeigen und die vermeintliche Popularität der linken Bürgermeister von Barcelona, Valencia oder Zaragoza auszunutzen, nahmen diese ebenfalls aktiv am Wahlkampf teil. Damit sollte das Bild eines mehrheitsfähigen Wandels vermittelt werden, an dem verschiedene gesellschaftliche Organisationen beteiligt seien. *Ciudadanos* versuchte sich als Partei der Regierungsfähigkeit anzubieten und zielte damit auf rechte und linke Wähler.

Zu den Auffälligkeiten des Wahlergebnisses zählte der Rückgang von *Unidos Podemos*. Er erfolgte gerade in den städtischen Zentren, wo die Linke bei den Regional- und Kommunalwahlen 2015 zugelegt hatte. Es wurde davon ausgegangen, dass die wenige Tage zuvor stattgefundene Brexit-Entscheidung sich zugunsten der Mitte-Rechts-Parteien auswirkte. Darüber hinaus hatte das selbstgewisse Auftreten vor allem von Pablo Iglesias in den vergangenen Monaten potentielle Wähler möglicherweise verunsichert.

Damit sah sich der geschäftsführende Regierungschef durch die Juniwahlen zwar gestärkt, eindeutige Ergebnisse lagen jedoch nicht vor, vielmehr ähnelte das Ergebnis mit leichten Verschiebungen zugunsten der PP stark den Wahlen vom Dezember 2015. Damit bestand die Gefahr eines dritten Wahlganges innerhalb eines Jahres, wofür innerhalb der Bevölkerung nur geringes Verständnis vorhanden war. PP und *Ciudadanos* handelten schließlich einen 150 Punkte umfassenden Pakt aus, in dem letztere versicherten, in den Abstimmungen zur Investitur mit Ja zu stimmen, jedoch nicht einer von Rajoy geführten Regierung beizutreten (Pfeiffer 2016). Die politische Blockade ließ sich erst nach den Regionalwahlen vom 25. September im Baskenland und Galizien auflösen, wo die PSOE deutliche Verluste hinnehmen musste. PSOE-Chef Sánchez strebte zwar noch nach diesem Ergebnis Verhandlungen mit *Unidos Podemos* und den separatistischen Regionalparteien an, die Aussicht auf eine solche Koalition wurde jedoch selbst von seinem Vorgänger Rubalcaba als eine „Frankenstein-Amtseinführung“ *(investidura frankenstein)* mit höchst ungewissen Ausgang bezeichnet. Bei etwaigen Neuwahlen, so die Vermutung der traditionellen PSOE-Politiker, würden die Sozialdemokraten noch weiter einbrechen. Nach einem turbulenten Rücktritt von Sánchez zeichnete sich eine Enthaltung der meisten PSOE-Abgeordneten im Kongress ab. Am 29. Oktober 2016 schließlich wurde Rajoy in zweiter Abstimmung mit den 170 Ja-Stimmen von PP und *Ciudadanos* bei 68 Enthaltungen aus den PSOE-Reihen erneut zum Regierungschef gewählt.

7. Politische Kultur

Nach den Angaben des *World Values Survey* hat in Spanien seit den 1960er Jahren ein besonders rasanter Wertewandel stattgefunden. Er hängt einmal mit dem Ende der Diktatur und dem sogenannten *destape* zusammen, d.h. umgangssprachlich „den Deckel aufmachen“, gemeint ist damit eine Art kulturelle Explosion nach dem Tod Francos, dann aber seit der Jahrtausendwende auch mit den Wirkungen des Internets, die u.a. bei der Bewegung der Empörten und beim Aufkommen neuer Bewegungen und Parteien zusammenwirkten.

Ältere Beschreibungen Spaniens rücken die Nachwirkungen der Inquisition, der mangelnden Aufklärung und einer Isolation von Westeuropa in den Vordergrund. Ein Bürgertum mit zivilen Umgangsformen kam ab 1830 zuerst in Katalonien auf, das deshalb auch in kultureller und architektonischer Hinsicht wesentlich fortschrittlicher war. Für das ausgehende 19. Jh. gilt dies ebenfalls für das Baskenland. Im Rest des Landes blieben die ländlichen und religiösen Muster vorherrschend.

Eine Abneigung gegenüber der Politik und den Politikern

entstand aus unterschiedlichen Gründen, wozu neben aristokratischen Vorbehalten ein starker Individualismus und eine Abneigung gegen die Parteien gehört haben mögen. Solche Ressentiments wurden von Franco aufgegriffen und gezielt eingesetzt. Das Interesse an der Politik bleibt im europäischen Vergleich niedrig. Immerhin nahm die Zufriedenheit mit der Demokratie und den Institutionen bis 2008 zu, um allerdings seitdem, was das Funktionieren des politischen Systems und seine Leistungen anbetrifft, stark nachzulassen. Die mit der Wirtschaftskrise einsetzende Re-Politisierung konzentriert sich vor allem auf eine Kritik an den etablierten Parteien und Politikern.

Die politische Kultur bleibt personenorientiert, nach wie vor dominieren persönliche Bekanntschaften und Absprachen. Transparenz spielte in der Politik bis zum Ausbruch der Krise 2008 eine geringe Rolle. Politische Vorgänge und Maßnahmen werden in wesentlich geringerem Ausmaß erklärt, als es etwa in der Bundesrepublik Deutschland normalerweise der Fall war. Dies gilt auch für Zahlen zum Haushaltsdefizit, die in der Regel nur langsam durchsickern bzw. von der Presse aufgegriffen werden.

Ein Merkmal der politischen Kultur bleibt der niedrige Organisationsgrad in Vereinigungen und gleichzeitig die Neigung zu starker Kommunikation zwischen einzelnen Personen. Dieser scheinbare Widerspruch lässt sich aufklären, wenn man nicht allein die gängigen Formen politischer Assoziation betrachtet. Untersuchungen zufolge besaß Spanien Ende des 20. Jhs. über 133 000 Bars und Cafés, die größte Zahl in der EU. Das Land hatte zum damaligen Zeitpunkt auch die höchsten Ausgaben für Restaurants und das Nachtleben, hingegen die niedrigsten für Kultur und Bücher (Zaldívar/Castells 1998: 58). 2015 hieß es in einer Zeitungsnotiz, alle Spanier könnten, wenn sie es denn wollten, gleichzeitig ins Café bzw. in ein Restaurant gehen, die notwendigen Plätze seien vorhanden. Die Treffen mit Freunden und die Teilnahme an Volksfesten spielen nach wie vor eine zentrale Rolle. Zu den Besonderheiten des Lebens in Spanien zählten die Stierkämpfe, die mittlerweile allerdings in etlichen Regionen und Städten verboten sind. Offenbar, so die Soziologen, hätten ältere Verhaltensweisen teilweise unter den neuen gesellschaftlichen Bedingungen überlebt.

Die politische Kultur des Landes sieht sich überdies gebrochen durch verschiedene Regionalkulturen und die identitären Entwürfe der peripheren Nationalismen. So sieht sich Katalonien seit Jahren in einem *victimismo*, d.h. in einer Opferrolle, die der Region von außen aufgedrängt werde. Allerdings bilden solche Einstellungen nicht die Mehrheitskultur in der dortigen autonomen Region, was die Analyse nicht erleichtert. Insgesamt bleibt das Land vergleichsweise stark auf sich selbst und die innerspanischen regionalen Spannungen bezogen.

7.1 Essayistische Abhandlungen

An essayistischen Texten über die spanische Kultur mangelt es nicht. Zu den Beiträgen aus der spanischen Ideengeschichte kommen unzählige Bücher, die Besucher, Wissenschaftler und Liebhaber des Landes verfasst haben.

Auch hier kommt – wie in den historischen Darstellungen – englischen Kulturwissenschaftlern und Literaturkritikern eine Vorreiterrolle zu. *The Spanish Temper* heißt ein 1954 erschienenes Buch von V.S. Pritchett, das 2015 in spanischer Übersetzung herauskam. Er bereiste das Land lange vor dem Boom und hielt Merkmale fest, die sich auch bei anderen Autoren finden, u.a. bei dem Marxisten Franz Borkenau in *The Spanish Cockpit*, das Pritchett lobend erwähnt, möglicherweise weil Borkenau, der während des Bürgerkrieges im Lande war, ebenfalls die an Ästhetik und Emotionen orientierte Lebensweise der Bewohner bewunderte und für eine undogmatische Betrachtungsweise der dortigen Kultur eintrat. Pritchetts Ausführungen zum spanischen Temperament beruht nicht zuletzt auf impressionistischen Eindrücken, er hält fest: „Der Spanier lebt mit dem Rücken zum Fremden. Sein Mangel an Neugier ist fast eine Religion“ (2015: 26). Schon bei der Einreise sei ihm die Tendenz aufgefallen, alles in schwarz oder weiß zu sehen. „Wir betreten das Land des ‚Alles oder nichts'" (ebd.: 36). Und wie Borkenau sieht er diese nicht nur positiven Eigenschaften auf alle Seiten verteilt: „Der spanische Atheismus ist so gewalttätig und intolerant wie die spanische Religiosität" (39). Die Spanier lebten in Kasten und nicht in Klassen. Ihre Suche nach Gleichheit beruhe auf ihrem Sinn für Edelmut. Sie gäben mehr für sich selber aus als für ihre Wohnungen. In der Politik bestünden drei politische Kräfte: die Kirche, die Streitkräfte und das Volk (99). Der Taten- und Forscherdrang sei gezügelt, groß seien das Interesse am Glücksspiel und überhaupt die Hoffnung auf das Glück. Pritchett zitiert Unamuno, der von einer mittelalterlichen Seele in sich gesprochen habe. „Spanien hasste die Reform, die Aufklärung und die Französische Revolution" (103). Es sei ein Land großer Altäre und Gräber. Seit dem Bürgerkrieg habe das Wort Essen bzw. der Mangel an ausreichender Ernährung das Wort *mañana* ersetzt (128), dies hatte er besonders für die 1950er Jahre festgestellt.

Spanische Autoren weisen auf das späte Aufkommen der Aufklärung und den lang andauernden Einfluss der Königreiche und der Monarchie hin, die Nachwirkungen im Sinne einer Personalisierung der Verhaltensweisen gehabt hätten. Um wohlhabend zu werden, müsse man entweder reiche Eltern haben oder sich in der Nähe des Königs befinden. Deshalb habe sich eine spezifische Form des Kapitalismus in Spanien entwickelt, der auch als *capitalismo castizo* (einheimischer Kapitalismus) oder *capitalismo de amiguetes* (Kapitalismus der Freunde) bezeichnet wird. Die wirklich dynamischen Regionen des Landes hätten sich hingegen in der Peripherie und in Nähe zum Wasser entwickelt, womit wir schon bei dem Verweis auf Katalonien und das Baskenland sind. Juan Goytisolo entdeckt im Denken des Landes gar eine Linie, die „besagt, daß die Spanier, allein durch ihr Spaniersein, ein besonderes und priviligiertes Schicksal besäßen, das mit den sozialen und ökonomischen Gesetzen der modernene Welt nichts gemein habe" (Goytisolo 1982: 258). An anderer Stelle beklagt er in seinem Essay über „Spanien und die Spanier“ eine „latente Aggresivität“, wobei „die Kämpfe wegen politischer, sozialer, künstlerischer und anderer Fragen eine Gewalttätigkeit annehmen, die in keinem Verhältnis zum Gegenstand der Auseinandersetzung steht“ (ebd.: 121).

In keiner (populärwissenschaftlichen) Abhandlung fehlt der Hinweis auf die Verantwortung der politischen Elite an der Finanzkrise von 2008. Durch die Nähe zum Staat habe sich eine extraktive Elite herausgebildet (Molinas u. a. 2015: 135), die weniger von patriotischen Interessen als von einer Selbstbedienungsmentalität geleitet sei. Sie habe etwa durch die Vergabe von Konzessionen für Bauaufträge im Küstenbereich sowie für letztlich unnütze Infrastruktur- und Verkehrsprojekte enorme Summen beiseite geschafft. Diese politische Klasse wird von einem Teil der Autoren gegenüber der der Transition abgesetzt, die in den 1970er Jahren die Zeichen der Zeit erkannt und das Richtige getan habe. Einige hätten sich dann aus der politischen Arena zurückgezogen, während die aktuelle politische Klasse bloß am Selbsterhalt interessiert sei. Schätzungen reichen bei der Anzahl der Posten, die aus politischen Motiven geschaffen und besetzt wurden, auf bis zu 300 000 Personen. Diese hohe Zahl resultiert nicht zuletzt aus der Tatsache, dass in den Autonomen Regionen umfangreiche Bürokratien entstanden (ebd.: 138).

Zum Selbstbild der Spanier gehört historisch der Schelmenroman. Der *Pícaro* taucht in der Literatur und in der Politik auf. Zu den Merkmalen des *Pícaro*-Romans zählt die autobiografische Erzählung des Lebens eines *Pícaros*, der in Regel mehreren Herren dient, als satirisches Gemälde der Gesellschaft. Meist handelt der Roman in unteren Schichten, der Kampf um die Befriedigung elementarer Notwendigkeiten steht im Vordergrund. „Lüge, Betrug, Diebstahl sind die wirksamen Formen, diese Notwendigkeiten zu befriedigen. Der *Pícaro* zeigt eine ausgesprochene Verachtung für Arbeit und für jede Art schöpferischer Aktivität. Sehnsucht nach Freiheit und Ungebundenheit sind die entscheidenden Merkmale der Psychologie des *Pícaro*“ (Peiser 1950: 17).

Die *cultura del pelotazo*, d. h. die schnelle Geldvermehrung durch Spekulation unter Ausnutzung von Gesetzeslücken, wurde vor allem den regierenden Sozialisten der 1980er Jahre angelastet, wobei die Enttäuschung groß war, dass dies auf der linken Seite des politischen Spektrums passiert, da man bislang davon ausging, dass Bestechlichkeit und Korruption eine Domäne der Rechten sei (Haubrich 1998: 147 f.). Ein ähnlicher Vorgang hat sich in den letzten Jahren mit den Skandalen um die PP wiederholt und eine weitere Ablehnung der Politik hervorgerufen.

In den zahlreichen Zeitanalysen, die aufgrund der Krise und dann erneut vor den nationalen Wahlen 2015 erschienen, sind auch Aussagen zur politischen Kultur enthalten. Hermann Tertsch, der früher für *El País* schrieb, vertritt unterdessen ziemlich konservative Positionen. Er sieht in einem unter Ministerpräsident Zapatero geförderten linken Zeitgeist sowie einem falschen und posthumen Antifranquismus den Grund für die gefährliche Situation, in die Spanien mittlerweile geraten sei. Mit seinem lockeren Umgang mit der Verfassung und staatlichen Entwicklungsplänen habe er die Grundlage dafür geschaffen, dass Parteien wie *Podemos* nicht mehr von dem Regierungsystem von 1978 ausgingen, sondern von dem von 1931. Gefördert werde dies durch eine linke Hegemonie an den meisten Universitäten und zumindest im Jahr 2014 bei den privaten Fernsehsendern, die neuen Gesichtern mit radikalen Forderungen einen hohen Sendeanteil einräumten. Private Sender riefen sogar zu illegalen Demonstrationen auf (Tertsch 2015: 140). Dies habe auch Auswirkungen auf die politische Kultur: „Es gibt kein anderes westliches Land, in dem die Menschen ohne Scham zugeben, dass sie nicht sagen, was sie denken … In allen Sektoren und Milieus Spaniens akzeptiert und schätzt man die Opportunität der Lüge“ (Tertsch 2015: 234 f.).

7.2 Empirische Untersuchungen

Spanien weist – wie Griechenland, Italien und Portugal – ein niedriges Interesse für Politik auf. 70 % der Bevölkerung erklärten, sie interessierten sich wenig oder gar nicht für Politik.

Dieser Befund mag angesichts der scheinbaren Politisierung in den letzten Jahren überraschen, hat aber durchaus mit den politischen Traditionen zu tun. Gegenüber politischen Autoritäten und Einrichtungen besteht ein gewisses Misstrauen, im Vergleich zum nordischen Modell sind die politische Partizipation und das Sozialkapital schwach ausgeprägt (Vallespín 2008: 485). Während die USA in Anlehnung an Tocquevilles berühmte Studie *Democracy in America* (1835) als „a nation of joiners" bezeichnet wurde, könnten die Spanier als „a nation of loners" bezeichnet werden (Encarnación 2008: 69). Lediglich die Zeit der Transition bildete eine Ausnahme. Auf sie folgte in den 1980er Jahren relativ schnell ein *desencanto* gegenüber dem politischen System, wohl am besten mit Entzauberung zu übersetzen. Die Enttäuschung der letzten Jahre geht indessen weit darüber hinaus. Aber bereits 2007 sollen sich nur 30 % der Menschen für Politik interessiert haben, weshalb auch von „demokratischem Zynismus" (Tusell 2007: 738) oder einer *desafección política* die Rede war. Erst als Folge der Krise hat das Interesse an der Politik wieder etwas zugenommen.

In Spanien wird relativ schnell protestiert, aber die Bürger sind nur in geringem Maße organisiert. Auch der Anteil der freiwilligen Arbeit bleibt vergleichsweise niedrig, dies erschwert die Artikulation und Kanalisation von Interessen. Dagegen entfalten die Spanier ein relativ hohes Ausmaß an Partizipation in informellen Netzen und Formen der sog. *sociabilidad blanda,* d.h. Treffen mit Freunden, Teilnahme an Volksfesten und natürlich bei Restaurant- bzw. Cafébesuchen.

Spanien liegt bei Protestformen wie Unterschriften oder SMS leicht über dem Durchschnitt, dagegen ist die Zahl derjenigen, die sich mit ihrem Abgeordneten in Verbindung setzen, im europäischen Vergleich überaus niedrig. Es werden Formen des Protestes gewählt, die kurzfristig sind und scheinbar unmittelbare Wirkung versprechen (Politikon 2014: 95). Bei verschiedenen historischen Ereignissen seit 1975 haben eindrucksvolle Demonstrationen stattgefunden: Über 1 Mio. demonstrierten gegen den gescheiterten Militärputsch am 27. Februar 1981, nach den Terroranschlägen im Bahnhof Atocha am 11. März 2004 nahmen in Spanien über 11 Mio. Menschen an Gedenkveranstaltungen teil (Encarnación 2008: 86).

Der *World Values Survey*, der in Spanien zuletzt 2011 erhoben wurde, zeigt an erster Stelle eine hohe Bedeutung der Familie, die 91 % als besonders wichtig ansehen. Folgende andere Bereiche gelten als „sehr wichtig“: Arbeit 62, Freunde 52, Freizeit 45, Religion 11 und Politik 6 %. 15 % der Befragten bezeichneten sich als sehr glücklich, ganze 71 als ziemlich glücklich. Auffällig ist gleichzeitig ein ausgeprägtes Misstrauen: 19 % sagten, den meisten Menschen könne man trauen; 78 % gab an, man müsse vorsichtig sein. Die befragten Spanier sind überzeugte Anhänger der Demokratie: 90 % bekundeten ihre Präferenz für ein demokratisches System (www.worldvaluessurvey.org 18.2.2015). Der Familismus wird auch als eine Ursache für die geringe Bereitschaft zur Mitgliedschaft in Vereinigungen und der Mitarbeit in Parteien gesehen. Während die Legitimität der Demokratie an sich hoch ist, sank die Einschätzung der Effektivität des politischen Systems und der Leistungen der Politiker seit der Krise. Die Kenntnisse vom Funktionieren des politischen Systems sind nicht sehr umfangreich.

Das CIS fragt auch nach dem Gefühl der Zugehörigkeit zur Nation bzw. der Autonomen Region. Den Resultaten zufolge stellt dies für die meisten Spanier kein Problem dar. Die Mehrheit sieht sich sowohl als Spanier als auch als Katalane oder Andalusier.

Von besonderem Interesse ist die Frage nach den politischen Einstellungen der Jugendlichen. Auffallend erscheint zunächst auch hier das geringe politische Interesse, was erst in jüngster Zeit wieder zugenommen hat. In Aufsätzen zur Soziologie der Jugend wird indessen die Frage aufgeworfen, warum man sich darüber Gedanken machen solle. Für einige sei die Jugendphase doch nur ein Durchgangsstadium, für andere eine prägende Zeit, in der gute Staatsbürger entstehen sollten. Allerdings dürften die heutigen Jugendlichen nicht mit einer Generation verglichen werden, die in der Endphase des Franquismus aufwuchs und die Transition selbst erlebte, mithin politisch außerordentlich aktiv war. Damals wurde Jungsein mit politischem Interesse assoziiert (Galais 2012). Im *Informe de la Juventud en España* von 2008 wird die Angelegenheit kritischer betrachtet: Für die Jugendlichen werde die Frage der Emanzipation von den Eltern wichtiger, die aber durch die sich verschlechternde Beschäftigungslage erschwert werde. Nur 10 % waren zivilgesellschaftlich engagiert, aber 96 % besaßen ein Mobiltelefon (INJUVE 2008: 40). Dazwischen bestehe kein unmittelbarer Zusammenhang, aber durchaus die Gefahr, dass nicht integrierte und unzufriedene Bürger heranwüchsen.

In Zeitschriften, die der PSOE nahestehen, wurde das Thema aufgegriffen und der konservativen Regierung angelastet. Eine staatliche Jugendpolitik sei nicht mehr vorhanden, es habe 21 % Kürzungen bei der Erziehungspolitik gegeben, 11 % bei den Stipendien und 25 % bei der Forschung (Temas 2012: 45). 52 % der unter 35-Jährigen waren 2012 arbeitslos, wobei es sich potentiell um die am besten ausgebildete Jugend der spanischen Geschichte handle. Von daher sei es wenig überraschend gewesen, dass sich ein Teil der Jugendlichen 2011 den *Indignados* angeschlossen hatte.

Seit dem Beginn der Finanzkrise haben alle Institutionen einen Ansehensverlust erlitten – mit Ausnahme der Medien, der Polizei und der Streitkräfte. Besonders drastische Einbußen erlebte die Monarchie seit 2010, die durch den Wechsel des Thronfolgers 2014 weitgehend aufgefangen werden konnten. Obwohl die Mehrheit mit dem Funktionieren der Europäischen Union nicht zufrieden ist, waren die meisten nach wie vor für den Euro.

Die Neigung zum Steuerzahlen hält sich in Grenzen. In den Steuererklärungen des Jahres 2013 gaben nur 4 168 an, dass sie Einkünfte über 600 000 Euro hätten, 60 313 bekundeten sie hätten mehr als 150 000 und 548 823, sie würden mehr als 60 000 Euro einnehmen. Demnach, so die Schlussfolgerungen des Autors, würden nur diejenigen Steuern zahlen, die öffentliche Ämter innehätten oder in Firmen tätig seien, wo die Gehälter offengelegt würden (Zarzalejos 2015: 31).

7.3 Medien

2010 nutzten von der Bevölkerung über 14 Jahre 38 % Tageszeitungen, 50 % die in Spanien populären Zeitschriften, 57 % das Radio und 88 % das Fernsehen. Mit einer durchschnittlichen täglichen Fernsehsehdauer von 244 Minuten im Jahr 2013 liegt Spanien in Europa im vorderen Bereich. Angesichts der Kontaktfreude der Spanier und der Vorherrschaft einer oralen Kultur mag dies zunächst überraschen, die Fernsehprogramme laufen indessen häufig nebenher in Bars und Cafés.

Sendebeginn des Fernsehens war 1956. Propaganda und Ablenkung waren damals seine Hauptaufgaben – Kritiker vertreten die Ansicht, daran habe sich nicht viel geändert. *Corporación de Radio y Televisión Española* (RTVE) gilt als ein Instrument der jeweiligen Regierung. Adolfo Suárez, später einer der Protagonisten des Überganges zur Demokratie, leitete den staatlichen Sender von 1969 bis 1973. Während das Fernsehen unter der Diktatur kontrolliert war, besaß die Presse mehr Freiheiten.

Mit der Transition erhielt RTVE 1980 ein neues Reglement, viele Personen wurden indessen übernommen. Erst durch Berichte in der unabhängigen Presse kam es zu Reformen in dem anscheinend schwer überschaubaren Fernsehkanal. Die neue PSOE-Regierung setzte das Fernsehen im Rahmen des Referendums über den Verbleib in der NATO und bei anderen Gelegenheiten ein; gleichzeitig verhinderte sie die öffentliche Ausstrahlung der Parlamentsdebatte über den Korruptionsfall Alfonso Guerra 1990 (Hooper 2006: 365). 1983 begann die baskische Regierung mit einem Regionalprogramm, *Euskal Telebista* (ETB), die katalanische Regierung eröffnete wenige Tage später *TV-3* und 1988 einen weiteren Sprachensender, *Canal 33*.

Anfang 1990 erfolgte die Einführung privater Fernsehkanäle, *Antena 3 Television* war der erste Privatsender. Die kommerziellen Vollprogramme (u. a. *Antena 3, Cuatro, Telecinco und La Sexta*) hatten im August 2012 rund 33 % Marktanteil, die staatliche

TVE *(La 1, La 2)* circa 15 %, öffentlich-rechtliche Regionalsender etwa 10 % und Spartensender rund 40 %.

Telecinco wurde lange Zeit von Miguel Durán geführt, der gleichzeitig Präsident der Nationalen spanischen Blindenorganisation ONCE war. Daneben hatte Silvio Berlusconis Gruppe *Mediaset* etwa ein Drittel der Anteile, die er später ausweitete, das Verlagshaus *Anaya* aus Barcelona und die bereits erwähnte populäre Blindenorganisation ONCE besaßen ebenfalls ein Drittel. In noch stärkerem Maße neigt *Antena 3* zu konservativ-liberalen Positionen. Anteile an *Antena 3* besitzt die katalanische Tageszeitung *La Vanguardia*. *Canal Plus* wird von PRISA *(Promotora de Informaciones S.A.)* gehalten, d.h. dem Verlag der Zeitung *El País*. Der PRISA-Gruppe wird eine problematische Nähe zur PSOE nach gesagt, was auch häufig von Journalisten und ehemaligen Mitarbeitern entsprechender Printmedien vorgetragen wird (Zarzalejos 2015: 257). Seit den 1990er Jahren hätten politische und finanzielle Gruppen immer mehr Einfluss auf den Medienbereich gewonnen, dagegen hätten die guten Sitten im Journalismus nachgelassen, d. h. es sei üblich, dass die Regierungschefs vorher die Fragen erhalten bzw. sich nach dem Interview mit den Journalisten zur Nacharbeitung zusammensetzen würden.

Der staatlichen RTVE unterstehen die Fernsehanstalt *Televisión Española* (TVE) und der Hörfunksender *Radio Nacional de España* (RNE). Regionale öffentlich-rechtliche Rundfunkgesellschaften bestehen in 13 der 17 Autonomen Gemeinschaften. Daneben sind zahlreiche private Hörfunk- und Fernsehsender vorhanden. 2011 verfügten 99,6 % aller Haushalte über Fernsehen und 82,1 % über Radio. Die Qualität der Radiosender gilt als vergleichsweise hoch, sie haben in der Vergangenheit beim gescheiterten Putschversuch 1982 und bei anderen Gelegenheiten eine wichtige Rolle gespielt. Eine sehr bekannte Figur ist Iñaki Gabilondo mit seiner Sendung *Hoy por hoy*, die alle Rekorde schlug; er wechselte nach 19 Jahren Radio zu *Cuatro TV*. Heute besitzt er einen populären Videoblog bei *El País TV* und der *Cadena Ser*.

Die Presse habe mehr Einfluss als Leser, hat der Journalist Hooper festgehalten (2006: 349). Denn die Zahl der Zeitungsleser ist im europäischen Vergleich niedrig, es besteht ein Nord-Süd-Gefälle und die eifrigsten Leser kommen aus der gebildeten Oberschicht. Immerhin steht das Land bei der Zahl der Zeitungen an dritter Stelle: Die Bundesrepublik Deutschland befindet sich mit 351 Tageszeitungen vorne, es folgen Italien mit 111 Zeitungen sowie Spanien (110), Großbritannien (94) und Frankreich (84). Allerdings ist die Reichweite guter Blätter in Spanien nicht so hoch. Die vier größten nationalen Tageszeitungen erscheinen in Madrid und mit Regionalausgaben:

El País (gegr. 1976, Auflage 2013: 292 227) war so etwas wie das „Sturmgeschütz" der neuen Demokratie unter dem damals erst 31-jährigen Juan Luis Cebrián. Das Format war nicht nur für Spanien neu und innovativ, sondern fand auch im Ausland und Lateinamerika Nachahmer, in Argentinien und Mexiko erscheinen tägliche Ausgaben, ein Drittel der Leserschaft soll sich in Lateinamerika befinden. *El País* unterstützt in der Regel die PSOE gegen die Rechte und in jüngster Zeit auch gegen eine neue Linke. Die Redakteure sind gegenüber dem Populismus in Südamerika kritisch eingestellt, was mittlerweile ebenfalls für die Berichte über das Inland zutrifft.

El Mundo (172 427) wurde 1989 von Pedro J. Ramirez gegründet, galt in der Anfangsphase als ausgesprochen innovativ und kooperierte mit dem *Guardian*. Zwischen 2000 bis 2003 wurden drei Journalisten im Ausland getötet, u. a. Julio Anguita Parrado, der Sohn des bekannten Linkspolitikers. Die Tageszeitung trug zur Aufklärung von Korruptionsfällen in der PSOE bei und unterstützte zunächst Aznar und die PP, was mittlerweile nicht mehr so deutlich ist. Es folgen die rechtskonservative *ABC* (1905, 140 049) und die ebenfalls konservative *La Razón* (1998, 103 789). Die zeitweilig fünftgrößte landesweite Zeitung, die sozialistisch-republikanisch orientierte *Público* (2007, Madrid), erscheint seit 2012 nur noch digital.

Die auflagenstärksten Regionalzeitungen 2013 war *La Van-*

guardia (Barcelona, 1881), der indessen eine überregionale Bedeutung zukommt. Die Zeitung wurde ursprünglich von der katalanischen Mittel- und Oberschicht gelesen, im Zuge der Demokratisierung gewann sie in den 1970er Jahren jedoch ein breiteres Publikum. Mit dem Aufkommen von *El País* und *ABC* büßte sie ihre vorübergehende Spitzenposition ein. Die Auflage soll 2014 nur noch bei 140 176 gelegen haben. Es folgen mit Angaben aus 2011: *El Periódico de Catalunya* (Barcelona, 1978, 177 830), *El Correo* (Bilbao, 1910, 97 313), *La Voz de Galicia* (La Coruña, 1882, 91 131) und *El Diario Vasco* (San Sebastián, 1934, 69 905). Größte Sportzeitungen sind *Marca* (Madrid, 1938) und *As* (Madrid, 1967, 198 758). Nach anderen Angaben soll die Leserschaft der Regionalzeitungen höher liegen als die der in Madrid erscheinenden überregionalen Zeitungen (Zarzalejos 2015: 294).

Die Medienlandschaft bleibt stark parteipolitisch geprägt. Dies gilt sowohl für die Printmedien, d. h. besonders die Tageszeitungen, als auch für das Fernsehen. Durch eine *Ley de la Radio y la Televisión de Titularidad Estatal* aus dem Jahr 2006 konnte die Abhängigkeit des Fernsehens von der jeweiligen Regierungspartei etwas gelockert werden. Diese Tatsache dürfte mit zu einem gewissen Zynismus und einem nachlassenden Interesse für die Politik an sich beigetragen haben. Den angegebenen Zahlen wird nicht unbedingt geglaubt, sondern vielmehr die Frage gestellt, welche Interessen sich damit verbinden.

Bemerkenswerterweise sind Formate wie *Sun* oder die *Bild*-Zeitung in Spanien nicht erfolgreich. Entsprechende Versuche sind fehlgeschlagen, kostenlose Zeitungen wie *20 minutos* und *Metro* erfreuen sich hingegen vieler Leser – angeblich fast 2 Mio. am Tag. Als meist gelesene Tageszeitung gilt mittlerweile die Sportzeitung *Marca* mit landesweit 14 Regionalausgaben. 2010 betrug die durchschnittliche täglich verkaufte Auflage 274 581 Exemplare. Sie liegt in Cafés und Bars aus und soll mehr als 2,5 Mio. Leser erreichen.

Zeitschriften sind populärer als Zeitungen. Seit 1944 erscheint *Hola!* (derzeit eine halbe Million Auflage), ab 1988 ebenfalls in einer englischen Ausgabe. Die Bilder sind hier wichtiger als der Text, lange Zeit nahm die königliche Familie einen großen Raum ein, mittlerweile wird nicht mehr über alle Angehörigen berichtet. Es ist auch von einer *helloization* des Zeitungsmarktes die Rede, in Spanien bezeichnet man sie als *prensa de corazón* oder *prensa rosa,* d.h. Herzgeschichten. Hierzu gehören *Pronto* (930 000), *Diez Minutos, Lecturas, Semana und Qué me dices!* Zu den ernsthaften politischen Magazinen zählt seit 1973 *Cambio 16,* wo die politische Berichterstattung dominiert. Allerdings erscheint sie seit 2014 in neuem Layout nur noch einmal im Monat. Dagegen brachte das 1976 gegründete Magazin *Interviú* stärker die individuellen und auch erotischen Aspekte des gesellschaftlichen Wandels zum Ausdruck. Ende der 1970er Jahre erreichte es eine Auflage von über 1 Mio., mittlerweile soll es unter 100 000 liegen. *Vanity Fair* hat mit weniger Nacktfotos und mehr Textanteilen in den vergangenen Jahren an Auflage gewonnen.

Seit Beginn der Krise bis 2013 sollen im Medienbereich 11 000 Arbeitsplätze verloren gegangen sein, seit 2008 wurden 364 Medien geschlossen; gleichzeitig verließen zwischen 1976 und 2013 rund 81 000 Abgänger im Journalismus die Universitäten (Zarzalejos 2015: 269). Allerdings zeigen sich auch gegenläufige Tendenzen. Mit der wirtschaftlichen Krise und den Korruptionsvorwürfen nahm das Interesse an der Politik wieder zu, was zunächst die privaten Fernsehkanäle aufgegriffen haben. Dies gilt besonders für das Format der *tertulia* (geselliger Kreis, ursprünglich Abendgesellschaft, hier wohl eher Stammtisch), was sich sowohl im Radio als auch im Fernsehen großer Verbreitung erfreut. Hier wird die Unterhaltung im Café sozusagen landesweit ausgetragen, teilweise mit der Begleiterscheinung, dass sich bis zu sechs *Tertulianos,* meist Journalisten, gleichzeitig ziemlich lautstark unterhalten oder unterbrechen. Hinzu kommen Formate, in denen die Politik und die Politiker regelmäßig durch den Kakao gezogen werden. Neben dem 2015 offenbar wieder gestiegenem Interesse des Publikums an Politik dürfte eine Rolle spielen, dass solche Sendungen relativ preisgünstig sind und die bezahlten Gagen sehr viel niedriger ausfallen als allgemein angenommen. Die Tertulianer müssen sozusagen Spezialisten für das Allgemeine sein, im Spanischen wird von *todología* gesprochen, weil sie zu allem etwas zu sagen haben. Allerdings funktionieren die Sendungen, was nicht unproblematisch ist, teilweise nach dem Muster der „beiden Spanien", d. h. sie leben von den Gegensätzen. Dies findet jedoch in der Regel im Unterhaltungsformat statt, bemerkenswerterweise sogar am Samstagabend in *La Sexta noche,* die Pablo Iglesias frühzeitig auftreten ließ und damit im Januar 2015 eine Einschaltquote von 16 %, d. h. 2,1 Mio. Zuschauern erzielten. Seine Rolle als medialer Shootingstar hatte 2015 vorübergehend Albert Rivera von *Ciudadanos* übernommen, der mit dem Satz zitiert wird: „Politik wird im Fernsehen gemacht, gehen wir ins Fernsehen" (Amón 2015: 37).

7.4 Intellektuelle und ihre Rolle im politischen System

Contra la dictadura vivíamos mejor – gegen die Diktatur lebten wir leichter, so werden spanische Schriftsteller aus den 1970/80er Jahren zitiert. Später kam der zynische Hinweis hinzu *A Franco lo matamos en su cama* – Franco töteten wir in seinem Bett (Winter 1998: 523). Indirekt war damit eine Debatte darüber verbunden, wie stark Opposition und Widerstand gegen die Franco-Diktatur tatsächlich ausfielen.

Die nach der Finanzkrise von 2007/08 einsetzende Depression in Spanien wurde von einzelnen Autoren mit der von 1898 verglichen. Sie ist ihnen ein Anlass, um über die Jahrzehnte seit der Transition und eine insgesamt überhitzte Konjunktur nachzudenken, auch wenn dies eher vereinzelt geschieht. Bei dem Schriftsteller und Journalisten Antonio Muñoz Molina verbindet sich dabei die Analyse der gesellschaftlichen Veränderungen mit kulturkritischen Untertönen. „Die Hässlichkeit, die sich wie eine Infektion über fast alle Landschaften Spaniens ausgebreitet hat, sowohl über die kleinen Dörfer als auch die früher so viel schöneren Städte, über das Brachland der Hochebene wie über die Weiten der Küste, erscheint als Äquivalent für eine Hässlichkeit des Geistes, von der wir uns nur mit Schwierigkeiten erholen dürften“ (2013: 162 f.). Aus europäischen Quellen sei das Geld so wundersam geflossen wie früher aus den überseeischen Kolonien. Doch nun sei „das Trugbild beendet. Dass die politische Klasse Spaniens weiter in ihm leben möchte, ist eine Schwindelei, die wir ihr und uns nicht durchgehen lassen dürfen. Wir leben in einem halb entwickelten und halb zerstörten Land, das sich in Zwietracht befindet, hochverschuldet, mit einer aufgeblähten und politisierten Verwaltung, ohne den bürgerschaftlichen Impuls, der notwendig ist, um große gemeinsame Projekte zu unternehmen.“ Aus dieser Situation könne auch etwas Positives erwachsen: „Nach so vielen Halluzinationen sind wir vielleicht erst jetzt im Alter der Vernunft angekommen“, heißt es im Schlusssatz (252 f.).

Auch wenn die Präsenz der Schriftsteller in der Öffentlichkeit nachgelassen hat, wozu neben dem Ende des ideologischen Zeitalters in Europa der Medienwandel beitrug, fällt die Präsenz von akademischen Stimmen in den Tageszeitungen und Zeitschriften nach wie vor wesentlich größer aus als in der Bundesrepublik Deutschland. Sie treten als *articulistas* in den Printmedien oder bisweilen als *tertulianos*, als Kommentatoren, in Fernsehen und Radio in Erscheinung. Einzelne Autoren gehen sogar von einem übermäßigen Einfluss aus und sprechen von einer „intellektuellen Dreistigkeit“ (Sánchez-Cuenca 2016). Nach Ansicht des innerhalb eines halben Jahres in fünf Auflagen erschienenen Buches von Sánchez-Cuenca mischen sich die Schriftsteller zu viel in die Politik ein. Ihr Stil sei essayistisch, es ermangele ihnen an wirklichen Kenntnissen des ökonomischen und des politischen Systems, eine nüchterne Recherche finde nicht statt. Stattdessen trügen sie eine unproduktive Kulturkritik vor, wonach nahezu alles an der „politischen Klasse“ und den „extraktiven Eliten“ schlecht sei. Diese Haltung erinnere ihn an die Generation von 1898.

Hier können nur einzelne Personen genannt werden: Der derzeit bekannteste spanische Schriftsteller, Javier Marías, besitzt eine regelmäßige Kolumne in der Sonntagsbeilage von *El País*, er setzt damit die Tradition fort, die u. a. sein Vater, der berühmte

Philosoph Julián Marías, Schüler und Freund von José Ortega y Gasset, mitbegründet hatte.

Mario Vargas Llosa, ursprünglich Peruaner, lebt seit vielen Jahren hauptsächlich in Madrid und schreibt regelmäßig Artikel in *El País,* die in der Regel auch in anderen spanischsprachigen bzw. internationalen Zeitungen abgedruckt werden. Vargas Llosa, der als Direktor des Cervantes-Institutes im Gespräch war, bezieht auch zu aktuellen politischen Fragen Position. Kritiker der Linken haben ihm seine Vorliebe für liberale Ideen und seine Abneigung gegen die nationalpopulistischen Regierungen in Südamerika vorgehalten. Im europäischen Kontext hat er in den Jahren vor dem Erhalt des Literaturnobelpreises eher sozialdemokratische Positionen vertreten. In Spanien hat er sich frühzeitig gegen die Tendenzen zum Separatismus geäußert.

Die oben genannten Schriftsteller gehören zu den sog. Edelfedern. Die bei *Podemos* auftretenden Akademiker, die in der Mehrheit Sozial- und Politikwissenschaftler sind, setzten zunächst mehr auf die neuen Medien als auf Artikel in den traditionellen Blättern. Hierbei spielen möglicherweise das niedrigere Lebensalter und ihre Nähe zu den neuen Medien eine Rolle, die sie teilweise selbst gegründet haben. Sie lebten bei ihrem Aufschwung 2014 zunächst vor allem von ihrer Kritik an der Transition, der paktierten Demokratie, und später an Angela Merkel. Die PSOE-Intellektuellen seien dafür mitverantwortlich, während die Bewegung des „*15-M* und ihr Umfeld das Beste seien, was der Demokratie seit dem Tode Francos passiert sei", so Carlos Monedero in seinem in mehreren Auflagen erschienenen Buch über die Transition (2013: 260), das Bilder, Karikaturen und viele Zitate enthält. Die Argumentationsführung ist ein wenig schlicht, d. h. häufig werden einzelne Schuldige benannt, während die Dinge in Wirklichkeit wesentlich komplizierter ausfallen. Gemeint ist offensichtlich nicht die Transition, die historisch stattgefunden hat, sondern eine utopische Variante. Die Sachzwänge, unter denen die damaligen Akteure standen, werden ausgeklammert.

Eine einheitliche Haltung der Intellektuellen lässt sich nicht mehr ausmachen. Anfang 2016 begann El País mit einer Artikelserie „El estado de ánimo del país – Der geistige Zustand des Landes". Die Beiträge lassen sich nicht auf einen Nenner bringen. Es waren aber auch solche dabei, die in dem Fehlen selbstgewählter Regeln eine Schwäche des Landes sahen. *Leges sine moribus vanae,* so wird Horaz von dem Essayisten Javier Gomá zitiert, der seinen Beitrag „Frei und mit Kompromiss" folgendermaßen beschließt: „Vielleicht wollen wir die Institutionen reformieren, um uns nicht selber zu verändern und so in unserer Leichtlebigkeit zu verbleiben wie in einer ewigen Jugend. Verbindlichkeit bedeutet keine Geringschätzung der Freiheit; im Gegenteil, sie kann zu ihrer Vervollkommung beitragen. Hoffentlich erleben wir ein Spanien mit guten demokratischen Umgangsformen. Frei und mit *compromiso*" (Gomá 2016).

8. Die spanischen Regionen

Die Territorialfrage spaltet das Land noch immer. Die Stärkung der Unabhängigkeitsbewegung in Katalonien und zuvor im Baskenland zeigen, dass 40 Jahre Demokratie weder den politisch-institutionellen Konflikt zwischen Zentral- und Regionalregierungen noch das Problem der multiplen Identitäten und emotionalen Zugehörigkeiten gelöst haben. Spanien ist weder ein zentralistischer noch ein föderaler Staat, und genau in dieser Grauzone liegt das Problem, da unterschiedliche Interpretationen möglich sind. Die während der Transition vereinbarte Kompromissformel zwischen beiden Territorialmodellen – Zentralismus und Föderalismus – erwies sich im Nachhinein als sehr problematisch, weil die Kompetenzen von Zentralregierung und Regionen nie eindeutig festgelegt wurden und nun vom Verfassungsgericht als letzter Instanz von beiden Seiten gleichermaßen eingeklagt werden können (Varela Suanzes-Carpegna; Muñoz Machado 2014), da es keine andere Institution gibt, die zwischen Regional- und Zentralregierungen vermittelt oder aber klare Kompetenzzuweisungen vornehmen könnte.

Diese institutionelle Lücke und die teilweise unklare Rechtslage hat, wie der Unabhängigkeitsbefürworter und Präsident der linksnationalistischen katalanischen Partei ERC, Oriol Junqueras, in einem Interview unterstrich, zu einer „Politisierung der Justiz" geführt, die entweder von der konservativen PP oder aber von der sozialdemokratischen PSOE für eigene Ziele instrumentalisiert wird und als Schiedsrichter in Territorialkonflikten auftritt, die eigentlich eine langfristige, politische Lösung erfordern (Gratius/Lang 2015).

8.1 Die Autonomen Gemeinschaften: eine Zwischenlösung?

Der spanische Staatsverband besteht aus 50 Provinzen und 8122 Gemeinden – von denen 85% weniger als 5000 Einwohner haben –, die sich auf die 17 Autonomen Gemeinschaften und die in Nordafrika liegenden autonomen Städte Ceuta und Melilla verteilen. Eine sprachlich-kulturelle Differenzierung trifft für die Balearen, Euskadi, Galizien, Katalonien, Levante und Navarra zu. In Katalonien überwiegt mittlerweile die regionale Sprache als Umgangssprache und auch das Baskenland wird durch eine gezielte Politik zunehmend zweisprachig.

Das heutige Territorialmodell der Provinzen basiert im Wesentlichen auf der zentralistischen Reform von 1833[6] und auf der Verfassung von 1978. Die Gliederung nach Provinzen hat sich mit kleinen Änderungen, zu denen die Aufteilung der Kanarischen Inseln 1927 in die zwei Provinzen Teneriffa und Las Palmas gehört, bis heute gehalten. Allerdings haben die Provinzen durch die Erweiterung der Autonomiestatute zahlreiche Kompetenzen an die Autonomen Gemeinschaften verloren.

Trotz eines Systems des Finanzausgleichs im Rahmen des in der

6 Nach dem Tod von Fernando VII. erfolgte die Einteilung Spaniens in 49 Provinzen und 15 Regionen.

Verfassung 1978 entstandenen Interregionalen Fonds *(Fondo de Compensación Interregional)*[7], ist der Wohlstand in Spanien noch immer ungleich verteilt. So sind Madrid, Barcelona und Valencia die bevölkerungsreichsten Provinzen mit dem höchsten Bruttoinlandsprodukt. Álava im Baskenland erzielte 2015 das höchste Pro-Kopf-Einkommen des Landes, wohingegen Badajoz und Cáceres in der Extremadura, gefolgt von Jaén in Andalusien, die Provinzen mit dem niedrigsten Einkommen sind, die auf Zuwendungen durch die reicheren Regionen angewiesen sind (Expansión, datosmacro.com). Eben dieses solidarische System eines Finanztransfers der reicheren Regionen wird von den katalanischen Nationalisten als ungerechtfertigt empfunden und dient den Separatisten als weiteres Argument für ein unabhängiges Katalonien.

Die 1978 entstandenen Autonomen Gemeinschaften spiegeln bis in die Gegenwart einen Kompromiss zwischen den Befürwortern des monarchistischen Zentralstaates unter der Führung von Kastilien einerseits und den republikanischen Verfechtern eines dezentralen politischen Systems mit einer weitgehenden Autonomie der Regionen bzw. Nationen wie dem Baskenland, Galizien und Katalonien andererseits wider. Der sogenannte „Autonomiestaat" gilt zwar als Erfolgsmodell (Gunther/Montero 2009: 86), das vierzig Jahre Stabilität garantiert hat, erscheint aber durch die Ereignisse in Katalonien inzwischen reformbedürftig und könnte nach einer möglichen Verfassungsreform durch eine neue territoriale Ordnung ersetzt werden.

Historische und neue Autonomien

Aufgrund der historischen Bedeutung der peripheren Nationalismen und der Repression unter der Diktatur spielte die Frage der Autonomien nach 1975 eine große Rolle. Die Autoren der Verfassung von 1978 hatten dabei einige Aspekte durchaus im Ungewissen und Undeutlichem gelassen, um die vorhandenen Gegensätze erst einmal auszuklammern bzw. zu verschieben. Der

7 Demnach erhalten die Regionen, die weniger als 75 % des EU-Durchschnittseinkommens produzieren, Gelder aus dem Interregionalen Kompensationsfonds.

Begriff Föderalismus kommt in der Verfassung nicht vor, auch wenn sie föderale Elemente enthält.

Einen Autonomiestatus kann man laut Verfassung auf zwei Wegen erlangen: Artikel 151 sieht ein schnelles Verfahren vor, das die Zustimmung der Provinzräte und drei Viertel der Gemeinden erfordert und die Übertragung aller nicht staatlichen Kompetenzen und die Bildung eigener Institutionen (Regionalparlament) ermöglicht, wohingegen nach Artikel 143 lediglich die Zustimmung von zwei Dritteln der Gemeinden notwendig ist und die Übertragung der Kompetenzen ebenso wie die Schaffung regionaler Institutionen schrittweise erfolgt (Gimber u. a. 2012: 67 ff.).

Über ein Dekret vom 29.9.1977 wurde zunächst provisorisch der Autonomiestatus von Katalonien eingeleitet. Nachdem das Procedere in die Verfassung aufgenommen worden war, erlangten das Baskenland und Katalonien 1979 sowie Galizien 1980 nach Referenden die Autonomie. Der Wunsch nach Autonomie wurde zunächst von regionalen Eliten vorgetragen, fand aber laut Umfragen in den 1990er Jahren eine breite Zustimmung in der Bevölkerung. Am 30.6.1982 wurde die *Ley Orgánica de Armonización del Proceso Autonómico* (die sogenannte LOAPA) verabschiedet.

Die drei historischen „Nationalitäten" – so der verfassungsrechtliche Begriff – Baskenland, Galizien und Katalonien sowie Andalusien wählten das erste, schnellere Verfahren und verabschiedeten bereits 1979 und 1980 eigene Autonomiestatute. Die übrigen Regionen erlangten die Autonomie auf dem zweiten, langsameren Wege. Dennoch wird rechtlich gesehen nicht zwischen den drei historischen Nationalitäten und den übrigen 14 Autonomen Gemeinschaften[8] sowie den beiden nordafrikanischen Enklaven Ceuta und Melilla unterschieden.

Die linguistisch-kulturelle Differenz der Regionen nach der Diktatur hat zur Identitätsfindung beigetragen. Da die nationalen Parteien in Madrid zuweilen auf Koalitionen mit

8 Andalucía, Aragón, Asturias, Cantabria, Castilla La Mancha, Castilla León, Cataluña, Extremadura, Galicia, Islas Baleares, Islas Canarias, Madrid, Murcia, Navarra, País Vasco, La Rioja, Valencia.

den Regionalparteien angewiesen sind, haben sie sich in der Opposition häufig die Forderungen der Autonomisten zu Eigen gemacht oder zumindest toleriert. Dies hat dem Prozess der Autonomiebewegung einen nicht unerheblichen Aufschwung verliehen. Darüber hinaus haben PSOE und PCE besonders in der Anfangsphase der Demokratie Bürgermeisterämter zum Teil nur nach Absprache mit den Regionalparteien erringen können, wodurch sie ihre Position festigen konnten.

Innerhalb kurzer Zeit wurde Spanien zu einem der am stärksten dezentralisierten Länder der Welt. Allerdings wurde dieser undifferenzierte Öffnungsprozess hin zu den Regionen vor allem im Baskenland und Katalonien als *café para todos* (Kaffee für alle) kritisiert.

Dieses Modell zwischen Zentralismus und Dezentralisierung wurde zunächst im Baskenland und seit einem Verfassungsgerichtsurteil von 2010 – gegen das vier Jahre zuvor per Referendum angenommene Autonomiestatut – vor allem in Katalonien in Frage gestellt, da es den drei historischen Nationalitäten kein Recht auf Selbstverwaltung einräume und sie den übrigen Regionen gleichstelle. Lediglich das Baskenland kann die historischen Sonderrechte *(fueros)*, die der Region u. a. die Steuerhoheit garantieren, geltend machen und verfügt somit über mehr Kompetenzen als Galizien und Katalonien. Auch das ehemalige Königreich Navarra besitzt mit dem *régimen foral* Züge eines eigenen Steuersystems. Wie zuvor das Baskenland fordert jetzt Katalonien nach einem langen und erfolglosen Streit mit Madrid einen eigenen Staat.

Debatte über eine territoriale Verfassungsreform

Die Frage einer territorialen Neuordnung des spanischen Staates und der „dualen Identität" oder doppelten Nationalität steht im Mittelpunkt einer Verfassungsdebatte, die schon der sozialistische Regierungschef González in den 1990er Jahren anregte.

Seither wird der Föderalismus, der 2013 in der PSOE-Erklärung von Granada aufgenommen wurde, von der sozialistischen Partei als Alternative zur katalanischen Unabhängigkeit propagiert. Auch *Ciudadanos* und *Podemos* befürworten aus unterschiedlichen Gründen eine territoriale Verfassungsreform. Demgegenüber lehnte die PP eine solche Lösung bisher strikt ab und hielt unter der Regierung von Rajoy am Status Quo fest.

Eine territoriale Verfassungsreform erfordert einerseits eine klare Zuweisung der Kompetenzen von Zentralregierung und Autonomien und andererseits eine Repräsentation der Autonomen Gemeinschaften im Senat, der als Ergebnis der Transitionsregelung keine zentrale Funktion übernimmt und inzwischen zunehmend in Frage gestellt wird.

8.2 Historische Wurzeln

Es ist durchaus paradox, dass Spanien als einer der ältesten Nationalstaaten Europas gilt, die territoriale Frage aber nach fünfhundert Jahren immer noch die politische Agenda bestimmt. Seit der Zweiten Republik 1931-36 besteht ein offener Konflikt zwischen der Zentralregierung in Madrid und den sogenannten historischen Regionen Baskenland, Galizien und Katalonien, die einen alternativen Nationalismus pflegen und weitreichendere Kompetenzen sowie zum Teil das Recht auf Selbstbestimmung fordern. Dabei geht es einerseits um finanzielle Autonomie und andererseits sogar um das Recht auf eine eigene Außen-, Bildungs-, Kultur und Sozialpolitik, die seit 2010 vor allem Katalonien zum Teil ohne Zustimmung des Zentralstaates entwickelt.

Neben Katalonien wird das spanische Staatsmodell auch in den beiden anderen historischen Regionen Baskenland und Galizien von nationalistischen Parteien und Gruppierungen in Frage gestellt. Das bestehende Autonomiestatut ist ein verfassungsrechtlicher Kompromiss einer paktierten Transition, der zwar damals von Katalonien und dem Baskenland mitgetragen wurde, heute aber reformbedürftig erscheint. Vor allem die sozialdemokratische PSOE fordert seit einigen Jahren eine föderale Verfassung, um eine Unabhängigkeit Kataloniens zu verhindern und den Autonomen Gemeinschaften verbindliche

Rechte zu übertragen, die in der Carta Magna von 1978 nicht festgeschrieben sind und immer wieder zu Konflikten führen.

Erste Autonomiebestrebungen und Rezentralisierung unter Franco

Das regionale Bewusstsein und der Wunsch nach Autonomie nahmen seit dem Ende des 19. Jhs. und der Identitätskrise nach dem Verlust der letzten Kolonien 1898 zu. Die nationalistischen Bewegungen im Baskenland und Katalonien waren vor allem eine Reaktion der beiden Industrie- und Handelszentren auf das im Vergleich dazu kaum industrialisierte Kastilien und die Zuwanderer aus anderen, weniger entwickelten Regionen

Im Unterschied zu Katalonien besaß das Baskenland mit den im Mittelalter erworbenen sog. *fueros* Sonderrechte, die nie aufgehoben wurden und die einerseits ein Erstarken der Unabhängigkeitsbewegung wie seit 2010 in Katalonien verhinderten, andererseits aber auch für eine größere Distanz zum restlichen Spanien sorgten. Ende des 19. Jhs. forderte der konservative Katholik Sabino Arana, Gründer des bis heute dominanten *Partido Nacionalista Vasco* (PNV), erstmals ein unabhängiges, anti-liberales Baskenland basierend auf der eigenen Sprache, Tradition und Rasse. Bis zur spanischen Republik kam es immer wieder zu teilweise gewaltsamen Konfrontationen zwischen den baskischen Nationalisten und dem spanischen Zentralstaat.

Aranas eher rückwärtsgewandtes Bild vom Baskenland stand im Gegensatz zum modernen, bürgerlichen katalanischen Nationalismus. 1901 entstand in Barcelona unter Führung des Industriellen Francesc Cambó die bürgerlich-konservative *Lliga Regionalista,* die bis 1923 die katalanische Bewegung und Politik bestimmte und danach von der ERC als bedeutendster Regionalpartei abgelöst wurden. Zwar suchten die ersten Katalanisten eine weitgehende politische Autonomie, gleichzeitig aber auch den Schutz der heimischen Industrie durch Kastilien (Balfour/Quiroga 2007: 128). Trotz kultureller Zugehörigkeit zu Katalonien stellten die Nationalisten zum damaligen Zeitpunkt – anders als im Baskenland – nicht den Verbleib im spanischen Staat in Frage, sondern pflegten einen „dualen Patriotismus" (ebd.: 129).

Katalonien war die erste autonome Region Spaniens. In der Zweiten Repubik (1931-36), d.h. vor dem spanischen Bürgerkrieg, verabschiedete Katalonien schon 1932 das erste Autonomiestatut und schuf die sogenannte *Generalitat*, die die Regionalpolitik bestimmt. Im Baskenland war die Situation komplizierter. Nach langen ideologischen Auseinandersetzungen zwischen konservativen Nationalisten und progressiven Sozialisten wurde das erste baskische Autonomiestatut erst fünf Jahre später, zu Beginn des Spanischen Bürgerkrieges, verabschiedet und konnte nicht mehr umgesetzt werden (ebd.: 131).

Nach dem Bürgerkrieg zentralisierte die Franco-Diktatur die Machtstrukturen und verbot nicht nur die nationalistischen Bewegungen im Baskenland und Katalonien, sondern auch die Ausübung der eigenen Sprache und Kultur, die in der Folgezeit unterdrückt wurden. Infolge des Sieges der spanischen Nationalisten wurden den baskischen und katalanischen Nationalisten alle Rechte zugunsten eines autoritären, zentralistischen Einheitsstaat entzogen, der regionale Identitäten schlicht verbot.

Aus Sicht der regionalen Nationalisten diente die staatlich geförderte Zuwanderung von Spaniern aus anderen Regionen in die Industriegebiete des Baskenlandes und Katalonien der Spaltung der Gesellschaft und der Veränderung der traditionellen regionalen Eigenheiten. Bis heute sind das Baskenland und Katalonien im Unterschied zum ruralen Galizien die reichsten und am meisten industrialisierten Regionen und ziehen insofern Zuwanderung aus dem In- und Ausland an.

Drei Territorialmodelle

In der jüngeren Geschichte wechselten sich drei Modelle ab, von denen keines eine dauerhafte Lösung des Territorialstreits brachte:

Föderalismus: Der Begriff Föderalismus ist in Spanien missverständlich. Während der Unabhängigkeitskriege zählten die Kreolen im späteren Lateinamerika, d. h. die in Amerika geborenen Nachfahren der Spanier, am ehesten zu den Anhängern einer Föderation; im Mutterland selbst wurde damals eher für einen Zentralismus plädiert. Die Karlisten oder Traditionalisten, die für *Dios, Patria y Rey* (Gott, Vaterland und König) eintraten, zeigten wohl nur deswegen eine Nähe zu föderalen Elementen und den *fueros*, weil sie im Baskenland und Navarra die meiste Unterstützung erhielten. Die erste spanische Republik (1873) war von einer Föderalismusdebatte gekennzeichnet, die letztendlich an den unterschiedlichen Positionen der politischen Parteien sowie am Widerstand des Königshauses und der Streitkräfte scheiterte (Suanzes Carpegna/Muñoz Machado 2013). Damals war der Föderalismus alles andere als ein Erfolg und wurde auch wegen dieser elf Monate andauernden negativen Erfahrungen in der Folgezeit aufgegeben.

Zentralismus: Der Staatsstreich von Primo de Rivera 1923 und die Wiederherstellung der Ordnung des spanischen Einheitsstaates führte zu einer Rezentralisierung des Staatsmodells und dem Autonomieverlust der drei historischen Regionen. Das Baskenland und Navarra hingegen behielten die historischen *fueros*, die eine weitgehende Finanzautonomie garantieren, die auch Katalonien lange Zeit eingefordert hatte. Nach dem Ende der Zweiten Republik (1931-36) und dem Sieg der Nationalen gegen die Republikaner im Bürgerkrieg entzog General Franco nicht nur den Regionen, sondern auch den Provinzen und Kommunen jegliche Form der Verwaltungsautonomie. Nur das Baskenland behielt die historisch gewonnenen Rechte.

Autonomiestatus: Das in der spanischen Verfassung von 1978 verankerte Territorialmodell spiegelt einen Kompromiss zwischen Zentralismus und Föderalismus wider. Die 17 *Comunidades Autónomas* erhielten eine eigene Regierung und Kompetenzen in zahlreichen Bereichen einschließlich Bildungs-, Kultur- und Gesundheitspolitik sowie innere Sicherheit in Katalonien *(Mossos d'Esquadra)* und im Baskenland *(Ertzaintza)*, die insofern eine deutliche Abgrenzung gegenüber den übrigen Autonomien darstellen und gegen die Gleichbehandlung des *café para todos* sprechen. Die Regionen wurden nicht, wie immer wieder vom Baskenland und Katalonien gefordert, als Nationen innerhalb des spanischen Staatsverbundes anerkannt, sondern als „Nationalitäten" bezeichnet. Dieser semantisch-politische Konflikt zwischen Nation und Nationalität gelangte sogar bis zum Verfassungsgericht, das gegen eine „katalanische Nation" entschied und 2010 das per Referendum verabschiedete Autonomiestatut der Region u. a. aus diesem Grund für ungültig erklärte.

Unterschiede zwischen den historischen Regionen

Ursprünge und Ausprägung der „alternativen" Nationalismen im Baskenland, Katalonien und in Galizien sind sehr unterschiedlich. Der Nationalismus im Baskenland richtete sich ursprünglich gegen die Moderne und war eine ethnisch-ländliche Bewegung basierend auf der eigenen „Rasse" und Sprache. Die enge Allianz mit der katholischen Kirche, die Radikalisierung des Nationalismus durch die Terrorgruppe ETA einerseits und der Wertkonservatismus der baskischen Regionalpartei PNV andererseits prägen die jüngste Geschichte des Baskenlandes, das sich einerseits von der Zentralregierung abgrenzt, andererseits aber mit ihr kooperiert.

Im Unterschied dazu ist der katalanische Nationalismus kulturell und bürgerlich, sehr proeuropäisch, modern, urban und von der Herausbildung einer Industrie- und Handelsgesellschaft geprägt. Anders als der durch die Terrorgruppe ETA teilweise gewaltsame Separatismus im Baskenland in Opposition zu Madrid war der katalanische Nationalismus bis vor kurzem nicht radikal, sondern eher moderat und kulturell bedingt.

Der langjährige katalanische Regierungspräsident Jordi Pujol und einige seiner Nachfolger gehörten zum politischen Establishment Spaniens und bildeten selbst unter der konservativen PP-Regierung immer wieder das „Zünglein an der Waage", um Mehrheiten zu bilden.

In Galizien stellte die Volkspartei PP praktisch seit der Transition die Regionalregierung und kooperierte vor allem während der Amtsperiode von Aznar und Rajoy mit Madrid. Die nationalistischen galizischen Kräfte wie der *Bloque Nacionalista Galego* sind in der Opposition. Aufgrund dieser politischen Konstellation bezieht sich der galizische Nationalismus vor allem auf die Wahrung der eigenen Sprache und Kultur, hat sich aber nicht als politische Bewegung mit dem Ziel eines eigenen Staates oder weiterer Kompetenzen entwickelt.

8.3 Die katalanische Unabhängigkeitsbewegung

Seit 2010 fand in Katalonien ein Radikalisierungsprozess der Nationalisten statt, die sich immer weiter von der konservativen Madrider Zentralregierung distanzierten und das Recht auf Selbstbestimmung einfordern. Seither regieren die Separatisten Katalonien, mit dem vorrangigen Ziel, einen unabhängigen Staat zu bilden. Im Januar 2016 – einen Tag vor dem Ablauf der Frist – einigten sich die drei katalanischen Parteien ERC, Demokratie und Freiheit (CDC)[9] und die linksgerichtete CUP, die vier Monate zuvor durch ein Bündnis die Regionalwahlen gewonnen hatten, auf eine gemeinsame Regierung unter Führung von Carles Puigdemont, dem Kompromisskandidaten der CDC, nachdem die CUP eine gemeinsame Regierung unter Artur Mas abgelehnt hatte. Der neue katalanische Regierungschef gilt als überzeugter Unabhängigkeitsbefürworter und war zuvor Bürgermeister von Girona, einer der Hochburgen der katalanischen Unabhängigkeitsbewegung.

Die drei ideologisch sehr unterschiedlichen Parteien, die seit den Regionalwahlen vom 27.9.2015 an der Macht sind, setzten im Parlament erstmals eine Resolution zur Unabhängigkeit durch, die am 9.11.2015 mehrheitlich angenommen wurde. Als nächster Schritt ist eine verfassungswidrige Volksabstimmung in Katalonien geplant, die *Podemos* unterstützt, während die anderen Parteien sie ablehnen.

9 Eine 2015 entstandene Koalition zwischen *Convergència Democràtica de Catalunya*, der Partei von Artur Mas, und zwei kleineren Gruppierungen, die zusammen acht Sitze (einen weniger als ERC) im am 20. Dezember gewählten Parlament errang und dieses Ergebnis im zweiten Wahlprozess am 26. Juni 2016 wiederholte.

Die offene Provokation des in der katalanischen Geschichte zweiten *tripartito* spiegelt einen langjährigen Konflikt zwischen Regional- und Zentralregierung wider, der zur Radikalisierung beider Seiten geführt hat. Dabei vertrat der katalanische Nationalismus bis 2010 nicht das Ziel, einen eigenen Staat zu gründen. Nun geriet der Stein ins Rollen und die Situation erscheint verfahren, zumal die erneute Amtsperiode der verfassungstreuen Regierung Rajoy eher für eine Fortsetzung des Konflikts spricht. Andererseits aber wird die „Unabhängigkeit im Expressverfahren" auch in den eigenen Reihen der CDC-Nachfolgepartei PDECAT kritisiert und dürfte davon abhängen, wie die anstehenden Verhandlungen mit der Regierung Rajoy und der für Katalonien zuständigen Vizepräsidentin Sáenz de Santamaría verlaufen werden.

Bislang hatten sich beide Seiten in einen kaum lösbaren Rechtsstreit verstrickt, der vor allem den Radikalen in beiden Lagern nutzte. Der inzwischen offene Konflikt mit Madrid entstand unter der konservativen Mehrheitsregierung von Rajoy (2011-2016), der keinerlei Gesprächsbereitschaft zeigte und das katalanische Problem als ein rein juristisches abtat. Ob sich diese Position unter der Minderheitsregierung Rajoy, die größeren Druck seitens der Opposition erhält und auf ihre Zusammenarbeit angewiesen ist, ändern wird, bleibt abzuwarten.

Die Fronten sind verhärtet, denn die Regionalregierung will mit Hilfe der katalanischen Bewegung die Unabhängigkeit auch gegen den Widerstand Madrids und die Verfassung von 1978, die sie ohnehin nicht anerkennt, durchsetzen. 2017 soll erneut ein, diesmal offizielles, von der katalanischen Regierung Puigdemont einberufenes verfassungswidriges Referendum stattfinden.

Entstehungsgeschichte des Katalanismus

Welche Provinzen Katalonien bilden, wird von den Separatisten vor allem politisch und weniger territorial definiert. So gehörten weder Valencia noch die Balearen, auf denen ebenfalls ein Dialekt des Katalanischen gesprochen wird, in den Einzugsbereich der

Unabhängigkeitsbefürworter. Und auch der französische Teil zählt zwar kulturell zu Katalonien, ist aber nicht Teil der politischen Agenda der Separatisten.

Der katalanische Nationalismus entstand Ende des 19. Jhs. als elitenzentrierte, republikanisch-bürgerliche Bewegung, bis zum Militärputsch von Primo de Rivera 1923 unter der Führung der konservativen *Lliga Regionalista*. Dahinter standen nicht, wie heute, Separatismusbestrebungen, sondern die Forderung nach mehr Autonomie und der Wahrung der regionalen Identität sowie der Anerkennung des katalanischen Industriemodells als Vorbild für das restliche Spanien (Balfour 2007: 128).

Die Diktatur stärkte und radikalisierte die Autonomiebewegung in Katalonien. Während der Ersten Republik wurde die 1931 gegründete linksnationalistische Partei *Ezquerra Republicana Catalana* (ERC) die stärkste Kraft und setzte ein Jahr später das erste, zuvor durch ein Referendum verabschiedete, Autonomiestatut durch. Schon damals förderte die Regionalregierung *Generalitat* durch eine eigenständige Kultur- und Bildungspolitik die „Katalanisierung" der Gesellschaft.

Nach dem Sieg der Nationalisten wurden die Autonomiebestrebungen bis zum Ende der Franco-Diktatur 1975 brutal unterdrückt und Katalonien durch die staatlich geförderte massive Zuwanderung von Arbeitskräften aus dem Süden „zurückerobert". Die ab 1960 nach Katalonien aus anderen Regionen einströmende Migration war allerdings nicht unbedingt Teil eines Versuches zur Kastellanisierung, sondern gehorchte vor allem ökonomischen Interessen. Die Ressentiments gegen die Zentralregierung in Madrid hielten an und trugen zur Herausbildung einer, diesmal radikaleren, Autonomiebewegung bei. Erst nach 1975 gewann Katalonien einen Großteil seiner Kompetenzen zurück und setzte die Katalanisierung der Gesellschaft durch eigene Fernsehkanäle in *català*, spezielle Förderprogramme zur Verbreitung der katalanischen Geschichte, Literatur und Sprache sowie der obligatorischen Einführung des *català* in staatlichen Schulen, Forschungszentren und Universitäten fort.

Gemäßigter Katalanismus bis 2010

Lange Zeit forderte Katalonien dieselben Sonderrechte wie das Baskenland. Zu Beginn der Transition gelang es den Vätern der Verfassung, wie Miquel Roca, jedoch nicht, weitergehende Forderungen zugunsten der Selbstbestimmung und der Finanzautonomie durchzusetzen. Im Gegensatz zum Baskenland stimmte die katalanische Elite jedoch der damaligen Autonomieregelung zu und entschied sich für die erste Option (Art. 143 der Verfassung) einer raschen Durchsetzung eigener Institutionen und weitgehender regionaler Kompetenzen.

Das zweite Autonomiestatut begünstigte u. a. die Rückbesinnung auf die eigene Sprache und Kultur. Zahlreiche Kulturinstitute im In- und Ausland sorgen für die Aufrechterhaltung und Verbreitung des Katalanischen. Öffentliche Schulen und Universitäten in Katalonien sind mittlerweile ebenso zweisprachig wie die regionale Verwaltung. Katalanische Literatur, Theater, Film und andere kulturelle Aktivitäten werden von der Regionalregierung Generalitat unterstützt und wurden bis zur Wirtschaftskrise 2008 großzügig subventioniert.

Eine eigene Außen- und Entwicklungspolitik sorgte vor allem in Europa und Lateinamerika für die Wahrnehmung eines selbstbewussten und weitgehend autonomen Kataloniens. Die Olympiade, 1992 in Barcelona abgehalten, brachte weiteres Prestige und modernisierte die Infrastruktur, die mit dazu beitrug, Katalonien und Barcelona als internationales Tourismuszentrum zu profilieren. Schon damals warb die Regionalregierung von Jordi Pujol (1980-2003) während der Kampagne zur Olympiade damit, „Katalonien sei ein unabhängiger Staat in Europa".

Der langjährige Präsident der *Generalitat*, Jordi Pujol, der sich 2016 wegen schwerer Korruptionsvorwürfe vor Gericht verantworten musste, und die von ihm 1974 gegründete Partei *Convergència Democràtica de Catalunya* (CDC) standen für einen gemäßigten und vor allem kulturell geprägten Nationalismus, der mit den PP- und PSOE-Regierungen kooperierte und im Gegenzug weitere regionale Kompetenzen für Katalonien erhielt.

Es folgten zwei relativ instabile Regierungen des sog. *tripartito*, des Dreiparteienbündnis zwischen ERC, Sozialisten und der Linksgruppierung ICV-EuiA, denen von 2003 bis 2006 der Sozialist und ehemalige Bürgermeister von Barcelona, Pasqual Maragall, vorstand und bis 2010 José Montilla, der vorherige Industrie- und Handelsminister unter Zapatero.

2006 formulierte Katalonien, unter der damaligen Regierung Maragall ein neues Autonomiestatut mit weitgehenderen Befugnissen in den Bereichen Steuerrecht, Kultur- und Bildungspolitik. Das Statut wurde per Referendum von den katalanischen Bürgern angenommen, 2010 aber nach einer Klage von PP-Abgeordneten für ungültig erklärt, u. a. mit der Begründung, Katalonien sei keine eigene „Nation". Das Verfassungsgerichtsurteil gilt für viele als Auslöser für die nachfolgende Unabhängigkeitsbewegung unter der Führung der konservativen Regierung von Artur Mas *(Convergència)*, die zuvor zahlreiche Zentralregierungen, u. a. auch die von Aznar, teilweise unterstützt hatte und 2010 die Regionalwahlen gewann.

Seitdem kann von Formen eines identitären Nationalpopulismus in Katalonien gesprochen werden, der sich u. a. gegen bestehende Gesetze und Institutionen des spanischen Zentralstaates richtet, der auch als Sündenbock für politische Fehler der heimischen Elite herhalten muss. Die massive Korruption unter dem einstigen „katalanischen König" Pujol und seiner Familie trug erheblich zu den Wahlverlusten seiner Partei, der Spaltung von *Convergència i Unió* und dem unfreiwilligen „Abdanken" von Mas bei, wird von einigen Nationalisten aber auch den – angeblich von Madrid manipulierten – Medien angelastet, die den Skandal ausschlachten, um Katalonien zu schaden. Eine ähnliche Argumentation wurde im Streit um die hohe Verschuldung der Autonomen Gemeinschaften angeführt, die ebenfalls Madrid angelastet wurde.

Radikalisierung unter Artur Mas und Puigdemont

Nach der Aberkennung des Autonomiestatuts durch das Verfassungsgericht war in Katalonien ein starker Anstieg der Befürworter der Unabhängigkeitsbewegung zu verzeichnen: Lediglich 36 %

waren es im März 2001, 43 % im Juni 2011, 45 % im Februar 2012, 51 % im Juli 2012[10] und 44,9 % (gegenüber 45,1 % Gegenstimmen) im November 2016 (nach Angaben des katalanischen Meinungsforschungsinstituts COE). Seit 2010 entstand unter der Regierung von Mas, Parteigenosse von Pujol, eine breite Bürgerbewegung für die Abspaltung von Madrid, die durch die Massenkundgebungen während der katalanischen Nationalfeier am 11. September jedes Jahr erneut unter Beweis gestellt wird.

Von Anfang an unterstützte Mas nicht nur die Separatisten, sondern setzte sich sogar an die Spitze der Bewegung. Die Radikalisierung der bürgerlichen CDC war auch eine Reaktion auf die starre Haltung in Madrid, da Regierungschef Rajoy im Gegensatz zu anderen Regierungen nicht mit der katalanischen Regierung verhandelte und kein Dialog über eine Neuverhandlung des katalanischen Autonomiestatuts zustande kam.

2013 forderte Mas dann zusammen mit der ERC und den nationalistischen Organisationen Omnium Cultural und der katalanischen Nationalversammlung ANC die Abhaltung eines Referendums über die Selbstbestimmung in Katalonien. Zwar verhinderte die PP-Regierung von Rajoy 2014 eine offizielle Volksabstimmung zum Thema, es fand aber in Katalonien eine von den beiden oben genannten Organisationen abgehaltene nicht offizielle Abstimmung statt, derzufolge eine knappe Mehrheit der Katalanen zum damaligen Zeitpunkt einen eigenen Staat befürwortete (Gratius/Lang 2015).

Bei den als Plebiszit propagierten, vorgezogenen Regionalwahlen am 27.9.2015 gewann dann die Koalition der Unabhängigkeitsbefürworter, bestehend aus der Partei von Mas *(Convergència)*, der ERC von Oriol Junqueras sowie Omnium Cultural und ANC. Die heterogene Koalition *„Junts pel Sí“* (Gemeinsam für das Ja) von Mas, Junqueras und Raúl Romeva (von der ökologischen Linkspartei ICV) erzielte einen knappen Sieg, der erneut die Spaltung der Katalanen in der Frage der Unabhängigkeit unterstrich.

---

10 Manuel Castells, Catalunya, ¿revolución tranquila? Revolución no implica violencia: la revolución nacional de Catalunya será pacífica o no será, in: La Vanguardia, 27.5.2014.

Unter dem Vorsitz der ehemaligen Präsidentin des ANC und Parteimitglied der ERC, Carme Forcadell, gegen die ein Verfahren wegen Verfassungsverstoß läuft, will das katalanische Parlament in kürzester Zeit die Unabhängigkeit von Spanien durchsetzen.

Dahinter steht auch ein ideologischer Konflikt zwischen dem Mitte-Links-Bündnis der Nationalisten und der konservativen zentralistischen PP in Madrid. Der katalanische Separatismus entspricht der Feindbildlogik (in diesem Fall Madrid) und lenkt gleichzeitig von internen Problemen ab, wie der zum Teil selbstversursachten sozialen und wirtschaftlichen Krise oder dem Korruptionsskandal um den langjährigen Regierungschef Pujol und seine Familie, die Gelder veruntreut und auf Konten in der Schweiz und anderen Finanzparadiesen überwiesen haben soll. Die Radikalisierung der katalanischen Nationalisten hat viele Gründe. U.a. geht es auch um die Verteilung von Ressourcen, denn, im Gegensatz zu Kastilien, war Katalonien seit dem 19. Jh. eine hochentwickelte Handels- und Industrieregion mit einer proportional höheren Wirtschaftsleistung als im Zentrum und dem Süden Spaniens. Nach dem Kalkül der Unabhängigkeitsbefürworter zahlt Katalonien proportional gesehen zu viel Geld an andere Autonomien, weshalb kaum etwas im eigenen „Land" bleibe. Zentralisten hingegen widerlegen diese Argumente mit anderen Zahlen und Schaubildern. Angesichts der wenig transparenten Finanzierung zwischen Zentralstaat und Autonomien lässt sich von außen kaum beurteilen, wer im Recht ist. Wäre Spanien ein föderaler Staat, würden klar ausgehandelte Regeln und Vereinbarungen den Verteilungs- und Machtkonflikt abschwächen.

Ein unabhängiges Katalonien?

„Die Hälfte Kataloniens bricht mit der spanischen Demokratie", titelte *El País,* nachdem das von Separatisten dominierte katalanische Regionalparlament mit 72 gegen 63 Stimmen am 9.11.2015 – dem Tag des im Vorjahr zelebrierten Referendums – eine Resolution zugunsten der künftigen Unabhängigkeit von Spanien angenommen hatte. Die Zentralregierung in Madrid klagte vor dem Verfassungsgericht. Es zeichnet sich ein langer Rechtsstreit ab, der erst dann enden wird, wenn beide Seiten erfolgreich verhandeln und Kompromissbereitschaft zugunsten der Einheit Spaniens zeigen.

Die katalanische Gesellschaft hat sich gespalten und viele fürchten die möglichen Konsequenzen einer Unabhängigkeit, wie den Austritt aus der Europäischen Union und dem Euro, Investitionsflucht sowie einen offenen Konflikt mit Madrid und dem Rest Spaniens, von dem Katalonien wirtschaftlich abhängt. So entstand 2006, unter der Führung des für seine brilliante Rhetorik bekannten Albert Rivera, der bei den Parlamentswahlen am 20.12.2015 und im Juni 2016 mehr als 13 % der Stimmen erzielte, mit *Ciudadanos* eine politische Partei, die ursprünglich als Gegenbewegung zur Unabhängigkeitsbewegung konzipiert war, dann aber ihr Programm auf ganz Spanien erweiterte. Auch Abtrünnige wie der ehemalige Vorsitzende der *Unió Democràtica de Catalunya* (UDC), dem Koalitionspartner der CDC, Josep Antoni Duran y Lleida, gründeten eigene Parteien und das langjährige erfolgreiche Bündnis zwischen *Convergència y Unió* zerbrach 2015 an der Frage der Unabhängigkeit, die von der *Unió* (UDC) nicht mitgetragen wurde. Auch die CDC erlitt nach den Wahlen 2016 und dem Führungswechsel von Mas zu Puigdemont eine Identitätskrise, die im Herbst 2016 mit der Umbenennung der Partei unter dem Namen PDECAT (Demokratische Partei Europas und Kataloniens) endete.

Die Radikalisierung des urbanen katalanischen Nationalismus ist ein relativ neues Phänomen und basiert, im Unterschied zum Baskenland, auf einem breiten Bündnis, das auch die zahlreichen Einwanderer aus dem restlichen Spanien und dem Ausland miteinbezieht. Die Unterstützung der Separatisten durch etwas weniger als die Hälfte der Bürger wurde in den letzten Jahren durch zahlreiche, von der Zivilgesellschaft und den nationalistischen ANC und *Omnium Cultural* organisierten, Massendemonstrationen und Menschenketten für die Unabhängigkeit unter Beweis gestellt. Der integrative Charakter des neuen katalanischen Nationalismus steht im Gegensatz zum ethnischen, elitären baskischen Separatismus, der sich erst in den letzten Jahren stärker auf die linguistische Komponente und nicht auf Traditionen und die baskischen Wurzeln beruft. Auch insofern ist der katalanische Nationalismus progressiver und der linken republikanischen Tradition während des Spanischen Bürgerkrieges verpflichtet.

8.4 Separatismus und Autonomie im Baskenland

Im Vergleich zur katalanischen Unabhängigkeitsbewegung wird der baskische Nationalismus eher ethnisch als kulturell begründet. Die 2014 verfilmte und sehr erfolgreiche spanische Komödie „Ocho apellidos vascos" (acht baskische Nachnamen) spielt auf eben diesen ethnisch motivierten baskischen Nationalismus an, der ursprünglich von Sabino Arana, dem Gründer der baskischen Nationalpartei PNV, propagiert wurde. Ein weiterer Unterschied zum katalanischen Separatismus, der auf einem breiten ideologischen Bündnis beruht, ist die interne Polarisierung zwischen der konservativ-moderaten PNV und den Linksnationalisten von EH *Bildu*, zu denen auch Sympathisanten der Terrorgruppe ETA gehören. Während Letztere bei den Regionalwahlen Ende September 2016 erhebliche Stimmenverluste hinnehmen mussten, gewann die PNV unter Führung von Iñigo Urkullu eine deutliche Mehrheit und stellt erneut den *Lehendakari* (Regierungschef).

Entstehungsgeschichte des baskischen Nationalismus

Das Baskenland blickt auf eine eigene Geschichte und Sprache zurück. Die Wurzeln des Baskischen als einziger nicht indogermanischen Sprache in Westeuropa sind umstritten. Etwa 700 000 bis 800 000 Basken im In- und Ausland sprechen *Euskera*. Aufgrund der zahlreichen Dialekte und nach der Repression während der Franco-Diktatur wird die baskische Sprache erst allmählich rekonstruiert und vereinheitlicht.

Ebenso wie in Katalonien misst die Regionalregierung der Rückbesinnung und Verbreitung der eigenen Kultur und Sprache eine große Bedeutung bei. Auch im Baskenland sind Schulen, Verwaltung und Universitäten inzwischen zweisprachig und die Regionalregierung bietet zahlreiche kostenlose Kurse für Basken und Einwanderer an. Im Gegensatz zu Katalonien, wo sich eine breite Massenbewegung für einen eigenen Staat entwickelt hat, blieb der baskische Separatismus jedoch elitärer und bezieht die nichtbaskischen Einwanderer kaum mit ein.

Welche Provinzen zum Baskenland gehören, ist ebenso umstritten wie der Ursprung des Baskischen. Offiziell bilden lediglich Álava, Guipúzcoa und Vizcaya das auch als *Euskadi* bezeichnete Baskenland, viele Nationalisten zählen aber auch die drei französischen Provinzen (Lapurdi, Zuberoa und Benafarroa) und Navarra zum baskischen Großreich *Euskal Herria*. Letzteres bildet für linksnationalistische Parteien, wie die 2011 gegründete *Bildu*, das Symbol eines mächtigen, unabhängigen Baskenlandes.

Das Baskenland verfügt über mehr Kompetenzen (u. a. in den Bereichen Sozialpolitik, Gesundheit, Justiz sowie Finanzautonomie) als die beiden anderen historischen Regionen Galizien und Katalonien. Die während der Karlistenkriege im 19. Jh. entstandenen Sonderrechte, die *fueros*, wurden dem Baskenland unter der Diktatur offiziell nicht entzogen, auch wenn die eigene Sprache und Kultur über vierzig Jahre verboten waren, was ebenso wie in Katalonien noch immer Ressentiments gegen die Zentralregierung in Madrid auslöst.

Der baskische Nationalismus entstand Ende des 19. Jhs. und war Ausdruck der damaligen agrarisch geprägten Gesellschaft und des Einflusses der katholischen Kirche. Letztere stellt nach wie vor einen politischen Machtfaktor im Baskenland dar. Für die linken Parteien und die ETA waren insbesondere die Jesuiten prägend, für die Konservativen das Opus Dei, eine Organisation, die auch in Madrid über erheblichen Einfluss in den Bereichen Politik und Bildung verfügt. Die nationalistische Baskische Partei PNV stellt bis in die Gegenwart die Regierung des Baskenlandes und gewinnt bei fast allen Wahlen die meisten Stimmen, wohingegen die linken nationalistischen Parteien deutlich in der Minderheit sind.

Konservativer Nationalismus der PNV

Bei den letzten Wahlen zum Regionalparlament am 26. September 2016 entfielen auf den klaren Gewinner PNV 28 der 75 Sitze, sodass sie auf Koalitionspartner angewiesen bleibt. Nach dem deutlichen Stimmenzuwachs der linksnationalistischen Partei *Bildu* bei den Wahlen 2012 (21 Sitze) verlor die zweitstärkste Partei drei Abgeordnete im Regionalparlament und erzielte lediglich 18 Sitze. An dritter Stelle positionierte sich *Podemos* mit 11 Abgeordneten. Zu den Wahlverlierern gehörten auch die sozialistische Partei PSOE, die sieben Sitze abgeben musste und nur noch mit 9 im Parlament vertreten ist, ebenso wie die PP.

Das Baskenland hatte mehrere Jahre vor dem katalanischen Unabhängigkeitsprozess das Recht auf Selbstbestimmung gefordert. Der langjährige *Lehendakari* Juan José Ibarretxe (1999-2009) von der PNV kündigte 2001 einen Plan zur Selbstbestimmung an, der – wie in Katalonien – ein Referendum über die Unabhängigkeit vorsah sowie weitere Kompetenzübertragungen einschließlich einer autonomen Justiz.

Der sogenannte *Plan Ibarretxe,* der eine geteilte Souveränität anstrebte, wurde 2004 vom baskischen Parlament angenommen und dem spanischen Kongress vorgelegt, der das Vorhaben im Januar 2005 jedoch mit deutlicher Stimmenmehrheit ablehnte. Auch die katholische Kirche im Baskenland hatte sich gegen das Recht auf Selbstbestimmung ausgesprochen, wohingegen *Herri Batasuna* den Plan als zu moderat kritisierte und ebenfalls verwarf.

Damit scheiterte der baskische Unabhängigkeitsprozess schon vorab auf dem Rechtswege und an der internen Opposition. Im Gegensatz zu Katalonien fand keine Volksabstimmung zur Unabhängigkeit statt, die zudem möglicherweise negativ ausgefallen wäre, da der baskische Nationalismus radikaler ist und keine breite Volksbewegung konstituiert. Bei den Regionalwahlen 2009 paktierten die sozialistische und die Volkspartei und konnten so den *Lehendakari* stellen. Der Sozialist und 2016 zeitweilige Vorsitzende des Kongresses, Patxi López, regierte lediglich eine Legislaturperiode lang und gab 2012 das Mandat wieder an einen Kandidaten der PNV, den 2016 wiedergewählten *Lehendakari* Iñigo Urkullu, ab.

Der bewaffnete Kampf der ETA

Die Radikalisierung des baskischen Separatismus erfolgte während der Franco-Diktatur. Ein kleiner Zirkel nationalistischer Oppositioneller, die meisten von ihnen Jesuiten und Teil der PNV-Jugendorganisation, wählten den Weg des bewaffneten Widerstandes gegen das Regime. Sie schlossen sich am 31. Juli 1959 in der radikalen, nationalen und sozialistischen Untergrundorganisation Baskenland und Freiheit, *Euskadi ta Askatasuna* (ETA), zusammen, um für ein unabhängiges Baskenland zu kämpfen. Zum damaligen Zeitpunkt unterstützte ein Großteil der baskischen Bevölkerung den bewaffneten Kampf gegen die Diktatur und stellte sich hinter das Ziel eines unabhängigen, freien Baskenlandes (Schütz 2012: 76). Der Schauprozess von 1970, bei dem 16 ETA-Mitglieder zum Tode oder zu lebenslanger Haft verurteilt wurden, trug zur weiteren Radikalisierung der nationalistischen Bewegung im Baskenland bei und erhöhte im In- und Ausland den Druck auf das Franco-Regime. Der sog. Burgos-Prozess wurde später in einem Film „El proceso de Burgos“ aufgearbeitet.

Unterstützt von einem Großteil der baskischen Bevölkerung setzte ETA den bewaffneten Kampf fort und ermordete 1973 Luis Carrero Blanco, der die Nachfolge Francos antreten sollte. Das Attentat und weitere Anschläge der ETA gegen die Diktatur trugen entscheidend zur Destabilisierung des Regimes bei (ebd.: 76 f.). Während der Diktatur, vor allem aber in den ersten Jahren der Demokratie war die ETA für die Ermordung von 824 Militärs, Polizisten, Industriellen, Politikern und Zivilisten verantwortlich.

ETA finanzierte sich zunächst durch Zuwendungen baskischer Bürger und die Unterstützung revolutionärer Regierungen sowie später durch die so genannte Revolutionssteuer, die vor allem Unternehmer und reiche Bürger zahlen mussten; hinzu kamen Drogen- und Waffengeschäfte. So entstand nach und nach ein kriminelles Netzwerk, das die politischen und ideologischen

Zielsetzungen der ETA allmählich in den Hintergrund treten ließ.

ETA und die militanten Nationalisten *Abertzale* gaben den bewaffneten Kampf auch nach der Diktatur unter den veränderten Bedingungen der paktierten Demokratie nicht auf, da es ihnen nicht gelang, ihre Forderung nach einem unabhängigen Baskenland zu verwirklichen. Infolgedessen lehnten die radikalen Nationalisten einschließlich des politischen Arms der ETA, *Herri Batasuna* (heute teilweise *Bildu*), die verfassungsrechtliche Lösung der Autonomen Gemeinschaften ebenso ab wie das baskische Statut von Guernika[11], das 1979 per Referendum mehrheitlich angenommen wurde und nach wie vor die regionale Rechtsprechung konstituiert.

Die Fortsetzung der Attentate unter den neuen Bedingungen der Demokratie setzte vor allem in den achtziger Jahren – allein 1980 ermordete ETA 93 Personen – eine Spirale von Gewalt und Gegengewalt in Gang, die zahlreiche Todesopfer kostete. So soll das spanische Innenministerium auch während der Regierung von Felipe González die paramilitärische Gruppe GAL *(Grupos Antiterroristas de Liberación)*, die zahlreiche Etarras oder vermeintliche Terroristen ermordete, unterstützt und sogar gesteuert haben (Schütz 2012: 77 ff.). Zwar wurden einige Verantwortliche – u. a. der ehemalige Direktor der *Guardia Civil*, Luis Roldán – zu mehrjährigen Gefängnisstrafen verurteilt, ganz aufgeklärt wurde die GAL-Affäre allerdings nicht.

Die Wirtschaftskrise der 1980er Jahre, die vor allem die baskische Werften- und Schwerindustrie empfindlich traf, trug zur Rekrutierung arbeitsloser junger Basken bei, die im bewaffneten Straßenkampf gegen die staatliche Zentralregierung, nicht-nationalistische Parteien und alle Bürger, die nicht mit ihren Zielen sympatisierten, eine neue Aufgabe fanden und zur weiteren Anspannung der Situation im Baskenland beitrugen. Der Bombenanschlag gegen die Supermarktkette Hipercor in Barcelona 1987, bei dem 21 am Konflikt unbeteiligte Personen starben, führte zu einer weiteren

11 Guernika war der Ort im Baskenland, den die Faschisten im Bürgerkrieg bombadierten, ein Trauma, das im gleichnamigen Bild von Pablo Picasso – ausgestellt im Museum Reina Sofía in Madrid – zum Ausdruck kommt.

Distanzierung der Bevölkerung von den Zielen und Methoden der ETA. Seit Mitte der 1980er Jahre verhandelten nahezu alle Regierungen, einschließlich der konservativen PP, mit ETA. Diese Gespräche scheiterten ausnahmslos an der Frage der Freilassung aller politischer Gefangenen, den Bedingungen für die Aufgabe des bewaffneten Kampfes sowie den radikalen Forderungen nach einem unabhängigen Baskenland. Internationale Vermittlungen lehnten die spanischen Regierungen ab.

Ein weiterer Streitpunkt war jahrelang die Frage, ob die linke, der ETA nahestehende Unabhängigkeitspartei *Herri Batasuna* eine legale Partei sei oder aber verboten werden solle. Die 1978 entstandene Koalition wurde erst 1986 als politische Partei registriert, gründete sich 2001 unter dem Namen *Batasuna* neu und wurde 2003 vom spanischen Verfassungsgericht verboten. Eine Koalition aus fünf linksnationalistischen Parteien vereinigte sich 2011 zur Partei *Bildu*, die nach einem Rechtsstreit vor dem Verfassungsgericht ein Jahr später unter dem Namen *Euskal Herria Bildu* weiterexistiert.

Auch ohne Friedensabkommen verloren die radikalen Nationalisten im Baskenland immer mehr an Rückhalt, und es bildete sich eine Bürgerbewegung gegen die terroristische Gewalt, die sich jetzt nicht nur gegen Militär, Polizei und Politik, sondern auch gegen Zivilisten oder Juristen richtete, u. a. wurde 1996 der ehemalige Präsident des Verfassungsgerichts, Francisco Tomás y Valiente, ermordet. Die Bürgerinitiative *Asociación de Víctimas del Terrorismo* (AVT), die einen Dialog mit ETA ablehnt, bildet eine einflussreiche Lobby, die vor allem die Politik der PP in Madrid und im Baskenland entscheidend mitbestimmt.

1997 protestierten in ganz Spanien über 6 Mio. Bürger gegen die Entführung und Ermordung des PP-Abgeordneten Miguel Ángel Blanco aus Ermua. Die Stimmung kippte und selbst linksnationalistische Parteien positionierten sich Ende der 1990er Jahre gegen die ETA, die ebenso wie andere militante Gruppen im Baskenland an politischem Rückhalt verlor und durch die enge Zusammenarbeit zwischen französischen und spanischen Sicherheitskräften erfolgreich bekämpft wurde.

Der Anschlag von Atocha am 11. März 2004 wurde, entgegen anfänglicher Behauptungen der damaligen Regierung von Aznar, nicht von der ETA begangen, sondern von muslimischen Fundamentalisten. Die falschen Anschuldigungen und die spanische Beteiligung am Irak-Krieg kosteten die Regierung Aznar die Wahlen, die drei Tage nach dem Attentat stattfanden und vom sozialistischen Kandidaten Rodríguez Zapatero gewonnen wurden.

Der Bombenanschlag der ETA auf den Flughafen in Madrid am 30.12.2006 war das vorläufig letzte Attentat, das den damals stattfindenden Verhandlungen mit der Regierung von Zapatero ein abruptes Ende setzte. Trotz des Abbruchs der Verhandlungen, die von der konservativen Regierung Rajoy nicht wiederaufgenommen wurden, kündigte die ETA am 20.10.2011, kurz nach einer internationalen Friedenskonferenz im baskischen San Sebastián, überraschend das Ende des bewaffneten Kampfes an. Seitdem sind keine weiteren Attentate bekannt. Allerdings erfolgte bislang kein Friedensabkommen nach dem Vorbild Irlands und das Bild des Baskenlandes wird noch immer von der Erinnerung an den gewaltsamen Separatismus geprägt.

8.5 Kein Separatismus in Galizien

Das im Nordosten gelegene Galizien besteht aus den vier Provinzen La Coruña, Lugo, Orense und Pontevedra. Mit 2,7 Millionen Einwohnern belegt Galizien den fünften Rang der Autonomien und gilt als politisch schwächste und wirtschaftlich unterentwickeltste der drei historischen Regionen. 2016 war Galizien die Autonome Gemeinschaft mit dem geringsten wirtschaftlichen Wachstum – lediglich 0,5 % –, fast ein Prozent unter dem nationalen Wert. Beim Pro-Kopf-Einkommen ist Galizien nach Melilla, Castilla-La Mancha, Murcia, Ceuta und den Kanaren die sechstärmste Region, wohingegen Madrid, das Baskenland, Navarraund Katalonien die wohlhabendsten Autonomien sind.

Die PP-Hochburg Galizien

Im Gegensatz zum Baskenland und Katalonien hat sich in Galizien keine Unabhängigkeitsbewegung formiert und auch die Zweisprachigkeit Galego/Kastilisch konnte sich im öffentlichen Dienst nicht durchsetzen. Allerdings wird der Wahlkampf seit einigen Jahren, ebenso wie in Katalonien, in der Landessprache geführt. Galizien verabschiedete als letzte der drei historischen Nationalitäten erst 1981 ein eigenes Autonomiestatut. Die Region gilt als „*Feudo*" der Volkspartei PP. Mit Ausnahme der Jahre 2005 bis 2009, als die sozialistische Partei mit dem nationalistischen BNG paktierte und so den Präsidenten der *Junta de Galicia* stellen konnte, wurde die nordwestliche, an Portugal angrenzende Region stets von der konservativen Volkspartei PP regiert.

Die Dominanz der PP geht auf die langjährige Herrschaft des politisch umstrittenen ehemaligen Tourismusministers unter Franco, Manuel Fraga Iribarne, zurück. Der Lokalbaron stellte zwischen 1990 und 2005 die galizische Regierung und war während der Übergangsregierung von Carlos Arias Navarro Vizepräsident und Innenminister. Der 2012 verstorbene Fraga war auch an der Ausarbeitung der spanischen Verfassung von 1978 beteiligt und galt innerhalb des Franco-Regimes als Reformer.

In Galizien setzte Fraga eine Erweiterung der regionalen Kompetenzen, die Förderung der eigenen Kultur und Sprache sowie finanzielle Zuwendungen aus Madrid durch, geriet aber durch das Missmanagement nach dem Schiffsunglück der Prestige 2002, als 64 000 Tonnen Schweröl die spanische und französische Küste verschmutzten, in die Kritik, da keiner der Verantwortlichen vor Gericht gestellt wurde, und verlor bei den Wahlen 2005 an Rückhalt in der Bevölkerung.

Im Gegensatz zu ihrer Minderheitsposition im Baskenland und in Katalonien bleibt die PP in Galizien die stärkste Partei. Seit 2009 regiert der Vorsitzende der galizischen PP, Alberto Núñez Feijóo, die Region. Die Veröffentlichung von Fotos, die seine frühere Freundschaft mit einem bekannten Drogenbaron bezeugen, schadeten seinem Ruf, hinderten ihn jedoch nicht daran, als Spitzenkandidat der PP erneut die Regionalwahlen mit einer deutlichen Mehrheit von 47,5 % und 41 Sitzen im Parlament zu gewinnen. Zweitstärkste Kraft wurde die *Podemos*-nahe *En Marea* mit 19 % der Stimmen und 14 Abgeordneten. Erstmals belegte die PSOE mit 17,8 % der Wähler und ebenfalls 14 Sitzen – vier weniger als bei den Regionalwahlen 2012 – lediglich einen dritten Platz im galizischen Parlament.

Mit lediglich 6 Abgeordneten und 8,3% der Stimmen erzielte die linksnationalistische Koalition *Bloque Nacionalista Galego* (BNG) ein schlechtes Ergebnis. Die Partei wurde 1982 gegründet und setzt sich für die Wahrung der galizischen Geschichte, Sprache und Kultur ein. Der BNG stellt in zahlreichen Städten Galiziens, u. a. in Pontevedra, den Bürgermeister.

Die 1988 entstandene Jugendorganisation des BNG, *Galiza Nova,* vertritt radikalere Positionen und einige ihrer Anhänger fordern ein selbstbestimmtes, von Madrid unabhängiges Galizien. Seit der Wahl des Ökonomieprofessors Xavier Vence zum Vorsitzenden des BNG, der im Februar 2016 von der Politologin Ana Pontón als erste Frau an der Spitze der Partei abgelöst wurde, steht die Unabhängigkeit auch im Programm der BNG.

Zwar ist die galizische Regionalregierung Teil der Madrider Zentralregierung – Mariano Rajoy warb in Galizien für die Wiederwahl von Feijoo – konnte aber finanziell kaum davon profitieren. Galizien bleibt eine vergleichsweise arme, von der Landwirtschaft, der Textilindustrie um den multinationalen Konzern Inditex (Zara) in Arteijo und dem Drogenhandel geprägte Region, die im Vergleich zu Extremadura oder Andalusien weniger finanzielle Unterstützung aus Madrid erhält.

Kultureller Nationalismus

So sind auch galizische Sprache und Kultur – eine der ältesten Spaniens – im Vergleich mit dem Baskenland und Katalonien weniger verbreitet. Der galizische Nationalismus ist kulturell geprägt und hat bislang keine eigene politische Agenda für die

Unabhängigkeit der Region entwickelt. Der nationalistische BNG blieb eine eher marginale Linkspartei in der Opposition, der es lediglich einmal gelang, zusammen mit den Sozialisten die Regionalregierung zu stellen. Eine mehrheitliche Alternative zur Hegemonie der Volkspartei zeichnet sich derzeit nicht ab.

8.6 Bricht Spanien auseinander?

Abschließend betrachtet vertreten die drei historischen Regionen keine gemeinsame politische Agenda gegenüber Madrid. So sind zwei voneinander getrennte Unabhängigkeits- und Selbstbestimmungsbewegungen entstanden, die sich zudem von der engen Verbindung zwischen Zentral- und Regionalregierung in Galizien abgrenzen. Ein Auseinanderbrechen des Landes ist trotz einseitiger Unabhängigkeitsbestrebungen der politischen Elite in Katalonien und der radikalen baskischen Nationalisten eher unwahrscheinlich. Das Risiko eines eigenen Staates außerhalb der EU oder aber einer offenen Kontrontation mit Madrid scheint zu groß, um diesen Schritt auch wirklich zu gehen. Zudem spricht sich etwas mehr als die Hälfte der katalanischen Bevölkerung gegen einen unabhängigen Staat aus. Wie und ob sich der Streit zwischen Barcelona und Madrid lösen lässt, bleibt dennoch offen. Vier Optionen wären denkbar:

1. Ein Szenario wäre ein langjähriger, ermüdender Rechtsstreit und das Auseinanderbrechen der heterogenen Koalition der Separatisten in Katalonien sowie die Einberufung von Neuwahlen vor Ablauf der Regierungsperiode.
2. Ein anderes Szenario wären mögliche Verhandlungen über eine Erweiterung der Kompetenzen der Regionalregierung und finanzielle Zugeständnisse an Katalonien seitens der Zentralregierung.
3. Eine Verfassungsreform und die territoriale Neuordnung durch ein Föderalismus- oder Konföderalismusmodell wäre ein Szenario, welches sich in einer neuen politischen Konstellation 2016 eröffnen könnte.

4. Erst an letzter Stelle stünde ein unabhängiges Katalonien als Ergebnis des Scheiterns der drei erstgenannten Szenarien und eines langsamen Übergangs in die Unabhängigkeit.

Ob und wie der territoriale Konflikt in Spanien letztendlich gelöst wird, ist vor allem von der Gesprächs- und Verhandlungsbereitschaft der nächsten Zentralregierung in Madrid abhängig, die den „Schlüssel" (Lang 2013) für das Auseinanderbrechen des Landes oder aber einen neuen Pakt des Zusammenlebens in Händen hält.

9. Justizsystem

Das spanische Justizsystem und die Gesetzgebung stehen in der Tradition des *civil law*, es sind lebenslängliche Posten im Staatsdienst vorgesehen. Die Verfassung geht in zehn Artikeln 117-127 auf diesen Bereich ein.

Die Struktur des Justizwesens ist in der umfangreichen *Ley Orgánica 6/1985, de 1 de julio, del Poder Judicial* niedergelegt. Es besteht ein *Consejo General del Poder Judicial* (Richterwahlausschuss), dem der Präsident des Obersten Gerichtes vorsitzt und dem weitere 20 Mitglieder angehören. 2013 wurde dieser Ausschuss mit einem neuen Gesetz reformiert.

Nach der Verfassung sind Ausnahmegerichte ausdrücklich verboten, die Todesstrafe ist abgeschafft. Die Unabhängigkeit der Justiz soll u. a. durch die Immunität der Richter gewährleistet werden, die während ihrer Amtszeit nicht Mitglied einer Partei oder Gewerkschaft sein dürfen.

Kontrovers bleibt im Lande die justizielle Aufarbeitung der Vergangenheit. Als Baltasar Garzón, Untersuchungsrichter an der *Audiencia Nacional*, auf der Grundlage der *Ley de Memoria Histórica* 2007 Ermittlungen zu den Verbrechen des Franquismus einleiten wollte, wurde er selbst von falangistischen Gruppen verklagt. Anfang 2010 akzeptierte der Oberste Gerichtshof eine von der immer noch legalen Franco-Partei *Falange Española* unterstützte Klage wegen Rechtsbeugung gegen Garzón wegen dessen Untersuchungen von Gräueltaten aus der Zeit des Franco-Regimes; im März 2012 wurde der seit Mai 2010 suspendierte Garzón von diesen Vorwürfen freigesprochen. Jedoch wurde er am 23.2.2012 für elf Jahre von Justizfunktionen ausgeschlossen, weil er bei der Untersuchung eines Korruptionsfalls, in den prominente PP-Mitglieder involviert waren *(Caso Gürtel),* Anträgen der Staatsanwaltschaft auf Abhören der Angeklagten entsprochen hatte.

Wiederholt kritisiert wurden die Sonderbehandlung und Verweigerung von Grundrechten für mutmaßliche ETA-Mitglieder und Sympathisanten sowie das Verbot baskischer Medien und Parteien. Für Aufsehen sorgte im Januar 2007 das Ermittlungsverfahren der spanischen Justiz gegen den baskischen Regierungschef Juan José Ibarretxe (EAJ-PNV), dem Unterstützung des Separatismus vorgeworfen wurde, und das Verbot eines Referendums im Baskenland vom 11.9.2008.

Am 25.6.2009 wurde im Kongress und am 7.10.2009 im Senat beschlossen, vom Prinzip der Universaljustiz abzugehen und internationale Menschenrechtsverletzungen nur noch zu verfolgen, falls Spanien oder Spanier involviert sein sollten. Daraufhin legte die am 30.6.2009 die am 29.1.2009 angenommene Klage gegen Israel wegen Verbrechen gegen die Menschlichkeit nieder; anhängig waren ferner Verfahren zum US-Gefangenenlager Guantánamo und zum Vorgehen der VR China in Tibet.

Gerichtsverfassung: Zentrale Institutionen sind Verfassungsgericht *(Tribunal Constitucional),* Oberster Gerichtshof *(Tribunal Supremo),* 17 Höhere Gerichtshöfe *(Tribunales Superiores de Justicia)* als höchste Justizorgane der Autonomen Gemeinschaften (erst 1989 gebildet) und der Generalrat der rechtsprechenden Gewalt *(Consejo General del Poder Judicial* – CGPJ).

9.1 Höchste Gerichtsbarkeit

Verfassungsgericht ***(Tribunal Constitucional)***

Das spanische Verfassungsgericht besteht aus zwölf Mitgliedern, sie werden nach Art. 122 CE vom König ernannt. Jeweils vier werden vom Abgeordnetenhaus bzw. dem Senat vorgeschlagen, jeweils zwei weitere Richter von der Regierung bzw. dem Leitungsorgan der Justizgewalt *(Consejo General del Poder Judicial).* Bei der Abstimmung in den *Cortes Generales* muss eine qualifizierte Mehrheit von 3/5 der Mitglieder der jeweiligen Kammer zustande kommen. Sie werden für neun Jahre nominiert, alle drei Jahre erfolgt die Erneuerung eines Drittels der Richter. Sie sollen eine mindestens 15-jährige Berufserfahrung haben und aus unterschiedlichen Rechtsberufen kommen. Das Verfassungsgericht wählt aus den eigenen Reihen für drei Jahre einen Präsidenten, Anfang 2016 war es Francisco Pérez de los Cobos.

Bislang werden die Mitglieder des Verfassungsgerichts in der Öffentlichkeit entweder einem progressiven (d. h. PSOE-nahen) oder einem konservativen (PP-nahen) Lager zugeordnet. Da für die Besetzung der vom Kongress bzw. dem Senat zu besetzenden Richterstellen eine 3/5-Mehrheit notwendig ist, musste eine Einigung zwischen den beiden großen Parteien erfolgen. Da sich PSOE und PP in den Jahren 2007 bis 2012 nicht verständigen konnten, kam es zu einer Blockade bei der Neubesetzung der Richterposten. Dadurch wurden die Posten zunächst nicht neu besetzt, die amtierenden Richter blieben im Amt. Die Kritik an dem folgenreichen Urteil des Gerichts vom 28.6.2010 zum Autonomiestatut von Katalonien berief sich u. a. darauf, dass dieses von einem Verfassungsgericht in nicht regulärer Besetzung gefällt worden sei.

Zu den Aufgaben gehören Entscheidungen zu Verfassungsbeschwerden über die Verletzung der Grundrechte und vor allem die Kompetenzstreitigkeiten zwischen Staat und Autonomen Gemeinschaften. Am 2. Dezember 2015 hat das Gericht einstimmig die Entscheidung des Parlamentes von Katalonien zum Beginn eines Prozesses zur Unabhängigkeitswerdung für verfassungswidrig erklärt. In Zukunft dürften ihm in dieser Rolle noch weitere Aufgaben erwachsen, die eigentlich auf der politischen Ebene gelöst werden müssten.

Der 1977 eingerichtete Nationale Gerichtshof *(Audiencia Nacional)* unterstützt das Oberste Gericht und die Territorialgerichtshöfe. 2011 bildeten 3 654 Einzel- und 7 684 Friedensrichter die erste Instanz. In zweiter Instanz gibt es 50 Provinzgerichte *(Audiencias Provinciales)* für Zivil- und Strafsachen. 1996 wurden Geschworenengerichte eingeführt.

9.2 Einfache Gerichtsbarkeit

Ein häufig zitierter Satz lautet: Spanien hat die beste Polizei und die schlechteste Justiz. Das Funktionieren der Justiz wurde in den vergangenen Jahren zunehmend kritisiert. Und zwar in mehrfacher Hinsicht:

Spanien weist eine sehr hohe Zahl an Rechtsstreitigkeiten *(litigiosidad)* auf und zwar doppelt so viele wie die BRD. Als Gründe werden die unzähligen und widersprüchlichen Regelungen genannt. Zurzeit sind 100 000 Rechtsvorschriften *(disposiciones legales)* in Kraft, davon gehen 60 000 auf die Autonomen Regionen zurück. Dies eröffnet Juristen ein weites Betätigungsfeld, nach New York habe Madrid die meisten Rechtsanwälte (Molinas 2015: 186 f.). Die Anzahl der Rechtsvorschriften falle zehnmal so hoch aus wie in der BRD, was die Nachfrage für Juristen erhöht (ebd.: 450 f.).

Während die Bevölkerung zum Rechtsstreit neigt, fällt die Zahl der Richter pro Einwohner niedriger aus als in der BRD und Frankreich. Gleichzeitig gilt die Justiz als politisiert, d. h. es bestehen Zweifel an der Qualifikation und sogar dem Arbeitseinsatz einiger Richter.

Die hohe Zahl an Gesetzen trage nicht nur zur Unübersichtlichkeit bei, sondern bremse auch die wirtschaftlichen Aktivitäten. Kritiker zitieren in diesem Zusammenhang Tacitus: Corruptissima republica plurimae leges – je mehr Gesetze, desto korrupter der Staat (Molinas 2015: 456).

Ein weiterer Aspekt kommt hinzu: 17 621 Personen, darunter etliche Politiker, gelten in Spanien als *aforados*, d. h. sie sind von richterlicher Verfolgung weitgehend ausgeschlossen. Dies ist der europaweit höchste Wert. Ein Phänomen, das in Ländern wie Deutschland, Großbritannien oder den USA nicht existiert.

9.3 Der Umgang mit der Vergangenheit

Mehr als vierzig Jahre nach seinem Ende war der Bürgerkrieg noch gegenwärtig. Im Zuge der Transition schlossen die politischen Eliten in den 1970er Jahren einen Pakt des Vergessens *(Pacto del olvido),* den zumindest die AP/PP bis in die Gegenwart fortsetzen wollte. Aber auch die PSOE vermied es bis zur Regierung Zapatero, das Thema des Bürgerkrieges aufzugreifen oder gar zu vertiefen.

Teil der Transition war eine Strategie der Depolarisierung und Konsensbildung. In diesem Zusammenhang wird auch auf das Amnestiegesetz vom Oktober 1977 verwiesen, das der Kongress mit großer Mehrheit beschloss und das Straffreiheit für alle bis zu den Wahlen begangenen Delikte vorsah (Kühn 2012: 109).

Im *Valle de los Caídos* in der Nähe Madrids finden sich die Gräber von José Antonio Primo de Rivera, dem Gründer der *Falange*, der während des Bürgerkrieges von Republikanern erschossen wurde, und von General Franco. Bis 2007 hielten Benediktinermönche an deren Todestag, beide starben an einem 20. November, eine Messe. Dieses überdimensionierte Grabmal eignet sich keineswegs als allgemeine Gedenkstätte, da es wie ein Mausoleum des Franquismus wirkt. Auf eine erklärende Ausstellung, die beide Lager ausreichend berücksichtigen könnte, wird bislang verzichtet, obwohl die Anlage eine staatliche Finanzierung erhält.

Der Beginn des spanischen Bürgerkriegs am 17. Juli 1936 ist hin und wieder ein Anlass, um über Vergangenheit und Erinnerungspolitik nachzudenken. Zumindest die Generation der Transition vermied es, das Thema intensiv zu behandeln. Zum 50.

Jahrestag des Ausbruchs erklärte der damalige Ministerpräsident Felipe González (PSOE) in EP (18.7.2006), der Bürgerkrieg sei „kein Ereignis, dessen man gedenken sollte, auch wenn er für die, die ihn erlebten und erlitten, eine entscheidende Episode in ihrem Leben darstellte". Inzwischen sei der Krieg jedoch „endgültig Geschichte."

Die Initiativen zur Aufarbeitung gingen also nicht von der Regierung oder den großen Parteien aus. Aus Anlass des 60. Jahrestages der Gründung der Internationalen Brigaden kam es 1996 zu einem Treffen noch lebender Mitglieder in verschiedenen spanischen Städten. Etwa zeitgleich begannen neue Forschungen zu den Ermordeten des Bürgerkrieges. Die Rede ist von 130 199 Opfern des Franquismus und von 49 272 Opfern der Republikanischen Seite. Quasi offiziell beerdigt wurden bislang allein die Toten der franquistischen Seite, dagegen hat noch kein spanischer Minister an einer Bestattungsfeier von republikanischen Opfern teilgenommen (Pichler 2015: 15 ff.). Neueren Forschungen zufolge liegen immer noch 114 000 Tote in Massengräbern oder an Straßenrändern in Spanien, deren Herkunft ungewiss ist. Das Ungleichgewicht zeigt sich auch in der hohen Zahl von Märtyrern, die die katholische Kirche bzw. Papst Johannes Paul II. selig gesprochen hat. Insgesamt sind 1 523 Märtyrer selig gesprochen worden, die als Opfer religiöser Verfolgung gelten. Dagegen musste sich die neuere Gedächtnisbewegung in Spanien, auch *movimiento memorialista* genannt, ihren Raum erst mühsam erkämpfen. Mittlerweile wurden rund 330 Massengräber geöffnet und an die 6 500 sterbliche Überreste geborgen. In den 1950er Jahren sollen rund 30 000 Kinder von ihren Müttern bzw. Vätern getrennt worden sein, da man sie zu den „Roten" zählte, mittlerweile hat der Versuch einer Aufarbeitung begonnen. Die von staatlicher Seite zur Verfügung gestellten Mittel blieben mit 25 Mio. Euro eher im bescheidenen Rahmen, ab 2011 wurden sie eingestellt.

Von Regierungsseite begann erst unter Zapatero der Versuch einer Aufarbeitung und man schickte sich an, das Schweigen über die Franco-Diktatur zu brechen. Auf seine Anweisung wurde 2005 eine große Reiterstatue von General Franco in Madrid bei den Neuen Ministerien abgebaut, erst 2010 verschwand das letzte Franco-Monument in der spanischen Exklave Melilla. Allerdings dauerte es bis 2007, bis ein „Gesetz über das Historische Gedächtnis" *(Ley de Memoria Histórica)* verabschiedet wurde.

Im Unterschied zu einzelnen lateinamerikanischen Ländern, d.h. besonders Argentinien, erfolgte eine Demokratisierung trotz des Ausbleibens von *Transitional Justice.* 1998 erfolgte ein Haftbefehl gegen den ehemaligen chilenischen Diktator Pinochet vor einem Gericht in Valencia, an dessen Erarbeitung Baltasar Garzón beteiligt war, der selber an der ersten PSOE-Regierung mitgewirkt hatte.

Die *Asociación para la Recuperación de la Memoria Histórica* (ARMH – Vereinigung zur Wiedergewinnung der historischen Erinnerung) förderte u.a. die bis dahin in Eigenregie durchgeführten Ausgrabungen und Exhumierungen von Toten des Bürgerkrieges. Alle PP-Regierungen lehnten die Forderung der ARMH auf Öffnung der Akten des Militärs über die Verschwundenen ab.

Das Schicksal von im Bürgerkrieg und während der Diktatur umgekommenen Spaniern und von 30 000 Kindern, die ihre eigentlichen Eltern verloren, bzw. die mögliche Verurteilung noch lebender Täter kann aufgrund des Amnestiegesetzes von 1977 nur schwer erforscht werden (EP 5.10.2013). Bislang weigern sich sowohl der Kongress als auch die PSOE, die nach eigenen Äußerungen den Opfern der Diktatur sehr viel näher steht als den Tätern, eine Änderung einzuleiten. Das Gesetz sei ein notwendiger Beitrag zur nationalen Versöhnung gewesen, dieser Vorgang solle nicht unterbrochen werden und sei obendrein nicht allein Aufgabe der Justiz. Die Diskussionen kamen u. a. auch deshalb auf, weil in Argentinien unter den Kirchner-Regierungen Anfang des 21. Jhs. eine vorher erlassene Amnestie aufgehoben und neue Prozesse gegen Militärs und Folterer eingeleitet wurden, von denen einige in Spanien leben.

Im Vergleich zu den justiziellen Aufarbeitungsversuchen in Europa und Lateinamerika stellt Spanien eine Ausnahme dar. Während sie dort ansatzweise zu Annäherungen im Zuge der Erinnerung führten, wirkten sie hier eher konfliktverschärfend. Dabei sei die Instrumentalisierung der Vergangenheit „ausschließlich für das linke Lager eine lohnende Strategie – für die politische Rechte bleiben Diktatur und Bürgerkrieg vermintes Gebiet" (Kühn 2012: 290). Diese Strategie hat *Podemos* zumindest in der Aufstiegsphase verwendet, als sie die Transition scharf kritisierte und aufgrund des Fehlens einer Erinnerungspolitik nahezu für alle Mängel der Vergangenheit verantwortlich machte.

Die Frage des Umganges mit der Vergangenheit stellt sich seit 2015 ganz konkret, da linke Koalitionen in Großstädten regieren und zumindest in Madrid das Thema überstürzt wieder aufgegriffen haben. Denn die vorherigen Bürgermeister, Alberto Ruiz-Gallardón bis 2011 und Ana Botella bis 2015, hatten das Gesetz Zapateros einfach nicht umgesetzt. Nun aber wurde schnell gehandelt: Bevor ein regelrechter Plan vorhanden war, wurden Anfang 2016 Vertreter der Stadtregierung aktiv und demontierten franquistische Denkmäler. Allerdings mussten zwei davon wieder aufgestellt werden, da es sich um Verwechslungen handelte. Auch sickerte durch, dass ein in Auftrag gegebenes Gutachten u. a. Salvador Dalí, den Stierkämpfer Manolete sowie die Schriftsteller Alfondo Paso und Pedro Muñoz Seca als Franquisten einordnete, was auf Kritik stieß. Das Verfahren wurde zunächst einmal gestoppt.

10. Verbände und Interessengruppen

10.1 Gewerkschaften

Die „historischen", weltanschaulich bzw. regional ausgerichteten Gewerkschaften konnten nach dem Ende der franquistischen Zwangssyndikate 1977 wieder legal agieren. Zu ihnen gehören die *Unión General de Trabajadores* (UGT), seit der Gründung 1888 der PSOE verbunden, mit ca. 900 000 Mitgliedern (2015); die anarchistische *Confederación Nacional del Trabajo* (CNT), 1910 gegr. und vor der Diktatur mit bis zu 1,5 Mio. Mitgliedern größte Gewerkschaft, 2009 soll sie noch ca. 10 000 Mitglieder gehabt haben, sowie die baskische ELA *Euskal Sindikatua (Eusko Langileen Alkartasuna/Solidaridad de Trabajadores Vascos*; ELA/STV), gegr. 1911, die 2011 etwa 115 000 Mitglieder hatte.

Aus Basiskomitees entstand 1956 die *Confederación Sindical de Comisiones Obreras* (CCOO); diese ehemals größte, traditionell der PCE und später mit der IU verbundene Gewerkschaft, hat mittlerweile nur noch rund 900 000 Mitglieder; sie favorisierte ab 2004 eine Zusammenarbeit mit der PSOE. Die 1960 gegr. *Unión Sindical Obrera* (USO) hat ca. 112 000 Mitglieder (2011). CCOO, UGT, ELA und USO gehören dem Internationalen Gewerkschaftsbund (IGB) an. Die 2007 durch Fusion mehrerer andalusischer Organisationen entstandene Gewerkschaft *Sindicato Andaluz de Trabajadores/as* (SAT) sorgte ab 2011 durch Landbesetzungen sowie durch die Verteilung von Lebensmitteln aus gestürmten Supermärkten an Bedürftige und Hungermärsche für Aufsehen.

Gegen die neoliberale Wirtschaftspolitik von González kam Widerstand von der Gewerkschaft UGT, der sich 1988 in einem Generalstreik manifestierte. Aufgrund des Paktismus zwischen den Parteien wuchsen die Gewerkschaften vorübergehend in eine oppositionelle Rolle hinein.

Unter der Regierung Zapatero haben CCOO und UGT ihre Unabhängigkeit weitgehend verloren, der Generalsekretär der

UGT wurde auch der 3. Vizepräsident genannt. Sie verteidigten die Regierungspolitik und mussten am Ende sogar die restriktiven Maßnahmen mittragen. 2011 stimmten sie einer Arbeitszeitverlängerung auf 67 Jahre zu. Die Gewerkschaftsführungen haben aber nicht nur die Regierungspolitik unterstützt, sie sind zunehmend auch in die Korruptionsfälle verwickelt und sehen sich damit Kritik ausgesetzt.

Viele einfache Gewerkschaftsmitglieder nahmen ihrerseits an Protestbewegungen teil, z. B. im Gesundheitsbereich an der *marea blanca,* der „weißen Welle", womit auf die sogenannten Gesundheitskittel Bezug genommen wurde, einer Organisation, die um die Jahreswende 2012/13 in Madrid entstand und sich gegen die Privatisierung der medizinischen Versorgung engagierte. Jeden dritten Sonntag im Monat demonstrierten Beschäftigte der Krankenhäuser in weißen Kitteln und waren erfolgreich: Anfang 2014 gab die konservative Autonomieregierung in Madrid das Vorhaben einer Privatisierung auf (Zelik 2015: 112 f.).

Der gewerkschaftliche Organisationsgrad soll 2012 bei 16,4 % gelegen haben (BRD: 18 %). Der höchste Anteil besteht im staatlichen Sektor und bei den über 45-Jährigen. Seit dem Ausbruch der Wirtschaftskrise verloren die Gewerkschaften rund eine halbe Million Mitglieder. Hierbei spielt eine Rolle, dass sich viele Arbeitslose nicht mehr von ihnen vertreten fühlen. Darüber hinaus waren einige Gewerkschafter in Korruptionsskandale verwickelt – besonders in Andalusien. Dort sollen „die sozialistischen Regierungen in Tateinheit mit den Gewerkschaften mehr als 7 Mrd. Euro – das meiste davon EU-Fondsgelder – für betrügerische Frühpensionierungen von ‚Amigos' und die Fortbildungskurse für Arbeitslose, die nie stattfanden, missbraucht und in die Taschen gesteckt haben" (Wieland 2016).

Wegen der Frühpensionierungen wurden mittlerweile zwei ehemalige Regierungschefs und zahlreiche andere Politiker beschuldigt, das Volumen der veruntreuten Gelder soll die Korruptionsaffären der PP übersteigen. Bei den laufenden Prozessen dürfte indessen wenig herauskommen, da sie so sehr in die Länge gezogen wurden, dass einige Fälle bereits wegen Verjährung eingestellt wurden (Wieland 2016). Zum Mitgliederschwund dürften solche Korruptionsfälle einzelner Gewerkschaftsführer aber beigetragen haben. So war José Ángel Fernández Villa 34 Jahre lang Generalsekretär der Minengewerkschaft von Asturien. Seit 2014 wird untersucht, ob er 1,4 Mio. Euro vor den Steuerbehörden verheimlicht haben soll, aus der PSOE wurde er bereits ausgeschlossen.

2016 fand an der Spitze der UGT ein Wechsel statt. Cándido Méndez, der die Gewerkschaft 22 Jahre geführt hatte, gab sein Amt an den immerhin schon 60-jährigen Josep María Álvarez ab. Bei den *Comisiones Obreras* ist für 2017 ein Wechsel an der Spitze angekündigt.

10.2 Sonstige Interessenverbände

Die Arbeitgeberseite wird von unterschiedlichen Dachverbänden repräsentiert. Die 1977 als Nachfolgeorganisation der franquistischen Organisation *Sindicato Vertical* gegründete *Confederación Española de Organizaciones Empresariales* (CEOE) dient als Dachorganisation der mehr als 200 Landes- und Branchenverbände. In ihr integriert sind u. a. die *Confederación de la Pequeña y Mediana Empresa* (CEPYME) und die *Confederación de Empresarios Autónomos* (CEAT), die den Mittelstand und Selbstständige vertreten. Die Arbeitgeberinteressen werden zudem von den städtischen und regionalen Unternehmenskammern repräsentiert, die in der *Cámara de Comercio de España* zusammengefasst sind. Hohe Posten der Arbeitgebervertreter, wie der seit 2010 amtierende Vorsitzende der CEOE Juan Rosell, haben sich wiederholt besorgt zum Aufstieg von *Podemos* und den im Mai 2015 gewählten linken BürgermeisterInnen von Städten wie Madrid, Barcelona, Valencia oder Zaragoza geäußert. Dabei wiesen sie u. a. darauf hin, dass die 2011 und 2012 verabschiedeten Arbeitsmarktreformen nicht zurückgenommen werden dürfen. Insgesamt ist die Quellen- und Literaturlage zu den spanischen Arbeitgeberverbänden als dünn zu bezeichnen.

10.3 Neue soziale Bewegungen, bürgergesellschaftliche Gruppen, Rolle der Jugend

Seit Mitte der 1960er Jahre entwickelte sich die Studentenbewegung zu einem Zentrum antifranquistischer Opposition. Schon 1963 kam es in Barcelona zu Demonstrationen von 2 000 Studenten gegen die Folterungen und die Militärgerichtsbarkeit. Studentenbewegungen zeichnen sich u. a. dadurch aus, dass sie eine geringere Kontinuität als andere soziale Organisationen besitzen. Dies liegt in Spanien wie andernorts daran, dass es sich um generationelle Bewegungen handelt. Eine Schwachstelle war die geringe Abstimmung der aktiven Studenten mit anderen Interessenorganisationen, vor allem derjenigen mit proletarischen Wurzeln. Dies war 1929-31, beim Übergang von der Monarchie zur Republik, anders.

Im Zuge der Demokratisierung und des gesellschaftlichen Wandels stieg die Studentenzahl enorm an und erreichte im Studienjahr 1999/2000 mit 1 581 415 Immatrikulierten einen Höhepunkt (Gimber 2012: 231). Seit dem Übergang zur Demokratie hat ein demografischer Wandel eingesetzt: Mit Japan weist Spanien das höchste Lebensalter auf der Welt auf. Schätzungen gehen davon aus, dass es 2050 die größte Zahl von Hochbetagten auf der Welt haben dürfte. Die Geburtenrate liegt auch im europäischen Vergleich niedrig. Nach dem Bevölkerungszensus von 2001 machten die Alleinstehenden 43 % der Einwohner aus. Die Religion hat stark an Bedeutung verloren, mittlerweile hat sich ein modernes Gesellschaftsbild etabliert. Die Homosexualität wird seit 1978 nicht mehr diskriminiert, seit 2005 ist die gleichgeschlechtliche Ehe legalisiert.

1968 wurde die erste *Encuesta Nacional de Juventud* durchgeführt, die seitdem im vierjährigen Rhythmus erfolgt. In ihr umfasst die Jugendphase die Altersgruppe 15-30. Zum Zeitpunkt der Transition machten die Jugendlichen 22 % der Gesamtbevölkerung aus (Zensus von 1970). Mit dem Wohlstand gegen Ende des 20. Jhs. nahm die Zahl der eigenen Wohnungen rasant zu: 2002 lebten 84 % der Familien in Eigenheimen (ebd. 255). 2006 wohnten 33 % der Jugendlichen nicht mehr bei ihren Eltern, der höchste Prozentsatz in der spanischen Geschichte.

„In der spanischen Gesellschaft waren die Muße, die spielerischen und festiven Aktivitäten immer sehr wichtig, selbst in den dunkelsten historischen Momenten", heißt es in einem repräsentativen Band zur Soziologie (Aguinaga/Comas 2008: 253). Der gesellschaftliche Wandel zeigte sich u. a. in der *Movida Madrileña:* Sie gilt auch als Jugendbewegung, was allerdings nur begrenzt zutrifft, denn es war eine numerisch kleine Gruppe, die indessen eine starke Außenwirkung entfaltete. *Movida* heißt nicht Bewegung, dies wäre *movimiento*, sondern ist eher im Sinne des Ausrufes *¡Qué movida!*, d.h. „Was für ein Durcheinander!" oder auch „Was für eine Bombenstimmung!" zu verstehen. Es handelte sich um eine Gruppe von 150 bis 200 Leuten (Nolte 2009: 55). Als Merkmale der *Movida* werden genannt: 1. Ausgangspunkt Jugend; 2. Offenheit gegenüber fremden Einflüssen; 3. Spaß haben; 4. Apolitisch oder antipolitisch; 5. Dilettantismus als Prinzip; 6. Interdisziplinarität; 7. Grenzverletzung und Grenzüberschreitung.

War die *Movida* 1985 zu Ende? Die konsensfähigen Elemente wurden übernommen und in das Kulturleben integriert: „Hierzu zählen z. B. ein vielfältiges Nachtleben, eine im weltweiten Vergleich hohe Akzeptanz Homosexueller, die Beliebtheit spanischsprachiger Popmusik und die Organisation von Gratiskonzerten durch die Stadtverwaltung bis in die 90er Jahre hinein" (ebd.: 70).

Im europäischen Vergleich fällt der Organisationsgrad der spanischen Jugendlichen niedrig aus. Dies war schon in den 1970er Jahren so: 1972 lehnten in Europa 11 % der Jugendlichen jede politische Aktivität ab, in Spanien aber 40 % (Aguinaga/Comas 2008: 261). 81 % der Jugendlichen gehören keiner Organisation an. Sie zeigen insgesamt eine höhere Bereitschaft zur Mobilisierung als die Erwachsenen, sind jedoch weniger bereit, sich zu organisieren. Allerdings besteht die Gefahr, dass die heutigen Jugendlichen mit einer Generation verglichen werden, die ziemlich aktiv war, d. h. in der Endphase des Franquismus und der Transition aufwuchs. Damals wurde Jungsein mit politischem Interesse und Engagement assoziiert.

2008, d.h. beim Ausbruch der Krise, zeigten die Jugendlichen ein außerordentlich hohes Maß an Zufriedenheit (88 % im Jahr 2006). 79 % identifizierten sich 2006 mit der Demokratie. „Spanien positioniert sich mit seinen Jugendlichen im 21. Jh. an der Spitze der europäischen Modernität", hieß es ein wenig euphorisch im Schlusssatz des Artikels über die spanische Jugend (Aguinaga/Comas 2008: 270).

Die Entwicklung seit der Wirtschaftskrise vermittelt ein anderes Bild: 2007 hatten noch 85 % der Männer und 75 % der Frauen, die in den 1980er Jahren geboren wurden, eine Stelle. Seit 2007 gingen 3,8 Mio. Arbeitsplätze verloren. Mehr als 300 000 junge Spanier sollen das Land wegen der Krise verlassen haben (El Ciervo 2013: 8 f.). In Spanien gibt es nach offiziellen Angaben derzeit mehr arbeitslose Jugendliche als beschäftigte. 52 % der unter 35-Jährigen gelten als arbeitslos, allerdings sollen nicht wenige im informellen Bereich tätig sein. Es handelt sich potenziell um die am besten ausgebildete Jugend in der spanischen Geschichte. Von daher kann nicht überraschen, dass sich bei ihnen Frustration und Enttäuschung breit machen. Aus der Sicht der Opposition ist die öffentliche Jugendpolitik als Planungsinstrument in Spanien verschwunden, da es 21 % Kürzungen in der Erziehungspolitik gegeben hat, 11 % bei den Stipendien und 25 % bei den Forschungsausgaben (Temas 2012: 45). 74 % der unter 30-Jährigen sollen bei ihren Eltern wohnen.

Die Krise hatte Rückwirkungen auf die Jugendlichen und Heranwachsenden. Es protestieren allerdings mehr diejenigen, die eine Arbeit haben. Eine etwas stärker ausgeprägte Protesthaltung ist vor allem bei den 25- bis 36-Jährigen feststellbar. Manche sprechen von der *generación cero* („Generation null"), andere von einer „verlorenen Generation" (INDES 4/201). Dort ist von den *mileuristas* die Rede, der „Generation 1000 Euro", wobei die monatlich verfügbare Summe in Spanien noch niedriger liegen dürfte.

„Natürlich ist die Tatsache, dass ein Fünftel aller jungen

Menschen in Spanien keinen Job finden kann, beunruhigend, aber sie ist dennoch weniger dramatisch als es oft beschrieben wird. Größer ist das Problem für die jungen Erwachsenen. In den Gruppen der 25- bis 34-Jährigen sowie der zwischen 35- und 39-Jährigen ist die Arbeitslosenquote geringfügig höher als bei den Jüngeren. Für diese Altersgruppe ist der blockierte Zugang zum Arbeitsmarkt oder das höhere Risiko, den Job wieder zu verlieren, weitaus problematischer: Die erhebliche Einschränkung der Möglichkeit, das Elternhaus zu verlassen, den eigenen Lebensentwurf zu realisieren und eine Familie zu gründen, hat in diesen Altersgruppen weiterreichende Konsequenzen." So zwei spanische Experten 2013 bei bpb (http://www.bpb.de/internationales/europa/europa-kontrovers/172132/standpunkt-leire-salazar-und-luis-garrido-medina 6.10.2015).

Aus den genannten Gründen kann nicht überraschen, dass sich viele Jugendliche 2011 der Bewegung der Empörten angeschlossen haben. *15-M:* So wird die Bewegung der *indignados* in Spanien abgekürzt. Sie begann als relativ überschaubare Veranstaltung, als sich am Sonntag, dem 15. Mai 2011, zwei Plattformen *Democracia Real Ya* und *Juventud sin Futuro, sin trabajo, sin empleo, sin casa, sin miedo* auf den Straßen Madrids trafen. Daraus ergab sich eine Bewegung, die sich schließlich auf dem Platz der *Puerta del Sol* konzentrieren sollte. Am 20. Mai wurde der sog. Große Konsens von Acampadasol gefunden, der 16 Punkte enthält: 1. Reform des Wahlsystems; 2. Aufnahme sozialer Rechte in die Verfassung; 3. Abschaffung des Bologna-Systems an den Universitäten und anderer ungerechter Gesetze; 4. Fiskalreform zugunsten der ärmeren Bevölkerung; 5. Abschaffung lebenslanger Renten für die politische Klasse; 6. Maßnahmen gegen die Korruption; 7. Vorgehen gegen die Banken; 8. Trennung von Staat und Kirche, wie in Art. 16 vorgesehen; 9. Für partizipative und direkte Demokratie; 10. Arbeitsgesetzreform; 11. Schließung aller AKWs; 12. Rückverstaatlichung privatisierter Staatsunternehmen; 13. Wirkliche Trennung von Exekutive, Legislative und Judikative; 14. Reduzierung der Militärausgaben; 15. Aufarbeitung der Vergangenheit; 16. Transparenz bei der Parteienfinanzierung (in: Roitman 2012: 41 f.).

Die Bewegung beschränkte sich keineswegs auf Madrid, in Barcelona entwickelte sich sowohl eine Besetzerszene *(okupa)* als auch eine Anti-Bologna-Bewegung, darüber hinaus besteht eine *Resistencia Global en Catalunya.* Allerdings dürften die Grenzen zwischen politischer Bewegung und Unterhaltung zuweilen fließend sein. Immerhin ist Barcelona die Stadt mit den meisten Erasmus-Studenten in Europa und ein Tourismusmagnet.

Es handelt sich also um ein sehr breites Programm und um eine recht allgemeine Diskussion darüber, wozu die Politik und die Politiker taugen. Darin kommen anarchistische Traditionen zum Ausdruck, aber auch eine eigenartige Mischung aus individuellen und gemeinschaftlichen Forderungen.

Aufschlussreich sind in diesem Zusammenhang die Einstellungen zu Europa: Drei Viertel der Jugendlichen empfinden sich nach einer 2000 durchgeführten empirischen Studie als europäisch, wobei dieses Gefühl bei den jungen Frauen noch ausgeprägter ist als bei Männern. Sie erhoffen sich davon vor allem materielle Vorteile, wachsenden Wohlstand und eine verbesserte Arbeitsmarktsituation. Diese Einstellung hat sich in den letzten Jahren leicht verändert. Allerdings ist hier wohl zwischen den individuellen Einstellungen und Strategien und den politischen Programmatiken bzw. Äußerungen der Linksparteien zu unterscheiden, die stärker europakritische Töne aufweisen.

10.4 Polizei und Streitkräfte

Das Militär bildete eine der Familien, die Ende der 1950er Jahre innerhalb des Franquismus entstanden. In der Transition spielten die Streitkräfte zunächst scheinbar eine untergeordnete Rolle. Die Militärausgaben lagen im Haushalt nie über dem europäischen Durchschnitt. Immerhin hatten 1976 noch 68 der 95 Brigadegeneräle am Bürgerkrieg teilgenommen. Als Ergebnis der Modernisierung der spanischen Gesellschaft hat der

Militärberuf an Ansehen verloren. Die meisten Mitglieder des Offizierskorps kommen mittlerweile aus der unteren Mittelschicht in der Provinz. Der Anteil der Selbstrekrutierung in der Armee bleibt hoch. Für die Einwanderer vor allem aus Lateinamerika stellen die Streitkräfte einen Aufstiegskanal dar.

Der letzte Versuch zur offenen politischen Einflussnahme des Militärs bzw. der *Guardia Civil* war der gescheiterte Putschversuch am 23.2.1981 im Kongressgebäude in Madrid unter Antonio Tejero. Neben dem direkten Säbelrasseln zeigte sich eine passive Intervention, auch als der „Druck der weißen Handschuhe" bezeichnet (Fischer 2004: 271).

Der König ist Oberbefehlshaber der Streitkräfte, doch handelt es sich hierbei um ein eher symbolisches Vorrecht, da die Verfassung die Militärverwaltung und die Verteidigung des Landes der Regierung überträgt. Nach einer Verfassungsänderung des Gesetzes über die Nationale Verteidigung 1984 bestimmt der Regierungschef die Verteidigungspolitik.

Seit Mai 1982 ist Spanien NATO-Mitglied. Mit der schnellen Aufnahme wollte man auch eine Modernisierung des Militärs erreichen. Innenpolitisch war diese Frage umstritten, die PSOE war zunächst dagegen, González konnte allerdings mit einer umfangreichen Werbekampagne 1986 bei einem Referendum eine knappe Zustimmung für den Verbleib in der NATO erreichen. In der zweiten Hälfte der 1980er Jahre übernahm das Militär in Form zahlreicher Auslandseinsätze neue Aufgabenfelder, über die in den spanischen Medien umfangreich informiert wurde. Nach langen Verhandlungen mit Großbritannien und Portugal über die Zukunft des Stützpunktes Gibraltar erfolgte eine völlige Integration in die militärische Kommandostruktur der NATO, die den spanischen Militärstützpunkt Rota für alle Operationen in Afrika nutzt.

Mit der Einführung des Rechts auf Kriegsdienstverweigerung entstanden Rekrutierungsprobleme. 1996 lag die Zahl der Verweigerer sogar über der Zahl der wehrpflichtigen Rekruten (Fischer 2004: 286). 1989 wurden die Streitkräfte in allen Bereichen für Frauen geöffnet. Zum 31.12.2001 wurde die allgemeine, neunmonatige Wehrpflicht abgeschafft; das Armeegesetz von 1999 erklärt eine Berufsarmee mit 102 000 bis 120 000 Soldaten zum Ziel. 2015 umfassten die Streitkräfte 121 607 Personen, davon 77 343 im Heer, 20 838 in der Marine, 20 435 Luftwaffe und 2 991 in den *Cuerpos Comunes de la Defensa.* Hinzu kommen 20 244 Angestellte und 4 767 freiwillige Reservisten. Der Frauenanteil in den Streitkräften lag 2015 bei 12,5 %, was im europäischen Vergleich einen Spitzenplatz darstellt. 2008 wurde Carme Chacón Piqueras von der PSOE als erste Frau Verteidigungsministerin. 2013 wurde eine neue nationale Sicherheitsstrategie verabschiedet.

Zu den Ordnungskräften im Lande gehören einmal die *Policías municipales,* die lokal rekrutiert und verwaltet werden. Sie beschäftigen sich mit vergleichsweise einfachen Fragen wie der Regelung des Verkehrs etc. Deshalb galten sie selbst in Zeiten des Franquismus nicht als repressive Kraft. Anders war dies zumindest bei einer der beiden Einheiten, die 1986 in den *Cuerpo Nacional de Policía* übergingen: der gefürchteten und verhassten *Policía Armada,* die in grauen Uniformen auftrat, und der *Cuerpo General.*

Die *Guardia Civil* ist eine paramilitärische Polizeieinheit mit 80 552 Personen. Sie wird meist mit dem Franco-Regime in Verbindung gebracht, geht aber bereits auf das Jahr 1844 zurück. Zunächst wurde sie als eine bewaffnete Landpolizei zur Verteidigung des Grundbesitzes *(latifundio)*, später aber auch zur Bekämpfung des Anarchismus eingesetzt. Unter Franco wurde sie in den 1950er Jahren militarisiert und gegen bewaffnete Widerstandsgruppen aktiv. Ihr schlechtes Image resultiert nicht zuletzt aus dem Putschversuch, den am 23.2.1981 Angehörige der *Guardia Civil* unter Oberstleutnant Antonio Tejero gemeinsam mit einigen Armee-Einheiten unter General Milans del Bosch unternahmen. Die *Guardia Civil* untersteht sowohl dem Innen- als auch dem Verteidigungsministerium. Heute tragen die Beamten die von Dreispitzen abgeleitete auffällige Kopfbedeckung, *Tricornio* genannt, nur noch bei besonderen

Anlässen oder bei der Bewachung von Botschaften; deretwegen und wegen der dunklen Aspekte in ihrer Geschichte wurden sie auch als *la mala sombra* (der böse Schatten) bezeichnet. Die *Guardia Civil* hat mehr Mitglieder als das Nationale Polizeikorps *(Cuerpo Nacional de Policía),* was nicht unproblematisch ist, da die Gefahr von zwei parallelen Polizeikräften besteht.

Im Baskenland entstand 1982 eine autonome Polizeikraft, die *Ertzaintza.* Sie hat 7 500 Polizisten, wird von den baskischen Linksnationalisten indessen nicht anerkannt. Die spanische Regierung vertritt wiederum eine reservierte Haltung gegenüber der *Ertzaintza,* da sie ihr vorwirft, sie würde nicht hart genug gegen den ETA-Terror vorgehen.

In Katalonien sind die *Mossos d'Esquadra,* annäherungsweise mit Geschwader-Jungs zu übersetzen, wieder belebt worden, sie sollen bis auf das Jahr 1721 zurückgehen und umfassen derzeit 14 000 Personen. Allerdings kommt die Mehrheit ihrer Mitglieder nicht aus Katalonien, weshalb nicht davon auszugehen ist, dass sie separatische Handlungen mittragen würden. Navarra hat eine *Policía Foral.* Im europäischen Vergleich hat Spanien recht umfangreiche Polizeikräfte, gleichwohl stieg die Kriminalitätsrate in den vergangenen Jahren teilweise.

Die USA unterhalten in der Provinz Sevilla die Luftwaffenbasis Morón de la Frontera und in Cádiz den Marinestützpunkt Rota, dessen Nutzungsrecht bis 2021 verlängert wurde; die Zahl der US-Soldaten in beiden Basen kann nach der Stationierung von vier neuen Kriegsschiffen in Rota auf 4 250 erhöht werden.

11. Kirchen und Religionsgemeinschaften

Der Katholizismus und die katholische Kirche haben in der spanischen Geschichte eine enorme Rolle gespielt. Seit dem 15. Jh. war quasi eine Einheit zwischen Kirche und Staat entstanden, mit der *Reconquista*, d.h. dem Kampf gegen die arabische Herrschaft, gewann die Kirche besonders im Süden des Landes viele Besitztümer hinzu. Bis in die Gegenwart ist sie reich an Immobilien und Besitzerin von fast drei Vierteln des historischen und künstlerischen Erbes. Wohlhabend mag die Kirche sein, nicht aber unbedingt die Geistlichen.

Spanien war Ausgangspunkt der Gegenreformation, ab 1570 lebten praktisch keine Protestanten mehr dort. 1813 wurde die Inquisition vorübergehend ausgesetzt, während des Unabhängigkeitskrieges im späteren Lateinamerika jedoch wieder eingeführt und erst 1830 abgeschafft. 1851 wurde dann ein Konkordat zwischen Madrid und dem Vatikan geschlossen, das die Übernahme der Gehälter u.a. durch den Staat beinhaltete und eine Reaktion auf die liberale Verfassung von Cádiz von 1812 darstellte. Diese Regelung wurde 1931 in der Zweiten Republik kurze Zeit aufgehoben, aber nach zwei Jahren wieder eingeführt. Azaña, Anführer der Republikanischen Partei, erklärte: „Spanien hat aufgehört, katholisch zu sein." Während der kurzlebigen Zweiten Republik wechselten sich klerikale und antiklerikale Regierungen ab.

Im Bürgerkrieg wurden 13 Bischöfe und 6832 Priester, Nonnen und Kirchenleute umgebracht, in der französischen Revolution sollen dagegen 900 Kleriker zu Tode gekommen sein. Aus der Sicht mancher Historiker war es der größte Aderlass in der Geschichte des Christentums. Etwa 1000 Spanier wurden später von Johannes Paul II und Benedikt XVI in den Heiligenstand versetzt (Chislett 2013: 41). Unter Franco wurde die katholische Kirche mit vielerlei Mitteln unterstützt und 1953

Staatsreligion, es entstand ein Nationalkatholizismus, als dessen Exponent er sich selbst ausgab. So lautete sein Titel: *Generalísimo de los Ejércitos, Jefe del Estado y Caudillo de España y de la Cruzada, por la Gracia de Dios.* In dem Konkordat von 1953 erhielt die Regierung ein Mitspracherecht bei der Ernennung der Bischöfe.

In den 1960er Jahren begann sich die Zusammensetzung des Klerus zu ändern. 40 % der Diözesanpriester hatten den Bürgerkrieg nicht erlebt, etliche interessierten sich für das Zweite Vatikanische Konzil, d.h. für die Ideen einer pastoralen und religiösen Erneuerung. Die *Acción Católica*, eine ursprünglich von den Jesuiten inspirierte, akademisch-katholische Organisation, die nationalkonservativ ausgerichtet war, entwickelte in den 1960er Jahren unabhängige Positionen gegenüber der Hierarchie. Joaquín Ruiz Giménez, vormals Botschafter im Vatikan und Erziehungsminister, gründete 1963 eine linkskatholische Zeitschrift mit dem Titel *Cuadernos para el Diálogo.* 1966 wurde die Bischofskonferenz eingesetzt. In ärmeren Vierteln tauchten *curas obreros* (Arbeiterpriester) auf, die auch *curas rojos* (rote Priester) genannt wurden. Eine Mehrheit der Priester soll in den 1970er Jahren nicht mit der Haltung der Bischöfe einverstanden gewesen sein. 1972 wurde in einem Arbeiterviertel von Madrid mit Alberto Iniesta ein „roter" Bischof ernannt. Die Ordensgeistlichen gelten insgesamt als fortschrittlicher als die innerhalb der Kirchenhierarchie.

1971 wurde der als liberal geltende Kardinal Vicente Enrique y Tarancón (1907-94) Erzbischof von Madrid. Kritik an seiner Person kam von der extremen Rechten, bei der Beerdigung des von der ETA ermordeten Admiral Carrero Blanco 1973 riefen sie *Tarancón al paredón!* (Tarancón an die Wand!). Der Erzbischof sollte zu einer wichtigen Figur in der Transition heranwachsen. Mit ihm setzte sich eine mittlere Gruppe innerhalb der Kirche durch, die für eine neutrale Haltung bei einer Transition eintrat. Er soll u.a. davon abgeraten haben, eine Christdemokratische Partei aufzubauen, was bei der religiösen Ausrichtung der Bevölkerung nahegelegen hätte, da er ein Wiederaufleben des Klerikalismus befürchtete. Als Tarancón 1983 das Alter von 75 Jahren erreichte, wurde der Erzbischof von Santiago de Compostela, Angel Suquía, sein Nachfolger und 1987 auch Vorsitzender der Bischofskonferenz. Er erhielt die Unterstützung des seit 1978 amtierenden konservativen Papstes Woytila, er und sein ab 1994 amtierender Nachfolger Antonio María Rouco Varela hatten ein gespanntes Verhältnis zur PSOE. Seit 2014 ist Kardinal Ricardo Blázquez Pérez Vorsitzender der Bischofskonferenz, dieses Amt hatte er schon von 2005 bis 2008 inne.

Unter der Regierung Aznar verbesserten sich die Beziehungen zur Kirche wieder. Mindestens vier Minister sollen Mitglied des Opus Dei (Werk Gottes) gewesen sein.

Nach einer Erhebung des staatlichen *Centro de Investigaciones Sociológicas* (CIS) von 2013 betrachten sich 73 % der Spanier als katholisch. Noch 1975 bezeichneten sich 84 % der Spanier als praktizierende Katholiken, 2009 waren es nur noch 28 %, d. h. minus 55 %. Die Zahl der Nicht-Gläubigen stieg im gleichen Zeitraum von 8 auf 20,6 %. 1975 glaubten 87 % an Gott, 2009 noch 54,4 (del Campo 2010: 422). Häufige Kirchenbesuche bekundeten nur etwa 15 % der Bevölkerung über achtzehn Jahre. Bei der Jugend spielt die Kirche eine noch wesentlich geringere Rolle. Was das Ansehen in der Gesellschaft anbelangt, liegt die Kirche – im Unterschied zu Lateinamerika – nur im mittleren Bereich.

Die katholische Kirche spielte mit ihrer neutralen Haltung eine positive Rolle in der Transition zur Demokratie. Erst später kam es zu Kritik an den Maßnahmen der demokratischen Regierungen – etwa bei einer großen Demonstration gegen ein geplantes Abtreibungsgesetz 1984, schließlich wurde ein Jahr später ein wesentlich konservativeres Gesetz erlassen. Darüber hinaus wurde damals von der PSOE das Verschwinden der oftmals kirchlich geprägten Privatschulen propagiert. Dies war im Erziehungsgesetz LODE vorgesehen. Unter den PSOE-Abgeordneten befanden sich eine Reihe von ehemaligen Priestern und Seminaristen. 1991 äußerte Papst Johannes Paul II. seine Sorge, „die ihm der moralische Zustand der spanischen Gesellschaft bereite und prangerte die Entchristianisierung an, die weite Teile der

Bevölkerung aufgrund eines irrigen Fortschrittsglaubens" erfasst habe (Collado Seidel 2004: 436).

Besonders unter der ersten Regierung von Zapatero kam es zu Konflikten und einem zunehmend politischeren Kurs, der bis in die Gegenwart anhält. Die Kritik der katholischen Bischofskonferenz an Zapatero bezog sich auf die Familien- und Erziehungspolitik, auf ethische Aspekte und besonders auf die gleichgeschlechtliche Ehe 2005, ein als *divorcio exprés* bezeichnetes Blitz-Scheidungsgesetz sowie die Abschaffung des Religionsunterrichtes als versetzungsrelevantes Fach. Der neue Ministerpräsident verbannte Kruzifixe aus Schulen und von öffentlichen Plätzen. Hinzu kam eine *Educación para la Ciudadanía,* wozu auch Sexualkundeunterricht gehörte. Kardinal Antonio María Rouco Varela warf Zapatero vor, Spanien in „Sodom und Gomorra" zu verwandeln.

Einzelne Geistliche organisierten Demonstrationen, 19 Bischöfe nahmen an der Kundgebung „*La familia sí importa* – Die Familie ist wichtig" am 18.6.2005 gegen die gleichgeschlechtliche Ehe teil. Die katholische Kirche und die PP hatten die Demonstration gegen die Regierung mit ca. 600 000 Personen organisiert. Papst Johannes Paul II hatte 2001 schon 233 Katholiken seliggesprochen, die von den Republikanern im Bürgerkrieg umgebracht wurden. 2007 kamen noch einmal 500 dazu, zu dem Zeitpunkt, als das Gesetz zur historischen Erinnerung von der PSOE-Regierung verabschiedet wurde.

Kritisch artikulierten sie sich auch gegenüber dem Vorhaben einer Umwidmung der franquistischen Gedenkstätte *Valle de los Caídos,* da davon auch eine Benediktiner-Kapelle betroffen wäre. Insgesamt kam es unter der Zapatero-Regierung zu einer Re-Politisierung religiöser Fragen durch die Bischofskonferenz. Sie lief zwar nicht auf eine erneute Gleichsetzung von spanisch gleich katholisch hinaus, für die Mehrheit der Bischöfe besteht indessen ein Zusammenhang zwischen spanischer Staatsbürgerschaft und katholischem Glauben. 2008 erfolgte eine unverhohlene Wahlempfehlung zugunsten der PP.

Die katholische Kirche ist nicht einheitlich. Besonders bei

der Frage der baskischen und der katalanischen Unabhängigkeit bestehen Unterschiede, da Bischöfe in den genannten autonomen Regionen teilweise Verständnis für die Unabhängigkeitsbestrebungen an den Tag legen oder sogar Solidarität für inhaftierte ETA-Aktivisten zeigten.

Mittlerweile lehnt die Mehrheit der Bevölkerung eine evangelisierende Kirche ab: „So wird es in Spanien als positiv angesehen, wenn sich etwa ein Fußballspieler bekreuzigt, bevor er aufs Spielfeld läuft. Negativ wird hingegen bewertet, wenn die Kirche Verhaltenskodices verkündet" (Collado Seidel 2004: 421). Tief verwurzelt bleibt die Verehrung der Schutzheiligen, wobei jede Region, Stadt oder Dorf einen eigenen Heiligen haben kann. Deren Verehrung und die entsprechenden Prozessionen organisieren die *cofradías* (Bruderschaften), in denen mittlerweile viele Frauen in der Osterwoche oder anderen Feiertagen aktiv sind. An diesen Tagen überschneiden sich touristische und religiöse Interessen.

11.1 Größe und regionale Verteilung der Religionsgemeinschaften

Die römisch-katholische Kirche ist in 14 Kirchenprovinzen mit 14 Erzbistümern und 55 Diözesen sowie ein Militärordinariat gegliedert, 2012 gab es 22 917 katholische Gemeinden. Laut der katholischen Bischofskonferenz leben 35 Mio. Katholiken im Lande. Hierbei wird die Zahl der Getauften zugrunde gelegt. Der Einfluss der Kirche resultiert zum einen aus Geschichte und Tradition, zum anderen aus ihrer Bedeutung im Bildungswesen, das sich zu über 20 % in katholischer Hand befindet. Dazu zählen das Schulwesen und konfessionelle Universitäten.

Nach Angaben der *Federación de Entidades Religiosas Evangélicas de España* (FEREDE) leben 1,2 Mio. Protestanten bzw. Freikirchler in Spanien, darunter 800 000 Immigranten aus den west- und nordeuropäischen Gesellschaften. Nach einer Untersuchung der *Unión de Comunidades Islámicas de España*

(UCIDE) von 2008 gibt es 1,2 Mio. Muslime, die 13 große Moscheen zur Verfügung haben *(grandes mezquitas)* und mehr als 480 Gebetsstätten. Die *Federación de Comunidades Judías de España* (FCJE) geht von 48 000 Personen jüdischen Glaubens und 22 Kultstätten aus.

11.2 Rechtliche Stellung, politische und gesellschaftliche Bedeutung

Art. 16 der Verfassung garantiert die „Freiheit des ideologischen Bekenntnisses, der Religion und des Kultes". Es „gibt keine staatliche Konfession", heißt es in 16.3. Darüber hinaus besteht ein *Ley de Libertad Religiosa* von 1980. Der Zusatz, „die öffentlichen Gewalten berücksichtigen die religiösen Anschauungen der spanischen Gesellschaft und unterhalten die entsprechenden, auf Zusammenarbeit ausgerichteten Beziehungen zur katholischen Kirche und den übrigen Konfessionen", kann als eine Privilegierung ebendieser gelten. Die einzelnen religiösen Gruppen schreiben sich im Übrigen auf freiwilliger Basis in eine Liste beim Justizministerium ein. Die muslimischen und jüdischen Gemeinschaften drängen insgesamt auf gleiche Behandlung wie die katholische Kirche.

Seit 1987 bzw. 2007 müssen die Bürger bei ihrer Steuererklärung angeben, ob sie einen Betrag von 0,7 % der Kirche oder anderen (nicht-religiösen) sozialen Einrichtungen zukommen lassen möchten. Anfangs sollen nur 34 % der einkommenssteuerpflichtigen Spanier ihre Quote an die katholische Kirche überwiesen haben. Der Kirchenaustritt ist nicht wie in der Bundesrepublik per Verwaltungsakt möglich, sondern muss über die Diözese erfolgen. Wenn die Steuerpflichtigen keine der beiden Optionen wählen, dann zieht der Fiskus dennoch die Summe ein (Gimber u. a. 2012: 201). Beim Steueraufkommen für die Kirche bestehen starke regionale Unterschiede. Am höchsten ist der Anteil in der Regel in Navarra, niedrig dagegen in Katalonien.

12. Sozialstruktur

Nach dem Amt für Statistik (INE) hat Spanien 46 725 164 Bewohner (1.1.2014). Bemerkenswert ist die hohe durchschnittliche Lebenserwartung, die bei den Frauen 85,1 Jahre und bei den Männern 79,4 Jahre beträgt. Die Gründe werden u.a. in den Verbesserungen im Gesundheitssystem und dem Aufbau eines Sozialstaates Ende des 20. Jhs. gesehen. Die Fertilitätsrate liegt unter 1,5 Kindern und ist damit mit der Bundesrepublik, Österreich und der Schweiz die niedrigste in Europa. Das jährliche Bevölkerungswachstum wurde für den Zeitraum 2005-2010 mit 1,59 % und für 2011 mit nur noch 0,094 % angegeben.

Die Bevölkerungsdichte ist durch deutliche Gegensätze zwischen landwirtschaftlich geprägten Binnenräumen (bis unter 20 Einw./km²; Soria: 8,9 Einw./km²) und städtischen Ballungsgebieten und Küstenprovinzen (bis über 200 Einw./km²; Madrid 798 Einw./km²; Barcelona 689,8 Einw./km²) gekennzeichnet. Der Anteil der städtischen Bevölkerung lag 2010 bei 78,9 %; 16,5 % der Einwohner lebten Anfang 2011 in den sechs größten Städten. Die für alle Berufstätigen (einschließlich Freiberufler) obligatorische Sozialversicherung deckt die Risiken von Arbeitsunfähigkeit und Arbeitslosigkeit ab und beinhaltet Alters- und Hinterbliebenenrente. Im Juli 2012 gab es 16,875 Mio. Versicherte. Die Beiträge wurden für 2012 wie folgt festgesetzt: Freiberufler 29,8 bzw. 26,5 %; abhängig Beschäftigte 36,25 % bei unbefristeten und bis zu 38,5 % bei befristeten Verträgen, wobei die Unternehmen rund 83 %, die Beschäftigten rund 17 % der Beiträge aufbringen müssen.

Die Ehe hat an Bedeutung verloren, gleichzeitig hat Spanien nach Holland, Belgien und Kanada 2005 als viertes Land die Homosexuellenehe legalisiert. Zwischen 2005 und 2012 fanden 25 239 gleichgeschlechtliche Eheschließungen statt. Im Jahr 2013 erfolgten 20 % aller Eheschließungen mit Ausländern. Seit 2012 liegt die Zahl der Männer, die ausländische Frauen heiraten, höher als die der spanischen Frauen, die ausländische Männer heiraten. Die häufigste Form der Ehe mit ausländischen Partnern ist die Hochzeit eines spanischen Mannes mit einer jüngeren Frau aus Lateinamerika oder Osteuropa. Für die Jahre 2000 bis 2012 kann von einem regelrechten Migrationsboom gesprochen werden, als 5,6 Mio. Migranten kamen. Dies war mit Abstand der größte Migrationszuwachs in der Europäischen Union.

Migration

Es lassen sich unterschiedliche Phasen in der Migrationspolitik festhalten. 1999 verabschiedete der Kongress ein fortschrittliches Migrationsgesetz, das besonders mit Blick auf die Gewährung von Rechten für Irreguläre beispiellos innerhalb der Europäischen Union war. Nach dem neuen Ausländergesetz von 2000 wurde die Anwesenheit von Migranten in Spanien nicht mehr als vorübergehende Erscheinung, sondern als strukturelles Element der Gesellschaft wahrgenommen. Dabei förderte die Migrationspolitik der PSOE eine Zuwanderung, die durchaus den Erfordernissen der einheimischen Wirtschaft entsprach. Sie verhalf mehr als einer halben Million irregulärer Migranten zu einem regulären Aufenthaltsstatus. Ganz offensichtlich hatte die starke Zunahme von Ausländern an der Bevölkerung von 1996 (1,37 %) auf 12,22 % (2010) mit den Boomjahren in Spanien zu tun. In den 1990er Jahren kam die Mehrheit der Immigranten aus Marokko, nach der Jahrtausendwende setzte eine „Lateinamerikanisierung" der Migration ein. Zuweilen wird gesagt, dass in Spanien in der Landwirtschaft die Afrikaner, in der Konstruktion die Osteuropäer und im Dienstleistungsbereich die Lateinamerikaner tätig sind oder waren. Die Entwicklungshilfe wurde gezielt in die Regionen vergeben, aus denen ein Teil der Migranten kommt, d. h. in arabische und afrikanische Länder.

Zu den Besonderheiten der Migration gehört die Möglichkeit zur Einschreibung in die lokalen Melderegister *(empadronamiento).* Vergleichende Untersuchungen zu den politischen Einstellungen in Spanien und Deutschland zeigen darüber hinaus, dass die spanische Bevölkerung die Immigranten nicht unbedingt positiver bewertet als in der Bundesrepublik (Nohlen 2012: 265 f.), auch wenn die Zahl ausländerfeindlicher Übergriffe gering ausfällt. Eine kritische Untersuchung geht indessen davon aus, dass seit 1990 insgesamt 37 Fälle von Totschlag einen xenophoben bzw. rassistischen Hintergrund hatten (García 2015: 25).

Seit Anfang des 21. Jhs. hat auch die stärkste interne Migration Spaniens stattgefunden. Dabei haben der Bauboom vor allem an der Küste und die günstige wirtschaftliche Lage eine Rolle gespielt. Das Wachstum der spanischen Bevölkerung wird nach Projektionen auch für die Zukunft negativ sein, allerdings kann diese Entwicklung durch Zuwanderung aufgefangen werden. Spanien und die Spanier sind in der Vergangenheit selber ein Emigrationsland gewesen. Auf die Auswanderung nach Amerika Ende des 19. und zu Beginn des 20. Jhs. folgte die spanische Emigration nach dem Zweiten Weltkrieg und die Rückkehr ab 1976. Seit Ende des 20. Jhs. kommt die Zuwanderung von Ausländern hinzu, die 2007 mit 958 266 Personen ihren Höhepunkt erreichte. Hierbei handelte es sich vor allem um Personen aus Lateinamerika, Rumänien und dem afrikanischen Raum. Hinzu kommt eine kleinere Zahl von Nordeuropäern, die als Pensionisten vor allem die Küstenregionen bevölkern. Die Gründe für diese Migrationsbewegungen lagen einmal in der Wirtschaftskrise der 1990er Jahre in Lateinamerika sowie in der nach dem 11. September 2001 zunehmend restriktiven Migrationspolitik der USA. Die stärkste Konzentration von Zuwanderern gibt es in drei Gemeinschaften: in Katalonien, wo die marokkanische und französische Zuwanderung eine Rolle spielt, in Madrid, wo sich viele Lateinamerikaner finden, sowie in Valencia, wo Engländer und Rumänen dominieren. 66 % der Zuwanderer befinden sich im fruchtbaren Alter, die Kinderzahl ist bei ihnen höher als bei den Spanierinnen.

Der Ausbruch der Wirtschaftskrise hatte unmittelbare Auswirkungen, zwischen 2007 und 2012 ging die auswärtige

Immigration um 63 % zurück und die Abwanderung ins Ausland stieg um 61 %. 2012 war das erste Jahr in der modernen spanischen Geschichte, in dem die Bevölkerung des Landes in absoluten Zahlen abnahm. 2016 lebten 2,3 Mio. Spanier im Ausland, d. h. 56 % mehr als 2009. Hierbei dürften allerdings die Einbürgerungen besonders von Lateinamerikanern in den vergangenen Jahren eine Rolle gespielt haben. Immerhin wurden 1,5 Mio. der im Ausland registrierten Spanier nicht in Spanien geboren (EP 21.3.2016). Entgegen dem gängigen Bild sind die Migranten nicht durchgängig junge Menschen. Die Mehrheit befindet sich im Alter zwischen 30 und 39 Jahren. Beliebte Migrationsziele sind Großbritannien und die USA.

Die spanische Gesetzgebung sieht vor, dass man zehn Jahre legal und kontinuierlich in Spanien gelebt haben muss, bevor man einen Antrag auf Einbürgerung stellen kann. Für diejenigen, die aus Iberoamerika, Äquatorialguinea und den Philippinen kommen oder sephardischen Ursprungs sind, verkürzt sich diese Zeit um zwei Jahre. Das Gesetz zur *Memoria Histórica* eröffnet die Möglichkeit, dass die Nachfahren spanischer Exilierter, die die spanische Staatsbürgerschaft verloren haben, einen entsprechenden Antrag stellen können. Dies haben über 520 000 Personen getan, 48 % der Anträge sind bisher positiv beschieden worden.

Seit Mitte der 1980er Jahre besteht ein positiver Migrationssaldo. Mit dem Ausbruch der Wirtschaftskrise nahm aber auch die Zahl der arbeitslosen Ausländer zu, 2013 gab es über 1,3 Mio. ausländische Arbeitslose. Nach Untersuchungen sind die Ausländer sehr aktiv auf dem Arbeitsmarkt, dies gilt sowohl für für Frauen als auch für Männer. Sie arbeiten in den Bereichen Bau, Landwirtschaft, Hotelwesen und in privaten Haushalten. Die Arbeitsbedingungen werden in englischer Sprache manchmal mit den drei DDD abgekürzt: *dirty, dangerous, demanding.* Die Ausländer waren stärker von der Arbeitslosigkeit betroffen als die Spanier, zwischen 2008 und 2014 verloren 38 % ihre Arbeitsstelle, bei den Spaniern waren es 15 %.

Zwischen 1995 und 2012 haben 1,1 Mio. Personen die spanische Staatsangehörigkeit erhalten. Seit 1994 haben Unionsbürger das Recht auf die Teilnahme bei den Kommunalwahlen.

In Zeiten des Wirtschaftsbooms war die Arbeit der wichtigste Integrationsfaktor. Hinzu kommt im spanischen Fall, dass es mit den lateinamerikanischen Zuwanderern und teilweise auch mit denen aus Rumänien kaum bzw. wenig Sprachprobleme gibt. Dies mag einer der Gründe dafür gewesen sein, dass die Ablehnung gegenüber der Zuwanderung niedrig war und erst ab 2000 anstieg, 2011 erreichte sie mit 40 % den höchsten Anteil (260). Nach Schweden und Finnland galt Spanien als das europäische Land mit den günstigsten Bedingungen für ausländische Arbeiter. Der Zuwachs an Ausländerfeindlichkeit im Jahr 2011 wurde u. a. mit dem damaligen Wahlkampf in Verbindung gebracht, ab 2012 verschwand das Thema wohl auch im Zusammenhang mit dem realen Rückgang der Einwanderer aus der Öffentlichkeit. Formen der Xenophobie und des Ausländerhasses sind selten, nennenswerte rechtspopulistische Parteien bislang nicht vorhanden. Die Ausländer haben frühzeitig den Zugang zum staatlichen Gesundheitssystem erhalten.

Seit der Verabschiedung des Scheidungsgesetzes 1981 hat die Familienstruktur in Spanien einen Wandel durchlaufen. Gleichwohl ist für die Mehrheit der Spanier nach wie vor das Aufwachsen der Kinder am wichtigsten (92 %). Allerdings sind pluralere und komplexere Familienstrukturen entstanden. Nach wie vor haben 84,9 % mehrfach in der Woche Kontakt mit den Kindern, 64,4 % mit den Geschwistern und 30 % mit den näheren Verwandten. Spanien ist – gemeinsam mit Italien – das Land, wo fast 70 % der Eltern im Jahre 2008 in fünf Kilometer Nähe zu den eigenen Kindern lebte. 80 % der unter 30 Jahre alten Kinder lebt noch bei den Eltern (EP 30.12.2015).

Auch die Beziehungen zwischen den Geschlechtern haben sich verändert. Im politischen Leben hat die Zahl von Frauen in den Führungspositionen der Parteien zugenommen, sie lag 2013 bei 34 %. Am höchsten war sie bei der PSOE und der IU. In den

Autonomen Gemeinschaften nahm der Anteil der weiblichen Abgeordneten von 16 % im Jahr 1995 auf 35 % 2013 zu. Ein großes Thema in Spanien bleibt die Gewalt gegen Frauen, worüber auch im staatlichen Fernsehen umfangreich berichtet wird.

Arbeit und Beschäftigung

Arbeit und Beschäftigung sind ein auch unter dem Gesichtspunkt der Zahlen äußerst kontrovers diskutiertes Thema. 2014 lag die Zahl der Arbeitslosen bei 6 Mio., darunter 1,1 Mio. Ausländer. Im europäischen Vergleich ist von dem „spanischen Produktionsmodell" die Rede, d. h. es handelt sich um kleine Betriebe mit einem vergleichsweise geringen technologischen Niveau. Bei diesem mediteranen Modell spielen informelle und paternalistische Arbeitsbeziehungen eine Rolle. Hinzu kommt ein Anteil an informeller Ökonomie, der zwischen 20 und 25 % beziffert wird. Die Unternehmensphilosophie ist kurzfristig orientiert, eher spekulativ und hierarchisch im Aufbau. Die gewerkschaftliche Organisation fällt vergleichsweise niedrig aus. Die jüngste Krise hat zu einer De-Industrialisierung geführt und zu einer erneuten Orientierung auf den Dienstleistungsbereich sowie den schwächelnden Bausektor. Der industrielle Sektor sank im Jahr 2008 auf knapp 16 %. Im Baubereich gingen 1,4 Mio. Arbeitsplätze verloren, parallel dazu nahm die Beschäftigung im Dienstleistungsbereich zu.

Das Wirtschaftswunder der 1960er Jahre führte zur Ausweitung der Mittelschicht. Während sie 1950 nur ca. 14 % ausmachte, soll sie bis 1970 auf 33 % angewachsen sein (Chislett 2013: 70). Dieser Prozess hat sich in den Jahren des Booms fortgesetzt und zu der bemerkenswerten Tatsache geführt, dass 85 % der Bevölkerung ihre derzeit bewohnte Wohnung besitzt, weltweit hat nur Singapur mit 89 % einen noch höheren Anteil. Umso drastischer und dramatischer mussten von daher die tiefen Einschnitte mit der Rezession ab 2008 empfunden werden.

Arbeitslosengeld wird für maximal 24 Monate gezahlt; danach oder bei Nichterfüllen der Bezugsvoraussetzungen wird unter bestimmten Bedingungen eine Unterstützung in Höhe von 426 Euro für maximal 21 Monate geleistet. Die Regierung Zapatero führte im Februar 2011 eine anschließende Hilfe *(ayuda)* von 400 Euro monatlich ein, die zum 15.8.2012 auslaufen sollte. Die Regierung Rajoy beschloss am 24.8.2012, die Hilfe auf 450 Euro zu erhöhen, sie aber nur noch zu leisten, wenn das Durchschnittseinkommen aller zusammenlebenden Familienmitglieder weniger als 481 Euro monatlich (75 % des Mindestlohns) beträgt.

Das *Sistema Nacional de Salud* (SNS) soll ein dezentralisiertes Gesundheitswesen auf gleichmäßig hohem Niveau etablieren. Anfang 2012 gab es 790 Krankenhäuser (davon 434 private) mit 162 538 Betten; auf 1000 Einwohner entfielen 3,52 Betten (Min.: Andalusien: 2,68; Max.: Katalonien: 4,72); 2011 gab es 226 424 Ärzte (204 Einwohner je Arzt), 29 070 Zahnärzte (1 588 Einwohner je Zahnarzt), 64 977 Apotheker sowie 268 309 Pflegekräfte.

Die am 24. April 2012 in Kraft getretene Gesundheitsreform wendet sich vom Konzept der Gesundheit als Menschenrecht ab und gewährt Leistungen nur noch an Beitragszahler und Mitversicherte.

Bildung und Wissenschaft

Von hoher gesellschaftspolitischer Bedeutung ist das Erziehungswesen. Dabei sank die Zahl der Neugeborenen bis 1995 auf 363 000 Geburten pro Jahr, um bis 2008 wieder auf eine halbe Million anzuwachsen, nicht zuletzt aufgrund der Einwanderung, was natürlich entsprechende Auswirkungen auf das Bildungssystem hatte. Das Erziehungssystem hat in allen drei Bereichen (Vorschulerziehung, Sekundarbereich, Universitätssystem) in den vergangenen beiden Jahrzehnten einen Ausbau erfahren. Allerdings hat es sehr häufige Wechsel bei den Erziehungsgesetzen gegeben. Kritiker wenden ein, dass praktisch jede neue Regierung ein eigenes Erziehungsgesetz erlassen hat. Aufgrund der regionalen Dezentralisierung bestehen überdies große Unterschiede im Erziehungssystem. Obwohl die Kirche in der Gesellschaft an Bedeutung verloren hat, waren

2010 immer noch 64% der Privatschüler an religiösen Schulen eingeschrieben. Während zwischen 1990 und 2000 die Zahl der Schüler im Primär- und Sekundarbereich abnahm, stieg sie im Universitätsbereich von 1,1 auf 1,6 Mio.

Im Jahr 2013 bestanden 82 Universitäten, von denen 47 staatliche Einrichtungen waren, 24 Privatuniversitäten, worunter sich auch die der katholischen Kirche befanden, sowie sechs Fernuniversitäten und zwei mit einem besonderen Status *(Universidad Internacional Menéndez Pelayo* und *Universidad Internacional de Andalucía).* Dieser Expansionsprozess hielt bis 2008 an, danach kam es im Zuge der Kürzungen zu Einschränkungen, was z B. das Stipendiensystem anbelangte. Während der Krise stieg die Zahl der Universitätsbesucher gleichwohl ab 2007 um fast 55 % an. Dies kann auch als eine Reaktion auf die Situation auf dem Arbeitsmarkt interpretiert werden. In geringerem Ausmaß als in anderen europäischen Ländern wird das Studium durch Jobs finanziert. Bei diesen Zahlen könnte allerdings zum einen die aktuelle Arbeitsmarktsituation eine Rolle spielen, zum anderen der nach wie vor hohe Anteil informeller Tätigkeiten. Spanien ist das europäische Land, das die größte Anzahl von Erasmus-Studenten im Ausland hat, insgesamt 300 000 in den letzten beiden Jahrzehnten. Gleichzeitig gehören Städte wie Barcelona und Granada zu den beliebtesten Anlaufpunkten ausländischer Studierender. Die Mehrheit der Spanier hat einen negativen Eindruck vom Funktionieren des Erziehungssystems.

Vom sechsten bis zum 16. Lebensjahr besteht Schulpflicht. Kindergärten und Vorschulen sind ab dem dritten Lebensjahr kostenlos. 2011/2012 besuchten 32 % aller Schüler eine private, schulgeldpflichtige Schule, zum großen Teil Einrichtungen der katholischen Kirche.

Auf die Grundschule (sechs Jahre) folgt die Sekundarstufe (*Educación Secundaria Obligatoria*/ESO, vier Jahre), auf der Berufs- und Oberschulen aufbauen. Die zweijährige, in vier Fachrichtungen angebotene Oberschule *(Bachillerato)* führt zum Abitur, auf das eine universitäre Aufnahmeprüfung folgt. In

Tab. 12: Schulen (Schuljahr 2013/2014)

	Schulen	Lehrkräfte	Schüler
Vorschulen	21 760	662 147*	1 884 886
Primarstufe	13 877		2 855 219
Sekundarstufe *(E.S.O.)*	7 332		1 825 996
Oberstufe *(Bachillerato)*	4 469		642 597
Berufsbildung *(Formación Profesional)*	7 518		732 108

* In allen Ausbildungsstufen

Quelle: Ministerio de Educación, Cultura y Deporte, hier nach Munzinger Länder Spanien (24.11.2016).

Katalonien, Valencia, Galicien, Navarra, Aragón, im Baskenland und auf den Balearen erfolgt der Unterricht teilweise in einer anderen Sprache als Kastilisch oder zweisprachig.

Die Universitäten in Salamanca (gegr. 1218), Valladolid (vor 1292) und Barcelona (1450) gehören zu den ältesten Universitäten in Europa. Die größte der 82 Universitäten des Landes ist mit 68 800 Studierenden die Universidad Complutense in Madrid (gegr. 1293/1499 in Alcalá de Henares). Es gibt allgemeine Universitäten, Technische Hochschulen und den deutschen Fachhochschulen vergleichbare *Escuelas Universitarias*. Per Dekret aus dem Jahr 2012 wird die duale Ausbildung gezielt etabliert und gefördert. Für das Studienjahr 2013/2014 hatten sich 1,413 Mio. Studierende eingeschrieben, davon 173 312 an Privathochschulen. An Masterprogrammen nahmen weitere 120 055 Personen teil (ebd.).

Eliten

Ein Merkmal der politischen Elite des Landes ist es, dass etliche ihrer Mitglieder die gleiche Schule besucht haben: das 1907 eröffnete *Colegio Santa María del Pilar* in Madrid. Auf dieser religiösen Einrichtung waren u. a. der ehemalige Chef der *Banco de España*, Miguel Ángel Fernández Ordónez, der Bauunternehmer

Juan Miguel Villar-Mir, der Unternehmer und Prado-Direktor Guillermo de la Dehesa, der vormalige Sozialistenchef Alfredo Pérez Rubalcaba, der Ex-Präsident José María Aznar, die in der PSOE in Führungspositionen aktiven Brüder Solana, der Medienunternehmer Juan Luis Cebrián, der Schriftsteller Fernando Savater etc. Eine Reihe von Botschaftern hat die Schule im Viertel Salamanca besucht. Bis 2015 hatte die Schule 13 000 Abgänger. In der Zeitschrift *Siempre Pilaristas* wird über Leben und Werk der Schulabgänger berichtet, sie dient auch der Netzwerkbildung (Belmonte 2015).

Seit dem Ausbruch der Finanzkrise hat die Kritik an der politischen Klasse und Elite stark zugenommen. Sie wird als eine „extraktive Elite" bezeichnet, die den Staat melke, sie gilt als provinziell und tendenziell überfordert. Nur ein Regierungsmitglied habe ein Postgraduiertenstudium im Ausland absolviert, José Manuel García-Margallo, Außenminister unter der PP-Regierung, der einen Master in Jura in Harvard absolvierte. Zwei Kabinettsmitglieder haben in Spanien einen Doktortitel erworben, zwei haben einen Master im Lande abgeschlossen, darunter Soraya Sáenz de Santamaría, die Vize-Präsidentin. Somit handelt es sich um eine klassische Kabinettsbesetzung mit einem hohen Anteil von Mitgliedern der Verwaltung und mit quasi unbefristeten Stellen.

Auffällig bei der in den letzten Jahren so scharf kritisierten politischen Funktionselite bleibt, dass ihre Mitglieder im europäischen Vergleich schlecht bezahlt sind, wenn wir die offiziellen Einkünfte zugrundelegen. So erhält der Regierungschef ganze 75000 Euro und der vormalige Chef der Opposition, Alfredo Pérez Rubalcaba, bekam 60 000 als Generalsekretär der PSOE. Allerdings sollen einzelne Minister mehr verdienen. Die auf dem Papier moderate Entlohnung der Inhaber politischer Ämter nährte den Verdacht, dass sie sich in vielen Fällen zusätzliche Einnahmen verschafft hätten.

13. Wirtschaftliche und soziale Entwicklung

Spanien ist die fünftgrößte Wirtschaftsmacht in der Europäischen Union hinter Deutschland, Frankreich, Großbritannien und Italien. Das spanische Bruttoinlandsprodukt lag 2014 etwas niedriger als das Südkoreas und höher als das Mexikos. Spanien belegte 2015 nur noch einen vierzehnten Rang unter den größten Weltmächten, im Vergleich zum achten Platz 2007 vor der Krise, als das spanische Bruttoinlandsprodukt das kanadische oder brasilianische übertraf.

Der Wirtschaftsboom endete mit der globalen Finanzkrise 2008. Das Land hat sich bislang nicht von seiner wohl tiefsten Rezession seit der Transition erholt. Auslöser des Abschwungs waren einerseits die globale Finanzkrise und andererseits die hausgemachte Immobilienblase, die gleichzeitig „platzten". In der Literatur zur Wirtschaftskrise werden hierfür vor allem die Stabilitäts- und Sparpolitik der Regierung Rajoy sowie die von Brüssel und Berlin „verordneten" Reformen und weniger die hausgemachten Probleme verantwortlich gemacht (Estefanía 2015 und 2011; García/Ruesga Benito 2014; Navarro 2015; Ontiveros 2013). Zwar brachte die PP-Regierung das Land durch die ressortübergreifende Werbe- und Exportstrategie „*Marca España*" langsam wieder auf Wachstumskurs, die Binnennachfrage stieg jedoch nicht und die sozialen und politischen Kosten für die Haushaltskürzungen waren hoch.[12]

Seit 2007 – als Spanien noch einen Haushaltsüberschuss von über 2 % (und nicht ein Defizit von derzeit 5,2 %) erzielte – haben sich die sozialen Daten drastisch verschlechtert. Fünf Millionen Spanier (20,8 %) waren 2015 arbeitslos, davon eine

12 Spaniens Wirtschaftswachstum wird, nach Schätzungen der spanischen Zentralbank, mit 2,8 % 2016 etwas geringer ausfallen als im Vorjahr (3,2 %).

Million seit mehr als vier Jahren, und nur jeder Fünfte erhält irgendeine Form von staatlicher Unterstützung (Böcking 2015). Lediglich in Griechenland liegt die Arbeitslosigkeit noch höher. Infolgedessen war Spanien nach Rumänien der EU-Staat mit dem höchsten Armutsrisiko: 2014 waren über 22 % der Bevölkerung nach der Zahlung von Sozialleistungen davon betroffen (Eurostat 2016). Auch der Wohlstand ist sehr ungleich verteilt. Im Gini-Index, der die Einkommenskonzentration misst, erzielte das Land 2014 einen Wert von 34,7 und schnitt zusammen mit Rumänien schlechter ab als Bulgarien, Griechenland oder Italien.

Der wirtschaftliche Wandel kann als Übergang von der Autarkie zur Globalisierung beschrieben werden. Das moderne Spanien zeichnet sich, wie viele Marktwirtschaften in Südeuropa, durch ein ständiges Wechselbad zwischen wirtschaftlichem Aufschwung und Rezession aus. Nach einer langen Phase der Autarkie sorgte der Beginn der Tourismusindustrie in den 1960er Jahren bis zum Ende der Franco-Diktatur für wirtschaftliches Wachstum und stellte „die Weichen für eine moderne Konsumgesellschaft" (Rodríguez Martín 2012: 81). Demgegenüber war die erste Dekade der Demokratie von Instabilität, hohen Inflationsraten und großer Arbeitslosigkeit gekennzeichnet. Auf eine kurze Phase der Erholung am Ende der ersten Regierungsperiode von Felipe González folgte erneut eine dramatische Wirtschaftskrise, die allerdings im Kontext einer globalen Wachstumsphase nicht lange anhielt.

Seit Mitte der 1990er Jahre erlebte Spanien nach dem EU-Beitritt die wohl längste Phase der expansiven Wirtschaftspolitik und Stabilität in seiner jüngeren Geschichte. Die Ernüchterung folgte ab 2008, als das Land in den Sog der globalen Finanzkrise geriet und offensichtlich wurde, dass der vermeintliche Wirtschaftsboom vor allem auf den spekulativen Gewinnen aus dem Bau- und Bankensektor beruhte. Allerdings haben ursprünglich spanische und heute multinationale Unternehmen wie der Textilriese Inditex, die Banken Santander und BBVA, Telefónica oder der Erdölkonzern Repsol den Aufstieg in die Gruppe der weltweit größten Unternehmen geschafft.

Nach einer kurzen Phase der Erholung 2015, als Spanien durch den Anstieg der Exporte und den Tourismusboom wieder ein Wirtschaftswachstum von 3 % erzielte – folgte erneut eine leichte wirtschaftliche Abwertung durch die 315 Tage andauernde politische Blockade nach den beiden Wahlprozessen vom Dezember 2015 und Juni 2016. Nach Angaben von Eurostat erzielte Spanien von 2004 bis 2014 ein Wachstum von durchschnittlich 0,6 %, wobei das Bruttoinlandsprodukt im Zeitraum 2005-2007 den höchsten Anstieg verzeichnete und die Rezession mit -3,6 im Jahr 2009 am dramatischsten war.

Heute ist Spanien ein Sozialstaat mit einem universellen Bildungs- und Gesundheitssystem sowie einem sozialen Sicherungssystem mit staatlichen Rentenleistungen. Der Aufbau des Sozialstaates, der allerdings nicht mit deutschen Standards verglichen werden kann, wurde vor allem durch den steten Anstieg der Steuereinnahmen infolge des europäischen Anpassungsprozesses ermöglicht: Im Todesjahr Francos waren es lediglich 19,5 % des BIP (Gunther/Montero 2009: 209), nach dem EU-Beitritt und der Einführung eines staatlichen Sozialsystems stiegen sie auf OECD-Niveau. 2014 betrugen die Steuereinnahmen 34,4 % des BIP, allerdings lagen sie damit noch immer mehr als fünf Prozent unter dem EU-Durchschnitt und sind wesentlich niedriger als beispielsweise in Dänemark (50,8 %) oder Frankreich (47,9 %). Entsprechend geringer sind auch die staatlichen Leistungen; die Familie bleibt vor allem nach der letzten Krise 2008 noch immer die wichtigste soziale Sicherung in Spanien.

Die spanische Wirtschaft ist einerseits von der Entwicklung in der EU, seinem mit 70 % größten Handels- und Investitionspartner, abhängig, und andererseits von der Konjunktur der Weltwirtschaft. Nach Angaben des in der Schweiz erstellten KOF-Globalisierungsindex gehört Spanien zusammen mit Irland zu den ökonomisch am stärksten globalisierten Ländern der EU. Auch insofern ist es kein Zufall, dass Spanien 2008 mehr als andere europäische Länder von der globalen Finanzkrise betroffen war.

Mit Blick auf die zyklische wirtschaftliche Entwicklung ist

die Finanz- und Wirtschaftskrise seit 2008 nichts Neues in einem Land, das schon unter der Franco-Diktatur und zuvor Zeiten des Wirtschaftsbooms und der Austerität erlebte (Comín/ Hernández 2013). Allerdings unterscheidet sich die letzte Krise von allen vorigen durch die Abhängigkeit vom Euro und von der Europäischen Zentralbank sowie den geringen wirtschaftlichen Spielraum der nationalen Regierung, die vor dem Beitritt in die Eurozone die nationale Währung abwerten konnte, um wieder wettbewerbsfähig zu werden.

Mittlerweile sind interne Abwertungen nur noch durch Lohnkürzungen oder -einfrierungen sowie durch eine drastische Sparpolitik möglich. Diese Maßnahmen führen jedoch, wie in Spanien geschehen, zum Rückgang des Konsums und zu sozialen Protesten. Insofern löste die jüngste Wirtschaftskrise, wie der Titel des letzten Buches des Kommunikationswissenschaftlers Manuel Castells suggeriert (2016), auch eine politische Krise aus, die anhält.

13.1 Zyklische Wirtschaftsentwicklung seit 1976

Von der produktiven zur Dienstleistungsökonomie

Seit der Mitte des 20. Jhs. hat ein tiefgreifender wirtschaftlicher Strukturwandel stattgefunden. 1950 war noch fast die Hälfte der Beschäftigten in der Landwirtschaft tätig, 2000 waren es nur noch 6,7 %, und 2015 arbeiteten lediglich 4 % der Arbeitnehmer im Agrarsektor. Bis zum Ende des Franquismus waren Industrie und Landwirtschaft die beiden bedeutendsten Sektoren der Wirtschaft, die zusammen fast 60 % des Bruttoinlandsprodukts ausmachten. Tabelle 13 (S. 243) zeigt, dass Spanien durch die Förderung des Massentourismus seit den 1960er Jahren und den späteren Beitritt in die Europäische Gemeinschaft zu einer reinen Dienstleistungsökonomie wurde, die vor allem auf dem Tourismus-, Banken- und Versicherungssektor basiert.

Wie zahlreiche politische Linksparteien 2015 in ihren Programmen hervorhoben, fand nach der Aufnahme in die EU ein weitreichender De-Industrialisierungsprozess statt, und auch andere produktive Sektoren wie die Landwirtschaft haben nur noch einen geringen Anteil an der Wirtschaftsleistung. Auch insofern ist die spanische Wirtschaftsstruktur nicht mit der deutschen vergleichbar und das vielbeschworene „germanische Exportmodell" lässt sich dort nicht reproduzieren.

Der drastische Rückgang der Landwirtschaft war eine direkte Konsequenz des EU-Beitritts und des geringen spanischen Anteils an den Subventionen aus dem gemeinsamen Agrartopf, von dem vor allem Frankreich, Irland und die osteuropäischen Länder profitieren.

Spaniens Wirtschaft unter der Franco-Diktatur

Während des Franco-Regimes lassen sich drei Wirtschaftsperioden unterscheiden: Die von Autarkie, Depression und Lebensmittelknappheit geprägte erste Phase von 1939 bis 1950, die Dekade der vorsichtigen wirtschaftlichen Öffnung und Expansion seit 1960 sowie die beginnende Modernisierung durch Auswanderung und Tourismus in den letzten fünfzehn Jahren der Diktatur (García Delgado 1995).

Ein Jahr nach dem Bürgerkrieg hatte Spanien nur 25,7 Millionen Einwohner, etwas mehr als die Hälfte der heutigen Bevölkerung. Die Nachkriegsjahre waren von extremer Armut, großen Entbehrungen, Rückständigkeit, Importrestriktionen und einer wirtschaftlichen Depression gekennzeichnet, die sich zum einen auf die Kosten des Bürgerkrieges und zum anderen auf die Selbstisolierung des autoritär regierten Landes zurückführen lassen, das im Unterschied zu anderen europäischen Staaten wie Deutschland nicht vom Marshallplan profitierte (García Delgado 1995; Estefanía 1998). So erzielte Spanien erst 1952 das Pro-Kopf-Einkommen von 1935 (Biescas 1989: 66). 1940 arbeitete über die Hälfte der Spanier in der Landwirtschaft, die zum damaligen Zeitpunkt noch 65 % der Wirtschaftsleistung ausmachte (Biescas 1989: 67/68). 1941 wurde das Nationale Industrieinstitut gegründet, die Bahn RENFE und die Telefongesellschaft Telefónica wurden verstaatlicht. Es begann eine staatlich subventionierte, verspätete Industrialisierung.

Die expansive, keynesianische Wirtschaftspolitik in Europa führte auch in Spanien in den 1950er Jahren zu einer Verbesserung der Situation durch den Ausbau des Industriesektors (Fahrzeuge, Stahl und Werften), die Geldsendungen der ersten Gastarbeiter sowie mehr Handel, Investitionen und Tourismus mit Europa. Gleichzeitig begann eine – vom Regime geförderte – Abwanderungsbewegung von ländlichen Regionen im Süden in die Industrie- und Handelsmetropolen Barcelona und Bilbao. Ende der 1950er Jahre kam es erneut zu einer Wirtschaftskrise, die zu einem grundlegenden ökonomischen Kurswechsel führte.

In einer günstigen internationalen Konjunktur sorgte der Stabilitäts- und Liberalisierungsplan von 1959 für eine lange Phase des wirtschaftlichen Wachstums sowie die allmähliche

Tabelle 13: Struktur des BIP nach Sektoren (in %), 1970-2014

Jahr	Landwirtschaft/ Fischerei	Industrie/ Energie	Bauwirtschaft	Dienstleis- tungen
1960	22,6	36,8	Keine Daten	40,6
1970	11,0	34,0	8,8	46,3
1980	7,0	28,6	7,9	56,5
1990	5,5	25,1	8,8	60,6
2000	4,4	20,9	8,3	66,4
2005	3,1	18,4	11,6	66,8
2009	2,5	15,1	10,7	71,7
2010	2,7	15,6	10,1	71,6
2010	2,6	16,1	11,9	69,3
2011	2,7	16,9	11,5	69,0
2012	2,5	17,4	8,6	71,5
2013	2,6	17,5	7,8	72,1
2014	2,5	17,5	5,6	74,4

Quelle: Instituto de Empresa (IE) nach Daten des Nationalen Statistikamts.

Modernisierung von Industrieproduktion und Infrastruktur. Ein Jahr zuvor war Spanien dem Internationalen Währungsfonds, der Weltbank und der OECD beigetreten. Zum damaligen Zeitpunkt (1959) erzielte das Land lediglich 58 % des durchschnittlichen Pro-Kopf-Einkommens Europas (Estefanía 1989).

Zwei Entwicklungspläne konsolidierten zu Beginn der 1960er Jahre die Phase des *Desarrollismo* mit jährlichen Wachstumsraten von 7 %. 1962 stellte die Franco-Regierung, mit Blick auf einen künftigen Beitritt, einen Antrag auf ein Assoziierungsabkommen mit der Europäischen Wirtschaftsgemeinschaft und unterschrieb 1970 ein erstes Präferenzabkommen.

Herzstück der wirtschaftlichen Öffnung war die vom damaligen Minister Manuel Fraga geförderte Tourismusindustrie: Die Zahl der Besucher stieg von einer Million 1952 auf 34,5 Millionen 1973. Der Tourismus sorgte nicht nur für einen wirtschaftlichen Aufschwung, sondern auch für eine Aufhebung der Isolierung und den Anschluss an Europa. Die 1960er Jahre galten als das Goldene Zeitalter der spanischen Wirtschaft. Diese, vom Regime als „Wirtschaftswunder" propagierte Politik brachte jedoch auch große regionale und soziale Unterschiede hervor. Zudem senkte die Auswanderung der „Gastarbeiter" gen Norden die Arbeitslosigkeit und sorgte durch die familiären Geldsendungen für zusätzliche Deviseneinnahmen.

Bis zur Ölkrise lagen die Wachstumsraten bei bis zu 10 %, und noch 1973 erreichte die Arbeitslosigkeit nur 2,5 % und war eine der niedrigsten in Europa. Zu diesem Zeitpunkt gehörte Spanien zu den zehn größten Industrienationen und zur Gruppe der 30 reichsten Länder der Welt, aber auch zu den Staaten mit einem der niedrigsten und ungerechtesten Steuersysteme (Gunther/Montero 2009: 211 ff.).

Die Migration, die wirtschaftliche Öffnung und die Einbindung in die Weltwirtschaft durch die Tourismusindustrie erhöhten in der letzten Phase des Franquismus den nationalen und internationalen Druck auf eine demokratische Öffnung. Nicht zuletzt die neue spanische Mittelschicht forderte mehr

Rechte und politische Freiheiten und paktierte nach dem Tod des Diktators mit dem Regime einen überwiegend friedlichen Übergang zur Demokratie.

Wirtschaftliche Probleme während der Transition

Das Franco-Regime hatte die wirtschaftlichen Veränderungen und Herausforderungen lange Zeit ignoriert, sodass Probleme und Herausforderungen erst mit der Transition zum Vorschein kamen. Hinzu kam die Ölkrise, die Spanien, das bis heute zwei Drittel seines Energiekonsums importiert und ab 1973 den dreifachen Preis für Erdölimporte zahlen musste, besonders traf. Durch die Krise in den europäischen Nachbarstaaten erlitt das Land zudem einen dreißigprozentigen Rückgang der Einnahmen aus dem Tourismussektor.

Adolfo Suárez übernahm die Regierungsgeschäfte in einer prekären Wirtschaftslage: Zwar erzielte die spanische Ökonomie noch immer höhere Wachstumsraten als die europäischen Staaten, die Inflationsrate stieg jedoch 1977 auf einen Höchststand von 26,4 %, die Zahl der Arbeitslosen hatte sich verdreifacht und der Außenhandel war ebenso defizitär wie der Staatshaushalt. Die erste Regierung nach der Diktatur stand vor der schwierigen Aufgabe, die Demokratie wiederherzustellen und gleichzeitig die Wirtschaft zu stabilisieren. Allerdings hatte die ab Mitte der 1970er krisenhaftere ökonomische Entwicklung zunächst keine Auswirkungen auf die positiven politischen Einstellungen der Spanier im Transitionsprozess.

Da Suárez über keine absolute Mehrheit im Parlament verfügte, um ein Sparprogramm zu verabschieden, setzten er und sein Wirtschaftsminister, der bekannte Ökonom Enrique Fuentes Quintana, auf Verhandlungen mit dem Regime, den Arbeitgeberverbänden, den Gewerkschaften und den im Parlament vertretenen Parteien. Das Ergebnis war der „Pakt von Moncloa“, der erste große Konsens der jungen spanischen Demokratie, der u. a. die Reduzierung des Haushaltsdefizits, eine restriktive Geldpolitik, die Abwertung der Pesete, das Einfrieren der Löhne und eine neue Steuer- und Arbeitsgesetzgebung festlegte.

In den Folgejahren gingen sowohl die Inflation als auch das Wirtschaftswachstum zurück, gleichzeitig stieg die Arbeitslosigkeit auf ein bislang unbekanntes Niveau. Bis 1980 schnellte sie auf 12,3 % (Gimber u. a. 2012: 81) und wurde im Wahlkampf 1982 zum wichtigsten Thema. Die Versprechen der PSOE auf 800 000 neue Arbeitsplätze konnten allerdings nicht eingehalten werden. 1985 stieg die Arbeitslosigkeit mit 22 % auf einen ersten Höchststand, die Inflationsrate lag mit fast 9 % über dem europäischen Durchschnitt (Rodríguez Martín 2012: 80). Während der langen Regierungsperiode von González fand schon zu Beginn der 1980er Jahre eine zum Teil konfliktive industrielle Umstrukturierung des Werften- und Stahlbaus statt, dabei wurde die Pesete mehrfach abgewertet.

Erst die Aufnahme in die Europäische Gemeinschaft brachte dann die erhoffte wirtschaftliche Stabilität durch Investitionen, Subventionen und Exporte, konnte den Arbeitsmarkt aber nur bedingt ankurbeln. Bereits zwei Jahre nach dem Ende der Diktatur, 1977, hatte Suárez Verhandlungen über die Aufnahme Spaniens in die EWG begonnen, die nach zähen Verhandlungen und kontroversen Positionen im Agrarsektor[13] aber erst neun Jahre später erfolgte.

Vom europäischen Wirtschaftswunder zur ersten und letzten Krise

Der 1986 erfolgte EU-Beitritt wirkte sich in den ersten sechs Jahren sehr positiv auf die Wirtschaftsentwicklung aus. Durch die Transferleistungen gen Süden brachte die europäische Integration Spanien einen relativen Wohlstand und eine moderne, auf den Dienstleistungssektor spezialisierte Marktwirtschaft. Auch deshalb verbinden die spanischen Bürger bis heute mit Europa ein überwiegend positives Bild.

Schon während des Franquismus unterhielt Spanien enge Handelsbeziehungen zu den EU-Mitgliedsstaaten, die sich nach

13 Zum Verhandlundlungsprozess zwischen Spanien und der Europäischen Gemeinschaft, siehe den Beitrag von Juan Badosa Pagés, La Adhesión de España a la CEE, in: Información Comercial Española 826, (November 2005), S. 89-105.

der Transition vertieften. Bereits 1985 gingen mehr als die Hälfte der Ausfuhren in die europäischen Nachbarländer, vor allem nach Frankreich und Deutschland (Powell 2014: 10). Nach dem EU-Beitritt verbesserten sich Technologien und Infrastruktur durch den Zugang zu den Kohäsionsfonds der EU, und Spanien erzielte hohe Wachstumsraten. Zeitweilig war Spanien größter Nettoempfänger von Gemeinschaftsmitteln, die vor allem aus dem Kohäsions- und Strukturhilfefonds kamen (Bernecker 2012: 37 f.) und das Land durch eine moderne Infrastruktur einschließlich neuer Straßen und der Hochgeschwindigkeitszüge AVE mit Europa verbanden. Nach China soll Spanien mit 2600 km über das umfangreichste Streckennetz für Hochgeschwindigkeitszüge verfügen und verkauft den AVE mit einigem Erfolg auch im Ausland.

Durch den EU-Beitritt wurde Spanien auch für Investitionen attraktiver. Rein statistisch verbesserte sich der Wohlstand Spaniens durch die Aufnahme von zehn neuen Beitrittsländern 2004. Allerdings erhielt es nur bis 2013 Gelder aus dem Strukturhilfe- und Kohäsionsfond und war im Programmzeitraum 2014-2020 kein Nettoempfänger mehr, da das Pro-Kopf-Einkommen in Spanien seit 2013 nach Angaben von Eurostat über 90 % des Durchschnittswert der EU betrug.

Die Aufnahme in die Europäische Wirtschaftsgemeinschaft hatte weitreichende strukturelle Konsequenzen. Positiv war vor allem die rasche Modernisierung der veralteten Infrastruktur durch Investitionen aus den Nachbarländern und Gemeinschaftsmitteln. Als negativ lässt sich der Deindustrialisierungsprozess ebenso verbuchen wie die relativ geringen Agrarsubventionen sowie die einseitige Spezialisierung auf die Tourismusindustrie verbunden mit dem zeitweiligen Bauboom. Wie bereits angeführt, sind Dienstleistungen mit 74,4 % der bedeutendste Wirtschaftssektor, weit vor der Industrie und der, mit Ausnahme der Wein- und Olivenproduktion – wo Spanien weltweit führend ist – inzwischen unbedeutenden Landwirtschaft. Mit 68 Millionen Besuchern 2015 ist Spanien nach Frankreich und den USA das drittgrößte Land der Tourismusbranche.

Gleichzeitig hat sich die Wirtschaft europäisiert. Durch die deutschen, französischen und italienischen Investitionen sind Fahrzeuge ein wichtigstes Exportprodukt – Spanien ist der zweitgrößte Automobilhersteller der EU. Hinter der Bundesrepublik war das Land dank großzügiger staatlicher Subventionen, die erst 2012 von der Krisenregierung gestrichen wurden, zeitweilig der weltweit größte Produzent von Wind- und Sonnenenergie. Im europäischen Vergleich aber bleibt die Wirtschaft extrem außenabhängig und wenig innovativ. Die Regierungen setzten kaum auf Modernisierung durch die Förderung von Wissenschaft und Technologie. Im Vergleich zum EU-Durchschnitt von 2 % des BIP investierte Spanien 2014 lediglich 1,25 % des BIP – also fast die Hälfte weniger – in diesen Bereich und auch vor der Krise betrug der Höchststand lediglich 1,35 % (nach Angaben von Eurostat). Zunächst profitierte die Wirtschaft erheblich von der Aufnahme in die EU: zwischen 1986 und 1990 stieg das jährliche BIP um 4,8 % und lag damit um zwei Prozent höher als das durchschnittliche Wirtschaftswachstum in der EU. Sowohl unter den Regierungen von González (1982-1996) als auch in der ersten Regierungsphase von Aznar (1996-2004) begann dadurch ein ökonomischer Aufschwung.

1993, ein Jahr nach der Olympiade in Barcelona, der Fünfhundertjahrfeier der Entdeckung/Eroberung Amerikas und der Weltausstellung in Sevilla, erfolgte ein erster wirtschaftlicher Einbruch mit einer Rezession von -1 % und einem Haushaltsdefizit von -7 % 1995. Er zwang die Regierung von González zu einer Abwertung der Pesete, um die Wirtschaft wieder wettbewerbsfähig zu machen. Dennoch bestand Spanien durch eine längere europäische Wachstumsphase wenig später den „Härtetest" der 1993 eingeführten Maastrichtkriterien für die Aufnahme in den Euro: eine Höchstgrenze von 3 % Haushaltsdefizit, von einem maximalen Anteil von 60 % der Außenschuld am BIP und einer Inflationsrate von 1,5 %.

Unter der ersten und zweiten Amtszeit von Aznar ging der wirtschaftliche Aufschwung weiter, sodass alle Prognosen 2004 von einer Wiederwahl der Konservativen ausgingen. Erst das drei Tage vor der Wahl stattgefundene Attentat von Atocha bzw. die sich als falsch erweisende Verdächtigung der baskischen Terrororganisation ETA durch die amtierende PP-Regierung leiteten einen Stimmungsumschwung bei den Wählern zugunsten des PSOE-Kandidaten Zapatero ein. Seine Wiederwahl 2008 fiel zusammen mit der dramatischsten Krise seit dem EU-Beitritt Spaniens, die dem „spanischen Wirtschaftswunder" von 1999 bis 2007 ein abruptes Ende setzte. Bis 2014 schrieb Spanien negative Wachstumsraten und erlebte die schwerste Rezession seit dem EU-Beitritt.

13.2 Die Finanz- und Wirtschaftskrise seit 2008

Die jüngste Wirtschaftskrise hat einen neuen Begriff hervorgebracht: den *Austericidio*, der 2015 sogar in den Wahlprogrammen von PSOE und *Podemos* auftauchte. Linke Ökonomen wie Wirtschaftsprofessor Vicenc Navarro in Barcelona, machen die Brüsseler und deutsche Sparpolitik für die hohe Arbeitslosigkeit und zeitweilige Rezession des Landes (2010-2013) verantwortlich und fordern eine Umkehr der derzeitigen Strategie und die Einführung einer Staatsbank, um künftigen Spekulationen Vorschub zu leisten (Navarro 2015: 166).

Grafik 1: Entwicklung des Bruttoinlandsprodukts, 1987-2015

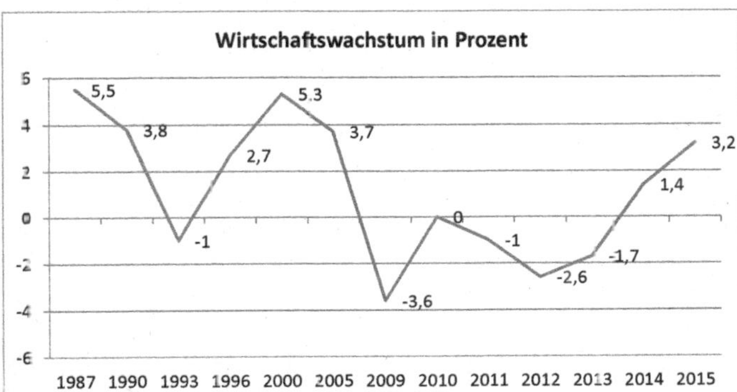

Quellen: Datenbank der Weltbank und Eurostat.

Die Folgen des wirtschaftlichen Einbruchs waren dramatisch: Zwischen 2008 und 2013 ging das Bruttoinlandsprodukt um insgesamt 7 % zurück. Zudem war die interne Abwertung in Form von Lohnkürzungen in Spanien besonders stark (Navarro 2015a: 118). Von 2010 bis 2013 waren die Löhne im Durchschnitt um 3,5 % niedriger als in den Vorjahren (García/Santos/Ruesga 2014: 40/41) und bis 2016 sank die Kaufkraft der Spanier um 9 % im Vergleich zur Situation vor der Finanzkrise.

Die spanische „*burbuja*" (Blase)

Vorangegangen war ein rasanter Wirtschaftsaufschwung, der durch den Beitritt zum Euro 1999 noch beschleunigt wurde. Die Aussicht auf die Teilnahme in der Währungsunion hatte in Spanien zur Senkung der Zinsen und zu sehr billigen, zum Großteil von europäischen (vor allem deutschen) Banken gewährten Krediten geführt. Nun setzte ein unglaublicher Bauboom ein: „In den fünf Jahren von 2002 bis 2006 wurden in Spanien mehr Häuser gebaut als in Deutschland, Frankreich und Italien zusammen" (Kreiß 2011: 51). Es war von einer Backsteinwirtschaft die Rede bzw. der Kombination aus *ladrillo* (Backstein) und *sombrillo* (Sonnenschirm).

Während sich in der Bundesrepublik zur gleichen Zeit die Realzinsen verteuerten und Deutschland nach Ansicht von The Economist zum „kranken Mann Europas" herabsank, galt der spanische Boom einigen Ökonomen sogar als Modell. Noch im September 2007 erschien bei Deutsche Bank Research ein Bericht mit dem Titel „Spanien 2020 – die Erfolgsgeschichte geht weiter" (Aktuelle Themen 394). Dabei entwickelte sich die Baubranche zum eigentlichen Wirtschaftsmotor und machte noch 2010 fast 12 % des BIP und ein Großteil der Beschäftigung aus. Durch die Immobilienblase sank die Arbeitslosigkeit von 20 % 1994 auf 8 % 2007. Die Immobilienpreise stiegen ins Unermessliche (etwa 4 000 Euro pro Quadratmeter in Madrider Nobelvierteln) und sind bis heute vergleichsweise hoch. Fast 70 % der Spanier sollen heute mindestens eine eigene Wohnung besitzen, die sie allerdings meist noch abzahlen.

Zahlreiche Politiker wollten auf der lokalen Ebene an diesem Boom teilhaben und erteilten ungehemmt Baugenehmigungen, für die sie zum Teil mit Bestechungsgeldern „entlohnt" wurden. Auch der Staat profitierte erheblich von der Blase, denn für jedes Eigenheim müssen die spanischen Besitzer 10 % Immobiliensteuer zahlen, was bei durchschnittlichen Quadratmeterpreisen von 2 952 Euro im April 2007 eine durchaus beachtliche Summe war. Auch deshalb war der öffentliche Haushalt nicht nur saniert, sondern erzielte 2006 einen Überschuss von 2,4 % des BIP.

Inzwischen sind die Preise um 45,2 % gesunken (Fotocasa 2015), durch die höheren Auflagen für Kredite werden viel weniger Wohnungen gekauft und infolgedessen sanken auch die staatlichen Einnahmen. Auf dreißig, vierzig Jahre angelegte, teilweise unbezahlbare Bankkredite und der Arbeitsplatzverlust zwangen viele „Besitzer" zur Rückgabe der Wohnungen an die Kreditanstalten, die zeitweilig mehr Wohnungen verkauften als die Makler.

Die von den Medien ausgeschlachteten Zwangsräumungen führten zur Gründung von Bürgerinitiativen gegen *„desahucios"*, denen in Barcelona unter anderem die spätere Bürgermeisterin Ada Colau angehörte. Schätzungen zufolge standen in Spanien zeitweilig über eine Million Wohnungen leer. Zwar wird das Kontingent langsam abgebaut, die Bauwirtschaft machte 2014 aber nur noch die Hälfte (5,6 %) des Anteils während des spanischen „Wirtschaftswunders" aus und sorgte für einen rapiden Anstieg der Arbeitslosigkeit.

Rezession und Sozialabbau

Anfang 2008 zeichnete sich, im Rahmen der globalen Rezession und der Finanzkrise in den USA und Europa, eine ökonomische Kehrtwende ab. Spanien bildete das S der vom Economist bösartig als PIIGS (Portugal, Irland, Italien, Griechenland) bezeichneten Länder und erfuhr eine rapide Abwertung der Wirtschaft durch die einflussreichen Rating-Agenturen. Massive Spekulationsattacken führten zu Zinserhöhungen der öffentlichen Schulden, die vor der Krise weniger als 60 % des BIP ausmachten und nach der

Rettung der Banken die gesamte Wirtschaftsleistung überstiegen. Auch das Haushaltsdefizit stieg und betrug 2012 über 10 %.

Das Ende des „Wirtschaftswunders" zerstörte von Oktober 2007 bis Oktober 2011 mehr als 177 000 spanische Klein- und Mittelständische Unternehmen (KMU) [14], fast 37 % in der Bauwirtschaft und 15 % im Industriesektor (Laborda 2012). Nach Angaben des Unternehmensverbandes CEOE machten die 1,1 Millionen KMU 90 % des Privatsektors und 80 % der Beschäftigung aus, wohingegen die 4 188 Großunternehmen lediglich einen Anteil von 10 % hatten und weniger Arbeitsplätze schufen (Galdón 2014).

2010 musste Regierungschef Zapatero, der die Krise zunächst negiert hatte, den stärksten Sozialabbau seit dem Bestehen der Demokratie ankündigen. Kürzungen erfolgten in der staatliche Gesundheits-, Bildungs-, Außen- und Entwicklungspolitik sowie in Wissenschaft und Forschung. Gleichzeitig wurden entgegen des Wahlversprechens der PP die Steuern erhöht: Nachdem bereits die Regierung Zapatero die Mehrwertsteuer von 16 auf 18 % heraufgesetzt hatte, stieg sie 2012 unter Mariano Rajoy auf 21 %, und auch die Einkommenssteuer nahm zu. Diese Austeritäts- und Sparpolitik führte zu sozialen Spannungen – u.a. zwei Generalstreiks – und zum Ende des Zweiparteiensystems.

Seit 2009 steht Spanien unter der Aufsicht der Troika und des IWF. Um einen Default zu verhindern, „rettete" die spanische Regierung die maroden Banken und nahm 2012 einen 41,3-Milliarden-Euro-Kredit (bewilligt wurden 100 Milliarden Euro) beim europäischen Stabilitätsfonds ESM auf, den das Land durch drastische Haushaltskürzungen und die Ankurbelung des Exportsektors innerhalb von zwölf Jahren abzahlen muss. Zudem wurde ein *banco malo* eingerichtet, um die maroden Kreditinstitute wie vor allem Bankia [15] und die zahlreichen Sparkassen des

14 Die EU definiert KMU als Unternehmen mit einem Jahresgewinn von höchstens 50 Millionen Euro und maximal 250 Arbeitskräften.

15 Bankia war zudem in den größten Finanzskandal der *preferentes* verstrickt, da sie spekulative Anleihen als Festzinsanlagen an naive Kunden verkaufte, die zum Teil ihre gesamten Ersparnisse verloren und bis heute meist vergeblich zurückfordern.

Landes abzuwickeln bzw. zu fusionieren und unter staatliche Aufsicht zu stellen. Heute ist das Bankensystem zwar wieder saniert (u. a. ging 2009-2010 die Zahl der Sparkassen von 47 auf 15 zurück), es fließen jedoch kaum neue Kredite, der Konsum stagniert und jeder Fünfte ist arbeitslos.

Durch harte Sparauflagen konnte die Regierung Rajoy immerhin eine Situation wie in Griechenland abwenden und das Land nach der Rezession 2009-2010 wieder auf Wachstumskurs bringen. Dennoch stieg die öffentliche Verschuldung aufgrund der hohen Zinssätze stetig und betrug 2016 bereits mehr als 100 % der nationalen Wirtschaftsleistung (Gratius/Werz 2016). Mit 5,2 % lag das Haushaltsdefizit 2015 einen Punkt über den mit der Troika vereinbarten 4,2 % und blieb weit von dem in der Verfassung festgelegten Maximalwert von 3 % entfernt.

Dies ging einher mit einem Sozialabbau und Kürzungen in der staatlichen Bildungs- und Gesundheitspolitik. Gleichzeitig gingen 2012 die Investitionen um 5 % und der Konsum 2012 um mehr als 9 Prozentpunkte zurück. Die Rezession und die Kürzung staatlicher Leistungen verschärften die Einkommensungleichheit und die sozialen Strukturprobleme des Landes.

In ihrem Bericht zur Wirtschaftslage in Spanien setzt die Europäische Komission dennoch auf eine Fortsetzung der Sparpolitik, um das Haushaltsdefizit 2017 auf 2,5 % des BIP zu senken (ein Ziel, das einen Konflikt mit den Autonomen Gemeinschaften vorprogrammiert) und die 2016 auf 100,5 % des BIP gestiegene Verschuldung zu reduzieren. Allerdings setzte Brüssel angesichts der schwierigen politischen Lage in Spanien das Bußgeld wegen des hohen Haushaltsdefizits von über 5 % des BIP für zwei Jahre aus. Gleichzeitig empfiehlt die Kommission in Familienpolitik, Berufsausbildung, Wissenschaft und Forschung zu investieren, um die hohe Arbeitslosigkeit zu senken und einen *Brain-drain* der in Spanien ausgebildeten Akademiker zu verhindern (European Commission 2016: 7/8).

13.3 Sozialentwicklung und Strukturprobleme

Die zyklische, vom Bau- und Tourismussektor abhängige spanische Wirtschaft hat soziale Verwerfungen hervorgebracht, zu denen die vor allem unter den Jugendlichen extrem hohe Arbeitslosigkeit von zeitweilig 55 %, niedrigere Löhne sowie die darauf zurückzuführenden relativ geringen staatlichen Sozialleistungen gehören. Das oft genannte Argument, der öffentliche Haushalt in Spanien sei zu hoch gewesen, lässt sich an den Zahlen nicht ablesen: Vor der Krise lagen die staatlichen Ausgaben bei 39 % des BIP und damit niedriger als der EU-Durchschnitt von 46 % (Navarro 2015a: 125). Gleichzeitig wurden im Zuge der Sparpolitik einige von der PSOE-Regierung von Zapatero eingeführte neue Leistungen wie der *cheque bebé*, die einmalige Zahlung von 2000 Euros für jedes Neugeborene, oder aber die Pflegeversicherung unter der Regierung von Mariano Rajoy wieder gestrichen.

Trotz hoher Sozialausgaben: neue Armut in Spanien

Die Schere zwischen Arm und Reich ging nach der Krise weiter auseinander: 2012 und 2014 war Spanien zusammen mit Griechenland der EU-Staat mit der ungleichsten Einkommensverteilung. Deshalb nahm auch das Risiko von Armut und sozialem Ausschluss zu, von dem nach Angaben von Eurostat 2014 fast 30 % der Spanier – 4 % mehr als im EU-Durchschnitt – betroffen waren. Damit belegte Spanien einen siebten Rang in der „Armutsskala" der EU. Da staatliche Leistungen begrenzt sind, haben kirchliche Einrichtungen wie Caritas oder NGOs wie Oxfam eine neue soziale Funktion übernommen. Sie richten Suppenküchen ein oder vergeben kostenlos Lebensmittel an die bedürftigsten Familien und kompensieren so fehlende öffentliche Gelder, die vor allem für Langzeitarbeitslose, die oft nicht einmal mehr in den Statistiken geführt werden, nicht mehr gezahlt werden.

Dennoch lässt sich die seit 2008 geführte heftige politische Debatte über den Abbau des Wohlfahrtsstaates nicht direkt an den Sozialausgaben ablesen, die vor allem aufgrund der zu leistenden Arbeitslosen- und Rentenzahlungen stetig gestiegen sind. Auch in den wirtschaftlich kritischen Jahren nach 2012 lagen die Sozialausgaben des spanischen Staates weit über dem OECD-Durchschnitt und nur etwas niedriger als die deutschen.

Im historischen Vergleich entstand in Spanien erst durch den EU-Beitritt ein mit europäischen Standards vergleichbarer Sozialstaat. Zwar wurden die staatliche Altersvorsorge bereits 1919, die Arbeitslosenversicherung 1939 und das Gesundheitssystem 1942 eingeführt (Gunther/Montero 2009: 211), dennoch aber hatten die Sozialausgaben 1965 nur einen Anteil von 4,2 % des BIP und 1975 von 9,9 % des BIP (Gunther/Montero 2009: 210).

Bis heute sind die Sozialleistungen in Spanien niedriger als in Deutschland. So gibt es beispielsweise keine Familienpolitik, weder durch die Einführung flexibler Arbeitszeiten noch in Form von staatlichen Zuwendungen, sodass aus diesen und anderen Gründen die Geburtenrate stetig abnimmt (siehe Grafik 4, S. 257) und das Land wie Italien eine überalterte Gesellschaft aufweist. Da gleichzeitig die Lebenserwartung von durchschnittlich 83,3 Jahren – 80,4 Jahren bei Männern und 86,2 bei Frauen (2014

Grafik 2: Sozialausgaben, 1990-2014

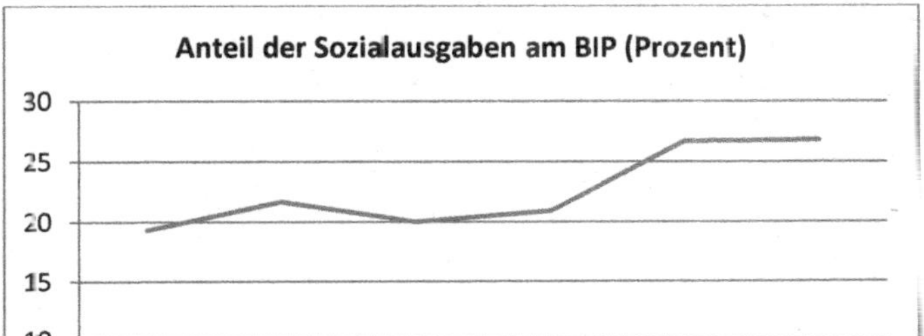

Quelle: OECD, Social Expenditure Data Base (SOCX): http://www.oecd.org/social/expenditure.htm

Angaben von Eurostat) – höher ausfällt als in anderen EU-Mitgliedstaaten, werden Renten- und andere Sozialleistungen auf Dauer nicht finanzierbar sein.

Bei einer hohen Arbeitslosigkeit und vielen Zeitverträgen zahlen immer weniger Menschen in das soziale Sicherungssystem ein und erhöhen das Haushaltsdefizit, sodass der spanische Staat die Renten schon jetzt nicht mehr aus der Sozialkasse zahlen kann. Bei den Anpassungsmaßnahmen setzten die harten Schnitte beim Arbeitsmarkt, im Bildungs- und Forschungssektor sowie im Gesundheitswesen an, die Renten wurden (auch aus Wahlgründen, da die Älteren überwiegend die Volkspartei PP wählen) zunächst ausgespart, 2013 aber verabschiedete die PP-Regierung ein Gesetz, das die Bedingungen für eine Vollrente erheblich verschärft und die Arbeitszeit heraufsetzt. Auch der Kündigungsschutz ist durch ein neues Arbeitsgesetz gelockert worden, sodass zunächst die Arbeitslosigkeit stieg.

Arbeitslosigkeit und niedrige Geburtenrate

Der stete Wechsel zwischen Expansion und Rezession hat den spanischen Arbeitsmarkt negativ geprägt, sodass die strukturelle Arbeitslosigkeit mit über 20 % im europäischen Vergleich sehr hoch liegt. Unter Mariano Rajoy betrug sie zeitweilig (2013) sogar

Grafik 3: Entwicklung der Arbeitslosigkeit

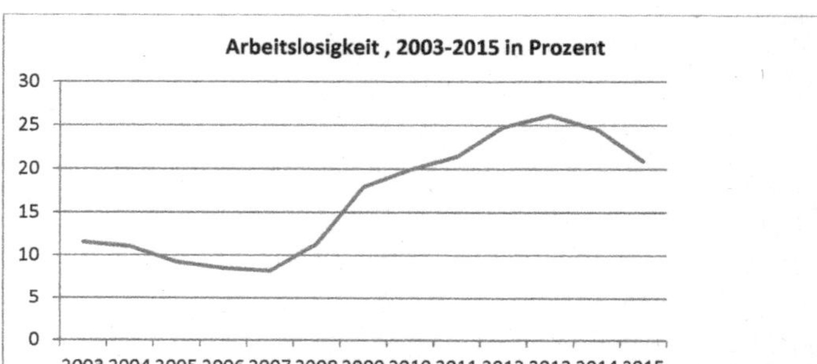

Quelle: Nationales Statistikamt.

Grafik 4: Entwicklung der Geburtenrate, 1975-2014

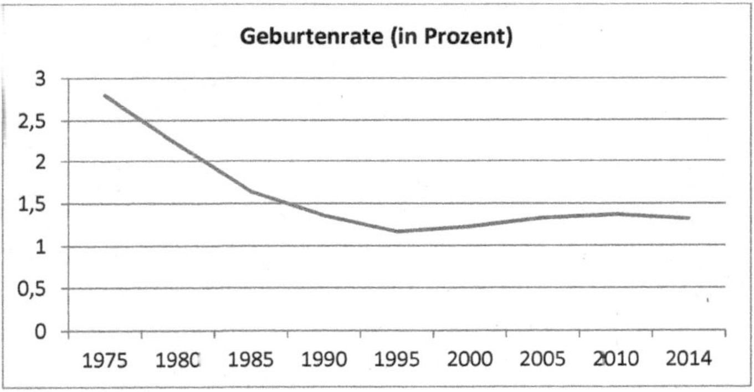

Quelle: Nationales Statistikamt.

fast 27 %, ging aber durch den leichten Aufschwung als Ergebnis der Anpassungs- und Reformpolitik 2015 wieder auf 20,8 % insgesamt und unter den Jugendlichen von 53 auf 46 % zurück.

Lediglich der Regierung von José María Aznar gelang es in ihrer zweiten Amtszeit (2000-2004), die Arbeitslosigkeit auf unter 10 % zu senken. Alle Umfragen des CIS bestätigen, dass der Verlust des Arbeitsplatzes, zusammen mit der Wirtschaftslage, die Hauptsorge der spanischen Bürger bleibt.

Die 2012 auf Anraten der Troika verabschiedete Arbeitsmarktreform löst das Problem nicht, macht es Arbeitgebern aber leichter, Beschäftigte zu entlassen, die seitdem weitaus geringere Entschädigungen bzw. nur noch Zeitverträge erhalten oder lediglich in der Tourismussaison beschäftigt werden. Die Flexibilisierung des Arbeitsmarktes betrifft vor allem die Lockerung des Kündigungsschutzes, schaffte aber wenig Anreize, um Arbeitnehmer dauerhaft zu beschäftigen oder neue Arbeitsplätze zu schaffen. Die hohe Arbeitslosigkeit belastet gleichzeitig die Staatskassen. So zahlte die spanische Regierung mit 30 Milliarden Euro 2014 fast doppelt so viel Arbeitslosengeld wie zu Beginn der Krise 2008 (Gobierno de España 2015). Hinzu kommen staatliche Subventionen von etwa 400 Euro monatlich für Familien, die nicht über das Mindesteinkommen von 655 Euro verfügen.

Der auf einem bilateralen deutsch-spanischen Gipfeltreffen beschlossene Plan, in Spanien das deutsche Ausbildungssystem einzuführen und eine Berufsausbildung attraktiver als das landesübliche Studium zu machen, ist bislang ebenso wenig umgesetzt worden wie die Schaffung von Minijobs oder die Einführung von Arbeitszeitverkürzungen nach deutschem Vorbild. OECD-Statistiken von 2013 weisen Spanien nach Griechenland und Portugal als europäisches Land mit den drittlängsten Arbeitszeiten aus.

Die langen Arbeitszeiten sind zusammen mit den niedrigen Löhnen[16], der daraus resultieren „Doppelbeschäftigung", dem Eintritt der Frauen in den Arbeitsmarkt und eine fehlenden Familienpolitik verantwortlich für die niedrige Geburtenrate, die 2014 in Spanien lediglich bei 1,32 Kindern pro Frau (im Vergleich Deutschland: 1,47, Frankreich: 2,1) lag.

Ohne eine Familienpolitik oder eine Trendwende am Arbeitsmarkt wird die Geburtenrate in der neuen Generation aller Voraussicht nach weiter zurückgehen. Dies ist auch ein Generationsproblem, denn die Beschäftigungsverhältnisse wiesen insofern besondere Merkmale auf, als ca. 75 % der Arbeitnehmer unbefristete Vollzeitverträge bei sozialer Absicherung hatten, die jüngeren Arbeitnehmer aber in der Regel nicht (Bernecker 2012: 39).

Bei der hohen Arbeitslosigkeit unter den Jugendlichen, die meist besser ausgebildet sind als ihre Eltern, ist es nicht erstaunlich, dass sich viele den Protestbewegungen vom 15. Mai 2011 anschlossen, *Podemos* wählen oder in den vergangenen Jahren ins Ausland abwanderten. Sowohl das staatliche spanische Fernsehen als auch die Presse berichten regelmäßig über die neue Emigration aus Spanien und die persönlichen Erfolge der zumeist jungen Landsleute. Da die Bundeskanzlerin schon 2011 eine Einladung an spanische Jungakademiker aussprach, war von einem „Merkel-

16 Beispielsweise war das durchschnittliche Jahreseinkommen einer spanischen Familie mit zwei Kindern um 14 000 Euro geringer als das eines vergleichbaren deutschen Haushalts: 22 000 Euro gegenüber 36 000 Euro (Eurostat: Annual net earnings, 2014).

Effekt" die Rede, der nach der langsamen Erholung in Spanien und der Flüchtlingswelle gen Deutschland aber inzwischen an Attraktivität verloren hat.

Einschnitte bei Gesundheit, Bildung und Forschung

Spanien gibt für das staatliche Bildungs- und Gesundheitssystem in etwa so viel aus wie andere EU-Mitgliedstaaten. Schon vor dem EU-Beitritt verfügte das Land über ein soziales Sicherungssystem und eine staatliche Bildungs- und Gesundheitspolitik, die unbeschadet der Kürzungen in den Jahren 2011-2013 und aller Kritik zum Trotz relativ gut funktionieren. Drastische Kürzungen und Privatisierungen blieben auch aufgrund der 2010 und 2011 erfolgten Massendemonstrationen der sog. *marea blanca* (Ärzte und Gesundheitspersonal) und der *marea verde* (Lehrer, Schüler und Professoren) aus.

Zwar gingen die staatlichen Ausgaben für Gesundheitspolitik 2013 mit 8,9 % auf das Niveau von 2008 zurück, grundsätzliche Einschnitte im staatlichen Budget für Gesundheit und Bildung hat es, wie die Zahlen der Grafiken 5 und 6 zeigen, entgegen

Grafik 5: Gesundheitsausgaben, 2006-2013

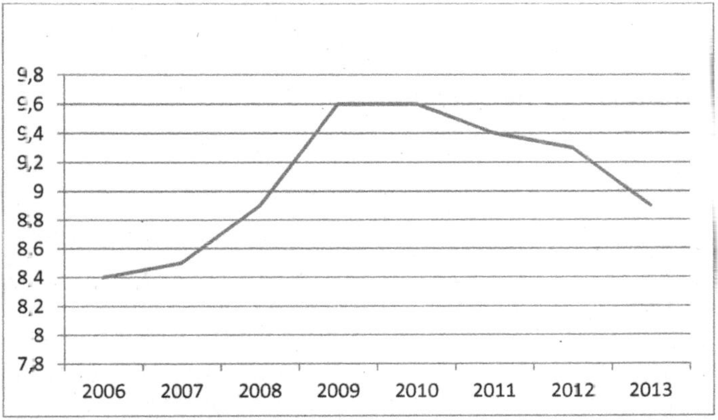

Quelle: Datenbank der Weltbank.

Grafik 6: Bildungsausgaben, 2006-2013

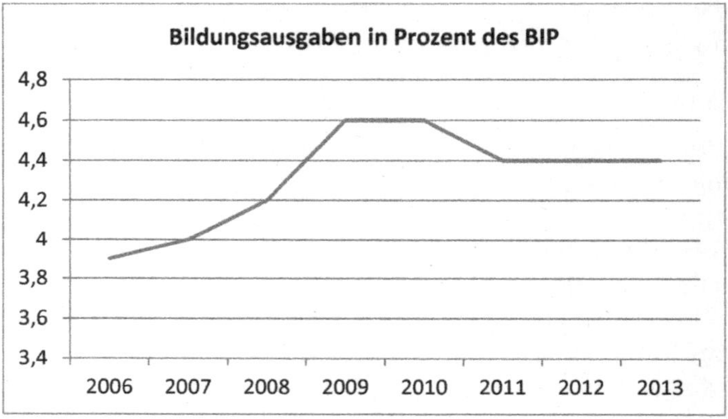

Quelle: Datenbank der Weltbank.

der Wahlpropaganda vieler Linksparteien nicht gegeben (siehe auch Gobierno de España, 2015 und OECD Sozialstatistiken). Das spanische Gesundheitssystem ist vergleichsweise billig, gut organisiert und trotz zum Teil langer Wartelisten für Operationen und Spezialisten im Kosten-Leistungs-Verhältnis effizient.

Während das universelle Gesundheitssystem in der Bewertung relativ gut abschneidet und spanische Ärzte trotz Unterbezahlung noch immer mit zu den besten der Welt gehören, erzielt das Land vor allem im Bildungsbereich schlechtere Ergebnisse als die Nachbarstaaten (Pérez García 2015). Unabhängig von den hohen Ausgaben bleibt das staatliche Bildungssystem hinter internationalen Standards zurück. Die PISA-Studie von 2014 zeigt, dass die Leistungen spanischer Schüler in elementaren Fächern wie Mathematik oder Sprachkompetenz geringer ausfallen als in anderen europäischen Staaten; zudem findet sich unter den besten öffentlichen Universitäten der Welt keine einzige aus Spanien.

Ein Grund für das niedrige Niveau öffentlicher Schulen sind die zahlreichen Bildungsreformen seit der Transition (LOECE, LODE, LOGSE, LOMCE), die von ideologischen

Kriterien getragen wurden und statt einer Verbesserung der Bildungsmisere eher Verwirrung stifteten. So sorgten sie für ständig neue Fächerkombinationen und Lehrpläne sowie für die Herabstufung des Leistungsniveaus, um möglichst vielen Jugendlichen eine Schulbildung bis 16 Jahren zu ermöglichen. Als weitere Gründe lassen sich die hohe Anzahl an Schülern pro Klasse (durchschnittlich 36 in der Sekundarstufe), wenig Geld für Lehrerfortbildungen, veraltete Unterrichtsmethoden und zentralisierte, wenige flexible Lehrpläne anführen.

Eine langfristige Kürzung öffentlicher Gelder für Wissenschaft und Forschung, hohe Zugangsbarrieren für Universitätsprofessoren, kaum Aufstiegsmöglichkeiten, die große Anzahl an Studenten – die eine Umsetzung der Bologna-Reform kaum möglich macht – geringe Gehälter und die lange Lehrtätigkeit spanischer Professoren (bis 70 Jahre) sind Gründe für das schlechte Abschneiden der Universitäten.

So investiert der Staat fast zwei Drittel weniger für Wissenschaft und Forschung – entscheidend fur die Konkurrenzfähigkeit in einer globalen Ökonomie – als Deutschland, und auch die spanische Privatwirtschaft ist nicht für ihre Investitionen in neuere Technologien oder wissenschaftliche Fortschritte bekannt. So hat Spanien im europäischen Vergleich wenige Patente[17] – 10 900 im Jahr 2014 im Vergleich zu 179 000 in Deutschland – und bildet noch hinter Portugal das europäische Schlusslicht bei Wissenschaft und Entwicklung (R & D).

Gefährdetes Rentensystem

Spanien verfügt seit 1967 über ein staatliches Rentensystem, das seitdem kaum verändert wurde, aber angesichts der demografischen Zeitbombe dringend reformbedürftig wäre. Die niedrigen Geburtenraten und eine geringere Zuwanderung infolge der Wirtschaftskrise gefährden auf Dauer die Finanzierung des sozialen Sicherungssystems und die Rentenzahlungen.

17 Im Index der weltweiten Patentrechte (Intellectual Property Rights Index) verschlechterte Spanien 2015 seine Position und erzielte den 49. Rang (Deutschland kam auf die 14. Position) von 129 ausgewerteten Staaten.

Zwar führte der Pakt von Toledo zwischen den beiden großen Parteien zum Aussetzen der Rentenerhöhungen, dennoch stiegen die Rentenzahlungen von 84 Milliarden Euro 2006 auf 131,6 Milliarden 2014 (Gobierno de España 2015). Ein Großteil der Renten wird seit 2012 aus dem staatlichen Reservefonds gezahlt und nicht mehr, wie zuvor, aus der Sozialversicherung.

Unter der PP-Regierung wurden die Bedingungen für die Zahlung der Renten in voller Höhe verschärft. Ein neues Rentengesetz von 2013 verlängert die Arbeitszeit bis 2027 auf 67 Jahre und erhöht den Zeitraum der Einzahlungen in die staatliche Sozialversicherung von 35 auf 37 Jahre (Ayuso/Guillén/Valero 2013). Bislang beträgt die durchschnittliche Rente in Spanien fast 1000 Euro und liegt damit zweihundert Euro über dem EU-Wert. Allerdings sind die *pensiones* sehr ungleich verteilt. Da fast die Hälfte der Rentner weniger als 650 Euro monatlich zur Verfügung hat, wurde das neue Gesetz vom beratenden Wirtschafts- und Sozialrat aufgrund der damit verbundenen Kürzungen scharf kritisiert (Manuel V. Gómez 2013).

Bis wann die Renten in Spanien noch sicher sind, hängt davon ab, ob es gelingt, mehr Arbeitsplätze zu schaffen und die demografische Struktur einer überalterten Gesellschaft durch eine gezielte Familien- und Migrationspolitik zu verändern. Nach jetzigen Berechnungen ist die sog. *hucha de las pensiones* Ende 2017 aufgebraucht. Dies erfordert allerdings eine Grundsatzdebatte über das künftige Wirtschafts- und Sozialmodell, die sich derzeit ebenso wenig abzeichnet wie eine über die kurzfristigen Krisenszenarien hinausgehende langfristige Strukturpolitik.

13.4 Die wirtschaftliche und soziale Reformdebatte

Der Schock der Wirtschafts- und Finanzkrise wirkt noch immer nach und erinnert in gewisser Weise an die nationale Depression der Generation von 1898 (García/Ruesga/Santos 2014). Die Debatte über die wirtschaftliche und soziale Zukunft des Landes bestimmte den Wahlkampf 2015/16. Zwar hatte die

PP-Regierung das Land in vier Jahren erfolgreich aus der Rezession geführt und durch die Erhöhung der Exporte und den Anstieg der Tourismuszahlen das höchste Wachstum in der EU erzielt (etwa 3 % 2016), eine langfristige Wirtschaftsstrategie wurde jedoch nicht entwickelt (García 2014: 41).

Die Programme der PSOE und der Protestpartei *Podemos* stellten ein produktives industrielles und gleichzeitig ökologisches Wachstumsmodell sowie eine expansivere Haushalts- und Sozialpolitik in den Mittelpunkt, wohingegen *Ciudadanos* und die PP auf die Fortsetzung der Sparpolitik bei gleichzeitiger Ankurbelung der Exporte setzten. Ein politischer oder gesellschaftlicher Konsens über das künftige Wirtschaftsmodell und die Korrektur jahrzehntelanger Fehlentwicklungen sowie konkrete Lösungen zum Abbau der strukturellen Arbeitslosigkeit und der sozialen Disparitäten zeichnen sich nicht ab.

Auch über die Ursachen der Krise gibt es unterschiedliche Meinungen. Aus Sicht der Linksparteien ist vor allem die neoliberale, von Technokraten bestimmte Wirtschaftspolitik für die Rezession und die sozialen Folgen verantwortlich (García/Ruesga/Santos 2014); ein langfristiges Wachstum wäre demnach nur durch eine expansive, nachfrageorientierte Politik und staatliche Regulierung möglich. Den Umkehrschluss vertreten die Konservativen, die der Ansicht sind, die spanische Wirtschaft ließe sich nur durch eine weitere Privatisierung, den Abbau des chronischen Außenhandelsdefizits und die Drosselung der öffentlichen Ausgaben der Autonomen Gemeinschaften sanieren (Ortega/Peñalosa 2012: 30 u. a.).

Die eigentlichen strukturellen Ursachen kommen in der, von ideologischen Scheuklappen getragenen, politischen Auseinandersetzung zu kurz. Innerhalb von vier Jahren entwickelte sich Spanien von einer Ökonomie, die die besten Daten ihrer Geschichte erzielte und die meisten Arbeitsplätze in Europa einrichtete, zu einem europäischen Problemfall. Nach Ansicht von Experten habe Spanien nicht eine, sondern gleich mehrere Krisen erlebt (García/Santos/Ruesga 2014). Sie resultierten nicht zuletzt aus einer politischen Struktur, die mittlerweile an der Basis dezentral sei, während an der

Spitze nach wie vor der Präsidentialismus vorherrsche. Gleichzeitig verhinderte keine Regierung, die durch die staatlichen Einnahmen profitierte, die rasche und spekulative Expansion der Bauwirtschaft und des daran gekoppelten Finanzsektors.

Drei externe Faktoren hätten die erforderliche Modernisierung und Diversifizierung der spanischen Wirtschaft verzögert: der Beitritt zur EU 1986, der sowohl Märkte als auch Investitionen aus dem Ausland ermöglichte, aber auch für eine Dezentralisierung sorgte; die niedrigen Zinsen, die eine schnelle Finanzierung von Bauprojekten und Infrastruktur einleitete; und die massive Zuwanderung aus dem Ausland, die zu billigen Arbeitskräften in Niedriglohnsektoren führte. Dadurch seien aber insgesamt notwendige ökonomische Reformen verschoben worden. Andere, wie Manuel Castells, zogen daraus den Schluss, Spanien solle besser aus der Währungsunion austreten und die Pesete wiedereinführen (2016).

Zweifellos bietet der wirtschaftliche Einbruch von 2008 die Gelegenheit, strukturelle Veränderungen vorzunehmen, Unternehmen zu sanieren und neue zu schaffen sowie die Wirtschaft produktiver und international konkurrenzfähiger zu gestalten. Sparen allein ist keine Lösung. Vielmehr bedarf es staatlicher Anreize und Investitionen in den Bereichen Wissenschaft, Forschung und Technologie sowie neuer Kredite und des Abbaus bürokratischer Hindernisse für kleine und mittelständische Unternehmen, die den Großteil der Arbeitsplätze schaffen. Im „Easy-Doing-Business Index" belegt Spanien im Zeitraum 2008-2015 nur den 33. Rang (18 Plätze hinter Deutschland), da die Hürden für private Initiativen noch immer relativ groß sind.

Staatliche Anreize für KMU, höhere Bildungsstandards, mehr private und öffentliche Gelder für Produktion, Technologie und Innovation sowie die Diversifizierung der Dienstleistungsökonomie gehören zu den großen Herausforderungen des Landes, die durch die gemeinsame Währung allerdings nur im europäischen Kontext bewältigt werden können und einen gesamtgesellschaftlichen Konsens erfordern, der sich momentan nicht abzeichnet.

Trotz Erfüllung der meisten Auflagen der „Troika" bleibt der wachsende Schuldenberg eine schwere Belastung für jede neue Regierung. Die von Brüssel geforderte Fortsetzung der Sparpolitik könnte die Spirale Rezession, Arbeitslosigkeit, soziale und politische Spannungen erneut auslösen und die Legitimität der neuen Regierung in Frage stellen. Sie steht vor dem Dilemma, durch die Auflagen der „Troika" einerseits das Haushaltsdefizit um weitere 1,5 % reduzieren zu müssen, gleichzeitig aber notwendige Strukturreformen zu ermöglichen, um eine dritte Rezession und den weiteren Verlust von Arbeitsplätzen, Kaufkraft und internationaler Konkurrenzfähigkeit zu verhindern. Ein Teufelskreis, der, wie das Beispiel anderer südeuropäischer Länder zeigt, nur schwer zu durchbrechen ist. Insofern zahlt das Land, ebenso wie die südeuropäischen Nachbarn, einen hohen wirtschaftlichen, sozialen und politischen Preis für die Einführung des Euro in einer höchst asymmetrischen Europäischen „Währungsunion".

14. Spanien in der Welt

Spanien ist eine Mittelmacht in Europa mit globalen Interessen und einer multilateralen Außenpolitik. Die über Europa hinausgehende internationale Präsenz des Landes liegt einerseits an der spanischen Sprache in den einstigen Kolonien in Lateinamerika, Äquatorial-Guinea und den Philippinen. Neben einer werteorientierten Außenpolitik warb das Land, entsprechend neueren Ansätzen zum *nation branding*, während der Regierung von Mariano Rajoy (2011) im Rahmen des Programms *Marca España* für sich und seine Wirtschaftsinteressen in der Welt.

Als neuntbedeutendster Beitragzahler und fünfmaliges nichtständiges Mitglied des Weltsicherheitsrates gehört Spanien zu den bedeutendsten Mitgliedstaaten der Vereinten Nationen, denen das Land 1955, noch während der Franco-Diktatur,[18] beitrat. Ende 2014 gewann Spanien in der dritten Runde eine Abstimmung in der VN-Generalversammlung und vertrat bis Ende 2016 zusammen mit den ständigen Mitgliedern Frankreich und Großbritannien Westeuropa im VN-Sicherheitsrat.

Spanien gehört der NATO und der OECD an und war bis zur Wirtschaftskrise 2008 eines der weltweit wichtigsten Geberländer von Entwicklungshilfe, die während der Rezession jedoch um 70 % gekürzt wurde und 2014 nur noch einen Anteil von 0,13 % der gesamten Wirtschaftsleistung hatte (der niedrigste Wert seit 1988). Damit rückte Spanien im Geberranking vom 6. auf den 15. Platz und verzichtete weitgehend auf ein Instrument der Außen- und Sicherheitspolitik, das vor dem Hintergrund der Flüchtlingskrise in Europa in anderen EU-Mitgliedstaaten wie Deutschland oder Großbritannien (das 0,71 % des Bruttonationaleinkommens für EZ ausgibt) als Präventionsstrategie wieder an Bedeutung gewann.

Spaniens Außenpolitik ist sowohl demokratischen Prinzipien und Normen verpflichtet als auch von Wirtschaftsinteressen geleitet, denen vor allem während der „Krisenregierung" von Mariano Rajoy (2011-2016) durch das ressortübergreifende Programm *Marca España* ein größerer Stellenwert eingeräumt wurde als zuvor. Geografische Schwerpunkte der spanischen Außenpolitik sind traditionell Europa, Lateinamerika und Nordafrika. Frankreich und Deutschland sind die zentralen Wirtschaftspartner, aber auch China, der zweitbedeutendste Schuldner des Landes, und anderen asiatischen Staaten wird seit kurzem eine größere ökonomische Priorität beigemessen.

Die Beziehungen zu den USA sind im Vergleich zur Vorrangstellung Europas und anderen Partnern von untergeordneter außenpolitischer Bedeutung und waren zeitweilig, vor allem während

18 Als Ergebnis eines Pakts mit den USA, nach dem Spanien im Gegenzug zur Anerkennung des Regimes durch die Aufnahme in die Vereinten Nationen US-amerikanische Militärstützpunkte auf spanischem Territorium zuließ. 1959 konsolidierte der Staatsbesuch von Präsident Eisenhower in Spanien die bilateralen diplomatischen Beziehungen.

der Regierungen von Zapatero und George W. Bush, konfliktiv und angespannt, nachdem sich Spanien aus dem Irak-Krieg zurückzog. Die einzige Phase der „strategischen Partnerschaft" fiel mit der Amtsperiode des konservativen Aznar zusammen, der im Gegensatz zu allen anderen Regierungschefs den „Atlantizismus" gegenüber einer europäischen Außenpolitik bevorzugte.

14.1 Etappen der Außenpolitik

Die paktierte Transition zur Demokratie war von Anfang an ein spanisches Modell, das auch ins Ausland exportiert wurde – zuletzt zu Beginn des Arabischen Frühlings – und bis zum Ausbruch der Finanzkrise als bewundertes Erfolgsmodell galt. Bestandteil waren die schnelle Annäherung an Europa und das atlantische Bündnis. Dieser Prozess begann 1978 mit dem Referendum über die Verfassung und das Aufnahmegesuch in die EU, setzte sich fort mit dem 1982 erfolgten NATO-Beitritt und endete 1986 durch die Vollmitgliedschaft Spaniens in der EG sowie das positive Ergebnis des Referendums zum Verbleib in der NATO.

Seit 1978 orientiert sich die spanische Außenpolitik an demokratischen Werten und ist stark auf Europa ausgerichtet. Innerhalb der EU profitierte Spanien von den anfänglich sehr großzügigen EU-Geldern, die einen umfassenden Modernisierungsprozess in Gang setzten, und blieb bis 2013 Empfänger von Mitteln aus dem Kohäsionsfonds. Seit dem Ausbruch der Finanzkrise wurden die Politik der EU und die Austeritätspolitik, für die viele die Bundeskanzlerin Merkel kritisierten, für die krisenhafte Entwicklung in Spanien mitverantwortlich gemacht.

Durch die Vergemeinschaftung der Wirtschaftspolitik und die Definition einer Gemeinsamen Europäische Außen- und Sicherheitspolitik (GASP), die immer mehr Bereiche erfasst und durch den europäischen diplomatischen Dienst EEAS stärker institutionalisiert werden sollte, hat Spanien an außenpolitischem Handlungsspielraum verloren und ist nur noch eingeschränkt eine Gestaltungsmacht in Lateinamerika und Nordafrika, wo außerhalb Europas traditionell seine größten politischen, kulturellen und ökonomischen Interessen liegen.

Das war nicht immer so. Die Iberoamerikanische Staatengemeinschaft mit ständigem Sitz in Madrid oder die – inzwischen gescheiterte – Mittelmeerunion in Barcelona erinnern nicht nur an Spaniens geostrategische Position als Brücke zu Lateinamerika und Afrika, sondern auch daran, dass das Land bis zum Ende des 16. Jhs. eine unumstrittene Kolonialmacht war, die sich nicht als europäische, sondern als Weltmacht verstand und auch so handelte.

Nach wie vor betreibt Spanien in Nordafrika und Lateinamerika eine weitgehend autonome Außenpolitik, die einen Mittelweg zwischen europäischen Werten und nationalen Belangen sucht. Zu Letzteren gehört neben innen-, sicherheitspolitischen und wirtschaftlichen Interessen auch die Energieversorgung, denn Spanien ist mit über 70 % der EU-Mitgliedstaat mit der größten Abhängigkeit von Energieimporten aus dem Ausland, vor allem aus Russland, Mexiko, Norwegen, Angola, Algerien und dem Iran. Externe Abhängigkeiten und Spaniens historischer Status als Weltmacht bestimmen seine Außenpolitik bis heute.

Spaniens Außenpolitik bis zum Ende des Franco-Regimes

Der allmähliche Niedergang des spanischen Imperiums fand seinen Abschluss im Verlust der letzten Kolonien in den Philippinen und in Kuba. Noch heute erinnert der Ausspruch „mehr ging in Kuba verloren“ an die spanische Kolonialzeit, deren Ende 1898 nicht nur einen Epochenwandel einleitete, sondern auch zu einem neuen außenpolitischen Selbstverständnis eines Spaniens zwischen Afrika, Lateinamerika und Europa führte.

Die Debatte über Spaniens Niedergang und die darauffolgende Identitätskrise wurden von der „Generation von 1898“, zu der u. a. die Schriftsteller Miguel de Unamuno und Pio Baroja sowie Ramón del Valle Inclán und Antonio Machado gehörten, in zahlreichen Werken dokumentiert und kommentiert. 1898 war der Beginn einer langen Phase der spanischen Isolierung und Introspektion. Spanien beteiligte sich an keinem der beiden Weltkriege und war auch nach dem Ende des Bürgerkriegs 1939 international isoliert, denn „die Außenwelt war suspekt" (Manzano 2013: 99), später verhinderte die Franco-Diktatur eine Einbindung in die europäische Union und die Weltgemeinschaft.

Bis zum Spanischen Bürgerkrieg konzentrierte sich die Außenpolitik auf die Beziehungen zu Lateinamerika, Europa und die Mittelmeerstaaten. Während der zweiten Republik (1931-36) erhielt Spanien die Unterstützung zahlreicher europäischer Staaten und unterhielt bilaterale Beziehungen zu den meisten Ländern des Kontinents. Gleichzeitig gehörte Nordafrika und vor allem Marokko zum Einflussbereich Spaniens. Das Land behielt seine Enklaven Ceuta und Melilla in Nordafrika, verlor aber schon im 18. Jh. Gibraltar an Großbritannien.

Während der Diktatur war Spanien weitgehend isoliert, unterhielt aber trotz der ideologischen Unterschiede zwischen Franco und Castro gute Beziehungen zu Kuba und anderen lateinamerikanischen Staaten, nicht zuletzt mit denjenigen, in denen ebenfalls Militärregime herrschten. Die 1955 erfolgte Aufnahme in die Vereinten Nationen verbesserte den internationalen Status Spaniens zwar, das Land blieb aber in Europa weiterhin isoliert. Schon während der Franco-Diktatur entstand die Idee von Spanien als Brücke zwischen Westeuropa einerseits und Lateinamerika, Afrika und die Arabische Welt andererseits (Gunther/Montero 2009: 87). Diese drei Regionen sind bis in die Gegenwart Schwerpunkte einer inzwischen allerdings „europäisierten" spanischen Außenpolitik.

Ende der 1960er Jahre, infolge des Tourismusbooms, gewann Europa allmählich an Bedeutung in der spanischen Wirtschafts- und Außenpolitik, ein Beitritt in die Europäische Gemeinschaft scheiterte jedoch an der Demokratieklausel und am Widerstand der westeuropäischen Staaten, die im Bürgerkrieg die Position der Republikaner verteidigt hatten. So scheiterte ein NATO-Beitritt Spaniens während der Diktatur – nach der Einrichtung von amerikanischen Militärstützpunkten zu Beginn der 1960er Jahre – u. a. am britischen Veto, was eng mit dem Konflikt um

Gibraltar verbunden war. Das Außenministerium besteht nach wie vor auf die Zugehörigkeit des strategisch gelegenen Felsens *El Peñón* zu Spanien und bezeichnet die britische Besetzung als „letzte europäische Kolonie“ (Website des Außenministeriums). Zwar fanden nach der bilateralen Erklärung von Lissabon 1980 bis 2001 bilaterale Verhandlungen statt, danach aber zog sich Großbritannien aus dem Prozess zurück. Spanien fordert seit den 1960er Jahren eine Zweistaatenlösung, die allerdings von London abgelehnt wird. Der Konflikt belastet die bilateralen Beziehungen noch immer.

Während der Diktatur wurde die Andersartigkeit Spaniens betont, die zu Beginn der Tourismuskampagne unter Minister Manuel Fraga in den 1960er Jahre im Slogan *Spain is different* zum Ausdruck kam. Unter Franco endete Europa an den Pyrenäen bzw. – aus katalanischer Sicht – begann Europa an den Pyrenäen. Diese pessimistische Vision eines von Europa isolierten Spaniens wurde durch die autoritäre Herrschaft gefördert und diente dem Regimeerhalt.

So verstand sich Spanien aus historisch-ideologischen Gründen auch in den letzten Jahren des Regimes als nicht europäisches, sondern vorwiegend „hispanoamerikanisches“ Land. Ein eigenes Ministerium für Hispanische Angelegenheiten unterstrich die Bedeutung der Region. Allerdings basierte die Lateinamerika-Politik während der Diktatur auf dem imperialen Verständnis eines gemeinsamen „*Hispanoamérica*“ unter spanischer Führung (del Arenal 2011).

Die spanische Außenpolitik seit der Demokratie

Das Ende der Diktatur und die demokratische Verfassung von 1978 bedeuteten vor allem eine Hinwendung zu Europa und die Herausbildung eines modernen europäischen Spaniens mit engen wirtschaftlichen und politischen Beziehungen zu den Nachbarstaaten sowie postkolonialen Bindungen zu Lateinamerika und Nordafrika. Der Beitritt in die Europäische Wirtschaftsgemeinschaft 1986 war mit einer stärkeren Westbindung und einer atlantischen Ausrichtung der Außenpolitik verbunden. Die spanische Außenpolitik seit der Demokratie wurde besonders von der PSOE geprägt, die länger an der Regierung war als die PP.

Die Atlantikachse wurde unter der Regierung von José María Aznar verstärkt und kam symbolisch im gemeinsamen Gruppenbild mit George W. Bush und Tony Blair auf den Azoren, im März 2003 während des von der PP-Regierung unterstützen Irak-Krieges, zum Ausdruck. Die nachfolgenden Regierungen von Zapatero und Rajoy rückten vom sog. Atlantizismus wieder ab und konzentrierten sich stärker als zuvor auf Europa und erst in zweiter Linie auf Lateinamerika und Nordafrika, wohingegen die USA weder als Handelspartner noch als politischer Verbündeter einen bedeutenden Stellenwert in der Außenpolitik einnimmt und in Lateinamerika eher als Rivale wahrgenommen wird. Seit 1978 lassen sich fünf Etappen der spanischen Außenpolitik unterscheiden:

Europäische Außenpolitik 1978-1982. Die Normalisierung der Außenbeziehungen zu anderen Demokratien stand im Vordergrund der Politik der Übergangsregierung von Suárez und seinem Nachfolger Calvo-Sotelo. Ein erster Schritt war die Aufnahme des Landes in das Nordatlantische Verteidigungsbündnis NATO als Voraussetzung für die vier Jahre später – nach jahrelangen komplizierten Verhandlungen über die Agrar-, Struktur und Fischereipolitik – erfolgte Mitgliedschaft in der damaligen Europäischen Gemeinschaft. Die Perspektive eines Beitritts in die EG, der an die Einhaltung der Demokratieklausel geknüpft war, unterstützte den Transitionsprozess und trug ganz wesentlich zu seiner Konsolidierung bei.

Europa und Lateinamerika 1982-1996. Mit dem EU-Beitritt am 1.1.1986 wurde die Integration Spaniens in Europa unter Felipe González abgeschlossen. Nur zwei Monate später fand ein Referendum über den Verbleib in der NATO statt, das nach entsprechenden Regierungskampagnen positiv ausfiel. González war nicht nur ein charismatischer Regierungschef, der die sozialistische Partei PSOE prägte und politische Entwicklungen kommentierte, sondern auch ein Außenpolitiker mit großem

Einfluss in Lateinamerika und die dort Ende der 1980er Jahre erfolgte Demokratisierungswelle. So ging die 1991 entstandene Iberoamerikanische Staatengemeinschaft auf González' Initiative zurück, die ursprünglich politisch motiviert war, um die neuen demokratischen Regierungen in Lateinamerika zu stärken. Seit dem ersten Iberoamerikanischen Gipfeltreffen 1991 im mexikanischen Guadalajara hat sich die Gemeinschaft institutionalisiert und wird seit 2005 vom Generalsekretariat mit Sitz in Madrid koordiniert. 1995-1996 gewann Spanien durch die Ernennung von Javier Solana zum Generalsekretär der NATO an internationalem Prestige, das sich drei Jahre später durch die Nominierung Solanas zum ersten Hohen Außenpolitischen Vertreter der EU in Europa konsolidierte. Der Anschluss Spaniens an Europa und die Welt war vollzogen.

Atlantizismus und Westbindung 1996-2004. Der Wahlsieg des konservativen Aznar von der Volkspartei PP war mit einem außenpolitischen Wechsel zugunsten einer bedeutenderen Rolle in Europa und der Annäherung an die USA verbunden. Letzteres bedeutete auch eine ideologische Neuausrichtung der spanischen Außenpolitik an George W. Bushs Doktrin des Kriegs gegen den Terrorismus und seinem wichtigsten europäischen Verbündeten Tony Blair, mit dem Aznar eine enge Freundschaft pflegte und der ebenfalls für eine uneingeschränkte Solidarität mit der US-Regierung nach den Anschlägen des 11. September 2001 stand.

Unter Aznar wurde die kolumbianische Guerillagruppe FARC, die ab 2014 mit der Regierung Kolumbiens Friedensverhandlungen führte, die 2016 zum Abschluss eines Friedensvertrages führten, in die EU-Liste der terroristischen Vereinigungen aufgenommen. Spanien unterstützte 2003 den Krieg gegen den Irak. Letzteres wurde seiner Regierung bei den Wahlen 2004 zusammen mit dem Versuch, den Anschlag in Atocha der ETA anzuhängen, zum Verhängnis, da die Mehrheit der Bürger anderer Meinung war und sich die Anschuldigungen später als falsch erwiesen. Aznar verlor die Wahlen. Die PSOE-Regierung setzte bis 2011 einen außenpolitischen Wandel zugunsten einer aktiven, multilateral und global ausgerichteten Politik des Nahostdialogs sowie der „Rückkehr" zum Kerneuropa durch.

Globale Nahostpolitik und Krise 2004-2011. Als Nahostexperte stand der aktive und kontroverse Außenminister Miguel Ángel Moratinos für einen außenpolitischen Richtungswechsel zugunsten eines stärkeren Engagements in Nordafrika und eine globale Außenpolitik in internationalen Konflikten. Seine Amtszeit ging einher mit dem spanischen „Wirtschaftswunder" (siehe Kap. 13), das in der Außenpolitik zu einem gewissen „*Overstretch*" bei gleichzeitig stärkerer Multilateralisierung führte. U. a. machte sich die Regierung von Zapatero eine, ursprünglich im Iran formulierte, Initiative zueigen und propagierte weltweit die sog. Allianz der Zivilisationen als Gegenentwurf zum „Kampf der Kulturen", wie sie der Politikwissenschaftler Samuel Huntington in einem Buch formulierte, das später von der Regierung von George W. Bush politisch instrumentalisiert wurde.

Die Rezession 2008/2009 ging einher mit einem internationalen Ansehensverlust Spaniens und einer Phase der „strategischen Verwirrung" (*confusión estratégica*, Molina 2015), die bis zu den vorzeitigen Parlamentswahlen im November 2011 anhielt. Ab 2009 konzentrierte sich die Außenpolitik, die ohnehin nicht zu den Prioritäten der Regierung Zapatero gehört hatte, fast ausschließlich auf Europa und die Wiederherstellung des Vertrauens in die spanische Wirtschaft (Gillespie 2011).

Nationale, merkantilistische Außenpolitik 2011-2016. Die „ökonomisierte" Außenpolitik wurde unter Führung des langjährigen Europaabgeordneten und politisch ambitionierten José Manuel García-Margallo (2011-16), fortgesetzt. Sie war vor allem wirtschaftliches Krisenmanagement im europäischen Kontext (Gratius 2015b) und, stärker als zuvor, die Verteidigung nationaler Interessen (Torreblanca 2015). Hinweise auf eine Außenpolitik im Eigeninteresse (Gratius 2015) waren das ressortübergreifende Programm *Marca España*, die wirtschaftlichen Schwerpunkte in Lateinamerika und die schwache Positionierung in der europäischen Flüchtlingspolitik, denn bis Anfang 2016 nahm Spanien im Zusammenhang mit der Syrien-Krise lediglich 18 Flüchtlinge auf (Torreblanca 2016) und bis Ende des Jahres weitere 182. García-Margallos Nachfolger wurde am 4.11.2016 der Berufsdiplomat und Jurist Alfonso María Dastis Quecedo, zuvor spanischer Botschafter bei der EU und enger Vertrauter von Mariano Rajoy mit geringem politischen Eigenprofil.

Die PP-Regierung nutzte ihre absolute Mehrheit für die Verabschiedung einer neuen Sicherheitsstrategie 2013, die das zwei Jahre zuvor von Javier Solana entworfene Konzept weitgehend aufgriff und erstmals einen Nationalen Sicherheitsrat in der Exekutive einrichtete. Im darauffolgenden Jahr wurde auch ein Gesetz zur Außenpolitik verabschiedet, das die Kompetenzen klarer verteilt und, mit Blick auf Katalonien, einer Rezentralisierung gleichkommt, da es einige außenpolitische Kompetenzen der Autonomen Gemeinschaften wieder zurücknahm. Das Paket wurde durch eine Strategie der Außenpolitik vervollständigt, die auf einer Publikation des Think-tank Real Instituto Elcano beruhte (Molina 2014). Mit fast 200 Seiten bietet sie einen sehr generellen Überblick über die Prioritäten, Prinzipien und Partnerschaften (Molina 2015).

Seit der Wirtschaftskrise 2008 spielt Außenpolitik in Spanien infolge der drastischen Etatkürzungen keine herausragende Rolle mehr, zumal die enge Bindung an Europa ohnehin die klassische Unterscheidung zwischen Innen- und Außenpolitik aufhebt und das Primat der Wirtschaft auch die Diplomatie in ihren Dienst nahm. Spanien hielt zwar seinen Platz als fünfte europäische Wirtschaftsmacht, verlor aber an Einfluss und Präsenz in der EU (Torreblanca 2015, ECFR 2015). Dies zeigte sich sowohl bei der Niederlage des spanischen Wirtschaftsministers Luis de Guindos, der 2015 die Abstimmung über den Posten des Chefs der Euro-Gruppe gegen den Holländer Jeroen Dijsselbloem verlor, als auch in der blassen Rolle Spaniens in der Ukraine- und Flüchtlingskrise. Die Priorität der wirtschaflichen Stabilisierung und Introspektion sowie die 315 Tage ohne eine konsensfähige Regierung schwächten zeitweilig Spaniens Stellung in der Welt und in Europa (Gratius/Molina 2016; Torreblanca 2015, Política Exterior 2015).

14.2 Schwerpunkt Europa

Die Außenpolitik Spaniens wird oft mit dem Bild des Dreiecks umschrieben: An der Spitze steht Europa, Nordafrika und Lateinamerika bilden die beiden Eckpfeiler (Soler 2007: 72). Die Europäische Integration ist seit 1986 mit Abstand die wichtigste strategische Dimension der spanischen Außenpolitik.

Die Transition und die Einbindung in Europa bedingten sich gegenseitig. So war die Aussicht auf eine Mitgliedschaft in der damaligen Europäischen Wirtschaftsgemeinschaft ein wichtiger Anreiz für die Demokratisierung des Landes und für die Aufhebung der Isolation während der Diktatur. Zwar war Spanien bereits unter Franco, seit dem Staatsbesuch von Präsident Eisenhower 1959, ein ideologischer Verbündeter der USA im Kampf gegen den Kommunismus, konnte aber bis zum Beitritt 1986 nicht von den wirtschaftlichen Vorteilen der EWG profitieren.

Derzeit konzentriert sich die Außen-, Wirtschafts- und zum Teil auch die Innenpolitik weitgehend auf die EU, die auch als Investor und Handelspartner dominant ist. So importierte Spanien 2013 die Hälfte der Waren aus der EU und exportierte 66 % in europäische Nachbarstaaten. Aufgrund dieser asymmetrischen Interdependenz gilt das Land zwar noch immer als bedeutender Mitgliedsstaat, hat aber nach der Osterweiterung der EU und der Finanzkrise an Einfluss und Gewicht verloren.

Die spanische Sonderstellung in Europa

Spanien unterhält seit dem EU-Beitritt 1986 ein gespaltenes Verhältnis zu Europa. Einerseits ist das Land Teil Südeuropas, andererseits aber bewirkte die jahrzehntelange Isolierung auch eine gewisse Distanz von Europa. Europa wird deshalb nicht nur als gemeinsamer Markt verstanden, sondern auch als kulturelle Größe. Zur Entstehung eines weitgehend positiven Bildes von Europa hatte nicht zuletzt José Ortega y Gasset beigetragen, für den Europa Effizienz, Gemeinschaft und Wissenschaft bedeutete. Es war kein Zufall, dass die von ihm gegründete Zeitschrift

Revista de Occidente heißt und in ihr die abendländischen Debatten einen hohen Stellenwert einnahmen.

Die Spanier seien Europäer, sie würden sich aber nicht wirklich für Europa interessieren und es ginge nicht darum Spanien zu Europäisieren, sondern Europa zu „spanisieren" *(españolizar)*, sagte Anfang des 20. Jhs. der Schriftsteller Miguel de Unamuno. Der vielzitierte Satz von Ortega y Gasset „Spanien ist das Problem, Europa die Lösung" steht für die sog. Generation von 1914, die schon damals eine stärkere Einbindung in Europa forderte. Zu ihr gehörte auch Salvador de Madariaga (1886-1978), ein liberaler spanischer Schriftsteller und Diplomat und Großonkel von Javier Solana, dem späteren NATO-Generalsekretär und hohem Vertreter für die Gemeinsame Außen- und Sicherheitspolitik der EU. Der spanische Intellektuelle und Anhänger des *Regeneracionismo* Joaquín Costa soll gesagt haben, Europa sei für Spanien „Schule, Vorratskammer und Gesundheitspflege". In der Tat zählt Spanien trotz Wirtschaftskrise nach wie vor zu den Ländern mit der höchsten Lebenserwartung und -qualität auf der Welt.

Diese Debatten hinsichtlich der eigenen Rolle in Europa spielen immer noch eine Rolle (Molina 2015), denn bis in die Gegenwart diskutieren die Experten der Außenpolitik über Unamunos Idee der „Spanisierung Europas" oder die von der Generation von 1914 ausgegebene Formel der „Europäisierung Spaniens". Letzteres hat sich seitdem zweifellos eher durchgesetzt, auch wenn beispielsweise die europäische Lateinamerika- und vor allem Kuba-Politik lange Zeit von Spanien geprägt war und somit eine *„españolización de la política europea"* stattfand. In zahlreichen anderen Bereichen der Wirtschafts- und Außenpolitik aber musste sich Spanien an Europa anpassen und hatte nur einen sehr geringen Einfluss auf die europäische Entwicklung. Der Anpassungsprozess der Außenpolitik während der „goldenen Periode der Europäisierung" (Molina 2013: 88) zahlte sich aus, denn Spanien gewann in den 1990er Jahren an Ansehen und Einfluss sowohl in Europa als auch in der Welt.

Von der EU-Euphorie zur Euro-Skepsis

Während der Transitionsregierung von Suárez und in der ersten Amtsperiode von González von 1978 bis 1986 konzentrierte sich die spanische Außenpolitik vor allem auf Europa und die Westbindung durch den NATO-Beitritt und die Mitgliedschaft in der EU. Im Dezember 1981 hatte Spanien einen Antrag auf Mitgliedschaft im Verteidigungsbündnis gestellt und wurde bereits ein Jahr später Mitglied der Internationalen Organisation. Die Beitrittsverhandlungen der EU begannen kurz danach, wurden aber aufgrund der langen Verhandlungen über Spaniens Teilnahme an der Agrar-, Fischerei- und Strukturpolitik erst 1986 erfolgreich abgeschlossen.

Während der Regierungen von González (1982-96) und Aznar (1996-2004) übernahmen mehrere Spanier Schlüsselposten in der EU und setzten neue politische Akzente. Der erste Hohe Vertreter der Gemeinsamen Europäischen Außen- und Sicherheitspolitik, Javier Solana, vertrat die EU in der Welt und entwarf 2003 die erste Sicherheitsstrategie der Union, die erst 2016 von der sog. Globalen Strategie seiner Nachfolgerin Federica Mogherini ersetzt wurde. Der Sozialist Manuel Marín war zeitweilig Präsident der Europäischen Kommission, unter Jacques Delors Vizepräsident der Europäischen Kommission und danach lange Jahre Kommissar mit unterschiedlichen Zuständigkeiten. Hinzu kamen die Kommissare Abel Matutes (PP), Marcelino Oreja (PP), Loyola de Palacio (PP), Pedro Solbes (PSOE), Joaquín Almunia (PSOE) und zuletzt Miguel Arias Cañete (PP).

Spanien profitierte jahrzehntelang von den europäischen Regional- und Strukturfonds. Bis Ende der 1990er Jahre konnte es durch großzügige Hilfen aus Brüssel und Investitionen aus Deutschland und Frankreich seine marode und teilweise veraltete Infrastruktur modernisieren und einen Sozialstaat einrichten, der im Vergleich zu anderen südeuropäischen Staaten trotz Sparpolitik bis heute relativ gut funktioniert. Auch erhielt es nach der Aufnahme von zehn ost- und mitteleuropäischen Staaten durch die harte Verhandlungsstrategie der Regierung Aznar nach 2004 weiterhin Zuschüsse aus dem Europäischen Agrarfonds und blieb Nettoempfänger von EU-Geldern. Ebenso wie Irland und Portugal galt Spanien bis zum Ausbruch der Wirtschafts- und Finanzkrise als europäische Erfolgsgeschichte. Lediglich Aznar bewirkte durch seine strategische Allianz mit den USA einen langsamen Prozess der „Ent-Europäisierung". U.a. blockierte er die Initiative einer Europäischen Verfassung und unterstützte später offen den Irak-Krieg der amerikanischen Regierung von George W. Bush, entgegen massiver Proteste der Bürger, die sich bei den Wahlen 2004 unter anderem deshalb mehrheitlich für die PSOE entschieden.

Die Nachfolgeregierung von Zapatero „europäisierte" einerseits die Außenpolitik und stärkte andererseits das internationale Profil Spaniens durch Initiativen wie die Allianz der Zivilisationen. Die außenpolitische Überdimensionierung der Mittelmacht Spanien ging einher mit einem Wirtschaftsboom in der ersten Regierungsperiode von Zapatero. Die Illusion von Spanien als globaler Gestaltungsmacht endete abrupt mit dem wirtschaftlichen Abstieg nach der internationalen Finanzkrise, die unter anderem die radikale Budgetkürzung der Außenpolitik zur Folge hatte.

Das enthusiastische und positive Bild von Europa änderte sich erst 2008, als die tiefe Rezession, die bis 2013 anhielt, die spanische Grundhaltung gegenüber der EU erstmals erschütterte. Laut Eurobarometer hatten 2015 nur noch 33 % der spanischen Bürger ein absolut positives Bild von der EU und 18 % ein total negatives (Standard Eurobarometer, Herbst 2015). Damit sank die Zahl der Befürworter der EU seit 2008 um fast die Hälfte, da sich damals 63 % der Spanier deutlich für die EU ausgesprochen hatten (Standard Eurobarometer 2008). Allerdings unterstützen 88 % der Bürger noch immer die Personenfreiheit, und immerhin 67 % sind für den Euro.

Die tiefe Enttäuschung über das Ende der Erfolgsgeschichte und den vor allem national verursachten Bau- und Konsumboom [19] veränderten das Bild von Europa als Dorado der Demo-

19 Die Regierung von Aznar verabschiedete 1997 ein Gesetz zur Liberalisierung des Grundbesitzes, das von vielen als eine der Ursachen des nachfolgenden Baubooms gesehen wird.

kratie und des Wohlstands und machten einer wachsenden Skepsis und offenen Kritik an der von Brüssel und Berlin verordneten Sparpolitik mit hohen sozialen Kosten Platz (Gratius 2014).

Unter der Krisenregierung von Ministerpräsident Rajoy wurde die Europapolitik der Wirtschaftspolitik faktisch gleichgesetzt. Außenpolitik im klassischen Sinne der internationalen Diplomatie verlor an Bedeutung und diente vor allem nationalen Interessen (Gratius 2014). Seit 2011 steht Europa im Zentrum der spanischen Außenpolitik, die durch die engen wirtschaftlichen Verflechtungen und politischen Interessen auch Teil der Innen- und Wirtschaftspolitik ist. Dieser Trend zur Europäisierung der spanischen Aussenpolitik hat sich mit der Ernennung des ehemaligen EU-Botschafters Alfonso Dastis fortgesetzt.

Zentrale bilaterale Partner in Europa blieben neben Deutschland Großbritannien, Frankreich und Italien:

- Auch wenn zwischenstaatliche Konflikte der Vergangenheit angehören, bleibt der Streit um Gilbraltar ein kontroverses Thema in den bilateralen Beziehungen mit London. Spanien klagte vor den Vereinten Nationen, ein abschließendes Urteil steht noch aus. Der territoriale Disput bleibt ein Problem in den bilateralen Beziehungen, das lediglich in der Zeit des Atlantizismus unter der Regierung Aznar zweitweilig in den Hintergrund rückte. Dieser Konflikt steht in Kontrast zu den engen Wirtschaftsbeziehungen und gesellschaftlichen Kontakten. Der Handelsaustausch ist bedeutend und Großbritannien nach den Niederlanden der größte Investor in Spanien (Chislett 2014). Die meisten der 68 Mio. Touristen, die 2015 Spanien besuchten, waren Engländer, und nach Angaben des Nationalen Statistikamts INE hatten 2013 über 300 000 Briten (6,2 % der Ausländer) ihren ständigen Wohnsitz in Spanien. Umgekehrt war Großbritannien 2013 mit 12,8 % das vorrangige Ziel spanischer Arbeitsmigranten. Auch aus diesem Grund haben englische Sprachkurse am British Council oder International House in Spanien großen Zulauf. Innerhalb der EU wird Spanien durch die engen Beziehungen zu Großbritannien mit am stärksten vom Brexit betroffen werden. Ein Austritt Großbritanniens hätte „negative Konsequenzen für die engen bilateralen Beziehungen auf Unternehmens- und Regierungsebene, die Sicherheitskooperation und die Übereinstimmung in Bezug auf die wirtschafts- und geopolitische Ausrichtung des Integrationsprozesses“ (Molina/Gratius 2016).

- Um die politischen Beziehungen zu Frankreich, Spaniens bedeutendstem Handelspartner und drittgrößtem Investor, steht es nicht zum Besten. Das Verhältnis der beiden Nachbarländer war von jeher problematisch, vor allem wenn es um die Zusammenarbeit im Kampf gegen die ETA ging (was sich allerdings in den letzten Jahren verbessert hat), um eine europäische Führungsrolle in Nordafrika oder aber um die Landwirtschafts- und Energiepolitik, wo es immer wieder zu Meinungsverschiedenheiten kommt. Auch der Streit um Sitz und Führung in der Union für das Mittelmeer (UfM) zeigte, dass die spanisch-französischen Beziehungen gleichermaßen von Kooperation und Rivalität gekennzeichnet sind. Gleichwohl bestehen enge gesellschaftliche Kontakte: Etwa 100 000 Franzosen wohnen in Spanien, Frankreich ist das zweitbedeutendste Ziel spanischer Arbeitsmigranten und die Kulturinstitute Cervantes und Alliance Francaise sind in den jeweiligen Ländern vertreten.
- Als wichtigstes Land in Südeuropa mit strategischen Interessen in der Mittelmeerregion zählt Italien ebenfalls zu den engsten europäischen Partnern Spaniens. Beide Länder teilen enge historische und kulturelle Beziehungen und stehen innerhalb der EU für eine stärkere institutionelle und außenpolitische Rolle Südeuropas. Während der Wirtschafts- und Finanzkrise kam jedoch auch aufgrund der ideologischen Distanz zwischen den Regierungen von Renzi und Rajoy keine von beiden Ländern getragene südeuropäische Allianz zustande.

Enge Beziehungen zu Deutschland

Im Vergleich zu den von „Gibraltar“ belasteten britisch-spanischen Beziehungen oder dem von jeher schwierigen Verhältnis zu Frankreich war das Bild des demokratischen Spaniens von Deutschland stets ausgezeichnet und von einer beiderseitigen Sympathie getragen. Umfragen des regierungsnahen *think-tanks* Real Instituto Elcano in Madrid zufolge besitzt Deutschland in Spanien sogar das beste Image: Auf einer Skala von 0-10 wurde das Land mit 7,9 – noch vor den USA, Großbritannien und Frankreich – am positivsten bewertet (Real Instituto Elcano 2015: 6).

Auch in Deutschland ist das Bild von Spanien vorwiegend positiv. Beispielsweise spricht das Auswärtige Amt von „traditionell sehr guten Beziehungen", die zudem „von einer positiven Grundhaltung" bestimmt werden. Nach Frankreich nimmt Deutschland den zweiten Platz in den spanischen Handelsbeziehungen ein, mit einem Anteil von 11 % der Importe und 5,8 % der Exporte 2013 (weitaus mehr als beispielsweise die USA). Etwa 1 200 deutsche Unternehmen sind in Spanien vertreten und deutsche Investitionen belegten 2013 mit einem Anteil von 8,6 % den vierten Rang hinter dem Kapitalzufluss aus den Niederlanden (14 %), Großbritannien (11,8 %) und Frankreich (11,2 %). Europäische Investitionen sind in einem Land, in dem der Anteil an ausländischen Direktinvestitionen 47 % des BIP ausmacht, von großer Bedeutung (Daten bei Chislett 2014).

Die Aufnahme diplomatischer Beziehungen erfolgte bereits 1871, diese wurden während des Zweiten Weltkriegs unterbrochen und dann 1948 mit der Bundesrepublik Deutschland und 1973 mit der DDR erneut aufgenommen. 1960 wurde ein Anwerbeabkommen zwischen der BRD und Spanien unterzeichnet, es markierte den Beginn einer spanischen Einwanderung, die in den 1980er Jahren zurückging. Seit der Rückkehr zur Demokratie findet ein jährlicher Dialog auf höchster Regierungsebene statt, in den letzen sieben Jahren wurde parallel dazu auch ein Forum der Zivilgesellschaften organisiert (Oficina de Información Diplomática, Ficha País: Alemania, Madrid 2015).

In der letzten Phase der Diktatur und während der Transition übernahmen die deutschen politischen Stiftungen eine tragende Rolle bei der Rückkehr zur Demokratie. Insbesondere die

Friedrich-Ebert Stiftung und ihr Büro in Madrid hatten die sozialistische Partei PSOE und ihren damaligen Vorsitzenden Felipe González sowie die zunächst verbotene Gewerkschaftsbewegung aktiv unterstützt. Nach wie vor besteht eine enge Verbindung zwischen der PSOE und der SPD einerseits und zwischen der CDU und der PP andererseits.

2015 lebten nach Angaben des Nationalen Statistikamts INE 130 505 Deutsche (etwa 3 % der Ausländer) in Spanien, die meisten auf den Kanarischen Inseln, Valencia, den Balearen, Katalonien und Andalusien. Zählt man die zahlreichen Rentner und Langzeiturlauber hinzu, steigt die Zahl der Deutschen, die drei Monate in Spanien leben, auf etwa 500 000. Zudem machen jedes Jahr etwa 10 Mio. deutsche Touristen – die drittgrößte Besuchergruppe nach Großbritanniern und Franzosen – dort Urlaub.

Umgekehrt stieg die Anzahl der Spanier, die dauerhaft in Deutschland wohnen, auf fast 147 000 Bürger (BMI 2015: 298). Nach dem Ausbruch der Wirtschafts- und Finanzkrise zogen mehr Spanier denn je nach Deutschland, um dort eine Arbeit zu finden. Die Filmkomödie von 2015, *Perdiendo el Norte* (Die Orientierung verlieren), in der zwei hochqualifizierte junge Männer nach Berlin ziehen, um dort zunächst im Billiglohnsektor zu arbeiten, spiegelt die Realität eines Landes wieder, in dem etwa die Hälfte der Jugendlichen entweder keine Arbeit oder nur extrem schlecht bezahlte Aushilfsjobs finden.

Das soziale Drama hat zu einem regelrechten *Brain drain* von in Spanien ausgebildeten Spezialisten geführt, die gezwungen sind, im europäischen und internationalen Ausland zu arbeiten. Allein im Jahr 2014, dem letzten statistisch erfassten, kamen 41 091 Spanier (2,8 % der Zuwanderung) nach Deutschland (BMI 2015). Es ist seit den 1960er Jahren, als vor allem junge Männer in deutschen Fabriken arbeiteten, die zweite große Zuwanderungswelle von spanischen Arbeitskräften nach Deutschland, diesmal aber kommen vor allem junge, hochqualifizierte Männer und Frauen.

Sieben deutsche Auslandsschulen in Spanien sowie 1 500 Abkommen zwischen den staatlichen Universitäten beider Länder tragen einem engen Bildungsaustausch Rechnung (nach Angaben der Website des Auswärtigen Amts zu den deutsch-spanischen Beziehungen). Zudem war Katalonien 2007 Gastland der Frankfurter Buchmesse, allerdings ohne Spanisch schreibende Erfolgsautoren aus der Region wie Eduardo Mendoza („Die Stadt der Wunder") oder Carlos Ruiz Zafón („Der Schatten des Windes") zu berücksichtigen, was kontrovers diskutiert wurde.

Innerhalb der EU sind Deutschland, Frankreich, Großbritannien und Italien die bedeutendsten Partner. Spanien zählt zum Kerneuropa der wichtigsten sechs Mitgliedsstaaten. Die Integration Spaniens in die Europäische Gemeinschaft ging einher mit einer wachsenden Europäisierung der Außenpolitik. Dennoch blieben Spanien und die EU beispielsweise in Lateinamerika und dem Maghreb Rivalen, und eine Abstimmung der Politik gelang nur bedingt und in einigen wenigen Bereichen. Bis in die Gegenwart konkurriert die unter Felipe González angeregte Iberoamerikanische Staatengemeinschaft, die alle zwei Jahre Gipfeltreffen abhält, mit dem europäisch-lateinamerikanischen System und ihren parallelen Treffen der Staats- und Regierungschefs beider Regionen. Synergien sind hier ebensowenig festzustellen wie bei der von Spanien anfänglich dominierten Mittelmeerunion, die vor allem der Expansion der spanischen Eigeninteressen diente, bis Frankreich dann die Führung übernahm.

14.3 Lateinamerika als Teil der Innen- und Außenpolitik

Die spanische Lateinamerika-Politik ist vor allem von kulturellen Affinitäten des von Spanien entworfenen Begriffs Iberoamerika und historisch gesehen von der spanischen Kolonialzeit, auf die sich vor allem die Franco-Diktatur berief, geprägt. Lateinamerika besitzt für viele Politiker und Bürger eine identitäre Bedeutung, auch wenn die Kolonialzeit mehr als fünfhundert Jahre zurückliegt und die Staaten bereits Anfang des 19. Jhs. ihre Unabhängigkeit von Spanien erlangten. Die kulturellen Verbindungen zu Lateinamerika werden durch die *Casa América* (Amerika-Haus) im repräsentativen Palacio de Linares des exklusiven Madrider Viertel Recoletos sichtbar, das eine Vielfalt von Themen und Events zum Thema Lateinamerika durchführt. Zusammen mit dem, nur wenige Meter entfernten, Iberoamerikanischen Generalsekretariat SEGIB hat Lateinamerika bis in die Gegenwart eine überdimensionale Bedeutung in der Außen-, Entwicklungs- und Kulturpolitik. Erst in zweiter Linie werden die Beziehungen zu Lateinamerika von politischen und wirtschaftlichen Interessen bestimmt. Im Vordergrund stehen dabei die Direktinvestitionen, da sich der spanische Kapitalfluss außerhalb Europas auf die Region konzentriert, die auch den Großteil der Entwicklungshilfe erhält, aber nur etwa 3 % des gesamten spanischen Handelsaustausches ausmacht.

Lateinamerika als identitäre Dimension der Außenpolitik

Ebenso wie die EU, aber aus historisch-kulturellen Gründen, ist Lateinamerika ein Teil der spanischen Innen- und Außenpolitik. Ein Beispiel für die innenpolitische Dimension bleibt der Streit zwischen *Podemos* und den restlichen Parteien über die Bewertung des Post-Chavismus in Venezuela, die vor allem von der PP und *Ciudadanos* genutzt wird, um *Podemos'* Unterstützung des Regimes als undemokratisch zu bezeichnen. Unter dem Stichwort Sanktionen oder Engagement sorgte das Castro-Regime in Kuba in der Vergangenheit für ebenso kontroverse Debatten zwischen PP und PSOE.

Der Begriff „Iberoamerika" weist darauf hin, dass Spanien sich trotz seiner engen Bindung an Europa auch weiterhin als Teil der spanischsprachigen und kulturellen Gemeinschaft sieht (del Arenal 2011). Auch die spanischen Wirtschaftsinteressen außerhalb der EU konzentrieren sich weitgehend auf Lateinamerika und hier vor allem auf die beiden Regionalmächte Brasilien – wichtigster Empfänger von spanischen Direktinvestitionen – und Mexiko.

Spanien ist das einzige europäische Land mit historisch engen Beziehungen zu Lateinamerika, und verstand sich deshalb lange Zeit als Mittlermacht zwischen beiden Regionen. Diese Rolle wurde Spanien von Deutschland zeitweilig auch zugebilligt. Lediglich

Brasilien als lusofone Regionalmacht mit Sonderbeziehungen zu Portugal liegt nicht in der Einflusssphäre Spaniens, bleibt aber dennoch Mitglied der Iberoamerikanischen Staatengemeinschaft. Letztere bildet das Herzstück der spanischen Lateinamerika-Politik, die regional und nicht, wie immer stärker die EU-Politik gegenüber der Region, bilateral ausgerichtet ist (del Arenal 2011).

Interessen und Schwerpunkte in Lateinamerika

Außerhalb Europas ist Lateinamerika Spaniens wichtigster Wirtschaftspartner. Auf die Region entfallen etwa 5 bis 6 % der gesamten Im- und Exporte und die meisten Direktinvestitionen außerhalb Europas. Vor allem Banken und Großunternehmen wie Repsol, Telefónica, Grupo Santander oder BBVA sind in Lateinamerika vertreten und investieren dort zum Teil mehr als in den europäischen Nachbarsstaaten.

Die spanischen Investitionen und der Warenaustausch in Lateinamerika konzentrieren sich auf Brasilien und Mexiko, gefolgt von Argentinien, Kolumbien und Venezuela. 2014 kamen 18 % der mexikanischen, 12 % der kolumbianischen und immerhin 10 % der brasilianischen Direktinvestitionen aus Spanien (CEPAL 2015: 31).

Aufgrund des Primats der Wirtschaftsinteressen in den letzten Jahren fand vor allem eine Hinwendung zu den Champions der Handelsliberalisierung, den Mitgliedern der Pazifikallianz Chile, Kolumbien, Mexiko und Peru, statt, wohingegen sich die Beziehungen zu den MERCOSUR-Staaten auch aufgrund von ideologischen Differenzen mit den damaligen Linksregierungen von Cristina Kirchner in Argentinien und Dilma Rousseff in Brasilien distanzierten. Hierzu trug auch der bilaterale Konflikt mit der argentinischen Regierung (bis 2015) bei, die den spanischen Konzern Repsol nach Erdölfunden 2012 wegen fehlender Investitionen des Landes verwiesen hatte. Gleichzeitig wurde die spanische Außenpolitik in Lateinamerika, wie so oft, vom innenpolitischen Konflikt zwischen Rechts- und Linksparteien bestimmt.

Noch immer erhält das „Mittelgewicht“ Lateinamerika einen

überproportional großen Anteil von über einem Drittel der unter der Regierung Rajoy stark gekürzten Entwicklungshilfe. Im Gegensatz zu früheren Zeiten sind mittlerweile jedoch die ärmsten Länder mit den größten Strukturproblemen, wie Bolivien, Guatemala und Honduras, die größten Empfänger mit den meisten spanischen Zuwendungen, wohingegen Mexiko oder Brasilien keine Priorität mehr haben. Lediglich Kolumbien profitiert im Rahmen des europäischen post-Konflikt Fonds – nach dem Friedensabkommen zwischen der Regierung und der Guerrillagruppe FARC – auch weiterhin von spanischer Unterstützung.

Politisch und kulturell gesehen ist Mexiko für Spanien ein viel bedeutenderer außenpolitischer Partner als Brasilien, mit dem es eher rivalisiert als kooperiert (Malamud 2014). Die engen bilateralen Beziehungen zwischen Mexiko und Spanien sind einerseits kulturell begründet und gehen andererseits auf das politische Exil zahlreicher Linksintellektueller und Politik nach dem Spanischen Bürgerkrieg zurück, die jahrzehntelang in Mexiko lebten und von dort aus Kontakte zur Opposition im Heimatland aufnahmen.

Darüber hinaus hat die in Lateinamerika einzig wirkliche „Strategische Partnerschaft"[20] Spaniens mit Mexiko in den letzten Jahren an energiepolitischer Bedeutung gewonnen: Mit einem Anteil von 12 % der Erdölimporte 2012 beginnt Mexiko die Lieferungen aus instabilen Ländern wie Libyen oder Irak zu ersetzen. In diesem Bereich ist auch Venezuela, das Land mit den größten Ölreserven der Welt, für Spanien und die großen Energieunternehmen wie Repsol ein strategischer, wenn auch, wie das schwierige Verhältnis zwischen der Regierung Rajoy und dem venezolanischen Präsidenten Nicolás Maduro gezeigt haben, ein problematischer und wechselhafter Partner. Spanische Unternehmen sind vor allem im Bereich der Infrastruktur tätig, zum Beispiel bei der Erweiterung des Panama-Kanals oder der U-Bahn von Quito.

---

20 Neben Mexiko unterhält Spanien in Lateinamerika Strategische Partnerschaften mit Argentinien, Brasilien, Chile, Kolumbien und Peru.

Die Iberoamerikanische Staatengemeinschaft

Das politische Exil, die gemeinsame Sprache und das gemeinsame historisch-kulturelle Erbe erklären Mexikos zentrale Rolle in der ansonsten von Spanien dominierten Iberoamerikanischen Staatengemeinschaft, die 1991 im mexikanischen Guadalajara ihr erstes Gipfeltreffen abhielt. Damals diente das Forum vor allem der Demokratieförderung und dem politischen Dialog zwischen Spanien und Lateinamerika sowie innerhalb der Region.

Allmählich etablierte sie die 2005 durch ein ständiges Sekretariat institutionalisierte Iberoamerikanische Staatengemeinschaft zu einem bedeutenden Forum der Entwicklungszusammenarbeit, des Kulturaustausches und der Abstimmung über regionale und internationale Fragen. Vom ersten Moment an war Kuba Vollmitglied der Gemeinschaft, die im Gegensatz zur vergleichbaren Organisation Amerikanischer Staaten (OAS) keine Demokratieklausel vorsieht.

Für Spanien bleibt die Iberoamerikanische Staatengemeinschaft ein Symbol für die eigene Identität, bildet aber auch eine zentrale Plattform für wirtschafts- und außenpolitische Interessen außerhalb Europas. Die Iberoamerikanische Staatengemeinschaft steht im Zentrum einer erstaunlich wenig strategischen und von einer diffusen Nostalgie getragenen Lateinamerika-Politik, die eher regional als bilateral ausgerichtet ist und von ideologischen Differenzen zwischen den Parteien bestimmt wird (Gratius 2014).

Nach einem internen Reformprozess tagen die Staats- und Regierungschefs seit 2015 nur noch noch alle zwei Jahre, und die in Madrid ansässige Staatengemeinschaft, die 70 % des Budgets aus Spanien erhält, wirbt für eine größere lateinamerikanische Beteiligung. Der allmähliche Niedergang der Iberoamerikanischen Staatengemeinschaft steht für den rückläufigen Einfluss Spaniens in Lateinamerika gegenüber anderen aufstrebenden Mächten wie Brasilien, China oder den USA. Ein Indikator hierfür war die Abwesenheit zahlreicher Staats- und Regierungschefs beim 25. Iberoamerikanischen Gipfeltreffen Ende Oktober 2016 in Cartagena de Indias, Kolumbien, bei dem nicht nur die Präsidenten von

Argentinien, Bolivien, Brasilien, Kuba, Nikaragua und Venezuela, sondern auch Mariano Rajoy fehlten.

14.4 Außen- und Sicherheitspolitik in Nordafrika und im Mittelmeerraum

Spanien bleibt der einzige EU-Mitgliedsstaat mit territorialer Präsenz in Afrika, ein Kontinent, den lediglich 14 Kilometer vom spanischen Festland trennen. Allein aus geografischen Gründen unterhält Spanien als südlichste Grenze zwischen Europa und Afrika durch die Meerenge von Gibraltar, die Stadt Tarifa und die Enklaven Ceuta und Melilla sowie die Kanarischen Inseln sehr enge Nachbarschaftsbeziehungen zu Nordafrika.

Spanien versteht sich als ein Mittelmeerstaat mit strategischen Interessen in einer von Konflikten gekennzeichneten Region, die neben anderen wichtigen europäischen Staaten wie Frankreich, Italien und Griechenland auch Marokko, Algerien, Tunesien, Lybien, Ägypten, Israel, Libanon, Syrien und die Türkei umfasst. Umfagen zufolge halten die spanischen Bürger Nordafrika für die wichtigste Außenbeziehung ihres Landes außerhalb Europas, was unmittelbar mit den drei zentralen Herausforderungen Energiesicherheit, Drogenhandel und islamischer Terrorismus verbunden ist (Ahmirah Fernández 2015: 21).

Strategische Interessen in Nordafrika

Die spanischen Sicherheitsinteressen konzentrieren sich seit Ende der 1980er Jahre auf die nordafrikanischen Nachbarstaaten und den Mittelmeerraum (Estrategia de Seguridad, 2013). Zu diesen zählen derzeit vor allem der Kampf gegen die Terrorgruppe Islamischer Staat (IS) und andere sowie die Entwicklung und Stabilität der Region, aber auch nationale Ziele wie die Energieversorgung, die Kontrolle des Drogenhandels, territoriale Ansprüche oder die Begrenzung der Migration.

Ebenso wie zu Lateinamerika besteht auch zu Nordafrika eine, wenn auch konfliktivere, gemeinsame Identität. Als multikulturelles Land mit historischen Verbindungen zu Nordafrika stammen bestimmte spanische Wörter wie *almohada* (Kissen), *ajo* (Knoblauch) oder *ojalá* (hoffentlich) aus dem arabischen. Die *Casa Árabe* (Arabisches Haus) in Madrid, die Veranstaltungen zu unterschiedlichen Themen und arabische Sprachkurse anbietet, trägt diesem multikulturellen Erbe Rechnung.

Frieden und Stabilität in Nordafrika und dem Mittleren Osten liegen im nationalen Eigeninteresse, da ein Großteil der heimischen Energieversorgung auf Importen aus politisch instabilen oder autoritär regierten Ländern wie Algerien, Libyen, Ägypten oder Saudi-Arabien basiert. So hängen die spanischen Gasimporte zu 40 % von den Lieferungen aus Algerien ab, und Saudi-Arabien profilierte sich nach Russland als zweitbedeutendster Erdölversorger Spaniens (Escribano 2014).

Die Zuwanderung aus Marokko und anderen arabischen Staaten spiegelt die enormen Entwicklungsunterschiede zu Spanien wider. Gleichzeitig hat im Zuge der „Europäisierung" Spaniens die kulturelle und religiöse Differenzierung zu den afrikanischen Nachbarn ebenso zugenommen wie, im gleichen Zeitraum, die Spannungen zwischen den südlichsten Mittelmeeranrainerstaaten. Auch deshalb ist die Beanspruchung des „Felsens" Gibraltar als südlichster Punkt zwischen Europa und Afrika nicht nur ein historischer Anspruch, sondern von strategischer Bedeutung.

Spaniens Einfluss auf die globale Nahost- und die EU-Nachbarschaftspolitik

Spaniens bedeutende Interessen in der Region – vor allem in den sog. Maghreb-Staaten Marokko, Algerien und Tunesien – spiegeln sich auch im Einfluss des Landes in der globalen Nahostpolitik und auf die EU-Politik wider. Die wichtigste globale Initiative zur Befriedung der Region war die von der sozialistischen Regierung Zapatero propagierte „Allianz der Zivilisationen", die seinerzeit sogar einen eigenen Komissar (den inzwischen verstorbenen Máximo Cajal) hierfür einsetzte. Die später als VN-Initiative eingebrachte Allianz der Zivilisationen, die ursprünglich im Iran entwickelt wurde, warb für die Integration der Muslime und ein breiteres Verständnis für den Islam im Westen.

Unter der Regierung Rajoy (2011) konzentrierte sich die Außenpolitik gegenüber Nordafrika vor allem auf die eigenen Sicherheitsinteressen, wie die Terrorismusbekämpfung und der Friedensprozess in Syrien. Als nichtständiges Mitglied des Sicherheitsrats (2015-16) beteiligte sich Spanien zusammen mit seinen europäischen Partnern aktiv an den Friedensgesprächen zwischen der syrischen Regierung von Bashar al Assad und der Opposition, die im Februar 2016 stattfanden und einen ersten Waffenstillstand aushandelten. U. a. war Spanien für eine Resolution des UN-Sicherheitsrates zur Verbesserung der humanitären Hilfe in Syrien zuständig.

Spanien beteiligt sich auch an den Friedensmissionen in Afghanistan, Mali und im Libanon. Auch die Position des sozialistischen ehemaligen Staatssekretärs, Bernardino León, zunächst als Sonderbeauftragter der EU für das südliche Mittelmeer (2011-14) und dann als Vertreter des UN-Generalsekretärs in der Region (2014-15), unterstrich den spanischen Einfluss in Nordafrika. Ein weiterer Beweis hierfür ist die Beteiligung am 1990 in Rom entstandenen „5 + 5-Dialog" oder dem Forum des westlichen Mittelmeers zwischen Frankreich, Italien, Malta Portugal, Spanien einerseits und Algerien, Libyen, Marokko, Mauritanien und Tunesien andererseits.

Im Konflikt zwischen Israel und Palästina unterstützt Spanien eine Zweistaatenlösung und stimmte 2011 in der VN-Vollversammlung zusammen mit anderen europäischen Staaten für ein unabhängiges Palästina. Eine eigene Botschaft in Madrid unterstreicht die engen Beziehungen zwischen Spanien und den Palästinensischen Autonomiegebieten, die vom VN-Sicherheitsrat nicht als eigener Staat anerkannt werden.

Schon unter Felipe González gingen von Spanien wichtige Impulse für die südliche Nachbarschaftspolitik der EU aus. Deutlichstes Beispiel hierfür war der Barcelona-Prozess unter spanischer EU-Präsidentschaft, benannt nach einer Konferenz in der katalanischen Hauptstadt 1995, die mit der Euro-Mediterranen Partnerschaft, einem großangelegten Programm für Entwicklung, Stabilität und Sicherheit – nach dem Vorbild des Helsinki-Prozesses mit Osteuropa – endete.

Außenminister Miguel Ángel Moratinos (2004-11) setzte den Schwerpunkt eindeutig auf Nordafrika und die arabischen Staaten. Unter Moratinos entstand die Allianz der Zivilisationen und der Außenminister übernahm eine Schlüsselrolle beim Gipfeltreffen „Barcelona + 10", das 2005 zwischen der EU und den Mittelmeerländern stattfand. Drei Jahre später, parallel zur Wirtschafts- und Finanzkrise Spaniens, übernahm dann Frankreich unter Präsident Sarkozy die europäische Führung und rief die Union für den Mittelmeerraum (UfM) ins Leben.

Seither hat Spanien an Einfluss in der Region verloren (Echague 2011; Gillespie 2012), zumal sich auch die Hoffnung auf einen demokratischen Wandel in Nordafrika nach den Revolten 2011 nicht erfüllt hatte. Spaniens Rolle im „Arabischen Frühling" war durchaus ambivalent (Gillespie 2012): Einerseits bestanden enge Beziehungen zu den gestürzten autoritären Regierungen in Libyen, Tunesien und Ägypten sowie zur marokkanischen Monarchie, andererseits aber unterstützte Spanien anfänglich die Transitionsprozesse und González fungierte zeitweilig als Berater der tunesischen Übergangsregierung (Echague 2011). Zapatero war der erste europäische Regierungschef, der kurz nach der Revolte, schon am 2.3.2011, nach Tunesien reiste, um die demokratische Öffnung zu unterstützen (Gillespie 2012).

Spanien – Marokko: eine ungleiche Nachbarschaft

Die arabisch-islamische Monarchie Marokko ist Spaniens wichtigster bilateraler Partner, Investitionsstandort und Markt in Afrika. Das Land gehört zur Gruppe der 23 assoziierten Länder, die weiterhin Entwicklungshilfe – 2013 entfielen auf Marokko 15 Millionen Euro – erhalten. Erst an zweiter Stelle stehen die von energiepolitischen Interessen bestimmten Beziehungen zu Algerien, das mit Marokko um die regionale Vorherrschaft konkurriert (Ahmirah Fernández 2015: 8). Migrationskontrolle, Drogenhandel, Bekämpfung des Terrorismus, Fischereipolitik und Handel sind die fünf vorrangigen Themen in den bilateralen Beziehungen Marokko – Spanien.

Das jahrzehntelange spanische Protektorat im Norden Marokkos (1912-1956), die Enklaven Ceuta und Melilla und der territoriale Streit um mehrere Inseln prägen die spanisch-marokkanischen Beziehungen in negativer Hinsicht. Allerdings wird die gegenseitige Abhängigkeit der Nachbarstaaten in der spanischen außenpolitischen Forschung auch als *colchón de intereses* (Interessenspuffer) bezeichnet, der seit der Demokratie trotz bestehender Spannungen letztendlich immer einen offenen diplomatischen oder sogar militärischen Konflikt verhinderte.

Der nach dem EU-Beitritt erfolgte Modernisierungs- und Demokratisierungsprozess macht Spanien für viele Marokkaner als Einwanderungsland attraktiv. Nach Angaben des Statistikamts INE lebten 2014 mehr als 760 000 Marokkaner dort und stellen mit einem Anteil von 15 % die größte Einwanderungsgruppe außerhalb Europas. Die Krise hat die marokkanischen Zuwanderer besonders getroffen, die mit 54 % besonders stark von der Arbeitslosigkeit betroffen sind (Ahmirah 2015: 60).

Dennoch versuchen auch weiterhin viele Tausend Marokkaner, die mit NATO-Draht umwickelten Grenzwälle in Melilla und Ceuta zu überwinden, es kommt immer wieder zu Verletzten und Protesten wegen der starken Überwachung der spanisch-marokkanischen Grenze. Nur wenige schaffen es, denn die marokkanische Regierung soll von Spanien viel Geld erhalten, um den Flüchtlingsstrom gering zu halten (Schuster 2015).

Die stete Zuwanderung lässt sich vor allem mit der enormen Nord-Süd-Kluft zwischen den beiden Nachbarstaaten erklären: Marokkos Entwicklungsstand liegt etwa dreizehn Mal niedriger als der Spaniens. Im Vergleich dazu ist beispielsweise das Gefälle zwischen Mexiko und den USA nur etwa halb so groß (Echeverría 2011: 18). Die asymmetrische Interdependenz spiegelt sich auch in den Handelsbeziehungen wider: 2014 war Spanien für Marokko der wichtigste Partner (Amirah Fernández 2015: 9), wohingegen der Anteil des nordafrikanischen Landes im spanischen Gesamthandel mit 2,3 % der Exporte und 1,2 % der Importe äußerst gering ausfällt (ebd.: 37).

Die politischen Beziehungen beider Länder sind vom Wechselspiel zwischen Annäherung und Konflikt geprägt. Traditionsgemäß absolviert jeder spanischen Außenminister seinen ersten Staatsbesuch in Marokko, eine ungeschriebene Regel, die auch Alfonso Dastis befolgte. Dabei belasten historische Probleme und Territorialansprüche, wie die Städte Ceuta und Melilla sowie der Streit über den Status des von 1884 bis 1975 zu Spanien gehörenden Gebiets in der Westsahara *(Spanisch Sahara)*, das seitdem von Marokko gegen den Unabhängigkeitsanspruch vieler Saharauis besetzt wird, die Beziehungen. Zu einem offenen Konflikt kam es seit der Demokratie aber nicht.

1991 unterschrieben beide Staaten ein Freundschaftsabkommen und einigten sich auf einen regelmäßigen politischen Dialog. In den 23 Jahren von 1993 bis 2015 fanden zwar nur elf bilaterale Treffen statt (Amirah Fernández 2015), seitdem aber absolviert jeder neue Regierungschef seinen ersten offiziellen Staatsbesuch in Marokko (Soler 2007: 77 ff.). Traditionell sind die Beziehungen zwischen den beiden Monarchen besser als die Regierungskontakte, die vor allem unter der konservativen Aznar-Regierung angespannt waren. Der Höhepunkt des damaligen Konflikts war der Streit über den Anspruch auf die unbewohnten Perejil-Inseln (200 Meter vor der afrikanischen Küste) im Sommer 2002, der beide Staaten an den Rand eines militärischen Konflikts brachte.

Die Beziehungen auf Regierungsbene verbesserten sich unter Außenminister Moratinos und dem dialog- und partnerschaftszentrierten Ansatz der Allianz der Zivilisationen. Auch die Regierung von Rajoy setzte auf Kooperation und gute Nachbarschaftsbeziehungen mit Marokko, die durch eine regelmäßige Besuchsdiplomatie zwischen den Außenministern unterstrichen wurden (Amirah Fernández 2015).

14.5 Keine strategische Beziehung zu den USA

In der 2013 verabschiedeten spanischen Sicherheitsstrategie stehen die USA an dritter Stelle hinter Lateinamerika und werden vor allem als Teil des Atlantischen Dreiecks zwischen Lateinamerika, Europa und Nordamerika wahrgenommen (Presidencia del Gobierno 2013). Im Gegensatz zu den übrigen EU-Mitgliedstaaten sind die Beziehungen zwischen Spanien und den USA nicht besonders eng. Einen ersten Hinweis hierauf liefern die Handelsbeziehungen: Spanien exportiert lediglich 4% seiner gesamten Waren in die USA und importiert einen ähnlich geringen Prozentsatz aus dem amerikanischen Land (Daten von 2013).

Benign Neglect

Die USA sind für Spanien kein zentraler Wirtschaftspartner und selbst die Anzahl der amerikanischen Touristen bleibt vergleichsweise gering. Die wichtigste Verbindung zwischen Spanien und den USA sind nach wie vor die beiden amerikanischen Militärstützpunkte in Rota und Morón sowie die Kooperation bei US-amerikanischen oder internationalen Militärinterventionen im Ausland. Nach einem 2015 geschlossenen Abkommen der Verteidigungsministerien sind mehr als 2700 amerikanische Soldaten im Lande stationiert – doppelt so viele wie 2008 – und Morón wurde zum amerikanischen Stützpunkt für alle militärischen Operationen in Afrika. Das bilaterale Verhältnis zwischen Madrid und Washington war seit jeher eher kühl und in den letzten Jahren auch erstaunlich inhaltsleer. Beispielsweise diente der Besuch von Vizepräsident John Kerry in Spanien im Oktober 2015 lediglich dazu, einen Umweltkonflikt in Palomares zu beenden und ein Doppelbesteuerungsabkommen zu unterzeichnen. Der Staatsbesuch von Obama 2016 in Spanien musste aufgrund von Unruhen in den USA abgekürzt werden. Der unerwartet deutliche Wahlsieg des Republikaners Donald Trump in den USA wird die spanische Regierung zu einem Richtungswechsel zwingen, da sowohl die PP unter Mariano Rajoy als auch der König und die Oppositionsparteien traditionell engere Bindungen zu den Demokraten und der gescheiterten Kandidatin Hillary Clinton unterhalten.

Der einzige Staatsbesuch von Rajoy im Januar 2014 in Washington hatte weder zu einer sichtbaren Annäherung noch zu einer neuen Dynamik in den Beziehungen geführt, war aber ein wichtiges Symbol für einen Neuanfang. Nach einer langen Phase der beidseitigen Distanzierung unter der Regierung von Zapatero, die zum Missfallen der Bush-Administration den Rückzug aus Irak befahl, und nach den negativen Folgen der Wirtschaftskrise ging es vor allem darum, die Idee *„Spain is back"* zu vermitteln. Auch fand ein Treffen mit Vertretern der spanischsprachigen Gemeinschaft, der inzwischen größten Einwanderungsgruppe in den USA, statt.

Der Höhepunkt der Beziehungen während der vierzehnjährigen Amtsperiode von González war das erste Transatlantische Gipfeltreffen unter spanischer EU-Präsidentschaft 1995 in Madrid. Zwei Jahre später stand erstmals ein Transatlantisches Freihandelsabkommen TAFTA zur Debatte, das als Vorläufer des derzeit verhandelten TTIP-Vertrages gilt und seinerzeit scheiterte. Im Gegensatz zu Deutschland gibt es in Spanien allerdings kaum eine öffentliche Debatte über die Folgen eines Investitions- und Freihandelsabkommens zwischen der EU und den USA, das gemäß einer unveröffentlichten Studie der Europäischen Kommission überwiegend postive Wachstumseffekte für Spanien hätte.

Kooperation und Rivalität mit den USA in Lateinamerika

Die USA werden in Spanien entweder als globaler Hegemon oder aber aus der Perspektive der jeweiligen Sonderbeziehungen zu Lateinamerika wahrgenommen. Dabei ist die spanische Politik gegenüber Washington strategischer ausgelegt als umgekehrt. Das Außenministerium MAEC sucht seit geraumer Zeit einen Ausbau der Beziehungen zur wachsenden Gruppe der *Hispanics* in den USA, zu denen mehr als 50 Mio. Bürger sowie zahlreiche *„indocumentados"* (Einwanderer ohne Papiere) zählen.

Aus dieser Perspektive könnte Spanien durch die „Lateinamerikanisierung“ der USA langfristig zu einem kulturell und politisch bedeutenden europäischen Partner Washingtons werden. Schon jetzt sind die USA aus spanischer Sicht nicht nur eine globale Gestaltungsmacht und der wichtigste Investor außerhalb Europas, sondern auch ein wichtiger Partner und Rivale in Lateinamerika.

Gleichzeitig sieht Spanien in der „Lateinamerikanisierung“ der USA durch die Zuwanderung aus Mexiko und Zentralamerika einen „entscheidenden Faktor“ in den bilateralen Beziehungen und einen neuen kulturellen Markt. Die USA sind hinter Mexiko und noch vor Kolumbien das zweitgrößte spanischsprachige Land der Welt. Damit verbunden sind Hoffnungen, einer der nächsten amerikanischen Präsidenten könnte lateinamerikanische Wurzeln haben und die Beziehungen zu Spanien erweitern.

14.6 Neue Partnerschaften und Märkte: China und Asien

Mit Ausnahme seiner letzten Kolonie, den Philippinen, zu dem Spanien noch immer eine Sonderbeziehung unterhält[21], hatte Asien bis vor kurzem keinerlei außenpolitische Priorität. Dies zeigt sich schon darin, dass Spanien in ganz Asien dieselbe Anzahl an Botschaften und Konsulaten unterhält wie in Deutschland, Frankreich und der Schweiz, und dass lediglich 11 % seiner Diplomaten in der Region arbeiten (Esteban 2014).

Größere Bedeutung erlangte Asien für Spanien erst nach der Wirtschaftskrise 2008, dem Boom der chinesischen und indischen Wirtschaft und der Notwendigkeit, neue Märkte für eigene Produkte zu erschließen und die Präsenz in Asien zu stärken (Presidencia del Gobierno 2013).

Seit der Finanzkrise ist China Spaniens zweitgrößter Schuldner und insofern ein weitaus bedeutenderer Partner als vor 2008. Die Staatsbesuche von Zapatero – des dritten in seiner Amtszeit –

21 Die Philippinen sind das einzige asiatische Schwerpunktland in der spanischen Entwicklungszusammenarbeit, zahlreiche Abkommen unterstreichen die engen Beziehungen beider Länder; 2010 unterschrieben beide ein Memorandum der Wiedereinführung der spanischen Sprache in den Schulen, und das *Instituto Cervantes* in Manila ist das größte in Asien.

und dem damaligen chinesischen Vizepräsidenten Li Keqiang zu Beginn des Jahres 2011 unterstrichen das beiderseitige Interesse an einem Ausbau der politischen Beziehungen. Zwei Jahre später war Rajoy einer der wenigen Staats- und Regierungschefs, die am chinesischen Davos-Forum in Boao teilnahmen.

Beide Länder hatten bereits 1973 diplomatische Beziehungen aufgenommen, die Beziehungen entwickelten sich jedoch erst zwanzig Jahre später, als unter González das wirtschaftliche Forum China – Spanien entstand. Immerhin 8 % der Importe kamen 2013 aus China, das einen dritten Rang in den Wareneinfuhren belegt, wohingegen die Exporte in das asiatische Land einen Anteil von weniger als 1 % an der gesamten Warenausfuhr haben.

Auch die Beziehungen zu Japan und Indien sind im Zuge der öknomischen Außenpolitik seit 2011 enger als zuvor (Gillespie 2012). Als „westlichstes Land Asiens" spielt Japan traditionell eine Rolle als politischer Verbündeter und Wirtschaftspartner Spaniens in den Bereichen Handel und Tourismus.

Indien ist trotz sechzigjähriger diplomatischen Beziehungen 2016 – Spanien erkannte Indien seit der Unabhängigkeit als eigenen Staat an – und der Eröffnung der spanischen Botschaft 1956 ein relativ unbekannter außenpolitischer Partner, der vor allem als Exportmarkt zunehmend interessant wird. Die Einrichtung der „*Casa India*" und eines Cervantes-Instituts in Neu Delhi unter der Regierung Zapatero in Valladolid soll, zusammen mit dem 2001 gegründeten Asien-Haus, die Beziehungen zu Indien und Asien fördern (Campos 2015). Spanien sieht Indien, ebenso wie Südafrika, vor allem als Markt für den Export von erneuerbaren Energien wie Solar- und Windenergien – wo Spanien in Europa mit Deutschland führend ist. Mehrere bilaterale Abkommen unterstrichen 2012 die gemeinsamen Wirtschaftsinteressen.

14.7 Mehr Innen- als Außenpolitik

Unter der Regierung von Rajoy hat sich der Trend zur Europäisierung der Außenpolitik infolge des Gemeinsamen Europäischen

Außendienstes und einer weiteren Abstimmung zwischen den EU-Mitgliedsstaaten verstärkt, gleichzeitig aber hat unter den letzten beiden Regierungen von Zapatero und Rajoy auch eine Globalisierung der Außenpolitik und eine vorsichtige Expansion nach Asien stattgefunden. Bezüglich der traditionellen Partner sind zwar Lateinamerika und Nordafrika noch immer die bedeutendsten außenpolitischen Partner Spaniens außerhalb der EU, die Beziehungen sind jedoch weniger intensiv und der Einfluss der iberoamerikanischen Länder scheint geringer als vor dem Beitritt in die Europäischen Gemeinschaften. Unter Minister José Manuel García-Margallo konditionierte die „Wirtschaftsdiplomatie" die Außenpolitik, machmal auch auf Kosten der Menschenrechte und nicht immer in Übereinstimmung mit den restlichen EU-Mitgliedsstaaten (Borja Lashera/Torreblanca 2014: 16; Gratius 2014).

Während der Krisenjahre 2008-15 wurde Außenpolitik ein Teil der Wirtschaftspolitik und diente vor allem den Interessen der Privatwirtschaft. Deutlichster Beweis für diese „Merkantilisierung der Außenpolitik" war das ressortübergreifende Programm *Marca España* während der Rajoy-Regierung, das zum Symbol einer „entpolitisierten" Außenpolitik wurde, die vor allem darauf abzielte, die Exportinteressen zu vertreten. In dieser Zeit verzichtete die Regierung weitgehend auf die Entwicklungspolitik, die noch unter Zapatero das wichtigste Instrument zur Außenprofilierung des Landes war.

Wie eine Außenpolitik unter der neuen Regierung Rajoy und Minister Dastis aussieht, bleibt abzuwarten. Ein Novum wird allerdings eine größere Pluralisierung der Außenpolitik sein, die vor allem unter der mit absoluter Mehrheit gewählten Regierung Rajoy von der Exekutive, in enger Abstimmung mit den multinationalen Unternehmen, bestimmt wurde. Stärker als alle vorigen Regierungen ist der neue Regierungschef darauf angewiesen, andere Parteien von außenpolitischen Entscheidungen zu überzeugen und Mehrheiten im Kongress für Gesetzesvorlagen zu finden. Eine mehr auf Konsens abzielende Außenpolitik ist einerseits demokratischer und glaubwürdiger, andererseits aber könnten wichtige Entscheidungen – beispielsweise in der Flüchtlingskrise oder in internationalen Konflikten wie beim Krieg in Syrien – verzögert oder ganz aufgeschoben werden.

Am Schwerpunkt Europa wird sich wenig ändern, allerdings werden auch hier neue ideologische und soziale Akzente gesetzt werden, um die Kosten der von Brüssel und Berlin verordneten Austeritätspolitik möglichst gering zu halten, ohne, wie in Griechenland geschehen, einen Konflikt mit Deutschland und der EU heraufzubeschwören oder aber mit Blick auf die Opposition interne Kompromisse zu ermöglichen. Eben in diesem Spiel zwischen nationalen sozialstaatlichen Interessen und gemeinschaftlicher wirtschaftspolitischer Stabilität liegt die eigentliche außenpolitische Herausforderung der neuen Regierung.

Insgesamt betrachtet überträgt sich die Identitätskrise Spaniens seit 2008, wie der Europakenner José Ignacio Torreblanca resigniert feststellt, auch auf seine Außenwahrnehmung und -darstellung (Torreblanca, 2015b: 19), die vor den großen internen Herausforderungen des Landes in den Hintergrund rückte. Eine sog. *grand strategy* ist von Spanien in den nächsten Jahren nicht zu erwarten, sondern eher das Gegenteil: eine Außenpolitik mit geringem Eigenprofil.

15. Ausblick: Vor einer zweiten Transition?

1936 – 1975 – 2011: Manche Beobachter meinen, dass alle 40 Jahre eine Art Einschnitt in der spanischen Politik erfolge. Ob der Beginn der Regierung Rajoy 2011 und damit die Auswirkungen der Wirtschaftskrise von 2008 wirklich einen solchen Umschwung markieren, wie zuweilen in der dortigen Presse behauptet, bleibt vorerst offen. Dies hängt u. a. von der Entwicklung Spaniens im Vergleich zu anderen Ländern des mediterranen Raums, der Zukunft der EU und der weltweiten sicherheitspolitischen Lage ab. Im Rückblick lässt sich die Entwicklung des politischen Systems nach 1975 in zwei Phasen unterteilen: die Phase des Aufbaus und der Konsolidierung sowie die unter den Bedingungen der Krise ab 2008.

Auf die Gefahr einer Überhöhung der geglückten Transition von der Diktatur zur Demokratie nach 1975 wurde bereits in der Einleitung und in den kurzen Ausführungen zur Geschichte hingewiesen. Dennoch sollten die Leistungen in dieser Gründungsphase nicht unterschätzt werden. Die Geschichte Spaniens war seit dem 19. Jh. durch eine übermäßige Polarisierung charakterisiert. Daraus zogen die an der *transición* als formativer Gründungsphase der dritten Demokratie in Spanien beteiligten Personen und Politiker die Schlussfolgerung, dass ein vernünftiger Ausgleich zwischen den Akteuren und vormaligen Kontrahenten erfolgen müsse. So setzten sich nur kurze Zeit nach dem Tode Francos die Gegner im Bürgerkrieg an einen Tisch und begannen Pläne für Zukunft des Landes zu entwerfen und umzusetzen. Im Unterschied zu einzelnen lateinamerikanischen Ländern – z. B. Kolumbien und Venezuela Ende der 1950er Jahre – wurde die Linke von diesen politischen Pakten nicht ausgeschlossen, auch wenn dies mittlerweile einige behaupten.

Der Preis für die große Übereinkunft zwischen gegensätzlichen Akteuren war allerdings ein *pacto del olvido* (Pakt des Vergessens), er beruhte auf dem kollektiven Beschweigen der Vergangenheit zumindest bis ins 21. Jh.. Erst unter der Regierung Zapatero wurde die Vergangenheit aufgegriffen und thematisiert. Sowohl Aznar in seiner zweiten Amtszeit, als er die Politik der *crispación* (Reizung oder sogar Konfrontation) einschlug, als auch Zapatero hatten sich bereits von den Grundlagen der Transitionspolitik entfernt. Mit Blick auf die gesellschaftlichen Reformen von Zapatero war zwar sogar von einer zweiten Transition die Rede, in mancher Hinsicht haben jedoch durch seine Politik die Spannungen in den Gesellschaft zugenommen.

Einige Schwächen des politischen Systems waren zumindest

in der Fachliteratur wohlbekannt (statt anderer Barreda/Borge 2006: 289 ff.):

1. Die demokratischen Institutionen galten und gelten unter politikwissenschaftlichen Gesichtspunkten als institutionalisiert und konsolidiert, sie bedürfen aber beim Wahlsystem, bei den Aufgaben und Funktionen des Senats sowie der Parteienfinanzierung dringend der Reform. Da Aufbau und Funktionsweise der Parteien, aber auch die Korruption mit der politischen Kultur des Landes verbunden sind, dürfte besonders das zuletzt genannte Problem nicht leicht zu verändern sein.
2. Die aktuelle Organisation von Interessen ist durch eine vergleichsweise geringe Beteiligung der Bevölkerung im institutionellen Bereich und eine im europäischen Vergleich hohe Neigung zu Protesten charakterisiert. Hier manifestieren sich Schwierigkeiten beim Ausgleich der Interessen und zumindest bis 2016 markante Differenzen zwischen der amtierenden Regierung und einen Teil der Bevölkerung. Von Nachteil erweist sich dabei, dass wichtige Reformvorhaben – etwa im Bereich der Bildung – in den vergangenen Jahren nicht vorangekommen sind.
3. Das Parteiensystem und die Parteien sind institutionalisiert, weisen aber Schwächen auf. Eine Diskrepanz zwischen Parteien und Bürgern hat sich nach den Attentaten vom 11. März 2004, bei der Bewegung der Empörten 2011 und im Aufkommen der Protestpartei *Podemos* 2015 f. gezeigt. Anders als andere europäische Länder besteht kein Rechtspopulismus, was möglicherweise auch darauf zurückgeht, dass der Nationalismus in Spanien linke Züge trägt.

Das Insistieren auf der Notwendigkeit einer neuen Transition als magischer Kunstgriff gehört fast zu den geflügelten Redewendungen in Spanien. Denn die hochgelobte Verfassung von 1978 weist insofern Schwächen auf, als sie gleichsam nach rückwärts geschrieben wurde. Sie möchte, darin dem Grundgesetz der Bundesrepublik Deutschland ähnlich, die Schwächen und Fehler der Vergangenheit ausräumen. Möglicherweise braucht Spanien eine neue Erzählung, allerdings dürfte es nicht ausreichen, eine bloße Gegenerzählung zu der der historisch erfolgten Transition zu entwerfen. Dank der Transition und Konsolidierung der Demokratie hat sich die Lage in Spanien im Vergleich zum Franquismus stark verbessert, einige Herausforderungen sind geblieben oder noch dazu gekommen. Mittlerweile ist Spanien eine multikulturelle und multinationale Gesellschaft und in dieser Komplexität durchaus mit Belgien und der Schweiz vergleichbar (Gunther/Montero 2008: 142).

2014 wurde im Land als ein Jahr einschneidender Ereignisse empfunden. Dazu zählten der Rücktritt von König Juan Carlos, der Tod und Abschied von Adolfo Suárez, dem Steuermann der Transition in den 1970er Jahren, sowie die Enthüllungen um den langjährigen katalanischen Ministerpräsidenten Jordi Pujol. Die genannten Vorfälle liefen auf eine Revision des Mythos der Transition in einer breiteren Öffentlichkeit hinaus. Davon profitierte 2014/15 zunächst die neue politische Kraft *Podemos* und in geringerem Maße *Ciudadanos* – erst in den Umfragen und dann bei den Wahlen von der kommunalen über die regionale bis zur nationalen Ebene.

Um den *desencanto* (Ernüchterung) oder sogar den demokratischen Zynismus am Ende der ersten Regierung Rajoy 2015 zu verstehen, gilt es, sich die überhitzte Konjunktur und die überzogenen Erwartungen vieler Spanier nach dem schnellen Wachstum um die Jahrhundertwende vor Augen zu führen. Nach dem Ausbruch der Finanzkrise 2008 begann sich eine große Enttäuschung auszubreiten. Ignacio Sotelo schrieb schon 2011 „wir nähern uns in gefährlicher Weise der Parteienkonstellation, dem Kazikismus und der Korruption, die die Zweite Restauration" (1874-1931) beendeten, er empfahl eine zweite Transition (Sotelo 2011).

Spanien steht vor fünf Herausforderungen: 1. der noch nicht gelösten Finanz- und Wirtschaftskrise seit 2008 und einer anhaltend hohen Arbeitslosigkeit; 2. einem enormen Ansehensverlust der (alten) Politiker sowie insgesamt des politischen Systems aufgrund zahlreicher Korruptionsfälle; 3. einem Wiederaufleben des Separatismus mit ungewissem Ausgang – vor allem in Katalonien; 4. einem neuen (Links-)Populismus, der nach den Wahlen 2015 und 2016 sogar fast zum Partner einer Regierungskoalition hätte aufsteigen können; 5. einem gewissen internationalen Bedeutungsverlust, der einhergeht mit einer profillosen Außenpolitik, die vorwiegend den wirtschaftlichen Eigeninteressen gilt und Spaniens sichtbare Rolle in Europa, Nordafrika und Lateinamerika verringert hat.

Im Unterschied zu den 1970/80er Jahren scheinen allseits akzeptierte Politiker und Integrationsfiguren, die in der personenorientierten spanischen Politik einen Beitrag zur Integration unterschiedlicher Interessen der Gesellschaft und zur Überwindung der Krise leisten könnten, zu fehlen. Allerdings kann dies im europäischen Vergleich wiederum relativiert werden. Denn die jungen Spitzenkandidaten von PSOE, *Ciudadanos* und *Podemos* hinterließen zumindest im Wahlkampf 2015 einen relativ guten Eindruck, vor allem wenn man einen Vergleich mit anderen europäischen Ländern zieht, wo sich Rechtspopulisten und Antipolitiker im Aufschwung befinden (Carlin 2015). Indessen hat sich dieses positive Bild im Jahre 2016 nicht durchgängig bestätigt, denn die PSOE aber auch die *Podemos*-Führung zeigten eine geringe Fähigkeit zu Kompromissen mit Blick auf eine Regierungsbildung.

Der scharfe Ton gegen die politische Klasse und die sog. extraktiven Eliten in den Medien und von Seiten der neuen Parteien hat zu Rücktritten von einigen Politikern vor allem der PP geführt. Rita Barberá, von 1991 bis 2015 Bürgermeisterin in Valencia, starb Ende 2016 an einem Herzinfarkt in einem Hotel in Madrid, wo sie nach Korruptionsvorwürfen vor Gericht aussagen musste. Durch die Korruptionsfälle hat das Vertrauen in die Politik insgesamt und auch das Vertrauen zwischen den Politikern nachgelassen. Die negativen Effekte zeigten sich bei den zunächst gescheiterten Versuchen zur Regierungsbildung 2016. Hierbei machte sich sicherlich bemerkbar, dass in der neueren Demokratiegeschichte keine Erfahrungen mit Koalitionsregierungen und politischen Kompromissen vorliegen. Seit dem ersten Fernsehduell war zwischen dem Amtsinhaber Rajoy und seinem Herausforderer Sánchez darüber hinaus eine Antipahie entstanden, die eine Verständigung praktisch unmöglich machte. Dies unterstreicht erneut die hohe Bedeutung einzelner Personen.

So präsentiert sich das Land nach den Wahlen 2015/16 in widersprüchlicher Weise: Die Parteien sind entweder zerstritten oder bleiben von Korruptionsfällen geprägt, die soziale Lage der Bevölkerungsmehrheit bleibt schwierig und die separatistischen Bewegungen nehmen zu. Gleichzeitig erfolgt ein Exportwachstum in einigen Bereichen, der familiäre Zusammenhalt hält an und der Wunsch nach politischen Alternativen findet seinen Niederschlag in einem Vierparteiensystem. Einerseits ist die Gesellschaft nach der Krise von 2008 ff. mißtrauischer geworden, andererseits aber auch aktiver und kreativer, als es kulturpessimistische Interpretationen suggerieren (Bernecker 2016).

Als ausgleichendes Moment könnte die nach wie vor starke Orientierung an Europa wirken – trotz der aktuellen Krisenerscheinungen. Zumindest in der formativen Phase der Demokratie in den 1970/80er Jahren spielte Europa als externer Akteur eine erhebliche Rolle. Juan Goytisolo schrieb damals: „Spanien ist noch nicht Europa, aber es hat – im Bösen wie im Guten – aufgehört, Spanien zu sein" (1982: 183). Der gegen Europa gerichtete Satz *„España es diferente!* – Spanien ist anders" scheint der Vergangenheit anzugehören. Mittlerweile kennt ein erheblicher Teil der Bevölkerung andere europäische Länder und politische Systeme aus eigener Anschauung. Deshalb fällt auch die Beurteilung der EU-Politik in Spanien durchaus differenziert aus. Es ist bekannt, dass in anderen politischen Systemen stärkere Mitwirkungs- und Kontrollmöglichkeiten bestehen als im eigenen Land. Das Bild von *la Merkel* als ökonomischer Zuchtmeisterin fällt unabhängig von periodisch wiederkehrenden Schuldzuweisungen durch einzelne Politiker bei der Bevölkerung meist gelassener aus. Es ist ebenfalls bekannt, dass in der Bundesrepublik relativ weitgehende Partizipationsmöglichkeiten und Pflichten zur Offenlegung des Innenlebens der Parteien vorhanden sind, sodass Deutschland einerseits kritisiert wird, andererseits bei einzelnen Reformvorschlägen wiederum als Vorbild auftaucht.

International hatte Spanien nach 2008 an Bedeutung verloren, was sowohl für seine Rolle in Lateinamerika als auch in Europa galt. Angesichts der vorübergehend recht starken Aktivitäten spanischer Regierungen in Süd- und Mittelamerika in den 1990er Jahren könnte dies teilweise eine Normalisierung sein, in Europa waren andere Länder in der Zwischenzeit mit Blick auf den europäischen Einigungsprozess unterdessen nicht sonderlich erfolgreich. Es ist möglich, dass Spanien in Zukunft wieder stärkere internationale Initiativen entfaltet.

Darüber hinaus könnte die Krise entgegen dem alarmistischen Unterton, der zuweilen in den spanischen Medien aufkam, auch positive Effekte haben: Die Transition gehört demnach der Vergangenheit an und damit ein de facto Zweiparteiensystem, das aufgrund seiner Allianzen mit den Parteien in den Autonomen Regionen ohnehin sehr spezifische Züge besaß. An seine Stelle dürfte ein Mehrparteiensystem mit Lagerbildung rücken, an die Stelle der im Prozess der Transition aufgekommenen Politik informeller Pakte könnte eine transparentere Form der Politikgestaltung treten. Bislang hatte die regierende politische Klasse das Thema Transparenz nicht gerade beherzt aufgegriffen. Indirekt gilt dies auch für den Umgang mit der Vergangenheit, da viele Mitglieder der politischen und ökonomischen Elite nach wie vor ihre Wurzeln im Franquismus haben und an einer Aufarbeitung nicht interessiert waren.

Die Aussichten der im Herbst 2016 gebildeten Regierung Rajoy hängen nicht zuletzt davon ab, wie sich eine Minderheitsregierung im spanischen Umfeld behaupten kann. Denn die PP hat die geringste Anzahl eigener Kongressabgeordneten aller Regierungen seit Beginn der Demokratie. Den Ministern habe Rajoy den Rat gegeben, „den Dialog zu suchen, viele Pakte abzuschließen und viel und mit vielen zu sprechen“, hieß es nach der Regierungsbildung (EP 5.11.2016). Keine schlechte Zielsetzung für eine Minderheitsregierung, die sowohl eigene Traditionen des Alleinregierens aufgeben als auch hohe Erwartungshaltungen der Öffentlichkeit erfüllen muss.

Literatur

Adagio, Carmelo 2013: Youth Protests and the End of the Zapatero Government, in: Field/Botti, 143-160.

Aguinaga, Josune/Comas, Domingo 2008: La juventud española entre la negación y la mitificación, in: del Campo, Salustiano/Tezaños, José Félix, España siglo XXI. La sociedad, Madrid, 235-272.

Adomeit, Klaus/Frühbeck, Guillermo 1993: Einführung in das spanische Recht, München.

Alcántara, Manuel/Martínez, Antonia 2001 (Hrsg.): Política y gobierno en España, Valencia.

Álvarez, José Luis 2014: Los presidentes españoles. Personalidad y oportunidad, las claves del liderazgo político, Madrid.

Amirah Fernández, Haizam 2015: España-Marruecos. Informe 19, Real Instituto Elcano, Madrid.

Amón, Rubén 2015: Yo, tertuliano, in: El País Semanal, 22.11.2015, 32-40.

Andrés Sanz, Jesús de 2010: El Estado Autonómico, in: Blas Guerrero, 325-364.

Anduiza, Eva u. a. 2014 (Hrsg.): Elecciones generales 2011, Madrid.

Arenal, Celestino del 2011: La Política Exterior de España relaciones con América Latina. Fundación Carolina, Siglo XXI, Madrid.

Ayuso, M./Guillén, M./Valero, D. 2013: Eficiencia y equidad en el sistema público de pensiones, in: Revista Presupuesto y Gasto Público, 71, 193-204.

Azcárate, Gumersindo de 1931: El régimen parlamentario en la práctica, Madrid (zuerst 1885).

Aznar Lopez, José María in: Munzinger Online/Personen – Internationales Biographisches Archiv, URL:http://www.munzinger.de/document/00000014706 (abgerufen von Universität Rostock Universitätsbibliothek am 23.2.2015).

Balfour, Sebastian 2005: The Politics of Contemporary Spain, New York.

Balfour, Sebastián/Quiroga, Alejandro 2007: The Reinvention of Spain: Nation and Identity since Democracy, Oxford.

Barbería, José Luis 2016: La huella de la corrupción en España, in: El País Semenal 17.1.2016.

Barreda, Miquel/Borge, Rosa (Hrsg.) 2006: La democracia española: realidades y desafíos. Análisis del sistema político español, Barcelona.

Barrios, Harald 2008: Grundzüge des politischen Systems, in: Bernecker, Walther L. (Hrsg.): Spanien heute, Frankfurt/M., 53-84.

Baumer, Andreas 2008: Kommunismus in Spanien. Die Partido Comunista de España – Widerstand, Krise und Anpassung (1970-2006), Baden-Baden.

Baumer, Andreas 2001: Jenseits der Pyrenäen: Parteiensysteme und gesellschaftliche Konflikte in Spanien und Portugal, in: Eith, Ulrich/Mielke, Gerd (Hrsg.): Gesellschaftliche Konflikte und Parteiensysteme, Wiesbaden, 141-156.

Belmonte, Eva 2015: Españopoly. Cómo hacerse con el poder en España (o, al menos, entenderlo), Barcelona.

Bernecker, Walther L. 1984: Ein Interpretationsversuch: Der Franquismus – ein autoritäres Modernisierungsregime? In: Waldmann, Peter/Bernecker, Walther L./ López-Casero, Francisco (Hrsg.): Sozialer Wandel und Herrschaft in Spanien, Paderborn, 395-423.

Bernecker, Walther L. 2006: Spanien-Handbuch. Geschichte und Gegenwart, Tübingen.

Bernecker, Walther L. 2010: Geschichte Spaniens im 20. Jahrhundert, München.

Bernecker, Walther L. 2012: Spaniens schwieriger Weg ins 21. Jahrhundert: vom ökonomischen Aufschwung in die Wirtschaftskrise, in: Hispanorama 138, 34-43.

Bernecker, Walther L. 2016: La España bloqueada: de la crisis económica a la institucional, in: Hispanorama 154, 44-53.

Bernecker, Walther u. a. 1990: Spanien-Lexikon. Wirtschaft, Politik, Kultur, Gesellschaft, München.

Bernecker, Walther L./Dirscherl, Klaus (Hrsg.) 2004: Spanien heute. Politik – Wirtschaft – Kultur, Frankfurt/M.

Bernecker, Walther L. (Hrsg.) 2009: Spanien heute. Politik – Wirtschaft – Kultur, Frankfurt/M. (5. vollständig neu bearbeitete Auflage).

Biescas, José Antonio: La economía Española durante el período franquista, in: Boletín Instituto Gerónimo Uztáriz, 1989, 65-76 (verfügbar im Internet unter: http:// bddoc.csic.es:8080/detalles.html?tabla=docu&bd=HISTORI&id=279571).

Blas Guerrero, Andrés de u. a. 2010: Sistema político español, Madrid.

Böcking, David 2015: Vermeintliches Reformbild: Der spanische Patient, Der Spiegel, 15. Dezember 2015.

Bonet, Eduard/Pérez Nievas, Santiago 2006: Identidades regionales y reivindicación de autogobierno. El etnorregionalismo en el voto a partidos nacionalistas de Bélgica, España y Reino Unido, in: Revista Española de Ciencia Política 15 (2006), 123-161.

Borkenau, Franz 1986: Kampfplatz Spanien: politische und soziale Konflikte im Spanischen Bürgerkrieg; ein Augenzeugenbericht, Stuttgart.

Bosco, Anna 2013: The Long Adiós: The PSOE and the End of the Zapatero Era in: Field/Botti, 21-39.

Buesa, Mikel 2015: La pachorra conservadora. Política y economía en la gobernación de Rajoy, Madrid.

Bundesministerium des Innern 2015: Migrationsbericht des Bundesamts für Migration und Flüchtlinge im Auftrag der Bundesregierung (Migrationsbericht 2014). Berlin.

Burgos, Rafa 2015: La Casta, Barcelona.

Busquets, Julio 1984: El militar de carrera en España, Barcelona.

Calatayud, Manuel Maroto 2015: La financiación ilegal de partidos políticos. Un análisis político-criminal, Madrid.

Campos, Rubén 2015: La proyección actual de España en la India: imagen y relaciones políticas. Real Instituto Elcano, Madrid.

Carbonell, Alejandro R. H. 2009: Los ángulos ciegos. Una perspectiva crítica de la transición española 1976-1979, Madrid.

Carlin, John 2015: La envidiable política española, in: El Pais, 7.12.

Carreras Serra, Francesc de 2008: La participación democrática y las Cortes Generales, in: de Parga/Vallespín, 413-441.

Castells, Manuel 2016: De la crisis económica a la crisis política: Una mirada crítica, Barcelona.

Castro, Liz (Hrsg.) 2013: What's up with Catalonia? Ashfield.

Centro de Investigaciones Sociológicas (CIS) 2015, España 2015: Situación social, Madrid.

Centro Superior de Estudios de la Defensa Nacional (CESDEN) 2011: El Mediterráneo: Cruce de intereses estratégicos. Monografías del CESDEN 118. Ministerio de Defensa, Madrid.

Chalvidant, Jean 2005: L'Espagne de Franco à Zapatero, Biarritz.

Chaqués Bonafont, Laura/Palau, Anna M./Baumgartner, Frank R. 2015: Agenda dynamics in Spain, New York.

Chehabi, H. E. (Hrsg.) 2014: Juan J. Linz. Scholar, teacher, friend, Cambridge.

Chislett, William 2013: Spain. What everyone needs to know, Oxford.

Chislett, William 2014: Spain: Foreign Direct investment on the rise, ARI 19. Real Instituto Elcano, Madrid.

Colino, C./Cotarelo, R. (Hrsg.) 2012: España en crisis: Balance de la segunda legislatura de Rodríguez Zapatero, Valencia.

Collado Seidel, Carlos 2004: Kirche, Religiosität und Re-Evangelisierung in einer säkularisierten Gesellschaft, in: Bernecker/Dirscherl, 417-449.

Collado Seidel, Carlos 2015: Franco. General – Diktator – Mythos, Stuttgart.

Colomer, Josep M. 1998: La transición a la democracia: el modelo español, Barcelona.

Comín, Francisco/Hernández, Mauro (Hrsg.) 2013: Crisis económica en España, 1300-2012: Lecciones de la Historia, Madrid.

Comisión Económica para América Latina y el Caribe (CEPAL) 2015: La inversión extranjera directa en América Latina y el Caribe, Santiago de Chile.

Cortizo, Gonzalo 2013: De profesión, político, in: cuadernos, (Herbstnummer: Los partidos políticos se desmoronan), 16-17.

Costa, Joaquín 1982: Oligarquía y caciquismo como la forma actual de gobierno en España: Urgencia y modo de cambiarla, Madrid (zuerst 1901).

Criado Olmos, Henar/Pinta Sierra, Patricia 2015: Crisis económica, clase social y voto a Podemos, in: Paramio, Ludolfo (Hrsg.) 2015: Desafección política y gobernabilidad: el reto político, Madrid, 229-253.

Cruz Villalón, Pedro 2011: Das Grundgesetz in der spanischen Verfassungsentwicklung (1978-2008), in: Hohmann-Dennhardt/Scholz/Cruz Villalón, 61-76.

Dahms, Hellmuth Günther 1972: Francisco Franco. Soldat und Staatschef, Zürich.

de la Lama, César 2012: Juan Carlos I. Las ideas y los hechos de un reinado (Primer biógrafo autorizado), Astorga.

De Miguel, Amando 2015: El cambio que viene, Barcelona.

del Campo, Salustiano/Tezanos, José Félix (Hrsg.) 2010: España. Una sociedad en cambio, Madrid.

Die spanische Verfassung von 1978, in: Europa-Archiv (1979) 4, 109-120.

Digón Martín, Raúl 2013: Plurinacionalidad y vertebración territorial del poder político en España. Una aproximación desde la teoría política, in: Revista Española de Ciencia Política 31 (März), 101-122.

Domínguez, Ana/Giménez, Luis 2014: Claro que podemos. De La Tuerka a la esperanza del cambio en España, Barcelona.

Doval Pais, Antonio 2014: Delitos de corrupción pública: Indultos y condenas, in: Jareño Leal, Ángeles (Hrsg.): Corrupción pública: cuestiones de política criminal (I), Madrid, 41-62.

Echague, Ana 2011: Spain's Mediterranean Pollicy. FRIDE Policy Brief, Madrid.

Echeverría, Carlos 2011: Los entornos sociopolítico y diplomático, en: CESDEN, 17-33.

Ellakuría, Iñaki/de Paco, José M. Albert 2015: Alternativa naranja. Ciudadanos a la conquista de España, Barcelona.

Encarnación, Omar G. 2008: Spanish politics. Democracy after dictatorship, Cambridge.

Engels, Jens Ivo 2014: Die Geschichte der Korruption. Von der Frühen Neuzeit bis ins 2. Jahrhundert, Frankfurt/M.

Equipo Piedras de Papel 2015: Aragón es nuestro Ohio. Así votan los españoles, Barcelona.

Escribano, Gonzalo 2014: La acción exterior española en un escenario energético en transformación. Real Instituto Elcano, Madrid.

España hoy 2015.

Estatuto de Autonomía de Cataluña. Barcelona 2006.

Estatuto de Autonomía del País Vasco.

Esteban, Mario 2014: Asia-Pacífico: el mayor desequilibrio de la política exterior española. Real Instituto Elcano, Madrid.

Estefanía, Joaquín 1998: La larga marcha, en: El País, 3.5.

Estefanía, Joaquín 2011: La Economía del Miedo, Madrid.

Estefanía, Joaquín 2015: Estos años bárbaros, Madrid.

European Commission 2016: Recommendation for a COUNCIL RECOMMENDATION on the 2016 national reform programme of Spain and delivering a Council opinion on the 2016 stability programme of Spain. Brussels, COM 329.

European Council on Foreign Relations (ECFR), Scorecard 2015: Spain's two foreign policy tracks, Madrid.

Fernández Molina, Irene 2007: La política árabe y mediterránea de España. El Partido Popular y la política de España hacia el Magreb, in: Revista CIDOB d'Afers Internacionals 79/80, 53-71.

Ferreres Comella, Victor 2013: The Constitution of Spain. A Contextual Analysis, Portland.

Field, Bonnie N./Botti, Alfonso (Hrsg.) 2013: Politics and Society in Contemporary Spain: From Zapatero to Rajoy, New York.

Field, Bonnie N. 2011: Spain's Second Transition? The Socialist Government of José Luis Rodríguez Zapatero, New York.

Fischer, Martina 2014: Militär und Gesellschaft im demokratischen Spanien: Si-

cherheits- und Militärpolitik im Übergang zum 21. Jahrhundert, in: Bernecker/ Dirscherl, 269-313.
Fotocasa: La Vivienda en el año 2015.
Franco, Francisco 1958: Palabras del caudillo, 1937-1942, Madrid.
Freller, Thomas 2012: Die Geschichte der Iberischen Halbinsel, Ostfildern.
Fusi, Juan Pablo 1985: Franco, Madrid.
Fusi, Juan Pablo 2012: Historia mínima de España, Madrid.
Galais, Carol 2012: ¿Cada vez más apáticos? El desinterés político juvenil en España en perspectiva comparada, in: Revista Internacional de Sociología (RIS) 70/1, 107-127.
Galdón, Beatriz 2014: La pequeña y mediana empresa: motor de la economía española, in: 20 minutos, 22.5.
García Delgado, José Luis 1995: La economía española durante el franquismo, en: Temas para el Debate, Madrid, November.
García, Norberto 2014: Las causas de la doble recesión de España en 2008-2013, in: García, Norberto E./Ruesga, Benito/Santos, M. (Hrsg.), ¿Qué ha pasado con la Economía Española? La Gran Recesión 2.0 (2008-2013), Madrid, 29-55.
García, Ter 2015: 87 muertos por motivos de odio, in: Diagonal Nr. 259, 24-25.
Garzón Espinosa, Alberto 2014: La tercera república. Construyamos ya la sociedad de futuro que necesita España, Barcelona.
Generación de los 80, in: El Ciervo 2013: 8-13.
Gillespie, Richard 2012: Guiados por la crisis: la política exterior y de seguridad en España 2011, in: Anuario CIDOB 2012, Barcelona.
Gimber, Arno/Martín, José Manuel Rodríguez/Walter, Klaus Peter 2012: Spanien verstehen, Darmstadt.
Gironella, José María 1961: Un millón de muertos, Barcelona.
Gobierno de España, Estadísticas 2006-2015: Presupuestos Generales del Estado Consolidados, 10. Februar 2015.
Gomá, Javier 2016: Libre y con compromiso, in: El País, 22.2.
Gómez, Manuel V. 2013: El Consejo Económico y Social critica la reformas de las pensiones de Bañez, in: El País, 26.9.
González Encinar, José J. 1984: Diccionario del sistema político Español, Madrid.
González Férriz, Ramón 2012: La revolución divertida. Cincuenta años de política pop, Barcelona.
González Márquez, Felipe in: Munzinger Online/Personen – Internationales Biographisches Archiv, URL:http://www.munzinger.de/document/00000014706 (abgerufen von Universität Rostock Universitätsbibliothek am 23.2.2015).
Goytisolo, Juan 1982: Spanien und die Spanier, Frankfurt/M.
Gracián, Baltasar 2013: Handorakel und Kunst der Weltklugheit, München.
Granado, Olga 2013: ¿El control de los partidos? in: Cuadernos, 78-81.
Gratius, Susanne 2013: Wirtschaftskrise und Politischer Wandel in Spanien. SWP-Aktuell 34, Berlin.
Gratius, Susanne 2014: Außenpolitik im Eigeninteresse: Die neue spanische Lateinamerika-Politik. SWP-Aktuell 4, Berlin.

Gratius, Susanne 2014: Spaniens Interessen in Zeiten der Wirtschaftskrise, in: Braml, Josef/Merkel, Wolfgang/Sandschneider, Eberhard (Hrsg.): Außenpolitik mit Autokratien, Berlin, 256-265.

Gratius, Susanne/Lang, Kai-Olaf 2015: Das katalanische Labyrinth: Unabhängigkeit oder Verfassungsreform? SWP-Aktuell 5, Berlin.

Gratius, Susanne/Werz, Nikolaus 2016: Spanien am Ende des Zweiparteiensystems. Optionen der Regierungsbildung, SWP Aktuell, Berlin.

Grimaldos, Alfredo 2004: La sombra de Franco en la Transición, Madrid.

De Guindos, Luis 2016: España amenazada. Barcelona.

Gunther, Richard/Montero, José Ramón 2009: The politics of Spain, Cambridge.

Haubrich, Walter 2009: Spanien, München.

Herzog, Werner 1987: Spanien, München.

Hohmann-Dennhardt, Christine/Scholz, Rupert/Cruz Villalón, Pedro 2011: Las constituciones alemana y española en su aniversario, Madrid.

Hooper, John 2006: The new Spaniards, London.

Iglesias Turrión, Pablo 2008: Multitude und postnationale kollektive Aktion. Eine vergleichende Studie der Ungehorsamen: von Italien bis Madrid (2000-2005). http://eprints.ucm.es/8458/1/T30518.pdf (Zugriff 25.4.2015).

Iglesias Turrión, Pablo 2014: Disputar la democracia. Política para tiempos de crisis (Vorwort Alexis Tsipras), Madrid.

Iglesias Turrión, Pablo/Monedero, Juan Carlos 2011: ¡Que no nos representan! El debate sobre el sistema electoral español, Madrid.

Iglesias, Pablo 2015: Una nueva transición. Materiales del año del cambio, Madrid.

Informes Elcano

INJUVE 2008: Informe de la Juventud en España (www.injuve.es/sites/default/files/9314-07.pdf, 24.11.2014)

Jáuregui, Fernando/Menéndez, Manuel Ángel (Hrsg.) 2011: La España que necesitamos. Del 20N a 2020, Madrid.

Jiménez de Parga, Manuel/Vallespín, Fernando (Hrsg.) 2008: La política (España Siglo XXI), Madrid.

Jiménez Losantos, Federico 2015: Los años perdidos de Mariano Rajoy, Madrid.

Juliá, Santos u. a. 2007: La España del siglo XX, Madrid.

Juliana, Enric 2014: España en el diván. De la euforia a la desorientación, retrato de una década decisiva (2004-2014), Barcelona.

Karge, Henrik 2016: Goldene Künste in eiserner Zeit – Das spanische „Siglo de Oro“ in der Kunst- und Kulturgeschichte Europas, in: El siglo de oro. Die Ära Velázquez, Berlin, 15-29.

Kennedy, Paul 2013: The Spanish Socialist Party and the modernisation of Spain, Manchester/New York.

Kreiß, Christian 2011: Alles nur Zufall? Die Auswirkungen der Finanzkrise auf Spanien, in: Hispanorama 133/August, 50-56.

Kühn, Adriaan 2012: Kampf um die Vergangenheit als Kampf um die Gegenwart. Die Wiederkehr der „zwei Spanien“, Baden-Baden.

Laborda, Ángel/Fernández, María Jesús: The Spanish economy; Recent developments and outlook for 2013-2014, in: Spanish Economic and Financial Outlook (SEFO) 2:2, 5-17.

Laborda, Anna 2012: ¿Cuántas empresas se ha llevado la crisis? Informe Económico ESADE, Madrid, Januar 2012.

Lang, Kai-Olaf 2013: Katalonien auf dem Weg in die Unabhängigkeit: Der Schlüssel liegt in Madrid, SWP-Aktuell 50, Berlin.

Linz, José 1977: Tradicción y modernización en España (Discurso leído en el acto de investidura), Granada.

Linz, Juan J. 1967: El sistema de partidos en España, Madrid.

Linz, Juan 1984 (Hrsg.): España: un presente para el futuro, Madrid, 2 Bde. (1: La cultura; 2: Las instituciones).

Linz, Juan 2011: Ein autoritäres Regime. Der Fall Spanien (hrsg. und übersetzt von Raimund Krämer und Christoph Sebastian Widdau), Potsdam.

Linz, Juan J./Montero, José Ramón 1999: The party systems of Spain: Old cleavages and new challenges, Estudio/Working Paper 1999/138.

Llera Ramo, Francisco José 2008: Las identidades, in: de Parga/Vallespín, 671-700.

Los Pactos de la Moncloa, Texto Completo del Acuerdo Económico y del Acuerdo Político. Madrid: 8-27 de octubre de 1977.

Losada, Antón 2014: Desmontando a Mariano Rajoy, Barcelona.

Magone, José M. 2009: Contemporary Spanish Politics, London/New York (2. Aufl.).

Malamud, Carlos 2014: Relaciones España-Brasil. Informe Elcano 16. Real Instituto Elcano, Madrid.

Manzano, Cristina 2013: Es hora de que los españoles salgan de su aislamiento, en: Política Exterior, 98-106.

Marcet, Joan/Montero, José Ramón (Hrsg.) 2007: Roads to democracy: a tribute to Juan J. Linz, Barcelona.

Martin, Dolores Bellver 1991: La España de los Reyes Católicos, Madrid.

Martínez Ingles, Amadeo 2007: Juan Carlos I – el último Borbón. Las mentiras de la monarquía española, Barcelona.

Martínez, Fèlix/Oliveres, Jordi 2015: Los intocables, Madrid.

Mecke, Jochen/Pöppel, Hubert/Junkerjürgen, Ralf (Hrsg.) 2012: Deutsche und Spanier – ein Kulturvergleich, Bonn.

Mees, Ludger 2003: Nationalism, Violence and Democracy: The Basque Clash of Identities, New York.

Mélenchon, Jean-Luc 2015: El arenque de Bismarck. (El veneno alemán), (Prolog von Pablo Iglesias, Epilog von Manolo Monereo). Vilassar de Dalt.

Molina, Ignacio (Hrsg.) 2014: Hacia una renovación estratégica de la política exterior española, Informe Elcano 15/Februar.

Molina, Ignacio 2013: Una nueva política europea después de tocar fondo, en: Política Exterior (März/April 2013), 85-96.

Molina, Ignacio 2015: Estrategia de Acción Exterior: ‚logro, ma non troppo', en: Política Exterior, op. cit, 32-39.

Molina, Ignacio (Koord.) 2014: Hacia una renovación estratégica de la política exterior española. Informe 15. Real Instituto Elcano, Madrid.

Molina, Ignacio (Koord.) 2016: España en el mundo en 2016: perspectivas y desafíos. Elcano Policy Paper, Madrid.

Molina, Ignacio/Gratius, Susanne 2016: „Die spanische Europa-Politik 2016: eine verpasste Chance“, in: Weidenfeld, Werner/Wessels, Wolfgang (Hrsg.): Jahrbuch der Europäischen Integration 2016. Bonn.

Molinas, César/Garicano, Luis/Carrasco, Sansón/Casajuana, Carles 2015: La España posible. Tres ensayos para un nuevo regeneracionismo y una reflexión sobre el poder, Barcelona.

Monedero, Juan Carlos 2013: La Transición contada a nuestros padres. Nocturno de la democracia española, Madrid.

Montero, José Ramón 2008: Elecciones y sistemas de partidos, in: Jiménez de Parga, Manuel/Vallespín, Fernando (Hrsg.): La política (España Siglo XXI), Madrid, 581-616.

Montero, José Ramón/Lago, Ignacio (Hrsg.) 2010: Elecciones generales 2008, Madrid.

Montero, José Ramón/Lago, Ignacio/Torcal, Mariano (Hrsg.) 2007: Elecciones generales 2004, Madrid.

Morán, Gregorio 1991: El precio de la transición. Una interpretación diferente y radical del proceso que condujo a España de la dictadura a la democracia, Barcelona.

Müller, John (Hrsg.) 2015: Ciudadanos. Deconstruyendo a Albert Rivera, Barcelona.

Muñoz Molina, Antonio 2013: Todo lo que era sólido, Barcelona.

Muñoz Molina, Antonio 2014: Das ungeschriebene Morgen. Die Abdankung von König Juan Carlos offenbart Spaniens Zerrissenheit, in: Der Spiegel 24, 90-91.

Muñoz Sánchez, Antonio: Von der Franco-Diktatur zur Demokratie. Die Tätigkeit der Friedrich-Ebert-Stiftung in Spanien, Bonn 2013.

Muñoz, Jordi 2013: El precio electoral de la corrupción: ¿por qué los votantes la castigan tan poco? in: pasajes, (Herbstnummer), 22-31.

Navarra, Vicenc 2015: Ataque a la democracia y al bienestar, Barcelona.

Navarro, Vicenc 2015: El subdesarrollo social de España: causas y consecuencias, Barcelona.

Newton, Michael T./Donaghy, Peter J. 1997: Institutions of modern Spain, Cambridge.

Nohlen, Dieter 1969: Spanien, in: Sternberger, Dolf/Vogel, Bernhard (Hrsg.): Die Wahl der Parlamente und anderer Staatsorgane, Berlin, Bd. I: Europa, 1229-1284.

Nohlen, Dieter 1970: Spanischer Parlamentarismus im 19. Jahrhundert. Régimen parlamentario und parlamentarische Regierung, Meisenheim am Glan.

Nohlen, Dieter 2012: Politische Kultur in Spanien und Deutschland, in: Mecke, Jochen u. a. (Hrsg.), Deutsche und Spanier – ein Kulturvergleich, Bonn, 265-275

Nohlen, Dieter 2014: Wahlrecht und Parteiensystem, Opladen.

Nohlen, Dieter/Hildenbrand, Andreas 2005: Spanien. Wirtschaft – Gesellschaft – Politik. Ein Studienbuch, Wiesbaden.

Oeing, Dag 1998: Wahlenthaltung in Spanien, in: Bernecker/Dirscherl (Hrsg.) Spanien heute, Frankfurt/M., 63-99.

Ontiveros, Emilio 2013: Eine progressive Wachstumsstrategie für Spanien. Perspektive, Friedrich-Ebert-Stiftung, Berlin.

Ordoñez, Miguel Ángel 2014: Dos siglos de bribones y algún malandrín. La corrupción en España desde el siglo XIX hasta la actualidad, Madrid.

Ortega, Andrés 2014: Recomponer la democracia, Barcelona.

Ortega, Eloísa/Peñalosa, Juan 2012: Claves de la crisis económica española y retos para crecer en la UEM. Documentos Ocasionales 1201. Banco de España, Madrid.

Pallarés, Francesc (Hrsg.) 2008: Elecciones autonómicas y locales 2007, Madrid.

Paniagua Soto, Juan Luis/Monedero, Juan Carlos (Hrsg.) 1999: En torno a la democracia en Espana. Temas abiertos del sistema político español, Madrid.

Pasajes 2013 (Herbstnummer zum Thema Korruption und Demokratie).

Peiser, Werner (Hrsg.) 1950: Spitzbuben und Vagabunden. Eine Blütenlese aus spanischen Schelmenromanen, Basel.

Pérez Alcázar, Manuel 2015: Delfines y tiburones. La lucha por el poder en el PSOE, Córdoba.

Pérez de Lama, Ernesto 1994: Manual del estado Español 1994, Madrid.

Pérez García, Francisco (Hrsg.) 2015: Servicios Públicos, Diferencias Territoriales e Igualdad de Oportunidades, Valencia.

Pfeiffer, Christian 2015: Podemos: Eine neue Partei setzt Spaniens „bipartidismo" unter Druck, 3 Forschungsjournal Soziale Bewegungen – PLUS Supplement zu Heft 1/2015 Erhältlich unter http://forschungsjournal.de/fjsb-plus.

Pfeiffer, Christian/Werz, Nikolaus 2015: Spanien vor den Wahlen 2015. Eine erste Analyse der Regional- und Kommunalwahlen, Rostock 2015.

Pfeiffer, Christian 2016: Die spanischen nationalen Wahlen am 26. Juni 2016: Ein zweiter Anlauf zur Regierungsbildung im neuen Vierparteiensystem, in: Zeitschrift für Parlamentsfragen, 4, S. 757-773.

Pichler, Georg 2015: Unheimliche Landschaften – Gedächtnispolitik in Spanien, in: Hispanorama 150, 14-19.

Política Exterior: España en el mundo: Ideas para la acción exterior 2010-2015. Edición Especial Diciembre de 2015, Madrid.

Politikon 2014: La urna rota. La crisis política e institucional del modelo español, Barcelona.

Powell, Charles 2001: España en democracia, 1975-2000. Las claves de la profunda transformación de España, Barcelona.

Powell, Charles 2014: La larga marcha hacia Europa: España y la Comunidad Europea, 1957-1986. Documento de Trabajo, Madrid.

Prego, Victoria 1995: Así se hizo la Transición, Barcelona.

Prego, Victoria 2003: Diccionario de la transición, Barcelona.

Presidencia del Gobierno, Estrategia de Seguridad Nacional. Un Proyecto Compartido, Madrid 2013.

Preston, Paul 1987: Spanien. Der Kampf um die Demokratie, Rheda-Wiedenbrück.

Pritchett, V. S. 2015: El temperamento español, Barcelona (englische Ausgabe 1954).

Rajoy Brey, Mariano in: Munzinger Online/Personen – Internationales Biographisches

Archiv, URL:http://www.munzinger.de/document/00000014705 (abgerufen von Universität Rostock Universitätsbibliothek am 23.2.2015).

Ramiro, Luis/Morales, Laura 2010: Spanish Parties and Democracy: Weak Party-Society Linkage and Intense Party-State Symbiosis, in: Lawson, Kay (Hrsg.): Political Parties and Democracy, Vol. II: Europe, Santa Barbara, 71-95.

Real Instituto Elcano. Barómetro de la Imagen de España (BIE). Quinta oleada: resultados de diciembre 2014 – enero 2015, Madrid 2015.

Reniu, Josep M. (Hrsg.) 2012: Sistema político español, Barcelona.

Rodríguez Martín, J. M., 2012: Grundzüge der spanischen Wirtschaftsordnung, in: Gimber, Rodríguez Martín/Schütz, Walter, 80-116.

Roitman Rosenmann, Marcos 2012: Los indignados. El rescate de la política, Madrid.

Román, Paloma (Hrsg.) 2010: Sistema político español, Madrid.

Romero Salvadó, Francisco J. 1999: Twentieth-Century Spain. Politics and society in Spain, 1898-1998, Hamsphire.

Rupp, Anne u. a. (Hrsg.) 2011: Spanien von innen. Eine interkulturelle Perspektive, Münster.

San Vicente, Félix/Lombardini, Hugo E. 2010: Debate/El español de la política, Bologna.

Sanahuja, José Antonio: España, América Latina y Cuba tras el período de Rajoy: balance y perspectivas de la política exterior, in: Serbín, Andrés (Coord.), Anuario de la Integración Regional de América Latina y el Caribe, Edición Especial. Coordinadora Regional de Investigaciones Económicas y Sociales (CRIES), Buenos Aires 2016.

Sánchez-Cuenca, Ignacio 2014: La impotencia democrática. Sobre la crisis política de España, Madrid.

Sánchez-Cuenca, Ignacio 2014: Las dos experiencias socialdemócratas en España, 1982-1996 y 2004-2011, in: Lanzaro, Jorge (Hrsg.): Social democracias „tardías". Europa Meridional y América Latina, Madrid, 41-72.

Sánchez-Cuenca, Ignacio 2016: La desfachatez intelectual. Escritores e intelectuales ante la política, Madrid.

Sánchez-Cuenca, Ignacio/Dinas, Elias (Hrsg.) 2014: Voters and Parties in the Spanish Political Space, New York.

Sarasola, Fernández 2009: Los partidos políticos en el pensamiento español. De la ilustración a nuestros días, Madrid.

Schad, Martha (Hrsg.) 2014: Das spanische Königshaus, Augsburg.

Schmidt, Peer/Herold-Schmidt, Hedwig (Hrsg.) 2013: Geschichte Spaniens, Stuttgart.

Schuster, Stefanie 2015: Warum kaum Flüchtlinge über Marokko nach Spanien kommen, in: Die Welt, 1.12.

Schütz, J. 2012: Verfassung und politische Praxis im heutigen Spanien, in: Gimber, Rodríguez Martín, 41-80.

Sotelo, Ignacio 2006: A vueltas con España, Madrid.

Sotelo, Ignacio 2011: El surgir de un nuevo ciclo, in: EP, 8.11.

Stehling, Thomas Bernd/Kühn, Adriaan 2013: Die Reform der öffentlichen Verwaltung, in: KAS Newsletter, Reformen in Spanien, (http://www.kas.de/wf/doc/kas_35899-1522-1-30.pdf?131030131359, 21.2.2016).

Suanzes-Carpegna, Joaquín Varela/Muñoz Machado, Santiago 2013: La organización territorial del Estado de España. Del fracaso de la I República a la crisis del Estado autonómico (1873-2013), Madrid.

Subirats, Joan/Vallespín, Fernando 2015: España/Reset. Herramientas para un cambio de sistema, Barcelona.

Tamames, Ramón 1980: Introducción a la Constitución Española, Madrid.

Temas para el debate 2012: Sondernummer Jugend (210) sowie weitere Ausgaben

Tertsch, Hermann 2015: Días de ira. Una reflexión que clama a las conciencias ante una España en alarma, Madrid.

Tezanos, José Felix/Cotarelo, Ramon/de Blas, Andres (Hrsg.) 1989: La transición democrática española, Madrid.

Torreblanca, José Ignacio 2015: La España ensimismada, in: El País, 31.8.

Torreblanca, José Ignacio 2016: „272", blog Café Steiner, Madrid.

Torreblanca, José Ignaciom 2016: España: es hora de volver, in: Política Exterior, 14-19.

Torres Albero, Cristóbal (Hrsg.) 2015: España 2015. Situación social, Madrid 2015.

Trabert, Franz-Georg 1985: Die politische Transformation Spaniens nach Franco, Frankfurt/M.

Tusell, Javier 2007: Dictadura Franquista y democracia, 1939-2004, in: Historia de España (dirigida por John Lynch), Barcelona, 443-892.

Uriarte, Edurne 2010: Introducción a la ciencia política. La política en las sociedades democráticas, Madrid.

Vidal-Folch, Xavier 2014: Cataluña ante España, Catarata, Madrid.

Werz, Nikolaus 2015: España ante las elecciones nacionales de 2015, in: Hispanorama, 149, 49-54.

Wieland, Leo 2016: Spaniens Gewerkschaften laufen die Mitglieder davon, in: FAZ, 14.3.

Wieland, Leo 2016a: So viele Würstchen und so wenig Brot, in: FAS, 10.10.2016.

Winter, Ulrich 1998: Spanische Intellektuelle, in: Bernecker/Dirscherl, 517-539.

Wittig, Peter 1988: Der Mythos vom „ewigen Spanien" (Entstehungsbedingungen) in: Maier, Hans (Hrsg.), Politik, Philosophie, Praxis (Festschrift für W. Hennis), Stuttgart.

Wolff, Sarah 2007: España y la gobernanza de la seguridad mediterránea: vecinos, espacios y actores, in: CIDOB d'Afers Internacionals 79-80, Barcelona, 107-123.

Zaldívar, Carlos Alonso/Castells, Manuel 1992 (Hrsg.): España, fin de siglo, Madrid.

Zapatero, José Rodríguez 2013: El dilema. 600 días de vértigo, Barcelona.

Zapatero, José Rodríguez in: Munzinger Online/Personen – Internationales Biographisches Archiv, URL:http://www.munzinger.de/document/00000014706 (abgerufen von Universität Rostock Universitätsbibliothek am 23.2.2015).

Zarzalejos, José Antonio 2015: Mañana será tarde. Un diagnóstico valiente para un país imputado, Barcelona.

Zelik, Raul 2015: Mit Podemos zur demokratischen Revolution? Krise und Aufbruch in Spanien, Berlin.

Abkürzungsverzeichnis

AP	Alianza Popular
ARMH	Asociación para la Recuperación de la Memoria Histórica
AVE	Alta Velocidad Española (Tren de Alta Velocidad)
AVP	Asociación de Víctimas del Terrorismo
CA/CCAA	Comunidad Autónoma/Comunidades Autónomas
CE	Constitución Española
CEDA	Confederación Española de Derechas Autónomas
CESID	Centro Superior de Información de la Defensa
CCOO	Confederación Sindical de Comisiones Obreras
CGPJ	Consejo General del Poder Judicial
CiU	Convergència i Unió
CIS	Centro de Investigaciones Sociológicas
CNT	Confederación Nacional del Trabajo
CUP	Candidatura de Unidad Popular
CORA	Comisión para la Reforma de las Administraciones Públicas
DRAE	Diccionario de la lengua española
EP	El País
ETA	Euskadi Ta Askatasuna
FAS	Frankfurter Allgemeine Sonntagszeitung
FAZ	Frankfurter Allgemeine Zeitung
FES	Friedrich-Ebert-Stiftung
GAL	Grupos Antiterroristas de Liberación
GASP	Gemeinsame Europäische Außen- und Sicherheitspolitik
HB	Herri Batasuna
ILE	Instituto Libre de Enseñanza
INE	Instituto Nacional de Estadística
INJUVE	Instituto de la Juventud
IU	Izquierda Unida
KAS	Konrad-Adenauer-Stiftung
KAS	Koordinadora Abertzale Sozialista
KMU	Klein- und Mittelständische Unternehmen
NZZ	Neue Zürcher Zeitung
PCE	Partido Comunista de España
PP	Partido Popular
PSOE	Partido Socialista Obrero Español
RNE	Radio Nacional de España
RTVE	Corporación Radio Televisión Española
SI	Sozialistische Internationale
SNS	Sistema Nacional de Salud
TVE	Televisión Española
UCD	Unión de Centro Democrático
UGT	Unión General de Trabajadores
UP	Unidos Podemos
UPyD	Unión Progreso y Democracia

Danksagung

Die Arbeit von Nikolaus Werz an der Einführung geht auf verschiedene Aufenthalte in Madrid zurück, besonders in den Wahljahren 2015/16. Mein Dank gilt der Universität Rostock und ihrer Wirtschafts- und Sozialwissenschaftlichen Fakultät, die mir ein Forschungssemester genehmigten, das ich vor allem in der spanischen Hauptstadt verbringen konnte. Die Universidad Autónoma de Madrid (UAM) gewährte mir im Wintersemester 2016 einen Lehrauftrag. Die Diskussionen mit den Studenten, aktuelle Zeitungslektüre, Nachrichtensendungen und andere Eindrücke sind in die Darstellung mit eingeflossen.

Nikolaus Werz dankt Kirsten Hahn, Christian Pfeiffer, den großzügigen Freunden Liebrecht von Beyme und Gerhard Volz, Emilia Iglesias Fernández, Heinrich Kreft, Lisa Marie Kupsch, Wilhelm Hofmeister, Michael Ehrke, Nuria Irueste und Stefan Imorde, Patricia Cerda sowie Javier Plaza Bravo, Pilar Perosanz Gil und den anderen hilfreichen Mitarbeitern der Kongressbibliothek in Madrid, Klaus und Margit Schaeffler, Laura Carrera Castilla, Teresa Rodríguez, Alejandro Tiana Ferrer und Martha Ordaz Schroeder.

Susanne Gratius war u. a. wissenschaftliche Mitarbeiterin der Stiftung Wissenschaft und Politik (SWP) in Berlin und beim Ibero-Amerikanischen Institut in Hamburg, dem heutigen German Institute of Global and Area Studies (GIGA). Bis 1999 war sie als Koordinatorin am Instituto de Relaciones Europeo-Latinoamericanas (IRELA) Madrid tätig. Von 2005 bis 2013 arbeitete sie bei dem spanischen Think tank FRIDE. Seit 2013 ist sie Professorin für Internationale Beziehungen an der Universidad Autónoma de Madrid (UAM), sie hat zahlreiche Publikationen zur Außenpolitik in Lateinamerika und Spanien vorgelegt. Die Kapitel 8, 13 und 14 wurden von Susanne Gratius verfasst.

Am Institut für Politikwissenschaft der UAM danken wir

besonders Santiago Pérez-Nievas Montiel, Anne-Marie Reynaers und Fernando Vallespín. Bücher und Zeitschriften wurden neben der Biblioteca del Congreso de los Diputades in der Biblioteca Nacional de España eingesehen, ihren Mitarbeiterinnen und Mitarbeitern sei ebenso gedankt wie denen des Ibero-Amerikanischen Instituts (IAI) in Berlin.

Die Autoren danken Birgit Wolter für das Lektorat und die gute Betreuung.